O DESENVOLVIMENTO ECONÔMICO DA AMÉRICA LATINA DESDE A INDEPENDÊNCIA

O DESENVOLVIMENTO ECONÔMICO DA AMÉRICA LATINA DESDE A INDEPENDÊNCIA

Luis Bértola
José Antonio Ocampo

ALTA BOOKS
EDITORA
Rio de Janeiro, 2019

O desenvolvimento econômico da América Latina desde a independência
Copyright © 2019 da Starlin Alta Editora e Consultoria Eireli. ISBN: 978-85-508-0260-2

Impresso no Brasil.

Obra disponível para venda corporativa e/ou personalizada. Para mais informações, fale com projetos@altabooks.com.br

Copidesque
Cynthia dos Santos Borges

Editoração Eletrônica
Estúdio Castellani

Revisão Gráfica
Tássia Hallais

Produção Editorial
Elsevier Editora - CNPJ: 42.546.531./0001-24

CIP-Brasil. Catalogação na Publicação
Sindicato Nacional dos Editores de Livros, RJ

O16d Ocampo, José
O desenvolvimento econômico da América Latina desde a independência / José Ocampo, Luis Eduardo Bértola Flores. – 1. ed. – Rio de janeiro: Alta Books, 2019.
23 cm.

ISBN 978-85-508-0260-2

1. América Latina – Política e governo. 2. América Latina – Política econômica. 3. América Latina – Condições econômica. 4. Desenvolvimento econômico – América Latina. I. Flores, Luis Eduardo Bértola. II. Título.

14-16290 CDD: 320.98
CDU: 32(8)

ALTA BOOKS EDITORA

Rua Viúva Cláudio, 291 — Bairro Industrial do Jacaré
CEP: 20970-031 — Rio de Janeiro - RJ
Tels.: (21) 3278-8069 / 3278-8419
www.altabooks.com.br — altabooks@altabooks.com.br
www.facebook.com/altabooks — www.instagram.com/altabooks

ASSOCIADO CBL Câmara Brasileira do Livro

APRESENTAÇÃO

O BNDES apresenta o livro O *desenvolvimento econômico da América Latina desde a independência*, escrito pelos economistas Luis Bertola e José Antonio Ocampo. A publicação faz parte de um esforço de retomar a tradição de análise do desenvolvimento. O texto traça uma perspectiva da história do continente desde os movimentos de independência no início do século 19, destacando a inserção primário-exportadora, a consolidação institucional das nações, o esforço de industrialização liderado pelo Estado e a reprimarização produtiva orientada pelo mercado que marca as últimas décadas.

É uma história de desigualdade, a começar pela brutal herança da escravidão que marca as desigualdades de renda e desenvolvimento humano dentro de cada país. Há também as desigualdades entre os países da região, que tiveram pouco êxito em se integrar produtivamente, e entre esses e os países ricos.

Aspecto central da trajetória do continente é sua abundância de recursos naturais. Isso permitiu que boa parte de seus países escapasse da pobreza extrema (como dizem os autores, a América Latina se tornou uma "classe média do mundo"), mas os manteve entre os de mais elevada concentração de renda.

Boa parte dos países da América Latina se industrializou em algum grau a partir dos anos de 1930. Para tanto, foram utilizados instrumentos de protecionismo e ativismo estatal. Todos passaram por urbanização intensa, embora, em geral, descontrolada. Nesse período, a região conseguiu reduzir mais consistentemente a distância em relação aos países ricos, mesmo tendo sido uma época de avanço acelerado no mundo desenvolvido.

A partir da década de 1970, a dificuldade de estabelecer uma indústria de transformação inovadora e autônoma deu força às críticas liberais e levou à reprimarização produtiva, embora os países maiores, mesmo com dificuldades, tenham conseguido, em algum grau, resistir, casos do México, e sua indústria dependente dos EUA (as maquiladoras), e do Brasil.

O projeto liberal de abertura comercial, atração do capital estrangeiro e reformas microeconômicas não deu bons resultados na década de 1990, aumentando a vulnerabilidade externa e sendo incapaz de sustentar o crescimento, o que resultou na volta de uma trajetória divergente em relação aos países centrais.

A emergência da China, em especial a partir da entrada do século 21, levou esse país a um intenso processo de urbanização, exigindo a importação maciça de recursos naturais, como minérios e gêneros agrícolas. Esse movimento representou uma melhora substancial nos termos de troca das economias latino-americanas, reabrindo a possibilidade de retomar os projetos de construção das nações, incluindo um processo, inédito em muitos países, de inclusão social.

A crise financeira internacional a partir de 2008 colocou em cheque a alternativa de sustentar o crescimento e a inclusão social, apoiadas somente na exportação de produtos primários.

O continente vive anos de prosperidade, mas são grandes os desafios para que ocorram novos saltos no seu desenvolvimento. Nesse sentido, o livro deve ser saudado como um amplo esforço de reflexão histórica, que nos capacita a colocar em perspectiva as estratégias possíveis para vencer esses desafios.

Além da desigualdade de renda, são analisadas questões centrais como a reforma agrária e a educação. A primeira teve efeitos econômicos aquém dos esperados, mas ajudou a eliminar formas de servidão no trabalho rural. A segunda só começou a avançar tardiamente, mas tem sido no século 21 um vetor de avanço e combate à desigualdade social, ainda que a tarefa de estruturar um sistema público e universal de qualidade permaneça longe de estar concluída.

O BNDES é, há mais de 60 anos, um instrumento de planejamento e atuação do Estado brasileiro em prol do desenvolvimento. Como não poderia deixar de ser, tem sido também um lugar de reflexão. Por isso, é um orgulho para o Banco apresentar o resultado de um esforço intelectual que reúne uma extensa sistematização de dados com uma profunda análise histórica, estabelecendo um panorama que nos ajuda a pensar o futuro da América Latina.

BNDES O banco nacional do desenvolvimento

PRÓLOGO

Sempre me interessei pela história e, em particular, pela história econômica. Dela extraem-se importantes experiências que nos permitem entender melhor a complexa realidade social e a viabilidade das políticas econômicas.

Economistas e historiadores ilustres já deram contribuições valiosas ao conhecimento da história econômica da América Latina. Durante minha permanência no Banco Interamericano de Desenvolvimento, pudemos contar com um prestigioso grupo de pesquisadores, liderados pela Professora Rosemary Thorp, eminente economista e historiadora, que produziu um valioso estudo sobre o desenvolvimento da economia latino-americana cobrindo boa parte do século XX. Mas faltava um esforço adicional para oferecer uma visão abrangente da história econômica dos países da América Latina desde sua Independência até os dias atuais.

É isso que dois economistas e historiadores econômicos de grande prestígio Luis Bértola do Uruguai e José Antonio Ocampo da Colômbia nos oferecem agora. Na ocasião em que a América Latina celebra os bicentenários de suas independências, o Secretariado Ibero-Americano (SEGIB) tem a honra de ter apoiado a preparação desta análise da história econômica da América Latina.

Os Professores Bértola e Ocampo são pesquisadores proeminentes nas universidades do Uruguai e da Colômbia, no mundo acadêmico e nas instituições internacionais. E ambos somam uma atividade acadêmica que os têm levado a universidades do porte de Cambridge, Carlos III de Madrid, Columbia, Gotemburgo, Harvard, Notre Dame, Oxford, London School of Economics e Yale.

Com esta experiência acumulada, os autores nos oferecem uma visão rigorosamente documentada de 200 anos de interação das repúblicas latino-americanas desde sua Independência. Não é tarefa fácil, com certeza. O objeto de sua pesquisa está particularmente exposto a variadas visões culturais ou ideológicas da realidade, o que torna o emprendimento muito mais difícil.

Em um momento de profunda globalização das relações econômicas, políticas e sociais (que não é a primeira na história, mas provavelmente a mais intensa e de mais longo alcance), os desafios de uma maior coesão interna na América Latina e de uma crescente presença e projeção internacional têm uma prioridade especial. Por isso, uma das grandes contribuições desta análise da história econômica da região é seu exame das conexões com a realidade econômica internacional.

Parece-me muito adequado que a divisão em capítulos acompanhe as principais épocas históricas da região. Eu também fico satisfeito em ver que, mesmo enfatizando os elementos comuns, a obra reconheça consistentemente a diversidade que é um dos maiores ativos da América Latina: a diversidade que tem surgido da mistura de sociedades indígenas, euro-americanas e afro-americanas, que formaram a base do caldeirão social e cultural que é hoje a região.

O livro também apresenta uma análise incisiva do padrão de especialização produtiva baseado na exploração de recursos naturais e na exportação dos produtos a eles associados. Um dos valiosos aspectos dessa análise é o seu uso de uma tipologia do desenvolvimento econômico como uma forma de estruturar o que conhecemos a respeito de diferentes períodos e sociedades. Embora nunca se distanciando do contexto regional como um todo, essa tipologia baseia-se em variáveis associadas com os poderes coloniais, tipos de mercado, produtos de exportações principais, condições de trabalho e o tamanho de cada economia.

Nesta região de tantos matizes e nuances, como os autores a definem, é importante identificar os dilemas do desenvolvimento, que envolvem fatores tais como a dificuldade de acesso ao conhecimento e à tecnologia, as questões lançadas pelas distintas formas de organização social e as dificuldades que a região tem tido para garantir o bem-estar social, entre outros. E, depois, há a longa história (às vezes de sucessos, mas também de fracassos) de progressos, defasagens e desilusões que têm resultado na histórica instabilidade institucional da região. Essa instabilidade tem assumido a forma de processos revolucionários e conflitos políticos, dando origem a numerosos regimes autoritários ao longo da história.

O livro também discute as extremas volatilidade e desigualdade que são tão profundamente entranhadas em nossa história e que têm pesado sobre nossas sociedades por tanto tempo – e que devem ser superadas. Embora essa desigualdade (a maior dívida histórica da América Latina , nas palavras de Bértola e Ocampo) tenha se revelado resistente, ela não deve obscurecer as conquistas recentes resultantes dos acertos da política macroeconôma dos últimos anos.

A América Latina tem percorrido um longo caminho desde a época colonial até alcançar uma presença internacional que nunca imaginaríamos possível. E isso é claramente demonstrado pelas valiosas séries históricas produzidas pela Comissão Econômica para a América Latina e Caribe (CEPAL), sem o trabalho da qual seria muito difícil ter-se a dimensão e o conhecimento da nossa realidade atual. Os desafios continuam em várias frentes, contudo: na educação, tecnologia, diversificação produtiva, contas fiscais, entre outras. Tais desafios devem ser enfrentados para que a região continue modernizando seus processos econômicos, sociais e políticos.

Este é um tempo de esperanças e duras realidades para a América Latina, um tempo em que o meio ambiente e a mudança climática estão impondo limites ao tipo de desenvolvimento aceito pela parcela mais próspera da humanidade desde a Revolução Industrial. Em meio a essa situação, o presente estudo inova e se integra a uma prestigiosa escola historiográfica para ajudar-nos a discernir as chaves de um futuro ainda incerto, mas promissor, por meio das essenciais lições da história.

Felizmente já distantes da solidão evocada por um dos Prêmios Nobel da região, se nos armarmos com os adequados mecanismos de coesão social e desenvolvimento de nossos sistemas produtivos, eu acredito que poderemos começar a escrever, talvez com maior vigor do que antes, um futuro capítulo de prosperidade e solidariedade para a América Latina.

Enrique V. Iglesias
Secretário-Geral do Secretariado Ibero-Americano

PREFÁCIO

A série de celebrações em torno do bicentenário do início do ciclo da Independência na maioria dos países da América Latina oferece uma oportunidade excepcional para reflexão sobre a trajetória desses países no contexto da história da economia mundial. Da mesma forma, a recente crise internacional e as importantes transformações que estão ocorrendo na economia mundial, e que continuarão a gerar desafios e oportunidades a nossos países, obrigam-nos mais uma vez a refletir sobre o passado e a aprender com a história.

A história econômica da América Latina nos últimos dois séculos é de desenvolvimento: sua população e o produto *per capita* cresceram enormemente. Embora ocorrendo mais lentamente, também são observadas melhorias na expectativa de vida ao nascer e na educação. A porcentagem da população que vive em condições de pobreza tem caído substancialmente, embora com notáveis altos e baixos.

A história da região é também de instabilidade, tanto pela volatilidade do financiamento externo e dos termos de troca internacionais como pelos resultantes ciclos da atividade produtiva, com períodos de progresso sucedidos por outros de relativa estagnação ou retrocesso. É igualmente uma história de modificações frequentes e profundas nas políticas e nos modelos de desenvolvimento, em resposta a processos econômicos, sociais, políticos e a ideologias.

Finalmente, e muito importante, é uma história de desigualdade, que não apenas se expressa nas bem conhecidas desigualdades dentro de cada país, mas também naquela existente entre países latino-americanos e, mais ainda, entre esses últimos e os líderes da economia mundial. Em vários períodos, a América Latina presenciou o aumento das diferenças que a separam das economias desenvolvidas, ainda que, também cedo em sua história, tenha se distanciado das regiões mais pobres do mundo.

Este livro apresenta ao leitor uma visão concisa da história econômica da região desde a Independência e sintetiza alguns dos desenvolvimentos recentes na crescente literatura sobre o tema. Devido às peculiaridades de suas histórias, o livro, porém, não trata de duas economias que são frequentemente incluídas como parte da América Latina: Haiti e Porto Rico.

Muito tem sido escrito sobre a história econômica da América Latina nas últimas décadas. Felizmente, contamos com excelentes trabalhos que se concentraram nos mesmos fatores que examinamos neste livro. Entre eles, vale a pena destacar a *História Econômica da América Latina*, de C.F.S. Cardoso e H. Pérez Brignoli de 1979, os seis volumes da *Cambridge History of Latin America*, publicada a partir do final dos anos 1980 e traduzida pela Edusp, e o livro de Victor Bulmer-Thomas, *The Economic History of Latin America since Independence*, publicado originalmente em 1994, com uma segunda edição em 2003. A eles se soma o grande esforço realizado pelo Banco Interamericano de Desenvolvimento (BID) e coordenado por Rosemary Thorp, que resultou no livro *Progresso, Pobreza e Exclusão: Uma História Econômica da América Latina* (1998) e em seus três volumes complementares editados por Enrique Cárdenas, José Antonio Ocampo e Rosemary Thorp, *An Economic History of Twentieth-Century Latin America*, publicados em 2000. Uma última referência que deve ser mencionada é a *Cambridge Economic History of Latin America*, editada por Victor Bulmer-Thomas, John Coatsworth e Roberto Cortés Conde em 2006.

Todos esses valiosos trabalhos têm sido fonte permanente de inspiração e informação para nosso trabalho. Além deles, há várias histórias nacionais de diferentes períodos, assim como artigos e monografias sobre aspectos e períodos específicos da história econômica da região. A esses trabalhos se somam dois volumes publicados em 2011, *Institucionalidad y Desarrollo Económico en América Latina*, editados por Luis Bértola e Pablo Gerchunoff, que cobrem a história econômica de diferentes regiões da América Latina desde a Independência, e o *Oxford Handbook of Latin American Economics*, organizado por José Antonio Ocampo e Jaime Ros, que trata do período mais recente.

Dada a riqueza dessa literatura, a tarefa de realizar novas contribuições é desafiadora. De toda forma, acreditamos que o presente trabalho oferece ao leitor avanços consideráveis em diversas áreas. Embora não tenhamos realizado uma revisão exaustiva da diversificada e volumosa bibliografia recente, acreditamos poder dizer que esta edição sintetiza e apresenta muitas das novas contribuições feitas sobre instituições e desenvolvimento, desenvolvimento humano, níveis e disparidades de renda, desenvolvimento tecnológico, volatilidade financeira, contabilidade do crescimento, assim como aportes mais recentes a debates antigos, como aqueles relacionados aos termos de troca e sua relação com os preços reais dos produtos básicos.

Muitos desses debates refletem mudanças nas perspectivas teóricas. Não há praticamente período que não tenha sido objeto de revisão nas pesquisas recentes, como se pretende mostrar aqui. Novos debates têm surgido sobre os resultados do desenvolvimento durante o período colonial e sobre os efeitos da herança colonial para o desenvolvimento posterior. A discussão sobre o desenvolvimento econômico nas décadas posteriores à Independência também tem sido revitalizada. A primeira globalização (no final do século XIX e começo do século XX) continua atraindo a atenção dos pesquisadores, que a têm estudado sob múltiplos pontos de vista, contrastando-a com a segunda globalização (nas três últimas décadas do século XX). Da mesma forma, o período da industrialização dirigida pelo Estado – termo que preferimos em vez do mais usado e imperfeito industrialização substitutiva de importações – tem sido observado e reavaliado à luz de desenvolvimentos anteriores e, especialmente, posteriores. Parece claro que estamos vivendo hoje uma conjuntura que oferece novos elementos para avaliarmos os resultados alcançados com a recente reorientação das economias para o mercado e a segunda globalização.

Um elemento particularmente importante a ser destacado nas pesquisas recentes sobre a história econômica da América Latina é o crescente interesse em analisar a região sob uma perspectiva comparada internacional. O uso dessa abordagem comparativa foi um objetivo central do presente trabalho, não somente porque há necessidade de colocar em perspectiva sucessos e fracassos, mas também porque é preciso pensar a América Latina como uma parte integral da economia mundial ao longo dos dois últimos séculos.

Durante a elaboração deste livro, nós nos beneficiamos de novas séries estatísticas, entre as quais se destacam as séries históricas produzidas recentemente pela CEPAL (Comissão Econômica para a América Latina e Caribe) para o período 1950-2010 e às quais fazemos referência no livro simplesmente como séries históricas da CEPAL. Esses dados foram complementados com trabalhos estatísticos de vários outros autores, incluindo os que realizamos nas áreas de desenvolvimento humano, em termos de troca e preços reais dos produtos básicos, entre outros.

O livro possui seis capítulos. O Capítulo 1 apresenta as principais tendências do desenvolvimento latino-americano em perspectiva comparada.

Acreditamos que aqui são oferecidos novos elementos e interpretações, abrangendo um conjunto amplo de temas: população, renda *per capita*, volatilidade e sua relação com os padrões de especialização e acesso irregular aos mercados de capitais, distribuição da renda e desenvolvimento humano.

Cada um dos quatro capítulos seguintes aborda períodos razoavelmente extensos, procurando assim enfatizar os processos de longa duração. O Capítulo 2 discute as décadas posteriores à Independência até 1870. O Capítulo 3 aborda a etapa do desenvolvimento primário-exportador, que vai aproximadamente de 1870 a 1929 e coincide com a chamada primeira globalização. Nesse capítulo dá-se ênfase especial às particularidades do complexo período entre 1914 a 1929. O Capítulo 4 abrange a industrialização dirigida pelo Estado (1829-1980), que inclui subperíodos bastante distintos, como as conjunturas da Grande Depressão, da Segunda Guerra Mundial, e do período mais clássico da industrialização que se estende até 1980, embora com experiências precoces de ruptura em alguns países daquele padrão de desenvolvimento. O Capítulo 5 apresenta informações sistematizadas até 2010, abordando suas variadas conjunturas, como a década perdida, os processos de liberalização e reformas estruturais, a crise financeira de final do século XIX, e a expansão que precedeu a Grande Recessão mundial de 2008-2009.

Em todos esses períodos, procuramos encontrar um equilíbrio difícil entre a observação de elementos comuns que nos permitam ver a América Latina como uma região com suas próprias especificidades históricas (econômicas, políticas e culturais), e a identificação das importantes diferenças existentes no interior dessa comunidade de países. Desta forma, tentou-se formular diferentes tipologias cujo conteúdo se altera em diferentes períodos para melhor captar suas especificidades. De qualquer forma, a preferência foi a de oferecer um enfoque genuinamente comparativo que permitisse situar as experiências nacionais no contexto da história econômica regional, em vez de meramente adicionar experiências nacionais. Os casos individuais dos países são apresentados, portanto, como ilustrações de uma história econômica regional.

O último capítulo apresenta um breve balanço histórico, com algumas considerações sobre os principais desafios enfrentados pela região à luz de sua história.

Nosso objetivo, assim, é o de oferecer ao leitor uma interpretação de dois séculos de desenvolvimento econômico da América Latina baseada em evidências empíricas rigorosas e que combine uma tentativa de identificar padrões comuns com o reconhecimento da diversidade interna da região.

Queremos finalmente expressar nosso agradecimento a todos aqueles que, de uma forma ou de outra, tornaram possível este trabalho. Nós somos especialmente gratos à Secretaria Geral Ibero-Americana, ao seu Secretário Geral, Enrique Iglesias, e à Fundação Carolina, pelo apoio dado à pesquisa inicial que levou à publicação de uma primeira versão deste livro, em espanhol, com o título *Desarrollo, Vaivenes y Desigualdad: una historia económica de América Latina desde la Independencia*. Esta nova versão foi enriquecida pelos comentários e contribuições de vários colegas e incorpora grande número de aperfeiçoamentos, extensões e correções das bases estatísticas utilizadas na versão de 2010 do livro.

Sebastian Fleitas e Ariane Ortíz deram uma assistência valiosa. Nós somos gratos também a Jorge Álvarez, Reto Bertoni, Melissa Hernández, Jonhatan Melagón, Eliana Rubiano, Javier Rodríguez Weber, Gustavo Saquier, Sabrina Siniscalchi y Juliana Vallejo, na construção de estatísticas, no levantamento bibliográfico, na discussão dos temas e leitura de versões preliminares deste trabalho. Mariángela Parra-Lancourt atualizou as séries de preços reais de produtos básicos desde 1865 até o presente.

Foram muito valiosos os comentários e as informações oferecidos por José Antonio Alonso, Ricardo Bielschowsky, John Coatsworth, Renato Colistete, Robert Devlin, Aldo Ferrer, Jorge Gelman, Pablo Gerchunoff, Karl Jaspers, Sandra Kuntz-Ficker, Bethania Lima, Eduardo Lora, Héctor Pérez Brignoli, Gabriel Porcile, Carmen Reinhart, Antonio Tena e Jeffrey Williamson, entre muitos outros com os quais discutimos aspectos pontuais.

Luis Bértola agradece igualmente o apoio do Fundo Clemente Estable do Ministério de Educação e Cultura do Uruguai.

Esperamos que esta obra seja útil aos estudantes de história econômica, economia e problemas do desenvolvimento em geral, estudantes estes que sempre foram um grande estímulo para nosso trabalho.

SUMÁRIO

CAPÍTULO 1

A AMÉRICA LATINA NA ECONOMIA MUNDIAL, 1810-2010

Introdução

Todos aqueles que já escreveram sobre a história econômica da América Latina inicialmente se perguntaram se é possível generalizar a respeito de um continente tão amplo, que, de norte a sul, com as diferenças climáticas que isso impõe, é marcado por vastos acidentes geográficos, como cordilheiras, desertos e florestas, e exibe uma variedade enorme de cenários associados à geografia, ao clima e aos recursos naturais. Nesses ambientes também se desenvolveram culturas diferentes, que por seu turno passaram por mudanças radicais causadas pela colonização, emigração e imigração (voluntária e involuntária), comércio e transferência de tecnologia.

Apesar de todas essas ressalvas, acreditamos ser possível falar de uma história econômica da América Latina e discernir uma série de características comuns compartilhadas pelos países latino-americanos, com base nas quais se pode entender sua trajetória econômica e social. Neste capítulo tentaremos apresentar algumas das características que julgamos mais essenciais. No entanto, buscaremos matizar essas generalizações em dois sentidos. Por um lado, tentaremos capturar o que há de particular na América Latina e o que ela também compartilha com outras regiões do mundo, ou seja, tentaremos distinguir quais os traços do desenvolvimento da América Latina são universais e quais não o são. Por outro lado, e sem prejuízo do geral, buscaremos questionar e apresentar matizes, tipologias, diferenças, que constituem a diversidade da região. Contudo, limitações de espaço e de informações disponíveis, além de nossas próprias limitações, não nos permitirão tratar por igual os diferentes países e regiões.

Ao longo deste livro procuraremos mostrar como as diferentes partes da América Latina se comparam com o resto do mundo. Nossa região não forma parte daquilo que atualmente chamamos de "mundo desenvolvido". Nenhum de nossos países alcançou níveis de vida, educação, competitividade e desenvolvimento tecnológico suficientemente homogêneos e elevados a ponto de ser considerado desenvolvido. No entanto, a ausência dessa grande transformação, a persistência da pobreza e da desigualdade, não impediu nossa região de crescer e melhorar suas condições de vida e de desenvolvimento humano. Embora alguns países latino-americanos continuem sendo muito pobres e grandes segmentos de suas populações permaneçam alijados dos resultados do desenvolvimento econômico e social moderno, a América Latina é uma região que alcançou realizações importantes, que passou por mudanças econômicas, sociais e políticas significativas, que mostram que sua trajetória de desenvolvimento a permitiu atingir, em conjunto e em certas áreas, uma situação intermediária em escala mundial.

Do ponto de vista de sua estrutura produtiva, e a despeito do progresso notado anteriormente, algumas características vêm-se mantendo de forma duradoura. Desde os tempos da Conquista, passando por diversos momentos de reformulação de seus laços com a economia mundial, o grosso dos países da América Latina não conseguiu superar plenamente um padrão de especialização produtiva baseado na exploração dos recursos naturais, mesmo quando alguns países conseguiram diversificar suas estruturas produtivas e alcançar mercados internacionais de manufaturados e serviços. Além das flutuações e circunstâncias diversas para diferentes bens, esse padrão de especialização produtiva inibiu a América Latina de alcançar os segmentos tecnologicamente mais dinâmicos do mercado mundial ou aqueles com crescimento mais robusto da demanda. Esse padrão de especialização, em conjunto com o acesso marcadamente cíclico aos mercados de capitais, também contribui para explicar a alta volatilidade do crescimento econômico da região, que é em si mesma uma ameaça para o desenvolvimento.

Não obstante, esse padrão de especialização produtiva, que difere do padrão mais intensivo em capital e em tecnologia dos países desenvolvidos e do padrão inicialmente mais intensivo em trabalho, mas com crescente conteúdo tecnológico, dos países do Leste Asiático, não é por si explicação suficiente para que a América Latina não seja uma região desenvolvida. É apenas uma expressão desse quadro. Outros países e regiões lograram dar início a transformações profundas apoiando-se na disponibilidade de recursos naturais. Com distintos graus de sucesso em diferentes etapas de suas trajetórias, os Estados Unidos, assim como o Canadá, a Austrália, a Nova Zelândia (um grupo de países que denominaremos aqui, utilizando a terminologia de

Maddison, de "Western offshoots") e os países nórdicos europeus constituem exemplos de nações que aproveitaram seus recursos naturais para se colocarem em caminhos de desenvolvimento mais bem-sucedidos do que aqueles que foram seguidos pelos países latino-americanos. Igualmente, os países do Leste Asiático que basearam seu desenvolvimento na abundância de mão de obra, com algumas semelhanças com certas regiões da América Latina, conseguiram em décadas recentes experimentar processos de crescimento sustentado e melhoria na qualidade de vida muito superiores ao realizado nas nações latino-americanas. Por outro lado, o limitado desenvolvimento econômico e a insuficiente diversificação produtiva da América Latina têm tornado particularmente difícil a manutenção de políticas amplas de bem-estar.

Isso nos leva a perguntar quais são os fatores que têm inibido a América Latina na realização de transformações mais radicais de sua economia e de sua sociedade e na obtenção de uma elevação mais consistente na qualidade de vida de toda a sua população. As respostas a essas perguntas não podem ser encontradas em uma análise puramente econômica. O desenvolvimento econômico é o resultado de um conjunto complexo de relações sociais, culturais, políticas e do seu relacionamento com o seu espaço geográfico. Nas teorias de desenvolvimento econômico há um debate clássico sobre o papel das instituições e sobre os determinantes últimos do desenvolvimento institucional. As estruturas sociais, a distribuição do poder e da riqueza, o papel e a força das elites e os processos complexos e dolorosos de conformação dos Estados nacionais, que em muitos casos permaneceram endemicamente frágeis, conjugados com a herança colonial e com as dificuldades econômicas e políticas da inserção internacional dos Estados independentes, são fatores determinantes e que têm relação com os sucessos e fracassos da experiência latino-americana.

A América Latina na economia mundial: convergência e divergência do PIB *per capita*

As estatísticas históricas disponíveis sobre a evolução do Produto Interno Bruto (PIB) da América Latina são muito frágeis e não nos permitem fazer afirmações categóricas, especialmente a respeito do século XIX e dos anteriores. Nas Tabelas A.1 e A.2, no Apêndice Estatístico, apresentamos uma nova base de séries históricas da América Latina, construídas a partir de diversas fontes, entre as quais predominam as estimativas da Comissão Econômica para a América Latina e o Caribe (CEPAL) de 1950 em diante e as compilações de Angus Maddison para períodos mais remotos, baseadas por sua vez em estimativas parciais da CEPAL, de outros autores e de sua própria autoria. Essa nova base de dados, que adota como referência os marcos comparativos internacionais de Maddison de 1990, está expressa em dólares internacionais daquele ano. Os resultados diferem, em alguns casos de maneira expressiva, daqueles da base de Maddison. Uma síntese dos resultados é apresentada na Tabela 1.1.

Considerando esses dados com a devida cautela, pode-se sustentar que o PIB *per capita* da América Latina flutuou ao longo dos últimos séculos em torno da média mundial, com três grandes fases: uma deterioração no período de vida independente até aproximadamente 1870 (ainda que apenas em relação ao mundo industrializado, que aqui denominaremos simplesmente como "Ocidente"), uma melhoria relativa em 1870-1880 (embora com flutuações) e uma nova deterioração posterior. A América Latina foi, ao lado da periferia europeia, capaz de inserir-se cedo na onda de desenvolvimento econômico moderno e de fazer parte de uma espécie de "classe média" do mundo.

Contudo, uma comparação da América Latina com o Ocidente mostra uma tendência de deterioração de longo prazo que foi determinada por duas quedas, das quais a região não foi capaz de recuperar-se posteriormente. O hiato em relação ao Ocidente ampliou-se antes de 1870 e durante a "década perdida" de 1980. Por outro lado, seu crescimento superou claramente o da África até a atualidade e o da Ásia até meados do século XX. Cabe ressaltar, contudo, que desde 1980 ocorreu o oposto (e de forma muito significativa) quando se tem em vista uma comparação entre América Latina e Ásia.

Recentemente, em uma tentativa de entender o crescimento econômico divergente entre as nações tem-se utilizado os conceitos de "pequena divergência" e "grande divergência" em relação ao mundo industrializado. As economias ocidentais viveram uma transformação importante, passando de um padrão de baixo crescimento econômico entre 1500 e 1820, no qual a expansão explicava-se principalmente pelo aumento da população e, em menor medida, pelo crescimento do PIB *per capita*, a outro padrão, no qual, desde aproximadamente 1820, o aumento do PIB *per capita* claramente superou o aumento da população (Figura 1.1). Durante o primeiro período, o "restante do mundo"[1] (que abrange o que hoje se considera o mundo desenvolvido, incluindo a América Latina) cresceu exclusivamente de maneira extensiva, mas a taxas menores que as do Ocidente, dando lugar à chamada

[1] Excluímos do "restante do mundo" o "Ocidente ampliado" que, além do que chamamos de "Ocidente" (os líderes mundiais do processo de industrialização, grupo formado pelas principais potências europeias e os "Western offshoots"), inclui outras economias da Europa Ocidental e Japão, que mais tarde se uniram ao grupo de líderes.

TABELA 1.1. PIB *per capita*, população e PIB 1500-2008: médias regionais e em relação à média mundial

	1500	1820	1870	1913	1929	1940	1950	1973	1980	1990	2008
PIB *per capita* (dólares)											
Ocidente	776	1.231	2.155	4.194	5.247	5.695	6.740	13.963	15.903	19.500	26.369
Ocidente ampliado	702	1.102	1.877	3.671	4.590	4.991	5.642	13.067	14.950	18.750	25.285
Resto do mundo	538	578	602	859	924	1.073	1.092	2.064	2.371	2.711	4.900
América Latina	416	684	772	1.540	2.076	1.993	2.442	4.451	5.441	5.067	7.118
Resto do mundo sem América Latina	544	575	599	820	865	1.003	962	1.804	2.038	2.453	4.670
Mundo	566	672	880	1.538	1.789	1.958	2.108	4.083	4.512	5.150	7.614
Razões											
América Latina/Ocidente	0,54	0,56	0,36	0,37	0,40	0,35	0,36	0,32	0,34	0,26	0,27
Hiato Ocidente-América Latina	360	547	1.383	2.654	3.171	3.702	4.298	9.512	10.462	14.433	19.251
Hiato/PIB *per capita* América Latina	0,86	0,80	1,79	1,72	1,53	1,86	1,76	2,14	1,92	2,85	2,70
PIB *per capita* (média mundial =1)											
Ocidente	1,37	1,83	2,45	2,73	2,93	2,91	3,20	3,42	3,52	3,79	3,46
Ocidente ampliado	1,29	1,92	3,13	4,48	5,31	4,98	5,87	7,24	7,34	7,64	5,41
Resto do mundo	0,99	1,01	1,01	1,05	1,07	1,07	1,14	1,14	1,16	1,11	1,05
América Latina	0,76	1,19	1,29	1,88	2,40	1,99	2,54	2,47	2,67	2,07	1,52
Resto do mundo sem América Latina	1,00	1,00	1,00	1,00	1,00	1,00	1,00	1,00	1,00	1,00	1,00
Mundo	1,04	1,17	1,47	1,88	2,07	1,95	2,19	2,26	2,21	2,10	1,63

Continua

TABELA 1.1. PIB *per capita*, população e PIB 1500-2008: médias regionais e em relação à média mundial (*Continuação*)

	1500	1820	1870	1913	1929	1940	1950	1973	1980	1990	2008
População (milhões)											
Ocidente	51	126	208	339	375	401	434	553	577	612	695
Ocidente ampliado	75	175	268	424	479	520	566	720	756	801	891
Resto do mundo	363	866	1.008	1.369	1.599	1.780	1.962	3.203	3.684	4.468	5.804
América Latina	18	22	40	81	107	130	165	308	360	442	580
Resto do mundo sem América Latina	345	845	967	1.288	1.492	1.650	1.797	2.896	3.323	4.026	5.223
Mundo	438	1.042	1.276	1.793	2.078	2.299	2.528	3.923	4.440	5.269	6.695
PIB (bilhões)											
Ocidente	40	155	449	1.423	1.967	2.286	2.922	7.723	9.168	11.943	18.337
Ocidente ampliado	53	193	503	1.557	2.197	2.593	3.193	9.402	11.296	15.020	22.536
Resto do mundo	195	507	619	1.201	1.519	1.910	2.137	6.613	8.734	12.114	28.438
América Latina	7	13	29	117	194	243	385	1.314	1.896	2.158	3.954
Resto do mundo sem América Latina	188	492	587	1.076	1.313	1.655	1.721	5.224	6.774	9.874	24.392
Mundo	248	700	1.122	2.758	3.716	4.503	5.329	16.015	20.030	27.134	50.974
PIB América Latina/PIB Mundo	2,9%	1,9%	2,6%	4,2%	5,2%	5,4%	7,2%	8,2%	9,5%	8,0%	7,8%

Nota: valores em dólares de 1990.
"Ocidente": 12 países da Europa Ocidental, Austrália, Canadá, Estados Unidos e Nova Zelândia.
"Ocidente ampliado": 30 países da Europa Ocidental, Austrália, Canadá, Estados Unidos, Nova Zelândia e Japão.
Fonte: elaboração própia com base em Maddison (2009) e Apêndice Estatístico, Tabelas A.1 e A.2.

"pequena divergência", um processo ao fim do qual as diferenças nos níveis de renda *per capita* ainda pareciam pequenas comparadas com as atuais. Durante o segundo período, embora as taxas de crescimento tenham se acelerado também no "restante do mundo", o incremento de seu PIB *per capita* foi no longo prazo correspondente a apenas um terço do incremento do PIB do Ocidente, dando lugar à chamada "grande divergência", ao término da qual as diferenças nos níveis de renda *per capita* revelaram-se muito acentuadas.

FIGURA 1.1. Taxas de crescimento da população e PIB *per capita* mundial, 1500-1820 e 1820-2008

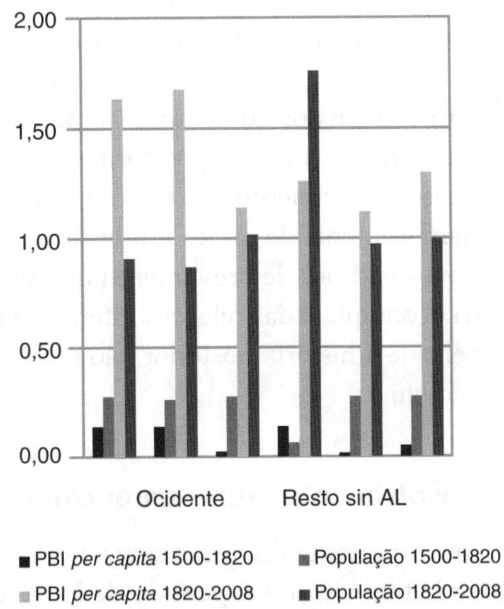

Fonte: Tabela 1.1.

Desde o ciclo das independências até nossos dias, a América Latina parece haver seguido um padrão de crescimento similar ao do "restante do mundo", registrando uma aceleração das taxas de crescimento, ainda que determinada a partir dos mesmos fatores: o crescimento da população explicaria 60% do total do crescimento econômico, enquanto as taxas anuais de crescimento do PIB *per capita* da América Latina chegaram a somente três quartos das taxas do Ocidente. Entre 1820 e 2008, o hiato entre a América Latina e o Ocidente passou de 0,8 a 2,7 vezes o PIB *per capita* da América Latina ou, em outras palavras, a região passou a ter de pouco mais da metade do PIB do Ocidente para pouco mais de uma quarta parte.

É muito difícil e arriscado falar dos níveis de renda do período colonial, da mesma forma que são muito discutidos os números da evolução populacional. Se nos guiássemos pelos frágeis pressupostos de Maddison, deveríamos concluir que existia um hiato substancial entre a América Latina e o Ocidente durante o período colonial, ainda que esse hiato não se tenha ampliado de maneira significativa durante essa era e, no caso de alguns países como o México, possa ter sido muito pequeno em algum momento. Nos primeiros anos da colonização ocorreu uma drástica queda nos níveis de vida, particularmente na expectativa de vida. Mas depois, progressivamente, os que sobreviveram à conquista e aos colonizadores tiveram certa recuperação da renda, o que deve ter contribuído para que o hiato ao final do período colonial não fosse muito maior do que o observado no começo dessa época.

Resumidamente, enquanto o Ocidente crescia de maneira extensiva e relativamente lenta, o hiato entre o Ocidente e a América Latina não era pequeno, mas não se ampliava. Quando o Ocidente mudou seu padrão de crescimento para outro com maior aumento da produtividade, a América Latina retardou-se ainda mais e a defasagem tornou-se muito significativa, apesar de ter acelerado seu crescimento. Portanto, embora o hiato original e a herança colonial sejam um tema de muito interesse, a partir da Revolução Industrial surgiram novos padrões de crescimento que transformaram radicalmente o cenário da economia e das relações internacionais. Por isso, dificilmente pode-se dizer que a história posterior não é mais do que o reflexo das condições da era colonial.

As etapas do desenvolvimento latino-americano

Há atualmente uma importante discussão sobre a consistência da afirmação de que a América Latina viveu um período de longo retardo depois da Independência como consequência principalmente dos conflitos e da instabilidade política internos, e que essa situação não se alterou até a chamada primeira globalização.[2]

Esse debate será tratado em detalhe no próximo capítulo. Como será visto, a ideia geral de que as primeiras décadas posteriores à Independência não foram boas em termos econômicos, relativamente aos países do mundo hoje desenvolvido, é ainda válida. É verdade que quando se olha mais de perto, há

[2] Note-se que seguimos aqui a tendência recente de denominar a expansão econômica mundial do século XIX e começos do XX como a "primeira globalização". Outros autores preferem utilizar este conceito para referir-se àquela que deu origem, no século XVI, à conquista e colonização da América. Mas se se entende "globalização" como o processo de integração dos mercados, a anterior ao século XIX (e inclusive a finais do século XIX) não teve essa característica e esteve marcada mais por forças política e militares do que econômicas.

significativas diferenças até mesmo entre regiões de um mesmo país. Entre 1820 e 1870, o hiato entre a América Latina e o Ocidente cresceu de 0,8 para 1,8 vezes o PIB *per capita* da primeira. Enquanto alguns países e antigas colônias de outras regiões do mundo (as do "Western offshoots") cresciam rapidamente e se aproveitavam da grande expansão do Ocidente, e mesmo não sendo a América Latina uma economia estagnada ou imóvel, em termos de desempenho comparativo diante das economias mais dinâmicas e em termos das promessas geradas pela Independência de regiões tão ricas em recursos naturais, as primeiras décadas da independência aparecem como uma oportunidade perdida.

Entre 1870 e 1980, em contextos muito diferentes e com algumas flutuações, a América Latina melhorou sua posição em relação à média mundial, o que contrasta com a queda, até meados do século XX, do "restante do mundo" (excluindo o Ocidente ampliado e a América Latina). Além disso, a participação da América Latina na produção mundial ampliou-se continuamente: de 2,6% em 1870 para 5,2% em 1929 e 9,5% em 1980 (ver a última linha da Tabela 1.1). Ainda assim, a região não foi capaz de reduzir a distância em relação ao Ocidente. O hiato entre a América Latina e o Ocidente manteve-se relativamente estável ao longo desse período, tendo inclusive aumentado ligeiramente em alguns subperíodos, sobretudo entre 1950 e 1973, quando as economias ocidentais bateram seus recordes históricos de crescimento na denominada "idade de ouro" do capitalismo, ao mesmo tempo em que a região viveu uma explosão demográfica, com as economias regionais líderes enfrentando dificuldades para crescer (ver adiante). Mais precisamente, o hiato ampliou-se em relação às economias de nova colonização ("Western offshoots"), mas se reduziu em relação à Europa industrializada até 1929, ocorrendo o oposto depois da Segunda Guerra Mundial.

Esse longo período corresponde, no entanto, a duas fases inteiramente diferentes, não apenas em termos da história latino-americana, mas também da mundial. A primeira fase compreende a primeira globalização e, na América Latina, a uma etapa de expansão primária-exportadora. A primeira globalização começou a enfraquecer-se em muitos sentidos a partir da Primeira Guerra Mundial e sofreu colapso definitivo durante a Grande Depressão dos anos 1930. A partir daí, inicia-se uma nova fase do desenvolvimento latino-americano, que denominaremos de "industrialização dirigida pelo Estado". No plano internacional, essa fase começa com uma crise profunda da economia mundial, mas termina com a gestação da segunda globalização a partir da década de 1960.

Desde 1980 até a atualidade, a América Latina não apenas perdeu posições em relação às economias desenvolvidas, mas também iniciou um processo de deterioração em relação à média mundial. Enquanto muitas nações, especialmente na Ásia, tiveram um rápido crescimento econômico, a América Latina exibiu um dinamismo significativamente menor. Como resultado, a região perdeu participação na produção mundial: de 9,5% em 1980 para 7,8% em 2008.

Podemos resumir, então, o desempenho da América Latina como sendo marcado por uma dualidade: um maior desenvolvimento do que a média mundial, excetuando as primeiras décadas posteriores à Independência e as últimas décadas do século XX e a primeira década do século XXI, mas um hiato em relação aos países do Ocidente que não só nunca se reduziu, mas mesmo se ampliou durante as duas fases de retrocesso relativo antes mencionadas e, em menor medida, durante a "idade de ouro" posterior à Segunda Guerra Mundial.

Esse panorama desigual e algo decepcionante não significa, contudo, estagnação ou inércia. Desde a Independência a renda *per capita* da região multiplicou-se por 11; se a isso somarmos o aumento da população, o PIB multiplicou-se por 284, enquanto no Ocidente multiplicou-se apenas por 118.

O crescimento foi acompanhado por profundas transformações estruturais, institucionais e políticas. O dinamismo desse crescimento pressupôs transformações profundas que também terminaram por afetar radicalmente a forma de vida, a cultura e a qualidade de vida da população. E essas transformações vinculam-se tanto às condições nacionais quanto às internacionais.

Tal processo ocorreu também em meio a grandes desigualdades no interior da região. Já em 1820 havia diferenças acentuadas. Até aproximadamente 1913, a tendência foi de crescente desigualdade entre os países latino-americanos, processo que segundo Gelman (2011) teria começado desde os primórdios da era independente. A Argentina e o Uruguai apresentaram rendas elevadas desde as épocas iniciais. O Chile passou a integrar o grupo de altas rendas já em 1870, da mesma forma que Cuba.

A partir da década de 1910 ocorre, no entanto, uma mudança de tendência, devido ao lento crescimento dos países de altas rendas e à rápida expansão de alguns países como Brasil, México, Colômbia e Venezuela, entre aqueles de maior tamanho, e Costa Rica e Panamá, entre os pequenos. Como resultado do declínio dos países mais bem-sucedidos do século XIX e início do XX, e do surgimento desses novos centros de dinamismo, produziu-se, como veremos, uma convergência. Não obstante, um grupo expressivo de países de baixa renda relativa continuou atrasado.

A história posterior a 1980 é igualmente heterogênea: dentro de um padrão geral de desaceleração algumas economias tiveram destaque, em especial as do Chile e da República Dominicana, e em certos subperíodos, algumas outras (Colômbia durante a "década perdida" dos anos 1980 e Peru na primeira década do século XXI). O resultado foi de convergência do PIB *per capita* dos países até 1990 e logo em seguida uma nova etapa de crescente divergência.

Uma tipologia para a análise dos países latino-americanos

É bastante difícil definir uma tipologia dos países latino-americanos que seja igualmente útil e pertinente para explicar seu desempenho ao longo destes 200 anos de vida independente. Algumas características podem ter sido mais decisivas no período colonial, mas os próprios processos de crescimento econômico, mudança estrutural e transformação social fazem com que novos aspectos adquiram relevância e capturem melhor as diferenças existentes. Assim, uma tipologia pode ser pertinente em um período, mas perder capacidade analítica no seguinte. Para tornar as questões ainda mais difíceis, ao tentar analisar os diferentes países e seu desempenho, nem sempre a informação disponível garante um bom tratamento dos diferentes casos. A existência de países grandes, com diferenças regionais acentuadas, e a falta de informação desagregada, constituem outra dificuldade.

Mesmo assim, existem algumas especificidades de países e regiões distintos que perduraram através do tempo e ainda hoje têm certo poder explicativo.

Partindo da abordagem de Cardoso e Pérez Brignoli (1979), as sociedades latino-americanas foram formadas a partir do encontro e da interação, no território americano, de três sociedades: as nativas pré-colombianas, as europeias e as africanas. Do seu encontro em diferentes contextos sociais e meio ambientes surgem três grandes tipos de sociedades coloniais, que podem ser entendidas como manifestações da sociedade europeia dominante, mas que desenvolvem características próprias e específicas. Inspirados por esses autores, que por sua vez basearam-se em outras tentativas de construção de tipologias (Furtado, 1974; Sunkel e Paz, 1976; Cardoso e Faleto, 1971),[3] utilizaremos os seguintes critérios:

a) O tipo de poder colonial. Este tem sido um critério muito debatido, especialmente na tentativa de diferenciar as colônias de países fortemente mercantilistas, como Espanha e Portugal, daquelas colônias principalmente inglesas. Embora seja verdade que nenhuma ex-colônia portuguesa ou espanhola seja hoje um país desenvolvido, há

[3] Para uma discussão sobre as tipologias, ver Bértola e Williamson (2006).

muitos exemplos de ex-colônias inglesas, holandesas, francesas e belgas que hoje não são países desenvolvidos. Ainda que esse aspecto não deixe de ter importância, não é tão decisivo como pretendido por, entre outros, Landes (1999). Também surgiram reações contrárias a essa caracterização, como se se tratasse mais de um traço genético de determinadas populações do que de qualidades historicamente específicas de distintas sociedades. A hispanidade não é incompatível com o desenvolvimento. Para nosso atual estudo, a diferença relevante dá-se entre as colônias espanholas e o Brasil.

b) O tipo de mercado a que se vincula cada sociedade. Podemos fazer uma distinção aqui entre economias de exportação, economias subsidiárias das economias de exportação, mercados nacionais e, finalmente, zonas de fronteira ou marginais. Essas atividades não ocupam, necessariamente, espaços diferenciados, mas antes podem sobrepor-se, ainda que em proporções e formas diferentes, em cada país ou região.

c) O tipo de produto predominante, em particular na atividade exportadora: centros de mineração, produção agrícola ou extração florestal. Relativamente aos produtos agrícolas, é importante a diferença entre os de clima temperado e os de clima tropical, tanto em razão da natureza de seus processos de produção, quanto devido às relações de concorrência ou complementaridade implícitas frente aos mercados de destino. De fato, os diferentes produtos possuem especificidades que determinam as possíveis trajetórias tecnológicas e de organização social, ainda que não se trate de um determinismo estrito dos recursos sobre os aspectos tecnológicos e institucionais, ao estilo do que é apresentado em algumas visões muito influentes nos últimos anos (Engerman e Sokoloff, 1997). No entanto, é inegável que diferentes produtos oferecem diferentes possibilidades de encadeamentos produtivos para a frente e para trás. Por sua vez, os mercados aos quais se destinam, e com os quais competem, apresentam diferentes estruturas, desde alguns que ostentam monopólios ou oligopólios, geralmente por períodos limitados (nitratos, café, borracha), até produtos que competem com a agricultura dos países desenvolvidos, que apresentam certa escassez de recursos naturais e maior nível de remuneração da mão de obra (trigo, milho, carnes, lãs) (ver Lewis, 1969 e 1982; Bértola e Williamson, 2006). Em particular, o que vai adquirir crescente importância é a capacidade das diferentes economias de transformar sua estrutura exportadora, aumentando o valor agregado e a sua diversificação, o que determina as características de sua balança comercial segundo o conteúdo tecnológico e as bases da competitividade dos produtos exportados e importados. Não obstante, também será de grande importância a evolução da estrutura de produção do mercado interno, ou seja, as mudanças na estrutura do consumo e da produção. Neste sentido, o avanço da industrialização e o desenvolvimento dos serviços modernos serão indicadores-chave das características produtivas.

d) Um critério central corresponde às diferentes transições até a constituição do mercado de trabalho assalariado típico das economias capitalistas modernas e que hoje predomina em toda a região. Embora todos os países tenham convergido para esse tipo de relação trabalhista, as origens foram muito distintas e deixaram marcas profundas nas diferentes sociedades que são ainda hoje perceptíveis nas relações trabalhistas e nas modalidades de inserção internacional. Cardoso e Pérez Brignoli distinguiram três grandes transições: i) As das zonas que denominaremos "indo-europeias", caracterizadas por uma forte presença de população indígena e mestiça, principalmente nas áreas centrais do desenvolvimento das civilizações pré-colombianas e que irão constituir o eixo da estrutura colonial, combinando "*hacienda*", comunidades camponesas indígenas e mineração. Algumas dessas zonas tiveram diversas formas de trabalho forçado até uma época já avançada do século XX. ii) As sociedades com forte presença de afro-descendentes, que denominaremos de "euro-africanas", predominantes em áreas particularmente adequadas para a agricultura tropical (mas também em algumas áreas de mineração), onde a importância de escravos, o desenvolvimento da economia escravista e o complexo processo de abolição da escravidão foram determinantes. iii) Finalmente, as sociedades "euro-americanas", em regiões temperadas de baixa concentração de população original e cuja expansão demográfica baseou-se na imigração europeia.

e) Por último, o tamanho é uma variável de importância. Particularmente, com o início do século XX os avanços nos processos de transformação social, de industrialização e de diversificação produtiva, o tamanho dos países parece haver adquirido um papel importante, uma vez que determina as possíveis escalas de produção e suas implicações dinâmicas e suas oportunidades de diversificação produtiva. Será visto adiante como esse aspecto pode ter um valor explicativo importante no desenvolvimento dos distintos países, especialmente durante a fase de industrialização dirigida pelo Estado.

Da combinação desse conjunto de critérios surge uma variedade de possíveis realidades e trajetórias. Inclusive em países relativamente grandes pode-se constatar a presença simultânea de muitas dessas características, que se combinam de maneira específica. Este é notoriamente o caso de Brasil, Colômbia e México. Mesmo países pequenos como o Equador combinam situações diversas, como a fazenda tropical na costa e as típicas estruturas das sociedades com forte presença indígena nas serras. Por isso, toda tentativa de realizar uma identificação plena dessas características com países específicos está condenada à imprecisão.

Ainda assim, com a combinação dos critérios c e d é possível definir uma primeira aproximação a uma tipologia que é muito pertinente e que captura uma boa parte das realidades latino-americanas, especialmente até as primeiras metades do século XX. A Tabela 1.2 mostra como os países latino-americanos podem ser classificados com base nesses critérios, com a ajuda de definições *ad hoc* para classificar alguns casos particularmente ambíguos.

Sob o ponto de vista da organização social e produtiva dos diferentes países, é possível definir uma classificação razoável a partir de três categorias: 1. os países dominados pelo complexo "hacienda", comunidade indígena e mineração em sociedades indo-europeias; 2. o complexo dominado pelas fazendas tropicais em sociedades afro-americanas; e 3. o complexo de sociedades euro-americanas dedicadas à produção agrícola de clima temperado ou à mineração. Note-se que falamos de predomínio de determinado tipo de atividade, visto que sempre podemos encontrar uma variedade de circunstâncias em cada país. Inclusive encontramos sociedades predominantemente euro-americanas em regiões tropicais, como na Costa Rica, as regiões de Antioquia e Santander, na Colômbia, nos Andes venezuelanos e a zona do tabaco em Cuba, algumas das quais remontam ao período colonial.

Por outro lado, à medida que avançamos no século XX, já com a transformação do mercado de trabalho, o aumento significativo dos níveis de renda e o crescimento dos mercados internos, as diferenças entre os dois primeiros grupos parecem ser mais relacionadas com o tamanho das economias do que com aquelas diferenças particulares iniciais. Em ambos os casos, perdura uma relativa abundância de mão de obra com remunerações relativamente baixas. Por esse motivo, ao analisar o século XX até a atualidade, adotaremos uma classificação que se define em três categorias: preserva-se o grupo das economias euro-americanas de clima temperado do Cone Sul que outrora foram de nova colonização, mas os outros grupos são reunidos e subdivididos de acordo com seu tamanho: por um lado, as economias grandes e médias (Brasil, Colômbia, México, Peru e Venezuela); por outro lado, o grupo majoritário de economias pequenas.

A Tabela 1.3 indica que, a partir da Independência até 1913, mas especialmente a partir de 1870, ocorre um significativo aumento das disparidades

TABELA 1.2. Uma tipologia das economias da América Latina

	A	B	C	X	Y	Z
	INDO-AMERICANAS	**AFRO-AMERICANAS**	**EURO-AMERICANAS**	**GRANDE**	**MÉDIA**	**PEQUENA**
1. Agricultura de subsistência e mineração						
1.1. Com expressivo núcleo de mineração/exportação						
	Chile				Y	
	Peru				Y	
	México			X		
	Bolívia					Z
	Colômbia				Y	
	Venezuela					
1.2. Sem expressivo núcleo de mineração/exportação						
	Equador					Z
	Paraguai					Z
	Guatemala					Z
	El Salvador					Z
	Honduras					Z
	Nicarágua					Z
2. Agricultura tropical						
		Brasil		X		
		Colômbia			Y	
		Cuba				Z
		República Dominicana				Z
		Venezuela			Y	
		Panamá				Z
			Costa Rica			Z
3. Agricultura de clima temperado						
			Argentina		Y	
			Uruguai			Z
	Chile				Y	

Resumo:

Até 1930

1.A (exceto Chile e Venezuela): Bolívia, Colômbia, Equador, El Salvador, Guatemala, Honduras, México, Nicarágua, Paraguai, Peru

1.B e C: Brasil, Costa Rica, Cuba, República Dominicana, Venezuela, Panamá

3.A e C: Argentina, Chile, Uruguai

Após 1930

1. e 2. Z: Bolívia, Costa Rica, Equador, El Salvador, Guatemala, Honduras, Nicarágua, Paraguai, Peru, Cuba, República Dominicana, Panamá

1 e 2. X e Y: Brasil, Colômbia, México, Peru, Venezuela

3.A e C e 2.C: Argentina, Chile, Uruguai

Destaques: sul do Brasil; norte do México; costa do Peru e Equador; Panamá como um enclave logístico; países centro-americanos possuem agricultura tropical; Costa Rica é Euro-Americana.

Fonte: elaboração própria.

TABELA 1.3. PIB *per capita* dos países latino-americanos, 1820-2010 (dólares internacionais Geary-Khamys de 1990)

	1820	1870	1913	1929	1940	1950	1973	1980	1990	2010
Argentina	998	1.468	3.962	4.557	4.342	5.204	7.966	8.367	6.433	11.820
Bolívia						2.045	2.604	2.695	2.197	2.987
Brasil	597	694	758	1.051	1.154	1.544	3.758	5.178	4.920	6.762
Chile	710	1.320	3.058	3.536	3.312	3.755	4.957	5.660	6.401	13.229
Colômbia	607	676	845	1.589	1.868	2.161	3.546	4.244	4.826	6.982
Costa Rica				1.555	1.733	1.930	4.230	4.902	4.747	7.876
Cuba	695	1.065	2.327	1.688	1.244	2.108	2.313	2.724	2.957	3.997
Equador			815	1.055	1.109	1.607	3.258	4.109	3.903	5.278
El Salvador				1.216	1.298	1.739	2.653	2.454	2.119	3.447
Guatemala				1.613	2.571	1.955	3.140	3.772	3.240	4.172
Honduras				1.544	1.195	1.353	1.715	1.971	1.857	2.464
México	733	651	1.672	1.696	1.788	2.283	4.831	6.164	6.085	7.832
Nicarágua				1.694	1.328	1.564	2.813	2.095	1.437	1.889
Panamá						1.854	4.068	4.824	4.466	9.198
Paraguai					1.569	1.419	2..015	3.218	3.281	3.819
Peru		840	1.024	1.892	1.895	2.289	4.001	4.248	3.008	5.844
República Dominicana						1.071	1.982	2.403	2.471	5.361
Uruguai		2.106	3.197	3.716	3.536	4.501	5.034	6.630	6.465	11.706
Venezuela	460	570	1.010	2.813	2.879	5.310	9.788	10.213	8.313	9.434
Média total	683	790	1.559	1.956	1.993	2.442	4.451	5.441	5.067	7.272
Média "Ocidente"	1.231	2.155	4.194	5.247	5.695	6.740	13.963	15.903	19.500	27.356

Continua

TABELA 1.3. PIB *per capita* dos países latino-americanos, 1820-2010 (dólares internacionais Geary-Khamys de 1990) (*Continuação*)

	1820	1870	1913	1929	1940	1950	1973	1980	1990	2010
Médias ponderadas por grupos de países										
Grupo 1	713	692	1.373	1.963	1.780	2.220	4.163	5.072	4.890	6.674
Grupo 2	588	727	906	1.270	1.351	1.855	4.134	5.392	5.054	6.935
Grupo 3	832	1.461	3.673	4.276	4.065	4.801	6.964	7.540	6.426	12.204
Países médios e grandes			1.071	1.426	1.551	2.035	4.379	5.585	5.307	7.193
Países pequenos						1.663	2.779	3.204	2.941	4.398
Razões										
Média AL/Ocidente	0,55	0,37	0,37	0,37	0,35	0,36	0,32	0,34	0,26	0,27
Grupo 1/Ocidente	0,58	0,32	0,33	0,37	0,31	0,33	0,30	0,32	0,25	0,24
Grupo 2/Ocidente	0,48	0,34	0,22	0,24	0,24	0,28	0,30	0,34	0,26	0,25
Grupo 3/Ocidente	0,68	0,68	0,88	0,81	0,71	0,71	0,50	0,47	0,33	0,45
Países médios e grandes/Ocidente			0,26	0,27	0,27	0,30	0,31	0,35	0,27	0,26
Países pequenos/Ocidente						0,25	0,20	0,20	0,15	0,16
Desvio-padrão (AL7)	166	362	1.226	1.264	1.181	1.562	2.645	2.515	1.678	3.169
Coeficiente de Variação (LA7)	0,24	0,39	0,63	0,52	0,50	0,49	0,50	0,41	0,29	0,37
Desvio-padrão (AL19)						1.289	2.037	2.193	1.914	3.349
Coeficiente de Variação (LA19)						0,53	0,46	0,40	0,38	0,46

Notas:

Grupo 1: Bolívia, Colômbia, Equador, El Salvador, Guatemala, Honduras, México, Nicarágua, Paraguai e Peru.

Grupo 2: Brasil, Costa Rica, Cuba, República Dominicana, Venezuela e Panamá.

Grupo 3: Argentina, Chile e Uruguai

Grupo de países médios e grandes: Brasil, Colombia, México, Peru e Venezuela.

Grupo de países pequenos: Bolívia, Costa Rica, Equador, El Salvador, Guatemala, Honduras, Nicarágua, Panamá, Paraguai, República Dominicana.

"Ocidente": 12 países da Europa Ocidental, Austrália, Canadá, dos Estados Unidos e Nova Zelândia.

AL7: sete maiores economias da América Latina.

AL19: todos os países da América Latina que compõem a amostra.

Fonte: Tabela A.2.

entre os países latino-americanos, expressas pelo coeficiente de variação dos níveis de renda *per capita*. Entre 1913 e 1990, a tendência muda e verifica-se um expressivo processo de convergência, que reverte parcialmente a partir de 1990.

A crescente divergência ocorrida desde a Independência até 1913 relaciona-se ao rápido crescimento dos países mais ricos, o grupo 3, localizados no Cone Sul. Esse grupo alcançou, até 1913, níveis de renda muito próximos à média da região que chamamos de Ocidente, ou seja, o que hoje constitui o mundo desenvolvido. Entretanto, as economias afro-americanas e indo-americanas, de menores níveis de renda, exibiram muito pouco dinamismo econômico, de modo que até 1913 sua renda caiu para aproximadamente 30% do nível alcançado pelos seus vizinhos latino-americanos mais ricos.

O processo de convergência entre os países latino-americanos iniciado em 1913 possui componentes diversos. Por um lado, pode-se constatar a perda de dinamismo dos países do Cone Sul, que se distanciam dos níveis de renda do Ocidente, primeiro de maneira moderada e, a partir dos anos 1950 (em plena "idade de ouro" das economias desenvolvidas), de forma muito acentuada. Somente na última década do século XX ou na primeira do século XXI notam-se alguns sintomas de recuperação relativa. A história de Cuba é ainda mais negativa, uma vez que mostra uma contínua divergência de longo prazo com o mundo industrializado desde os anos 1920, passando da posição de quarta economia em termos de renda *per capita* em 1913 a uma das posições de menor renda relativa. Esse é, inclusive, um processo que ocorre tanto antes quanto depois de sua revolução.

Outro importante aspecto da convergência entre as nações latino-americanas é o bom desempenho dos países médios e grandes fora do Cone Sul. Tais países, depois de se distanciarem do mundo industrializado antes de 1913, convergiram até meados do século XX e mantiveram sua renda relativamente estável em comparação à do mundo desenvolvido durante a "idade de ouro". De maneira geral, esses países recuperaram a partir de 1913, e especialmente durante o período de industrialização dirigida pelo Estado, uma boa parte da diferença que os separava dos países latino-americanos mais ricos. Para o conjunto de países pequenos e mais pobres contamos com informações mais completas apenas a partir de 1950. Esses países, embora sempre tenham tido rendas médias muito inferiores às dos líderes latino-americanos, também conseguiram encurtar a distância em relação a eles até a década de 1970, contribuindo para a queda do coeficiente de variação. Entre eles, os de maior êxito relativo no longo prazo foram a Costa Rica e o Panamá.

A partir de 1990, como já notamos, houve o retorno à tendência divergente do período 1820-1913, mas não é possível determinar se se trata de uma nova tendência que irá perdurar ou se é apenas uma conjuntura histórica particular.

Convergência, divergência e inserção externa

Convergências incompletas e volatilidade

Por trás dos processos de convergência e divergência há outros dois fatos de destaque, relacionados entre si: alguns países latino-americanos passaram por períodos de crescimento muito rápido ("milagres", para utilizar a terminologia que se popularizou com o rápido crescimento brasileiro dos anos 1970) e reduziram sua distância em relação aos países desenvolvidos, mas não puderam sustentar esses processos de convergência; outro aspecto é que toda a região apresenta níveis elevados de volatilidade econômica.

De fato, vários países da América Latina tiveram episódios de crescimento acelerado e alcançaram níveis de renda *per capita* relativamente altos em determinados períodos. No entanto, e até o momento, a regra tem sido a de que esses países não conseguem manter as taxas altas de crescimento depois de determinado momento. Em vez de aproximarem-se dos níveis alcançados pelos países desenvolvidos, tais nações viveram processos de convergência incompleta (Ocampo e Parra, 2007), alternando, portanto, entre regimes de convergência e divergência em relação aos países líderes (Bértola e Porcile, 2006). Alguns desses "milagres" duraram períodos extensos, em particular os da Argentina, nos três decênios anteriores à Primeira Guerra Mundial, da Venezuela, entre as décadas de 1920 e 1960, e os do Brasil e do México, durante os quatro decênios anteriores à crise da dívida de 1980. Essas fases de crescimento foram geralmente seguidas de crises profundas, em razão das quais esses países se afastaram do mundo desenvolvido.

A volatilidade do crescimento econômico foi outra característica destacada das economias latino-americanas. A experiência internacional parece indicar que, quando os países iniciam processos de crescimento econômico acelerado, também ocorre um aumento da volatilidade de dito crescimento. Tal fato pode ser resultado de ciclos do comércio internacional, ciclos industriais, movimentos demográficos e migrações internacionais, flutuações nos fluxos de capital ou, inclusive, da sucessão de diversos estilos e padrões de mudança tecnológica. Por outro lado, quando o desenvolvimento econômico alcança níveis elevados, a volatilidade econômica tende a diminuir, ainda que não a desaparecer, como aconteceu com a grande crise mundial do início do século XXI.

Apesar disso, tudo indica que a volatilidade dos países latino-americanos relaciona-se a outros fatores além das tendências gerais. A Tabela 1.4 apresenta medidas de volatilidade de grupos diferentes de países segundo seu nível de

TABELA 1.4. Volatilidade do crescimento, 1961-2008

	TAXA MÉDIA DE CRESCIMENTO	DESVIO-PADRÃO	COEFICIENTE DE VARIAÇÃO
OECD	3,35	1,66	0,49
Alta Renda: não-OCDE	5,86	3,21	0,55
Renda Média Alta	3,81	2,45	0,64
Renda Média	4,69	1,83	0,39
Renda Média Baixa	5,86	2,39	0,41
Renda Baixa	4,08	1,85	0,45
Renda Mundial	3,64	1,5	0,42
América Latina e Caribe	3,91	2,63	0,67

Fonte: estimativas próprias utilizando taxas de crescimento do PIB (PPP) do *World Development Indicators* do Banco Mundial.

renda para a segunda metade do século (a partir de 1960). Já notamos antes que a América Latina é um conjunto heterogêneo, pois compreende países de renda baixa, média e média alta. Ainda assim, a América Latina em conjunto mostra uma volatilidade maior do que a de qualquer outro grupo de países de níveis similares de renda. Por outro lado, essa alta volatilidade não pode ser vinculada ao crescimento mais rápido da América Latina frente a outras regiões.

É difícil estimar qual parte do limitado dinamismo da economia latino-americana está associada à volatilidade. Não é difícil compreender todos os problemas relacionados à alta volatilidade, em termos de estabilidade social, das empresas, das instituições, da política e das possibilidades de planejamento de investimento de médio e longo prazos. Se os processos de inovação estão fortemente relacionados a sinergias interativas e cumulativas, os processos de acumulação de conhecimento e de inovação veem-se seriamente afetados pela instabilidade econômica. A essas situações somam-se os comportamentos pró-cíclicos dominantes na arrecadação de impostos e da macroeconomia em geral, que tendem a reforçar, mais do que moderar, outras perturbações que afetam a atividade produtiva (Kaminsky, Reinhart e Végh, 2004; Ocampo e Vos, 2008, cap. IV).

Alguns autores (Fanelli, 2008) referiram-se a essa característica da América Latina como "sobrevolatilidade" ("excess volatility"), ou seja, uma volatilidade maior do que aquela vivida por outras economias de nível similar de desenvolvimento econômico.

Um aspecto importante da volatilidade latino-americana advém de sua forma particular de inserção na economia internacional: enquanto que a partir da Revolução Industrial os países industrializados desenvolveram um perfil de especialização e de inserção internacional baseados na intensidade de sua dotação de bens de capital e que os países asiáticos contaram com abundância de mão de obra, ambos crescentemente com a acumulação de conhecimento tecnológico, os países latino-americanos basearam sua inserção internacional principalmente em seus recursos naturais. Estes últimos ficaram expostos a mudanças muito bruscas, tanto de oferta como de demanda, e tiveram uma volatilidade muito grande de preços. Por outro lado, a elevada concentração do comércio exterior em poucos bens aumentou a exposição às mudanças da demanda e dos preços, tornando difícil a adaptação às modificações nas circunstâncias econômicas.

O excesso de volatilidade também se explica pelo fato dos fluxos de capital para os países em desenvolvimento terem um caráter pró-cíclico. Assim observou a análise clássica de Triffin (1968) em relação à primeira globalização, e que voltou a ser constatado na segunda globalização (Ocampo, 2008b). Desta maneira, os ciclos expansivos oriundos do comércio tenderam a ampliar-se em diversos períodos com a entrada de capitais. Quando ocorreram, por outro lado, inflexões na economia internacional, os efeitos negativos da queda da demanda e dos preços dos produtos básicos foram ampliados pela retração, e inclusive reversão, dos fluxos de capital.

A Tabela 1.5 retrata a volatilidade total da América Latina expressa como média ponderada em relação à de todos os países (a informação por país encontra-se na Tabela A.3, no Apêndice Estatístico). As séries estão decompostas em tendência e ciclo, com estimativas de volatilidade de cada um desses componentes. Nota-se que em nenhum desses elementos foi observada uma tendência à redução da volatilidade. Há flutuações na própria volatilidade, com níveis particularmente elevados durante o período entre as duas guerras mundiais, mas esta não parece tender a reduzir-se. A Tabela 1.6 mostra que não há uma correlação clara entre o nível médio de renda e a volatilidade. Tampouco existe alta correlação entre a taxa de crescimento e a volatilidade, ou seja, não importa se o crescimento foi rápido ou lento para que haja mais ou menos volatilidade.

Outra dimensão da volatilidade é a frequência e a intensidade das crises financeiras: as da dívida externa, do balanço de pagamentos (tais como se refletem nos acentuados ajustes da taxa de câmbio) e as bancárias. A parte superior da Figura 1.2 mostra o comportamento acentuadamente cíclico das crises financeiras. Os picos ocorrem em todos os casos de períodos de entradas de capitais, cuja origem, como analisado por uma ampla literatura,[4] está vinculada essencialmente

[4] Ver, em particular, para a América Latina, Bacha e Diaz-Alejandro (1982), Marichal (1989), Stallings (1987) e, para o caso mais específico da crise da dívida dos anos 1980 e seus antecedentes, Devlin (1989). Em nível mundial, ver também o trabalho já clássico de Charles Kindleberger (uma edição recente encontra-se em Kindleberger e Aliber 2005) e o mais recente de Reinhart e Rogoff (2009), cujos dados foram utilizados na elaboração da Figura 1.2.

TABELA 1.5. Volatilidade do PIB e dos termos de troca: América Latina e seu "mundo relevante"

Volatilidade do PIB – América Latina	1870-1913	1914-1944	1945-1980	1980-2008	TOTAL
Associada à tendência	2,4%	3,1%	1,8%	2,4%	2,9%
Associada ao ciclo	3,8%	5,6%	2,7%	2,6%	3,9%
Total	6,2%	8,7%	4,6%	5,1%	6,8%
Volatilidade do PIB – "mundo relevante"					
Associada à tendência	0,8%	4,0%	1,9%	0,6%	2,5%
Associada ao ciclo	1,8%	5,0%	2,9%	0,9%	3,2%
Total	1,7%	9,0%	4,8%	1,5%	5,6%
Volatilidade dos termos de troca					
Associada à tendência	3,3%	5,6%	4,6%	3,9%	4,8%
Associada ao ciclo	6,2%	10,8%	8,1%	8,3%	8,9%
Total	6,1%	16,4%	12,6%	12,1%	13,8%

Notas: O "mundo relevante" refere-se ao crescimento do PIB dos parceiros comerciais (ver texto).
A volatilidade da tendência e do componente cíclico são calculados como o desvio-padrão da taxa de crescimento da tendência e do componente cíclico expresso como percentagem da tendência.
Fonte: Tabela A.3

TABELA 1.6. Determinantes da volatilidade, 1870-2008

	VOLATILIDADE TOTAL	PARTICIPAÇÃO DO PRIMEIRO PRODUTO	MÉDIA DO PIB *PER CAPITA*	TAXA MÉDIA DE CRESCIMENTO	VOLATILIDADE DOS TERMOS DE TROCA
Argentina	7%	23%	5.129	2%	9%
Brasil	5%	54%	2.170	2%	14%
Chile	7%	40%	4.156	2%	13%
Colômbia	3%	49%	2.320	2%	16%
Costa Rica	6%	53%	3.449	2%	13%
Cuba	12%	77%	1.866	2%	10%
Guatemala	7%	70%	1.994	1%	18%
Honduras	8%	64%	2.613	2%	18%
México	5%	43%	1.604	1%	14%
Nicarágua	5%	31%	3.500	2%	9%
Peru	9%	40%	1.797	1%	19%
Salvador	6%	29%	2.548	2%	9%
Uruguai	7%	38%	4.240	1%	14%
Venezuela	8%	63%	4.408	3%	17%
Coeficiente de correlação		0,441	0,013	0,045	0,062

Nota: o coeficiente de correlação é calculado como a correlação cruzada entre as variáveis e a volatilidade total.
Fontes: elaboração própria com base nas Tabelas A.3, 1.7 e A.2.

FIGURA 1.2. Crises econômicas da América Latina, 1820-2008

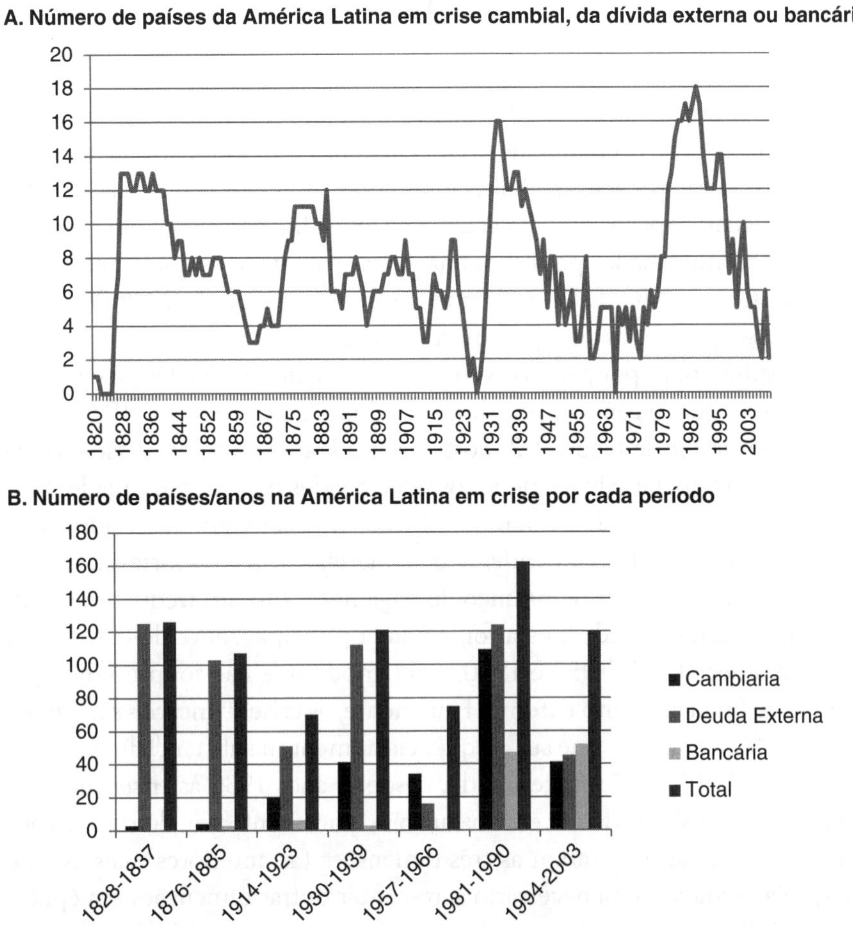

Nota: A definição de crise de acordo com Reinhart e Rogoff é a seguinte:
Crise cambial: uma desvalorização anual frente ao dólar americano (ou a moeda mais relevante) igual ou maior do que 15 por cento.
Crise da dívida externa: não pagamento do principal ou dos juros da dívida.
Crise bancária: corrida ou pânico bancário que levou ao fechamento ou fusão de instituições financeiras por parte do governo.
Se não há corridas bancárias, considera-se a ocorrência de crise bancária quando a ajuda governamental a uma instituição financeira na forma de fechamento, fusão ou mudança na administração leva a episódios similares no setor financeiro.
Fonte: Base de dados de Reinhart e Rogoff (2009) gentilmente cedida pelos autores.

a ciclos de caráter internacional: o auge do financiamento externo posterior à independência; o auge que antecede a crise internacional de 1873 (início de um período de deflação internacional, conhecido na literatura britânica como sua "Grande Depressão"); a Grande Depressão dos anos 1930; a crise da dívida latino-americana dos anos 1980 e a nova sequência de crises do mundo em desenvolvimento que se inicia em 1997 (as duas últimas confundem-se no gráfico como uma crise prolongada). Note-se, ainda, que durante essas crises, quase todos, e em alguns casos todos os 19 países latino-americanos (18 desde os anos 1960, quando se exclui Cuba) foram afetados por uma crise de um ou de outro tipo. O auge da década de 1880 também produziu uma crise financeira internacional, a crise do Baring de 1890, cujo epicentro internacional foi a Argentina, mas cujos impactos regionais foram mais limitados (exceto na Argentina e no Uruguai). Apenas dois dos grandes auges de financiamento internacional não foram acompanhados por crises financeiras na região: os que antecederam a Primeira Guerra Mundial e a Grande Recessão mundial de 2008-2009. No primeiro caso, porém, os anos posteriores ao auge caracterizaram-se pelo abandono do padrão-ouro por parte de vários países, seguindo a tendência europeia, tendência essa que se generalizaria durante a Grande Depressão de 1930.

A parte inferior da Figura 1.2 mostra as mudanças na composição das crises, registrando apenas alguns períodos selecionados de alta intensidade desse fenômeno. Como é possível notar, as crises de dívida externa têm sido o fato mais recorrente na vida independente da América Latina. As fortes desvalorizações associadas a crises de balanço de pagamentos foram frequentes desde a Primeira Guerra Mundial; essa foi, ainda, a principal fonte de crises entre meados das décadas de 1950 e 1960, um período que não foi precedido por um auge de financiamento externo. Finalmente, as crises bancárias são um fenômeno mais recente, já que sua frequência aumentou substancialmente desde a década de 1980. Como resultado, desde os anos 1930 as crises têm sido geralmente "duais" (de dívida e de balanço de pagamentos) e, desde a década de 1980, muitas apresentaram as três dimensões (as anteriores mais as bancárias). Na verdade, seria necessário acrescentar outras dimensões em épocas recentes: inflação alta (embora na América Latina sempre tenha havido forte correlação entre inflação e balanço de pagamentos), colapsos do balanço de pagamentos e, em menor número de casos, crises internas de dívida.[5]

Houve, ainda, convergência entre os ciclos de comércio exterior e os fluxos de capital. Normalmente as crises são produzidas por quedas súbitas das exportações em meio a situações críticas internacionais (1873, 1890, 1913, 1929, 1973, 1979, 1997, 2008), que geram contrações do comércio e forte deterioração dos preços dos produtos básicos, que por sua vez traduzem-se em saldos negativos das balanças comerciais. Na maioria das vezes, essas crises coincidem, como já assinalado, com uma retração da oferta de capitais, normalmente abundante em etapas de expansão exportadora.

---

[5] Essas são as distintas dimensões descritas na análise das crises financeiras de Reinhart e Rogoff (2009).

Inserção internacional

Uma possível hipótese é que a volatilidade seja um fenômeno induzido a partir do exterior, ou seja, um resultado de flutuações dos mercados externos ou dos preços relativos internacionais – isto é, os termos de troca de cada país (flutuações estas ampliadas pelo comportamento pró-cíclico dos fluxos de capital, que infelizmente não foi possível incluir no exercício feito adiante). A Tabela 1.5 mostra as flutuações do "mundo relevante" da América Latina em termos de seu comércio de exportação,[6] assim como de seus termos de troca, como média não ponderada de todos os países latino-americanos (dados que são reproduzidos na Tabela A.3, no Apêndice Estatístico). O primeiro indicador reflete a expansão do volume de demanda, enquanto o segundo mede o impacto do movimento de preços. Em primeiro lugar, é importante destacar que a volatilidade latino-americana é superior àquela de seu "mundo relevante" (mesmo quando os próprios países latino-americanos fazem parte de seu próprio "mundo relevante"). No entanto, os termos de troca constituem o elemento que parece transmitir maior volatilidade, ainda que seu impacto seja diferente entre os diversos países.

Quanto aos termos de troca, não observamos uma redução na tendência de suas flutuações à medida que passa o tempo. O que a Tabela 1.6 mostra de fato é que existe uma relativamente alta correlação entre a volatilidade e o nível de concentração das exportações em termos de produtos. A coluna 2 mostra o percentual da participação do primeiro produto no total das exportações. A Tabela 1.7 traz informações mais completas, incluindo também a participação dos três primeiros produtos entre 1870 e 1970-3. A evidência é categórica ao apontar a extrema concentração exportadora em poucos bens, o que caracterizou historicamente as economias latino-americanas. Nas últimas décadas do século XX, apesar dos processos de diversificação das exportações, a grande maioria dos países continuou dependendo de exportações de produtos básicos e manufaturas baseadas em recursos naturais (Capítulo 5).

Este padrão de especialização produtiva tem sido objeto de extensos debates históricos. A já antiga tradição estruturalista viu na persistência desse padrão produtivo a principal explicação para a falta de dinamismo da região. Ao contrário do que defenderam as correntes clássicas e neoclássicas do crescimento, que não identificaram na especialização setorial um problema grave do desenvolvimento, as correntes estruturalistas entenderam que tanto o crescimento da demanda internacional quanto o progresso tecnológico

---

[6] O "mundo relevante" de cada país latino-americano foi elaborado a partir das variações anuais do PIB de cada nação de destino das exportações ponderadas de acordo com o seu peso no total das exportações ano a ano.

TABELA 1.7. Concentração exportadora, 1870-1973

PARTICIPAÇÃO NO TOTAL DAS EXPORTAÇÕES										
	PRIMEIRO PRODUTO DE EXPORTAÇÃO					TRÊS MAIS IMPORTANTES PRODUTOS DE EXPORTAÇÃO				
PAÍSES	1870-1973	1910-1913	1926-1929	1949-1952	1970-1973	1870-1973	1910-1913	1926-1929	1949-1952	1970-1973
Argentina	41%	21%	22%	7%	26%	74%	50%	56%	19%	46%
Brasil	53%	52%	71%	63%	29%	82%	77%	76%	78%	41%
Chile	52%	31%	46%	5%	64%	n.d	34%	77%	7%	67%
Colômbia	8%	45%	65%	74%	54%	14%	47%	82%	90%	69%
Venezuela	86%	37%	61%	43%	37%	n.d	69%	92%	74%	70%
Uruguai	n.d	71%	79%	81%	75%	n.d	92%	92%	5%	90%
México	n.d	76%	74%	83%	45%	n.d	n.d	n.d	n.d	62%
Peru	65%	69%	79%	77%	32%	n.d	n.d	n.d	n.d	51%
Costa Rica	n.d	12%	44%	65%	50%	n.d	14%	46%	73%	68%
Cuba	85%	22%	23%	19%	8%	91%	31%	49%	38%	18%
El Salvador	n.d	48%	54%	33%	24%	n.d	56%	69%	1%	53%
Guatemala	33%	18%	34%	32%	18%	57%	36%	71%	56%	30%
Honduras	35%	40%	33%	47%	36%	76%	69%	77%	78%	63%
Nicarágua	42%	49%	69%	92%	n.d.	n.d	n.d	89%	94%	n.d.
Média	50%	42%	54%	52%	38%	66%	52%	73%	51%	56%

Fonte: Mitchell (1993).

possuem vieses setoriais definidos, e que, portanto, os padrões de especialização produtiva determinam as capacidades de aumento da produtividade. Tomando o exemplo do crescimento das três últimas décadas no plano internacional, pode-se constatar que as economias mais dinâmicas têm sido aquelas em que o processo de diversificação produtiva é mais rápido e, em particular, que quanto maior é a participação da indústria e maior a de manufaturas com maior conteúdo tecnológico nas exportações, maiores são os ritmos de crescimento econômico dos países (Hausmann, Hwang e Rodrik, 2007; Ocampo, Rada e Taylor, 2009).

A dinâmica exportadora latino-americana pode ser avaliada por meio da Figura 1.3, que mostra a participação da América Latina nas exportações mundiais. A primeira globalização caracterizou-se por um comércio mundial baseado no intercâmbio entre, de um lado, matérias-primas e alimentos, e, de outro, manufaturas, o que favoreceu a América Latina, dado seu padrão de especialização. A região aumentou sua participação nas exportações mundiais de 6% no começo dos anos 1880 para pouco mais de 8% na véspera da Grande Depressão dos anos 1930, ou de 5% para 7% excluindo-se Cuba. A superação temporária dessa porcentagem durante alguns anos depois da Segunda Guerra Mundial pode ser considerada mais como um resultado da devastação deixada pela Guerra do que como uma nova ascensão da América Latina. O colapso do padrão de divisão internacional do trabalho característico da primeira globalização foi sucedido depois da Segunda Guerra Mundial pelo predomínio do comércio intraindustrial entre países industrializados e por um protecionismo crescente contra os produtos agrícolas e têxteis. Nesse contexto, e apoiada pelos vieses introduzidos pelas políticas de industrialização, a participação latino-americana sofreu uma expressiva redução, até alcançar pouco menos de 4% no começo dos anos 1970, excluindo-se Cuba,[7] ou seja, três pontos percentuais menos do que no auge dos anos 1920. Com a segunda globalização, que começou a oferecer maiores oportunidades exportadoras aos países em desenvolvimento a partir de meados dos anos 1960, e com a reorientação das políticas econômicas latino-americanas para as exportações nas últimas décadas do século XX, foi possível recuperar posições no mercado mundial, mas a América Latina ainda permaneceu muito distante dos resultados da primeira globalização: algo menos de 5,5% nas épocas recentes em comparação ao percentual já notado de 7% ao final da primeira globalização, excluindo-se Cuba.

[7] Os dados de Cuba relativos às décadas de 1970 e 1980 foram excluídos do gráfico, uma vez que estavam superdimensionados devido aos acordos comerciais com a União Soviética e o Conselho de Assistência Mútua Econômica.

FIGURA 1.3. Participação das exportações da América Latina no mundo

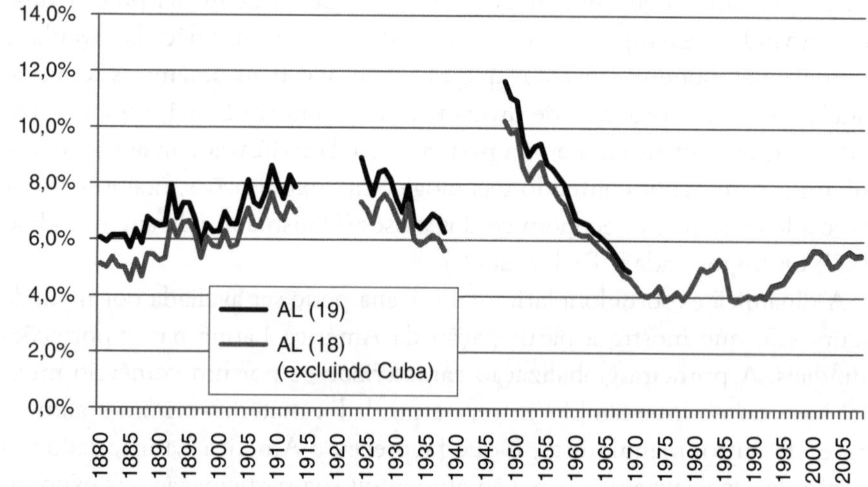

Fontes:
Dados de Tena e Federico (2010) para 1820 a 1940, OXLAD para 1941 a 1949 e CEPAL a partir de 1950.
Dados de 1865 a 1910 da Colômbia extraídos de Ocampo (1984).
Dados para Cuba, CEPAL até 1970 e FMI a partir de 1990.
Total mundial segundo Maddison (1995) até 1992 e posteriormente FMI.

Tendências dos termos de troca

Um aspecto importante é o da evolução dos termos de troca dos bens primários em relação aos bens manufaturados (Figura 1.4). Considerando esse indicador em escala global, podem ser constatados diferentes períodos com desenvolvimentos divergentes (Ocampo e Parra, 2010; Erten e Ocampo, 2011). A partir de fins do século XIX, mas especialmente durante o auge que precedeu à Primeira Guerra Mundial, observou-se um aumento significativo dos preços reais dos produtos agrícolas e dos minerais. O convulsionado ambiente que sucedeu à Primeira Guerra Mundial, em particular a grande deflação mundial de 1920-1921 e a crise de 1929, resultou em uma mudança generalizada da tendência dos preços das matérias-primas. Tal alteração produziu-se de forma desigual, mais do que como uma tendência permanente. A primeira queda significativa ocorreu nos anos 1920, enquanto no final de 1970 houve novo declínio dos preços dos produtos agrícolas, embora não dos minerais. Como resultado, entre a década anterior à Primeira Guerra Mundial e 1998-2003, os termos de troca declinaram 60%, sendo os produtos tropicais os mais afetados e os minerais, os menos. A elevação dos preços de produtos básicos, iniciada em 2004, impulsionada especialmente pela demanda da China e concentrada mais em produtos minerais do que em

FIGURA 1.4. Preços reais das commodities (1980=100)

A. Produtos agrícolas

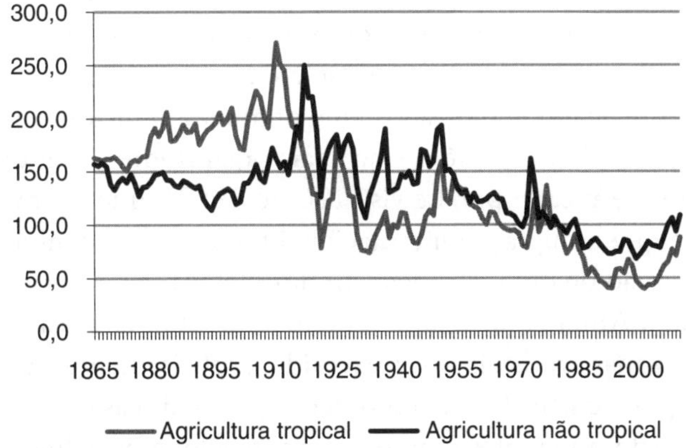

B. Total e metais

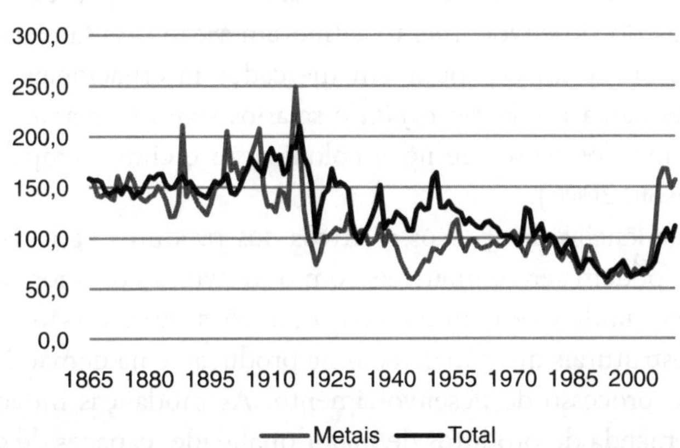

Fonte: Ocampo e Parra (2010) com atualização para 2010.

produtos agrícolas, levou muitas pessoas a acreditar que se estaria retornando, de alguma maneira, aos padrões da primeira globalização, favoráveis aos produtores de produtos básicos, mas é muito cedo para dizer que se trata de uma tendência de longa duração.

A maior severidade da tendência adversa de longo prazo dos preços dos produtos tropicais faz com que se considere seriamente uma das versões das teses Prebisch-Singer (P-S) sobre os termos de troca.[8] Essa versão enfatiza a existência de grande diversidade estrutural e institucional entre a produção manufatureira e a produção de bens tropicais em regiões mais atrasadas.

[8] Sobre as distintas variantes da tese Prebisch-Singer, ver Ocampo e Parra (2003 e 2010).

Nessas últimas, tendem a predominar abundância de mão de obra e instituições de mercado de trabalho com uma história de trabalho compulsório e, por consequência, frágil organização dos trabalhadores. Ao mesmo tempo, nesses setores constituem-se poderosos oligopsônios de intermediários. Os mercados de produtos industriais, ao contrário, tendem a ser oligopolistas e, nos países mais industrializados, que dominaram historicamente esses mercados, os trabalhadores têm sido mais organizados. Esse desenvolvimento também é destacado por Lewis (1969 e 1983), que, além disso, ressaltou o fato de que a migração internacional tendeu a segmentar-se em dois fluxos: o da mão de obra europeia em direção às regiões de nova colonização, incluindo a América do Sul, e o de mão de obra chinesa e indiana, que se dirigiu a zonas tropicais e foi excluída explicitamente das zonas de nova colonização a partir de certo momento por políticas deliberadas dos países de destino dos migrantes (como exemplificado, especialmente, pela política de uma "Austrália branca"). Essas assimetrias foram retomadas em outras tipologias do desenvolvimento latino-americano, enfatizando que regiões tropicais deveriam competir em mercados internacionais dominados por países de baixa renda *per capita* e salários significativamente baixos, diferentemente dos países de nova colonização e clima temperado (Bértola e Williamson, 2006).

As tendências dos preços relativos dos produtos agrícolas não tropicais também podem ser compatíveis com outra versão da abordagem de Prebisch-Singer, ainda que com algumas correções. Essa versão refere-se às mudanças estruturais que são geradas na produção e na demanda à medida que avança o processo de desenvolvimento. As mudanças movem-se em direção à demanda de produtos de maior qualidade, capazes de satisfazer novas necessidades, supondo, primeiramente, um processo de industrialização e, depois, o desenvolvimento de serviços. Nesse contexto, a tendência de longo prazo é de baixa elasticidade-renda da demanda de produtos primários. Sob esse ponto de vista, seria difícil explicar o aumento dos preços relativos dos produtos primários durante a primeira globalização. No entanto, como observam Rowthorn e Wells (1987), as tendências da elasticidade-renda da demanda de determinados bens não são lineares. Com a ocorrência de mudanças importantes no nível de renda na Europa e nos Estados Unidos e com a difusão de uma dieta rica em carne e trigo, por exemplo, substituindo produtos de menor capacidade nutritiva, esses bens primários, superiores a outros, usufruíram um período de alta elasticidade-renda da demanda. Também o consumo de café experimentou uma tendência similar de alta elasticidade-renda temporária, durante o período em que passou de produto de luxo para o de consumo de massa. Uma vez completada a chamada "transição gastronômica",[9] a curva de demanda entra em uma fase de baixa elasticidade-renda, o que deve ter sucedido nos países europeus posteriormente à década de 1920, ao que se somaram as políticas protecionistas agrícolas persistentes até a atualidade no mundo desenvolvido. Uma situação similar à do final do século XIX e início do século XX tem lugar hoje em dia nas economias asiáticas.

O caso dos produtos minerais, inclusive os combustíveis fósseis, é muito diferente. Eles nem sempre são renováveis, enfrentam limites de oferta, embora, claro, sejam sempre determinados pela tecnologia disponível e pelos custos associados à sua extração. Os seus mercados enfrentam acentuada rigidez, particularmente depois de fases de baixo investimento, que afetam os preços por um tempo às vezes prolongado, uma vez que os períodos de gestação dos investimentos são longos. Essa produção, por outro lado, está mais diretamente submetida a monopólios e oligopólios do que a produção agrícola, seja tropical ou não. Além do mais, a demanda desses produtos não é inelástica; ao contrário, pode ser altamente elástica em relação à renda em certas fases do desenvolvimento, como aconteceu na China nas últimas décadas.

Nas discussões sobre o impacto dos termos de troca uma questão recorrente é a dos termos de troca fatoriais, ou seja, considerando as mudanças nas produtividades relativas. De toda forma, o aumento relativo da produtividade agrícola na segunda metade do século XX somente poderia explicar uma pequena parte da deterioração dos termos de troca dos produtos agrícolas.

A balança comercial

Uma das interpretações da teoria cepalina sobre o desenvolvimento dos países latino-americanos, ou dos países da periferia da economia mundial, não se baseia primariamente na deterioração dos termos de troca, mas sim nas tendências dos déficits da balança comercial (Rodríguez, 2006, caps. 3 e 5). A ideia básica é que o problema fundamental dos países primário-exportadores é que, independentemente de quanto esforço dediquem para promover suas exportações, eles enfrentarão uma elasticidade-renda da demanda das importações ainda maior do que a de suas exportações. Essa ideia foi desenvolvida por Prebisch, Singer, Seers e outros, sendo retomada

---

[9] Faremos referência mais adiante às transformações "tecnofisiológicas" (Fogel 2009) que permitiram melhorias substanciais tanto na longevidade como nas características corporais dos humanos ao longo dos últimos três séculos, mudanças indubitavelmente associadas às transformações na dieta.

por Thirlwall como uma simples expressão de um modelo de convergência e divergência.[10] Krugman igualmente resgatou essa relação, embora sua interpretação dê ênfase ao lado da oferta. Enfatizando-se mais os componentes de demanda (como nas teorias pós-keynesianas), ou os aspectos da oferta (como nas abordagens de inspiração neoclássica), ou, ainda, uma interação entre oferta e demanda (como nos modelos evolucionistas e neo-schumpeterianos baseados em uma dinâmica da mudança tecnológica), a ideia básica é a de que o desenvolvimento econômico supõe um processo de mudança estrutural e que a insuficiência de tal mudança gera uma tendência permanente ao déficit da balança comercial e um processo de crescimento que, embora sujeito a processos de expansão e de ajuste, tem sua taxa de crescimento determinada pela relação entre as propensões relativas a exportar e importar.

A Tabela 1.8 apresenta essas relações para sete países latino-americanos em diferentes épocas e em todo o período 1870-2000.[11] As médias não ponderadas de todo o período na última linha indicam um bom ajuste de um modelo simples e explicam o crescimento relativo de longo prazo com base na relação entre as elasticidades-renda da demanda de exportações e importações. Em quase todos os países encontramos um bom ajuste no longo prazo, embora o ajuste seja menor quando se consideram os diferentes períodos. Esse fato se deve à já mencionada alta volatilidade dos termos de troca e dos fluxos de capital, que exercem um impacto positivo ou negativo sobre a taxa de crescimento em intervalos de tempo específicos. Em termos agregados, o PIB *per capita* de América Latina em relação ao do Ocidente reduziu-se de 36% em 1870 para 27% em 2008. Esse exercício pode explicar a queda relativa da América Latina de 36% para 31%. Os restantes quatro pontos percentuais de queda podem ser explicados por outros fatores, como a deterioração dos termos de troca, os fluxos de capitais ou até a dinâmica populacional.[12]

Ao tratar de períodos mais específicos é difícil encontrar periodizações idênticas para todos os países. No entanto, um fato que se destaca é que, em todos os casos, a relação entre o crescimento dos países e o que é explicado com base nas elasticidades (a última coluna da tabela) é maior no período de

---

[10] Ver também Bértola e Porcile (2006), Cimoli e Porcile (2011).

[11] A rigor, o exercício deveria incluir indicadores de preços relativos das exportações e importações ou a taxa de câmbio real, mas essas variáveis não estão disponíveis para um período tão extenso e nem apresentam um impacto significativo no longo prazo.

[12] É importante notar que o "mundo relevante" da América Latina neste exercício não é idêntico ao PIB *per capita* do Ocidente apresentado no exercício da Tabela 1.

TABELA 1.8. Crescimento relativo e elasticidades-renda das exportações e importações de países latino-americanos, 1870-2008

	ε	TT	/TT	Y	Z	Y/Z	Y*	Y/Y*
Argentina								
1870-1913	4,7	2,0	2,3	2,8%	1,4%	2,0	3,1%	0,9
1914-1944	-2,0	-3,6	0,6	1,1%	0,6%	1,7	0,4%	3,1
1945-1980	1,0	3,4	0,3	1,8%	2,4%	0,7	0,7%	2,4
1980-2008	2,2	3,2	0,7	1,0%	2,0%	0,5	1,4%	0,7
1870-2008	1,9	1,9	1,0	1,5%	1,6%	0,9	1,7%	0,9
Brasil								
1870-1913	3,1	23,3	0,1	0,2%	1,7%	0,1	0,2%	0,9
1914-1944	0,4	0,9	0,5	1,9%	3,0%	0,7	1,4%	1,4
1945-1980	16,4	1,8	9,0	4,1%	0,3%	11,9	3,1%	1,3
1980-2008	1,9	4,8	0,4	0,8%	2,5%	0,3	1,0%	0,8
1870-2008	2,4	2,5	0,9	1,6%	1,7%	0,9	1,6%	1,0
Chile								
1870-1913	3,3	1,9	1,8	2,0%	1,3%	1,6	2,2%	0,9
1914-1944	-0,6	-1,0	0,6	0,9%	3,5%	0,3	2,1%	0,4
1945-1980	3,4	4,8	0,7	1,3%	1,4%	1,0	1,0%	1,4
1980-2008	3,7	1,6	2,3	3,0%	1,7%	1,8	3,9%	0,8
1870-2008	1,7	2,0	0,8	1,7%	1,8%	0,9	1,5%	1,1
Colômbia								
1870-1913	0,9	2,1	0,4	0,5%	1,6%	0,3	0,7%	0,8
1914-1944	0,8	1,3	0,7	2,6%	3,2%	0,8	2,1%	1,2
1945-1980	3,5	2,3	1,5	2,3%	1,5%	1,5	2,3%	1,0
1980-2008	2,6	2,5	1,0	1,7%	1,8%	0,9	1,8%	0,9
1870-2008	1,8	2,0	0,9	1,7%	1,9%	0,9	1,7%	1,0
México								
1870-1913	1,9	0,8	2,3	1,8%	1,9%	1,0	4,4%	0,4
1914-1944	-0,2	10,5	-0,0	0,7%	3,4%	0,2	-0,1%	-10,0
1945-1980	3,9	2,4	1,6	3,2%	2,1%	1,5	3,4%	0,9
1980-2008	2,5	6,5	0,4	1,0%	2,7%	0,3	1,0%	0,9
1870-2008	1,9	2,9	0,7	1,7%	2,4%	0,7	1,6%	1,0
Uruguai								
1870-1913	3,7	3,2	1,2	1,0%	1,1%	0,9	1,3%	0,8
1914-1944	-0,1	0,1	-0,8	1,1%	2,7%	0,4	-2,1%	-0,5
1945-1980	0,7	2,3	0,3	1,7%	2,7%	0,6	0,8%	2,2
1980-2008	1,4	1,5	0,9	1,7%	1,9%	0,9	1,8%	0,9
1870-2008	1,2	2,1	0,5	1,2%	2,0%	0,6	1,1%	1,1

Continua

TABELA 1.8. Crescimento relativo e elasticidades-renda das exportações e importações de países latino-americanos, 1870-2008 (*Continuação*)

	ε	TT	/TT	Y	Z	Y/Z	Y*	Y/Y*
Venezuela								
1870-1913	1,6	0,7	2,3	2,3%	2,1%	1,1	4,8%	0,5
1914-1944	2,0	1,3	1,5	5,1%	4,0%	1,3	5,9%	0,9
1945-1980	5,3	2,6	2,1	3,0%	1,4%	2,2	2,9%	1,0
1980-2008	1,1	68,8	0,0	0,0%	1,9%	0,0	0,0%	0,7
1870-2008	2,4	1,8	1,3	2,7%	2,2%	1,2	2,9%	0,9
Média								
1870-2008	1,89	2,18	0,89	1,7%	1,9%	0,89	1,7%	1,02

ε: elasticidade-renda da demanda de exportações por parte de países estrangeiros
TT: elasticidade-renda da demanda de importações
y: taxa real de crescimento do PIB
y*: taxa de crescimento do PIB com equilíbro do balanço de pagamentos, de acordo com a fórmula y=e/p*z
z: taxa de crescimento do "mundo relevante" de cada país (parceiros comerciais)
Fonte: calculado pelos autores.

industrialização dirigida pelo Estado (1945-1980) do que nas duas fases de desenvolvimento orientado pelas exportações (1870-1914 e 1980-2008), e que essa relação é inferior à unidade nas fases de desenvolvimento exportador. Essa história é consistente com a interpretação apresentada no Capítulo 4 sobre a industrialização dirigida pelo Estado e contrária à "lenda negra" que a literatura mais ortodoxa elaborou sobre ela. O período do entreguerras (1914-1944) é muito mais diverso, mas se destaca o sinal negativo que as exportações tiveram em quatro países e a menor elasticidade das exportações em todos eles, com exceção da Venezuela. A capacidade de crescimento dependeu nesse contexto da habilidade de diminuir as importações para equilibrar por essa via o balanço de pagamentos.

Desenvolvimento e meio ambiente

A história da humanidade pode ser escrita em termos da interação entre população, economia e meio ambiente, e pelas transformações no conhecimento, na tecnologia e na organização social com a finalidade de aumentar a capacidade de transformação e geração de bem-estar social com os recursos naturais disponíveis. As teorias contemporâneas têm divergido sobre a existência de restrições significativas ao desenvolvimento econômico ou se, ao contrário, a criatividade dos seres humanos, o desenvolvimento científico e tecnológico, e as capacidades de inovação social serão capazes de, recorrentemente, superar os limites que antes se acreditavam intransponíveis.

Já entrando na segunda década do século XXI, parece existir uma visão muito crítica sobre a relação entre a sociedade e o meio ambiente. Enquanto até poucas décadas atrás, os serviços naturais do ecossistema funcionavam bem para reciclar subprodutos da atividade humana e manter os ciclos da água, o nitrogênio, o carvão, o fósforo etc., parece haver sinais cada vez maiores de que a expansão do ecossistema humano com relação ao ecossistema natural está impondo limites ao padrão de desenvolvimento adotado pela humanidade nos últimos séculos. A acumulação de dióxido de carbono e outros gases, além de óxido de nitrogênio na atmosfera, água e terra, indica que o ecossistema não possui capacidade de reciclar tudo o que a sociedade descarta (Solbig, 2006).

Assim como a capacidade de produção e as rendas que dela derivam estão desigualmente distribuídas no mundo atual, também a contribuição das diferentes regiões do mundo ao desequilíbrio ecológico é desigual. Estados Unidos, Europa e Japão consomem grande quantidade de recursos naturais e, nos dois últimos casos, também demandam alimentos em níveis muito superiores aos que são capazes de produzir. Independentemente da importância que o acesso às matérias primas e aos alimentos do Novo Mundo teve para as economias desenvolvidas, o fato é que a América Latina orientou seu padrão de desenvolvimento para o abastecimento desses bens e gerou como resultado o fenômeno oposto. A contrapartida desse processo, contudo, é que a região não alcançou níveis de bem-estar condizentes com os que poderiam ser obtidos a partir da disponibilidade de recursos naturais.

No longo processo de transformação do ecossistema natural e social, a América Latina tem sido descoberta e redescoberta várias vezes. Quando os colonizadores chegaram à América, este aparente paraíso natural já era habitado por civilizações milenares que haviam transformado seu espaço, exterminado espécies, construído sistemas agrícolas e cidades. As mudanças introduzidas pelos poderes coloniais transformaram a fauna e a flora mediante novas técnicas e lavouras, e também mediante a exploração extrativa mineral. No entanto, tais mudanças limitaram-se às zonas costeiras e a alguns enclaves no caso da mineração. As mudanças maiores foram produzidas na vida humana: a catástrofe demográfica foi a transformação mais importante, que se explica predominantemente pela introdução de novas doenças.

A partir das novas realidades surgidas após a Revolução Industrial e das novas demandas por matérias-primas, persistiu a falácia de que a América (pode-se dizer agora América Latina) era, ainda no século XIX, um continente virgem, naturalmente inexplorado. Como assinala Orihuela (2010), a etnografia eurocêntrica do século XIX, ainda quando ocasionalmente olhasse com simpatia para a população indígena das Américas (a maior parte das vezes a partir de uma perspectiva racista), considerava-a como selvagens em estado natural, similar à natureza em que viviam. Em todo caso, a população nativa podia constituir um obstáculo para a apropriação da natureza por parte da civilização.

Durante a etapa do desenvolvimento primário-exportador, o espaço geográfico foi ainda mais transformado pela expansão das lavouras de exportação, pelo desmatamento de amplas áreas, pela construção de cidades, pelo desenvolvimento de ferrovias e caminhos, pela ampliação e diversificação das atividades de mineração, assim como pela exploração de novas regiões, até então pouco exploradas e menos atrativas para os assentamentos humanos, mas ricas em diferentes tipos de recursos naturais, como nitratos, borracha e guano.

Durante o período da industrialização dirigida pelo Estado e dos projetos de modernização que a acompanharam, as principais transformações do espaço vieram com a urbanização, a industrialização e a difusão da eletrificação como insumo-chave da indústria, a construção de estradas e a forte expansão da fronteira agrícola. Nesse período também ocorreu, na maior parte dos países, a transição energética, isto é, o aumento e a generalização do uso dos combustíveis fósseis, transição que nos países de maior desenvolvimento relativo tinha se iniciado na fase anterior.

Em seu conjunto, durante a primeira metade do século XX observa-se um substancial incremento (embora desigual entre os distintos países) do consumo de combustíveis fósseis, um fenômeno que se intensifica na segunda metade do século. Essa tendência crescente no longo prazo foi acompanhada, no entanto, por grandes flutuações que refletem o comportamento de fatores de oferta e demanda. A magnitude dos impactos desses fatores deveu-se às conjunturas internacionais e dependeu das características dos produtores e importadores de energia. Com relação a esses últimos, as guerras mundiais representaram momentos de restrição muito significativas ao abastecimento. Em ambos os grupos, a Grande Depressão da década de 1930 teve um impacto negativo sobre a atividade econômica e o consumo doméstico, o que se manifestou na queda da demanda energética.

Uma particularidade da transição energética da América Latina foi que a substituição de carvão pelo petróleo ocorreu muito cedo (no tempo e com relação ao nível do PIB alcançado), embora esse processo tenha sido marcado por muitas oscilações (em comparação com os países industrializados) e ritmos diferentes nos distintos países da região (Folchi y Rubio, 2006).

As últimas décadas testemunharam uma grande expansão da indústria extrativa mineral. Ao mesmo tempo, o persistente processo de urbanização tem começado a refletir-se em uma excessiva aglomeração e contaminação ambiental. Por sua vez, a continuada expansão da agricultura comercial gerou o uso crescente de fertilizantes e uma redução das áreas de florestas, nem sempre bem administrada. De toda forma, as cidades ocupam apenas 3% do território e são as transformações agrárias as que mais têm afetado o meio ambiente. As estimativas disponíveis sugerem que apenas entre 55% e 70% das florestas originais da região ainda estão conservadas. O ritmo do desmatamento tem sido alto: embora o Brasil seja o país que sofreu os maiores níveis de desmatamento em termos de área, a taxa de desmatamento tem sido mais alta na América Central e no Caribe. Apesar disso, e mesmo considerando estritamente a agricultura, a América Latina apresenta níveis de transformação do ambiente natural abaixo da média mundial e as taxas de desmatamento têm se reduzido (Solbrig, 2006).

Enquanto persistirem os atuais padrões de desenvolvimento em nível mundial e de especialização produtiva na região, a América Latina enfrentará uma pressão crescente sobre seus recursos naturais, mesmo que as possibilidades de exploração extensiva desses recursos aproximem-se de seus limites. Ao mesmo tempo, o conjunto do ecossistema apresenta sérios problemas, o que necessariamente deverá conduzir a grandes esforços científicos, econômicos e sociais para modificar os padrões de desenvolvimento. Esses esforços terão consequências difíceis de antecipar em termos da demanda de recursos naturais e das próprias formas de explorar, produzir e reproduzir esses recursos. Essa será uma importante oportunidade para transformar os padrões de desenvolvimento latino-americanos e suas estruturas produtivas, explorando novas trajetórias que combinem o aproveitamento de seus recursos com a incorporação do conhecimento em todas as etapas da atividade econômica.

Do desenvolvimento econômico ao desenvolvimento humano

Tem havido uma crescente insatisfação com o uso do PIB *per capita* para medir o desenvolvimento e o nível de vida dos países. O PIB *per capita* seria uma medida dos recursos dos quais dispomos para produzir diferentes condições de vida para a população, mas não uma boa maneira de avaliar as capacidades humanas para construí-las (Sen, 1993).

Por este motivo, ao longo das últimas décadas tem sido cada vez mais frequente o uso do Índice de Desenvolvimento Humano (IDH). Em sua versão mais difundida e simples, este índice é composto, com pesos idênticos, pelo PIB *per capita*, pela expectativa de vida ao nascer e pelos níveis educacionais da população (analfabetismo e cobertura educacional).

Apresentamos aqui algumas alternativas de construção de um Índice Histórico de Desenvolvimento Humano (IHDH).[13] Relativamente às estimativas anteriores, a estimativa aqui apresentada, baseada em Bértola, Hernández e Seniscalchi (2010), apresenta atualizações de alguns indicadores do PIB *per capita* e da expectativa de vida ao nascer, mas a maior novidade é a utilização de uma série relativa à média de anos de educação da população dos diferentes países da América Latina (Morrison e Murtin, 2009), que permite superar amplamente as dificuldades apresentadas ao combinar-se analfabetismo e cobertura educacional (por essas mesmas razões, o PNUD (Programa das Nações Unidas para o Desenvolvimento) passou a adotar desde 2010 um indicador de desempenho educacional em suas estimativas do Índice de Desenvolvimento Humano).[14] Os índices dos países são apresentados na Tabela A.4, no Apêndice Estatístico.

A educação e o capital humano

Uma distinção deve ser traçada entre o conceito de educação, entendida como parte do desenvolvimento humano e da apropriação de capacidades, e o de capital humano, definido como um elemento da função de produção e determinante da competitividade de uma economia. No primeiro caso, uma população mais educada é um fim em si mesmo, uma vez que permite ampliar as capacidades do indivíduo, em um sentido amplo do termo, e sua participação na vida social. No segundo caso, é um mero instrumento de outro objetivo.

A América Latina apresenta um cenário contraditório com relação à educação. Por um lado, foram realizados esforços que resultaram em melhorias substantivas em seu nível educacional. Por outro lado, e em uma perspectiva comparada, os esforços parecem ter sido tardios e insuficientes e a América Latina ficou em clara desvantagem frente a outras regiões.

Por volta do ano 2000, a América Latina alcançou uma média de 7,1 anos de educação, enquanto o grupo dos quatro países que dominaram o cenário mundial nos últimos dois séculos (Alemanha, França, Reino Unido e Estados Unidos) chegou a uma média de 12,5 anos. O nível educacional em 2000 foi de 59% do alcançado pelos países desenvolvidos ditados (Tabela 1.9). Esses

[13] A primeira tentativa de construir um IHDH para a América Latina foi a de Astorga e FitzGerald, publicado como Apêndice em Thorp (1998) e revisado em Astorga, Bergès e FitzGerald (2005). Posteriormente, Prados de la Escosura (2006) apresentou uma versão diferente desse índice e Bértola *et al.* (2010) introduziram mudanças adicionais em sua construção, aplicadas aos países do Cone Sul, e estimaram a desigualdade em sua distribuição em dois casos.

[14] Para uma discussão, ver Bértola, Hernández e Seniscalchi (2010).

TABELA 1.9. Índices históricos de desenvolvimento humano, 1870-2000

	1	2	3	4	5	6	7	8	9	10	11	12	13	14	15	16	17	18
	AL 7	AL 7	AL 12	AL 12	AL 16	AL 16	PAÍSES CENTRAIS						AL/PAÍSES CENTRAIS					
	PIBpc	logPIBpc	EVN	EVN(conv)	EDU	EDU(conv)	PIB/c	logPIBpc	EVN	EVN(conv)	EDU	EDU(conv)	PIBpc	logPIBpc	EVN	EVN(conv)	EDU	EDU(conv)
1870	0,02	0,33			0,07	0,03	0,06	0,52			0,29	0,12	28,7	63,5			24,2	21,3
1880					0,08	0,03	0,06	0,55			0,32	0,14	30,0				23,8	20,5
1890	0,02	0,38			0,09	0,03	0,07	0,57			0,36	0,16	30,3	67,2			23,5	19,8
1900	0,03	0,40	0,14	0,04	0,09	0,04	0,09	0,60	0,41	0,13	0,40	0,18	28,6	67,0	33,8	28,3	23,8	19,7
1910	0,03	0,45	0,18	0,05	0,11	0,04	0,10	0,62	0,48	0,16	0,43	0,20	34,5	72,6	37,8	30,5	24,6	19,9
1920	0,04	0,46	0,23	0,06	0,12	0,05	0,11	0,63	0,55	0,19	0,46	0,22	34,0	72,5	42,1	33,0	26,3	21,0
1930	0,04	0,48	0,26	0,07	0,14	0,05	0,13	0,66	0,61	0,22	0,49	0,24	32,1	72,4	43,4	32,8	28,8	22,7
1940	0,05	0,49	0,32	0,09	0,16	0,06	0,15	0,69	0,64	0,24	0,51	0,26	29,9	71,7	50,1	38,0	32,1	25,0
1950	0,06	0,53	0,43	0,14	0,19	0,08	0,18	0,72	0,74	0,32	0,54	0,28	32,5	74,5	59,0	42,7	35,9	27,7
1960	0,07	0,57	0,57	0,20	0,22	0,09	0,24	0,76	0,77	0,36	0,58	0,31	30,9	74,8	73,9	57,1	38,9	29,6
1970	0,10	0,61	0,63	0,24	0,28	0,12	0,33	0,81	0,79	0,37	0,65	0,38	29,8	75,5	79,9	64,0	43,2	31,4
1980	0,14	0,67	0,70	0,29	0,33	0,14	0,41	0,85	0,83	0,43	0,71	0,44	33,9	79,0	84,2	67,7	46,2	32,2
1990	0,13	0,66	0,75	0,33	0,41	0,19	0,51	0,89	0,86	0,47	0,75	0,51	25,4	74,5	87,4	71,0	54,3	37,6
2000	0,15	0,68	0,78	0,36	0,46	0,22	0,62	0,92	0,89	0,52	0,78	0,55	24,0	74,4	87,8	69,2	58,6	40,2

Notas:

AL7: Argentina, Brasil, Chile, Colômbia, México, Uruguai e Venezuela.

AL12: AL7+ Bolívia, Costa Rica, Cuba, Guatemala e Paraguai.

AL16: Argentina, Brasil, Chile, Costa Rica, Cuba, El Salvador, Guatemala, Honduras, México, Nicarágua, Panamá, Paraguai, Peru, República Dominicana, Uruguai e Venezuela.

PIBpc = Índice do PIB *per capita*, calculado como: IPIB/c tk = (PIB/c tk- 100)/(40000-100), onde PIB/pc tk é o PIB *per capita* no ano t do país k.

logPIBpc= Índice do PIB *per capita* com transformação logarítmica, calculada como: logIPIB/c tk = (logPIB/c tk – log100)/(log40000-log100), onde logPIB/c tk é o logaritmo do PIB *per capita* no ano t do país k.

EDU = Índice de Educação (medido como anos médios de educação), calculado como: IEd tk = Ed tk/16, onde Ed tk são os anos médios de educação ano t do país k.

EDU(conv)= Índice de Educação (medido como anos médios de educação) aplicando uma função convexa de desempenho, calculada como: IEdconv tk = (log16-log(16-Ed tk))/(log16), onde Ed tk são os anos médios de educação no ano t do país k.

EVN = Índice de expectativa de vida ao nascer, calculado como: IEVN tk = (EVN tk -20)/(85-20), onde EVN tk é a Expectativa de Vida ao Nascer no ano t do país k.

EVN(conv) = Índice de Expectativa de vida ao nascer aplicando uma função convexa de desempenho, calculado como: IEdconv tk = (log(85-20)-log(85-Ed tk))/(log(85-20)), onde EVN tk é a expectativa de vida ao nascer no ano t do país k.

Fontes: Bértola, Hernández e Siniscalchi (2010); Tabela A.4.

dados mostram claramente o atraso latino-americano em termos absolutos. No entanto, se observamos o desempenho ao longo do século XX, vemos que a América realizou importantes avanços. De fato, talvez ainda maior do que o atraso atual seja aquele observado no começo do século XX, quando a média de anos de escolaridade era apenas de 1,5 ano, correspondendo a somente 24% do nível dos países desenvolvidos.

A construção de índices de desempenho relativo tem sido objeto de muitas discussões e debates. Com relação à expectativa de vida, e como veremos mais adiante, sustentou-se que a função que melhor representa os avanços é uma curva convexa, ou seja, que leve em conta que cada vez é mais difícil obter um ano adicional na expectativa de vida da população, visto que estaríamos nos aproximando dos limites fisiológicos. Da mesma maneira, pode-se dizer que no plano educacional é cada vez mais difícil aumentar os anos de ensino, dado que a população na idade adulta – entre outros fatores – deve trabalhar e gerar meios de subsistência para que outros possam dedicar-se a estudar e não a produzir. Então, seria possível também argumentar que a função de educação deve ser convexa, ou seja, que cada ano médio de educação requer um esforço marginalmente maior. Se este fosse o caso, o desempenho relativo da América Latina em relação aos países desenvolvidos seria muito mais deficiente. Como indicado na Tabela 1.9, o desempenho educacional seria equivalente a somente 40% daquele alcançado pelos países desenvolvidos.

Mesmo no caso dos países latino-americanos de melhor desempenho educacional, os níveis de ensino no início do século eram muito baixos: Argentina, 1,8 e Uruguai, 2,4 anos de educação média em 1900, enquanto o índice dos desenvolvidos era de 6,4. Outras regiões de nova colonização, como Austrália e Nova Zelândia, alcançaram níveis similares aos dos países centrais mencionados. Os dados disponíveis indicam que esse atraso educacional em relação aos países desenvolvidos ocorreu durante as décadas finais do século XIX, mas é provável que tal resultado tenha tomado forma no decorrer do século como um todo.

Para a amostra de 16 países para os quais se dispõe de informação, os dados confirmam que as décadas intermediárias do século XX foram aquelas em que houve a maior redução das diferenças da América Latina com relação aos níveis educacionais dos países desenvolvidos (Astorga, Bergés, Fitz-Gerald, 2005; Prados de la Escosura, 2006), mas esse processo prosseguiu durante as duas décadas finais do século XX e a primeira do século XXI.

Obviamente, tais níveis educacionais ocultam possíveis diferenças entre países, diferenças de qualidade e desigualdade na distribuição das oportunidades educacionais entre a população dos países. Com relação ao segundo desses problemas, Frankema (2009) mostra como a massificação do sistema educacional pode não ser acompanhada de uma melhora substantiva da qualidade, podendo haver até um dilema entre cobertura e qualidade. Seus dados mostram que efetivamente o desempenho latino-americano não seria tão bom se incluíssemos nele considerações de qualidade, levando em conta, por exemplo, a reprovação escolar. O evidente atraso identificado nesta área no começo da década de 1960 tendeu também a ser corrigido desde então. Por outro lado, as recentes provas do sistema PISA (Programa Internacional de Avaliação de Alunos) parecem indicar tendências semelhantes: os países latino-americanos exibem desempenho claramente inferior ao dos países desenvolvidos (Hanushek e Woessmann, 2009).

Uma parte da explicação dessas tendências diz respeito simplesmente à associação entre educação e nível de desenvolvimento. Pode-se sustentar, assim, que o nível educacional é uma variável dependente do nível de desenvolvimento; que a educação é uma das mudanças produzidas à medida que uma economia avança. A direção da causalidade seria, então, do crescimento econômico para os níveis educacionais. Deste ponto de vista, os níveis educacionais da América Latina corresponderiam ao seu nível de renda *per capita*.

Esse é um elemento importante da explicação. É pouco comum encontrar países de nível de PIB *per capita* muito baixo e níveis educacionais muito altos. Cuba é uma conhecida exceção, que, por outro lado, ilustra claramente a diferença entre o papel da educação como geradora de capacidades humanas e como capital humano. O fato de que a educação e outras necessidades sociais dependam do nível de desenvolvimento está por trás de um conhecido paradoxo: aqueles países que têm maiores necessidades de educação, saúde e outras coberturas sociais são os que dispõem de menos recursos para dedicar a essas atividades, enquanto que os países mais ricos são os que podem devotar uma maior parte de suas rendas para a construção de seus Estados de Bem-Estar, mesmo quando são os que menos dele precisam em termos relativos. Além do mais, esse fato confirma a ideia de que, ao contrário do que é muitas vezes sustentado, o maior gasto público em áreas sociais não debilita o crescimento, mas antes o potencializa (Lindert, 2004).

A Figura 1.5 nos mostra que isso é verdadeiro, mas também que a América Latina distingue-se do restante do mundo no sentido de que, para cada nível de renda *per capita*, o nível educacional é menor do que em outras regiões. Em outras palavras: a América Latina demonstra ter um pior desempenho educacional e, ao mesmo tempo, parece obter maior desempenho econômico com menos educação.

FIGURA 1.5. América Latina e Ocidente, 1870-1930: PIB *per capita* em PPP e em dólares de 1990 (eixo x) e média de anos de educação da população de 15 anos ou mais (eixo y)

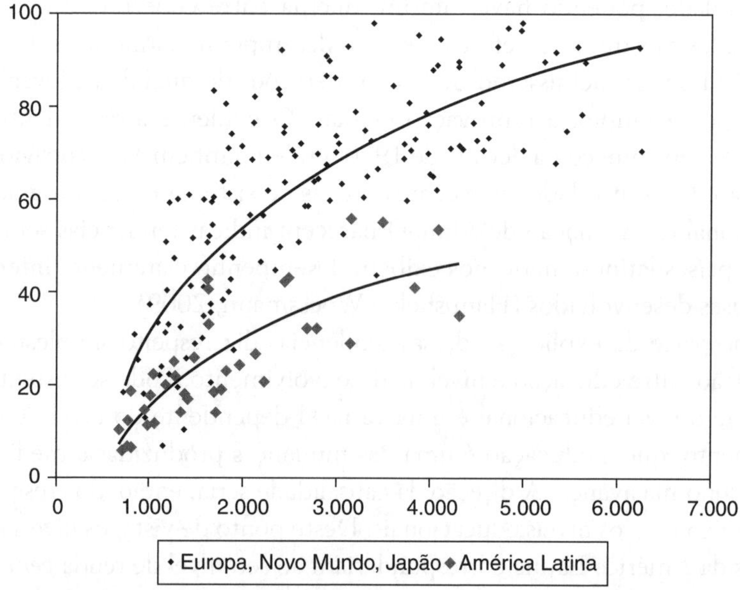

Fonte: Frankema (2009).

As principais ideias utilizadas para explicar este fenômeno vinculam-se com as estruturas sociais e as relações de poder.

O sistema educacional estabelecido nos tempos coloniais baseou-se na ideia de preservar e legitimar a ordem social estabelecida. A educação era um método para "civilizar" a população nativa, para erradicar costumes e crenças indígenas e doutrinar segundo a religião católica. A educação era realizada por diferentes ordens religiosas (franciscanos e dominicanos, entre outros) e as escolas eram muito escassas. A educação superior destinava-se principalmente à elite europeia e aos filhos dos caciques, sendo oferecida quase exclusivamente em espanhol ou em português.

O moderno sistema educacional surgiu na América Latina vinculado a uma série de processos, o mais importante dos quais foi a criação dos Estados Nacionais. Somou-se a isso o surgimento de novos partidos políticos, a emergência de grupos de industriais, a incorporação de imigrantes, que em conjunto promoveram significativos progressos na criação de sistemas educacionais públicos, gradual universalização da educação primária, diminuição das diferenças educacionais entre homens e mulheres, o que promoveu, por sua vez, a mobilidade social.

No entanto, e como assinalado por Reimers (2006), tais processos foram sempre marcados por uma contradição fundamental entre aqueles que defendiam uma educação democrática e inclusiva e os que defendiam estruturas sociais hierárquicas e autoritárias, que são associadas a elevados níveis de exclusão social. O século XIX caracterizou-se pelas lutas políticas entre diferentes grupos de elites. Dois fatos sinalizam uma mudança das tendências relativas à educação. O primeiro deles foi o abandono paulatino da educação católica e o movimento em favor da secularização da educação, impulsionado por grupos intelectuais vinculados aos movimentos de independência que identificavam naquela formação um vínculo direto com a ordem social autoritária e com um dogma religioso que se colocava acima do indivíduo e da verdade. O segundo fato foi que esse movimento viu como prioritário o acesso à educação primária, entendido como uma das responsabilidades que deveria ser assumida pelo Estado. A segunda metade do século XIX assistiu à criação de incipientes sistemas educacionais nacionais que estabeleceriam as bases das mudanças realizadas ao longo do século XX (Reimers, 2006; Meyer *et al.*, 1992).

Ao longo do século XX, de forma diferenciada entre os países, consolidou-se o sistema nacional de educação pública iniciado no século anterior, tendo como resultado um incremento da centralização da educação nas mãos do Estado, com um forte vínculo entre as escolas e o governo local. Embora a discrepância entre as ideologias antes mencionadas tenha persistido, os conservadores gradualmente aceitaram o novo papel do Estado na educação e a massificação em seu acesso. No entanto, as diferenças continuavam existindo, transferidas agora para outras esferas. Dois fatos devem ser destacados: em primeiro lugar, como já assinalado, o aumento no número de matriculados no ensino primário não necessariamente foi acompanhado por uma melhora em sua qualidade; em segundo lugar, embora já não se discuta a universalização do ensino primário, a discussão ideológica, refere-se agora ao ensino secundário e terciário (Reimers, 2006).

Como sustentado por Reimers, o período de industrialização acelerada foi de mobilização para a expansão da educação, não só porque o capital humano foi identificado como fator-chave no desenvolvimento econômico depois da Segunda Guerra Mundial, como também pela noção de que o desenvolvimento poderia ser planificado. As agências de desenvolvimento começaram a ter um peso importante no financiamento nacional e também na educação. O Banco Mundial e, posteriormente, o Banco Interamericano de Desenvolvimento (BID) financiaram obras de infraestrutura, instalação de universidades, instituições de ensino técnico e secundário, assim como a massificação do ensino primário. Tais ações levaram a um aumento na matrícula em geral e à expansão de uma metodologia comum de ensino mais voltada a promover o crescimento econômico do que para a formação integral do cidadão.

Como resultado do desempenho desigual das políticas educacionais na primeira metade do século XX, havia nos anos 1950 diferenças notáveis nas matrículas de cada país. De acordo com Frankema (2009), quando nos concentramos no momento da transição rumo à massificação educacional, podemos grosso modo distinguir três grupos de países latino-americanos. Nas últimas três décadas do século XIX a expansão da escola primária foi mais notável na Argentina, no Chile, na Costa Rica e no Uruguai, embora curiosamente a um ritmo mais lento do que o das colônias britânicas da Jamaica e de Trinidad e Tobago. Depois de conquistar a independência em relação à Colômbia em 1903, o Panamá juntou-se ao clube dos pioneiros. Durante os anos 1920 e 1930, o incremento das taxas brutas de matrícula começou a acelerar-se na Bolívia, na República Dominicana, no Equador, em El Salvador, no México, no Brasil, no Peru e na Venezuela. Alguns dos países mais pobres na região, como Guatemala, Honduras e Nicarágua, foram tipicamente retardatários, com a aceleração na expansão nessas nações ocorrendo somente nas primeiras décadas após a Segunda Guerra Mundial.

Essa classificação tripartite parece refletir algumas características do legado histórico da América Latina. Os primeiros países a aumentar suas taxas de matrícula foram aqueles da periferia colonial, sendo o impacto das metrópoles ibéricas significativamente menor do que nas áreas centrais. Esses países parecem ter sido: a) os mais urbanizados; b) os etnicamente mais homogêneos, incluindo segmentos majoritários de imigrantes europeus (Argentina, Uruguai) e c) sociedades rurais comparativamente menos desiguais (Argentina, Uruguai, Costa Rica). Os retardatários foram tipicamente aqueles países com as sociedades rurais mais estratificadas e menos urbanizadas, caracterizadas por uma grande heterogeneidade étnica e uma relativamente pequena elite de descendentes europeus. A maioria dos países da América Latina encontra-se entre esses dois extremos e começou a investir em educação para as massas no começo do século XX, especialmente durante as décadas de 1920 e 1930.

A maior expansão do ensino primário e secundário deu-se na esfera pública. Embora matrículas nas escolas privadas sejam substanciais, o ensino privado – especialmente no nível primário – não se tornou dominante. Essa situação é diferente no ensino secundário e mais ainda na universidade, onde, em geral, a frequência a centros educacionais privados é superior.

A taxa de matrícula no ensino secundário foi muito menor, o que se explica em parte pelo fato de que o aumento do número de alunos no ensino primário tornou-se possível a partir de um conjunto de medidas que prejudicaram a qualidade de formação, com os consequentes índices de reprovação que retardaram o acesso aos níveis seguintes de ensino. Do mesmo modo, a ênfase na maior parte do século residiu na universalização da alfabetização e no ensino primário, deixando de lado os outros níveis, reduzindo com isso ao mínimo o acesso equitativo à educação em todos seus níveis.

A visão de Reimers vincula-se com a abordagem neoinstitucionalista que, por sua vez, retoma antigas posições da tradição estruturalista latino-americana. A ideia básica então é a de que, apesar de todos os esforços republicanos para ampliar a difusão da educação, a América Latina não conseguiu atingir os níveis educacionais compatíveis com seu nível de desenvolvimento econômico, o que, por sua vez, tornou-se um limite para uma transformação econômica e social mais profunda.

As abordagens neoinstitucionalistas sustentam que o atraso da América Latina relaciona-se com a concentração da riqueza e do poder político por parte das elites. Em relação à concentração do poder político, sustenta-se que, embora o investimento em educação seja expressivo e positivamente relacionado com a renda *per capita* ao longo do tempo e entre países, há muita variação que não pode ser explicada pelas diferenças na renda. A desigualdade de poder político, expressa pela porcentagem da população com direito a voto, parece estar associada a menores níveis de alfabetização e de cobertura educacional (Engerman, Mariscal e Sokoloff, 2009; Lindert, 2010).

Frankema (2009), como outros autores, buscou relacionar o desenvolvimento educacional e a concentração da propriedade da terra. A ideia básica é a de que os proprietários de terra não têm interesse em favorecer a educação da força de trabalho por temor de favorecer o desenvolvimento de suas capacidades e poder político, e por sua propensão maior a extrair trabalho não qualificado do que incrementar a produtividade mediante a educação.

Recentemente, Lindert (2010) estabeleceu o vínculo entre a concentração do poder político, a concentração da riqueza e os baixos níveis educacionais, tentando explicar as chamadas anomalias educacionais (países com maiores rendas e pior educação que outros) por meio da constituição do sistema tributário e da resistência dos grupos sociais de alta renda em arcar com os impostos necessários para financiar os custos da educação de massa.

Há outra linha de pensamento que é complementar a essa interpretação. Sem negar os mecanismos citados anteriormente, a pergunta que pode ser feita é como é possível gerar um produto *per capita* elevado com uma população com baixos níveis educacionais, ou seja, com pequeno capital humano. Esse fato relaciona-se com uma função de produção em que o fator abundante não é nem o trabalho, nem o capital humano, nem o capital físico, mas principalmente a dotação de recursos naturais. O tradicional padrão latino-americano de exportação de produtos primários com relativamente pouco valor agregado, mas capaz de gerar rendas, estaria na origem de uma alta renda *per capita* em relação à formação de capital humano medida pelos níveis educacionais.

Essa característica, que poderia constituir um bom ponto de partida para um processo de desenvolvimento, pode também transformar-se em seu inibidor se aqueles que controlam os recursos naturais também conseguem controlar o poder político e se o padrão produtivo é orientado para a extração de rendas dos recursos naturais e não para a capacidade de inovação baseada no desenvolvimento do capital humano e na mudança estrutural da produção.

Esse último raciocínio não implica qualquer causalidade simplista entre disponibilidades de recursos naturais e nível educacional. Ao contrário, essa relação sempre será influenciada pelo conjunto de relações sociais predominantes, em termos de poder econômico e político. Por exemplo, os países da fronteira meridional da América do Sul, embora tendo uma grande disponibilidade de recursos naturais em relação à sua população, conseguiram atrair imigrantes e atingir níveis salariais e de gasto social maiores do que outras regiões nas quais a dotação de recursos naturais *per capita* não era tão alta. Em casos em que a dotação de recursos naturais elevada combina-se com uma alta concentração da propriedade e com a existência de grandes contingentes populacionais com baixo nível educacional e reduzido poder político, em parte baseados na discriminação racial e cultural, o atraso educacional pode ser ainda maior.

A expectativa de vida ao nascer

As últimas 10 gerações passaram por uma evolução técnica e fisiológica que não foi vivida por numerosas gerações anteriores. Por "evolução tecnofisiológica" entenda-se a interação entre os avanços tecnológicos e as melhorias na fisiologia humana, um processo sinérgico no qual o resultado supera a soma das partes. Os enormes avanços na longevidade da população mundial que levaram, por exemplo, o Reino Unido a mais que duplicar sua expectativa de vida entre 1750 e 1990, foram acompanhados por mudanças na estatura e no peso da população. Essa evolução "tecnofisiológica" pode somar-se a processos genéticos de seleção natural, mas nos últimos três séculos os aspectos não genéticos foram decisivos e particularmente importantes (Fogel, 2009).

Ao longo do século XX a expectativa média de vida de 12 países da América Latina para os quais temos informação elevou-se de 29 para 71 anos (não temos informações para o começo do século XX para alguns dos países com menor expectativa de vida, logo a média real é certamente menor).

O século XIX parece ter sido de crescimento econômico sem significativas melhorias em tais indicadores para a maior parte da população mundial. Fogel observa que esses indicadores podem ser uma melhor aproximação do nível de vida do que as medidas baseadas na renda, uma vez que salários reais podem ocultar o componente de "suborno" ao qual se submetem os trabalhadores que aceitam trabalhar em condições que os expõem a acidentes e a uma maior taxa de mortalidade. Assim, utilizando esses indicadores biomédicos como medida, o processo de industrialização na Inglaterra aparece claramente como um exemplo em que as desigualdades foram efetivamente aumentando, ainda que a distribuição da renda pareça ter se mantido constante.

Aparentemente, o século XX foi o que concentrou a maior parte dos avanços: ao atingirem a maioria da população, as desigualdades na expectativa de vida foram reduzidas.

A redução das taxas de mortalidade, o que explica a maior longevidade, resultou principalmente de quatro processos: as reformas dos sistemas públicos de saneamento, os avanços teórico-práticos da medicina, a melhoria nos níveis de higiene pessoal e a maiores rendas e níveis de vida.

A construção do Índice de Expectativa de Vida ao Nascer (IEVN) também foi objeto de debate. Embora a expectativa de vida ao nascer tenha observado um grande crescimento, há quem sustente que existem certos limites biológicos dos quais nos vamos aproximando de maneira progressiva, tornando-se cada vez mais difícil aumentar um ano na média de vida da população. Por isso, em vez de construir uma escala linear do IEVN, é conveniente, como já observado, usar uma função convexa, que reflita essa crescente dificuldade de prolongar a vida. Desta maneira, os avanços nas idades mais altas pesarão mais que as melhorias alcançadas em relação a idades médias mais baixas (ver Prados de la Escosura, 2007).

A Tabela 1.9 mostra o índice construído a partir de uma EVN de 85 anos como limite máximo (valor 100 do índice). Os países desenvolvidos teriam um nível de 89 enquanto a América Latina (12) atingiria um nível de 78. Se adotássemos a visão menos otimista dos avanços na EVN, ambos os grupos

FIGURA 1.6. América Latina: IDH Histórico em relação aos países desenvolvidos

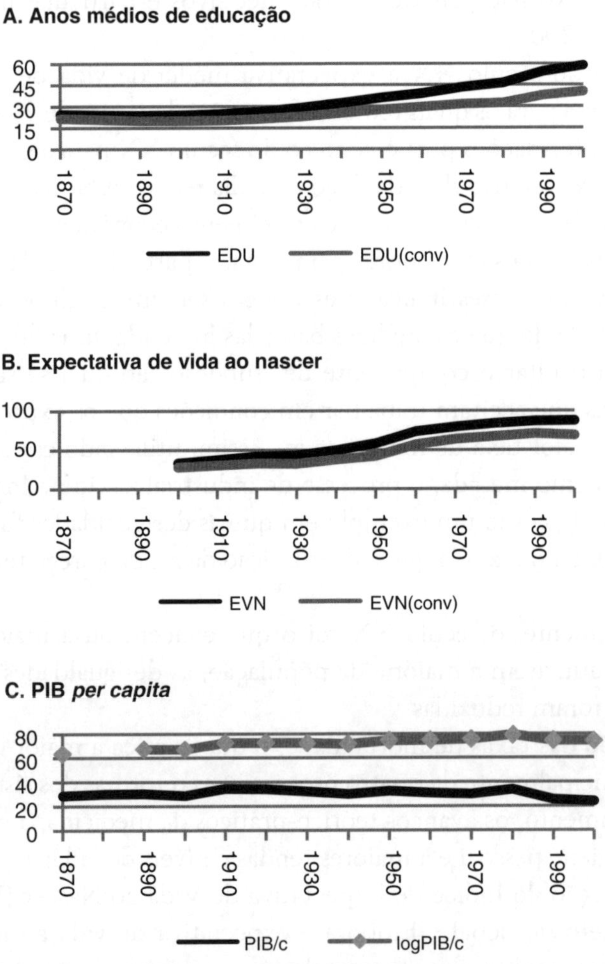

Nota: Países desenvolvidos incluem Alemanha, França, Reino Unido e Estados Unidos.
Fonte: Tabela 1.9.

de países estariam muito mais longe do máximo. No entanto, o que é mais importante é que, de acordo com o segundo critério, o indicador da América Latina não corresponderia a 88% do indicador dos países desenvolvidos, como mostrado na coluna 13, mas a 69%, como indicado na coluna 14, o que indicaria a distância em termos do esforço necessário para obter os resultados dos países desenvolvidos.

Independentemente de qual seja o índice utilizado, a Figura 1.6 deixa claro que a América Latina obteve suas principais conquistas relativas aos países desenvolvidos entre as décadas de 1930 e 1960, quando se verificou o maior avanço em suas políticas sociais. As últimas décadas do século XX parecem ter passado por uma nítida estagnação, ou mesmo atraso relativo, especialmente quando se considera o resultado da utilização da função convexa.

Os índices históricos de desenvolvimento humano

Vimos que existem diferentes formas de construir o índice de cada um dos componentes do desenvolvimento humano. Combinando duas alternativas de cada indicador, podemos construir oito índices agregados alternativos. Para simplificar, na Figura 1.7 apresentamos três índices que refletem os dois casos extremos e um caso intermediário.

O IR3 é o que melhor reflete os valores e critérios utilizados pelas Nações Unidas, embora seja necessário notar que nossa informação sobre a educação (utilizada mais recentemente pelo PNUD) é completamente diferente. Esse índice utiliza o logaritmo do PIB *per capita* e não transforma nem a educação

FIGURA 1.7. Índices históricos de desenvolvimento humano, 1900-2000: América Latina (AL7) e países desenvolvidos

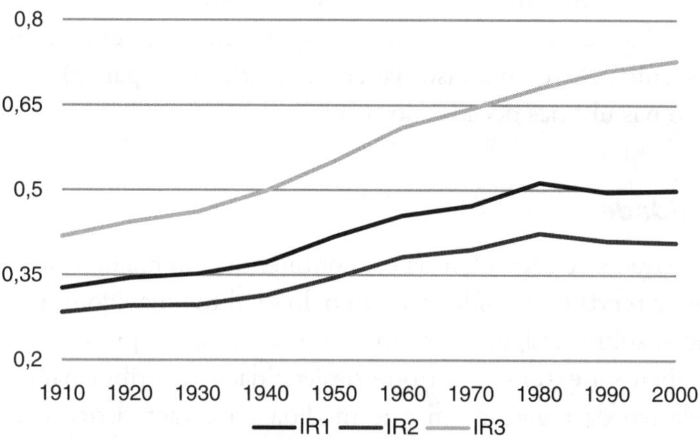

Notas:

Ver Tabela 1.9 para detalhes. LA7 inclui Argentina, Brasil, Chile, Colômbia, México, Peru e Venezuela. Países desenvolvidos compreendem Alemanha, França, Reino Unido e Estados Unidos.

Índice Relativo 1: Média geométrica dos índices de PIB *per capita*, Expectativa de Vida ao Nascer e Educação (IPBIPC, IEVN, IE).

Índice Relativo 2: Média geométrica dos índices de PIB *per capita* e dos índices con função convexa da Expectativa de Vida ao Nascer e Educação (IPIBPC, IEVN-con, IE-con).

Índice Relativo 3: Média geométrica dos índices do logaritmo do PIB *per capita* e dos índices de Expectativa de Vida ao Nascer e da Educação (IlogPIBPC, IEVN, IE).

Fonte: calculado pelos autores com base em Bértola, Hernández e Siniscalchi (2011).

nem a EVN. O resultado indica um processo de convergência contínuo da América Latina, embora até o ano 2000 a região ainda se encontrasse a 73% do nível dos países desenvolvidos. Por outro lado, fica evidente que o processo de convergência foi significativo nas décadas intermediárias do século XX, tornando-se mais lento entre 1960 e 1980 e, novamente, na década de 1990, apesar da superação das crises da dívida.

Se, pelo contrário, utilizamos o IR2, que não transforma o PIB *per capita* mas transforma tanto o índice educacional quanto o da EVN – isto é, assumindo que se torna cada vez mais difícil obter melhorias nos indicadores – constata-se outra vez que os principais avanços relativos são registrados nas décadas entre 1930 e 1960, que depois prosseguem a um ritmo mais lento e que o processo de convergência é interrompido a partir da década de 1980. Neste caso, o IDH latino-americano estagna em níveis relativos um pouco superiores a 40% do registrado nos países desenvolvidos. O IR1, que não passa por nenhuma transformação nos valores originais, exibe uma tendência similar ao IR4, embora os valores relativos cheguem a pouco mais de 50% do observado nos países desenvolvidos.

Certamente nenhum desses índices reflete integralmente a realidade. Eles mostram diferentes aspectos, diferentes possibilidades, sendo inclusive influenciados pelo que pensamos que pode chegar a ocorrer no futuro, como no caso da EVN. O conjunto deles nos dá uma visão matizada do complexo processo de desenvolvimento socioeconômico latino-americano: um grande atraso inicial acompanhado por um avanço positivo nas décadas intermediárias do século XX (com atrasos variáveis em distintos países) e tendência à estagnação nas últimas décadas do século.

Desigualdade

Sabe-se que a América Latina é o continente com maiores níveis de desigualdade de renda do mundo, motivo pelo qual tem havido muito interesse em estudos sobre desigualdade nos últimos anos. As principais perguntas dizem respeito à extensão em que desigualdade contribui para explicar o atraso relativo da região e em que medida tal característica constitui um resultado de seu modo particular de desenvolvimento.

Após a Segunda Guerra Mundial, a tradição de pesquisa liderada por Simon Kuznets concentrou-se no estudo do impacto do crescimento econômico e da mudança estrutural sobre a desigualdade. Embora as produtividades setoriais relativas tenham tido um papel preponderante em sua análise, também foram muito importantes fatores não estritamente econômicos, como as mudanças demográficas, sociais e políticas voltadas à industrialização e ao desenvolvimento dos Estados de Bem-Estar.

A economia convencional tem discutido principalmente a desigualdade do ponto de vista da distribuição da renda. Vendo o crescimento como um processo de alocação de recursos, a ideia central é estudar os movimentos de preços gerados em processos de integração e desintegração dos mercados. O vínculo entre globalização e desigualdade despertou muito interesse, que se concentrou no impacto da dotação inicial de fatores, ou seja, na abundância relativa de terra, capital e mão de obra (O Rourke e Williamson, 2006).

Embora esta tradição continue existindo, a área mais dinâmica de pesquisa teórica tem sido a que estuda o impacto da desigualdade sobre o crescimento de longo prazo. Para a economia convencional, a acumulação de capital humano constitui o principal canal por meio do qual a desigualdade afeta a taxa de crescimento: quanto mais igualitária é uma sociedade, maior será a taxa de formação de capital humano e maior o crescimento. Outros canais pelos quais a desigualdade influencia negativamente o crescimento seriam a desigualdade no acesso a recursos financeiros e a instabilidade social e política.

A discussão teórica tem se concentrado cada vez mais na identificação das instituições que geram desigualdade, do ponto de vista tanto da distribuição da renda e da riqueza quanto do poder político (North, Wallis e Weingast, 2009; Acemoglu e Robinson, 2004). Nessa perspectiva, as forças de mercado e a alocação de recursos possuem um papel secundário.

O conceito do desenvolvimento humano também tem sido enfatizado nessa discussão sobre a desigualdade. Para compreender a dinâmica do desenvolvimento econômico e social, não somente a distribuição da renda e da riqueza é importante, mas também a distribuição das capacidades humanas.

A maior parte da investigação desenvolvida sobre e na América Latina nas décadas de 1950 a 1970 (no segundo caso, na literatura estruturalista em particular) convergia em sua ênfase na importância dos elementos oligárquicos do desenvolvimento latino-americano, presentes na forte concentração de poder político, riqueza e renda nas mãos das elites proprietárias de terras e capital que controlavam as relações de trabalho e o comércio. Enquanto a Independência trouxe consigo a ruptura da ordem política, o caos e a desordem, tornando difícil ao Estado garantir os direitos de propriedade e a segurança, o que agora chamamos de primeira globalização trouxe a consolidação do poder político do Estado e uma acentuada concentração da riqueza, acompanhadas de maior defesa dos direitos de propriedade das elites. Ao mesmo tempo, as relações trabalhistas transformavam-se, mas se mantendo diretamente subordinadas aos interesses das elites e até mesmo reproduzindo velhas e novas formas de compulsão extraeconômica típicas de formas pré-capitalistas de organização do trabalho. Desta maneira, o problema não residiu apenas na consolidação da concentração da propriedade da terra, já elevada para os padrões internacionais (Frankema, 2009: cap. 3), mas também na manutenção de diversas formas de subordinação do trabalho que restringiam de fato a livre mobilidade da mão de obra. Os países dependentes da imigração europeia foram a grande exceção a esta última tendência.

Essas novas características tinham raízes na herança colonial. As novas relações ocorreram em diferentes cenários, derivados da interação de poderosos acontecimentos internacionais (Revolução Industrial, Independência dos Estados Unidos, Revolução Francesa e os efeitos das guerras napoleônicas) que influenciaram o processo de reformas liberais na América Latina. Esses processos de reformas liberais difundiram-se em ambientes variados, resultantes, como vimos, da combinação da expansão em áreas centrais da era colonial, da expansão dos cultivos tropicais com grandes contingentes de mão de obra escrava e da expansão para zonas de fronteira baseadas na imigração europeia (Cardoso e Pérez Brignoli, 1978).

As teorias neoinstitucionalistas recuperaram essa antiga tradição de pesquisa (embora geralmente ignorando as contribuições da antiga literatura estruturalista latino-americana), argumentando que as instituições criadas pelos poderes coloniais imediatamente depois da colonização foram as responsáveis por um equilíbrio de longo prazo de elevada desigualdade política e econômica, baixa formação de capital humano e lento crescimento econômico. Diferentes autores têm dado ênfase a diferentes fatores – do papel das heranças políticas e culturais (North, Summerhill e Weingast, 2000) às características da dotação de recursos naturais e da densidade populacional (Engerman e Sokoloff, 1997; 2000 e 2003) ou o equilíbrio sociopolítico de forças (Acemoglu, Johnson e Robinson, 2003; Robinson, 2006) – mas todos concordam com o papel decisivo das estruturas coloniais iniciais. Esses trabalhos tiveram, por outro lado, um grande impacto não somente no mundo acadêmico, mas também em importantes organizações internacionais (ver, por exemplo, Banco Mundial, 2004).

Essas visões têm sido criticadas recentemente. Coatsworth (2008), argumenta que as raízes do atraso latino-americano têm de ser buscadas no período que vai de 1770 a 1870, quando as economias latino-americanas perderam a oportunidade de vincular-se com a Revolução Industrial e realizar a sua própria transformação. O fortalecimento das elites locais não teria ocorrido na época colonial, mas somente ao final do século XIX, de forma que esse fortalecimento é que teria tornado possível o crescimento, contrariamente ao sustentado pelos neoinstitucionalistas. Desta forma, a concentração do poder econômico não foi um fator adverso, mas antes favorável ao desenvolvimento.

Diferentemente das tradições anteriores, as abordagens neoinstitucionalistas deslocaram toda a explicação do desenvolvimento e da desigualdade para as condições locais, abandonando quase por completo o estudo de como essas desigualdades reproduziram-se no plano internacional e afetaram as desigualdades nacionais. Por sua vez, a ênfase nas instituições coloniais gerou certa perda de interesse no estudo de como as instituições foram se transformando em interação com processos de mudança nacionais e internacionais, o mais importante dos quais é, sem dúvida, a Revolução Industrial e os sucessivos impulsos de crescimento econômico, mudança tecnológica, transformação estrutural e social (Bértola, 2011).

Parece existir amplo consenso de que a desigualdade aumentou na América Latina durante a primeira globalização, tanto entre os diferentes países latino-americanos quanto no interior deles. Tal constatação não é contraditória com a existência de agudas desigualdades herdadas da época colonial, mas considera que tais condições alimentaram as desigualdades que surgiram durante o período da primeira globalização. Uma estrutura social com 20% de brancos, muitos deles com amplos privilégios, cerca de 25% de escravos, com uma grande população mestiça submetida a múltiplas formas de discriminação e uma população indígena sujeita a diversas formas de trabalho dependente, além da força dos poderes coloniais, constituiu um cenário de acentuadas desigualdades econômicas e de direitos civis, que se reforçaram mutuamente.

Por outro lado, como veremos no Capítulo 3, o aumento da desigualdade durante a primeira globalização esteve longe de ser um processo limitado ao impacto das forças do mercado. Em grande medida, tratou-se de um processo de redistribuição da riqueza e de transformações institucionais que consolidou uma estrutura particular da propriedade, riqueza e poder político. Longe então de ser um fenômeno puramente econômico, visto como um ajuste diante de um novo equilíbrio posterior à revolução dos transportes, o aumento da desigualdade nesse período foi um processo estreitamente associado à dinâmica herdada da colônia, mas que interagiu com novas forças econômicas, sociais e políticas.

A industrialização dirigida pelo Estado teve resultados diversos em termos de equidade em diferentes países. Naqueles que desenvolveram diferentes formas de Estado de Bem-Estar, o período caracterizou-se por uma redução da desigualdade. Este é o caso de países como a Argentina, o Chile e o Uruguai. Em outros países com mercados internos muito grandes e com um mercado de trabalho acentuadamente segmentado, com grandes parcelas de população descendente de escravos ou com uma ampla população camponesa mestiça e indígena, o processo de industrialização assumiu características concentradoras, produzindo uma crescente polarização até mesmo no interior dos setores assalariados. O Brasil pode ser considerado um caso exemplar dessas experiências. Em outros países, esses processos ocorreram até uma época em que o processo de industrialização já estava bem avançado, mas em algum momento deram lugar a uma melhoria distributiva, particularmente na medida em que se reduziam os excedentes de mão de obra rural e passaram a ser sentidos os efeitos do desenvolvimento do sistema educacional. México e Colômbia são exemplos dessa situação. No longo prazo, um efeito significativo da industrialização e da urbanização que a acompanhou, apoiadas por processos de reforma agrária com resultados muito diversos, foi debilitar e inclusive eliminar antigas formas servis de trabalho típicas das zonas rurais.

Finalmente, há amplo consenso e detalhada informação acerca de como as reformas de mercado de fins do século XX levaram a um aumento significativo da desigualdade, associado a processos de desregulação, destruição de capacidades do Estado e processos de desindustrialização. No Cone Sul, as ditaduras militares tiveram um papel destacado nas fases iniciais do processo de reforma, que foram acompanhadas por uma repressão sistemática às diferentes formas de organização popular, resultando em reduções substanciais dos salários reais. De maneira mais geral, no entanto, as crises econômicas tiveram um forte impacto distributivo e a reestruturação produtiva orientou a demanda em favor do trabalho qualificado, com efeitos adversos sobre a distribuição da renda. Na primeira década do século XXI, no entanto, o sinal das tendências distributivas mudou novamente na direção da redução da desigualdade, cujas causas são objeto de debate mas sobre o que incidiram pelo menos dois tipos de políticas de maneira mais ampla: o efeito cumulativo da melhoria na distribuição das oportunidades educacionais e o desenho de um sistema de assistência oficial capaz de atender até os setores mais pobres.

Comparando as sociedades latino-americanas de hoje com as da época da Independência, não há dúvida de que a distribuição da riqueza continua sendo muito desigual, apoiada agora mais no capital do que na terra, e que a distribuição de renda é possivelmente pior do que naquela época. Por outro lado, depois de uma deterioração inicial, as oportunidades de acesso à educação e saúde começaram a melhorar e, especialmente, desapareceu a escravidão e desapareceram quase inteiramente as formas mais servis de trabalho então típicas das zonas rurais. Esses últimos processos devem ser considerados um avanço significativo em termos de equidade, embora suas implicações em termos de desigualdade no acesso a uma cidadania plena não sejam ainda inteiramente evidentes.

CAPÍTULO 2

A HISTÓRIA ECONÔMICA DAS NOVAS REPÚBLICAS INDEPENDENTES, 1810-1870

Introdução

A independência das repúblicas latino-americanas fez parte de um complexo processo político internacional, no qual se destacaram a independência das 13 colônias norte-americanas, a Revolução Francesa e as guerras napoleônicas. Esse amplo processo levou à formação de várias repúblicas, mas também de um império (Brasil, até 1889). Cuba manteve sua condição de colônia até o final do século XIX, mas também se tornou uma república independente no início do século XX. Ao final, todos adotaram a forma republicana de governo. Por esse motivo, ainda que seja impreciso a respeito de Brasil e Cuba, utilizaremos neste capítulo o termo "novas repúblicas" para nos referirmos aos países latino-americanos durante as décadas seguintes à ruptura iniciada por volta de 1810.

Do ponto de vista econômico e tecnológico, o grande fato novo na segunda metade do século XVIII foi a Revolução Industrial Britânica, que pouco a pouco se estenderia para outros países europeus. A Revolução Industrial não foi um evento localizado, pois envolveu uma transformação radical na forma de funcionamento das economias capitalistas. A partir de então, essas economias experimentaram mudanças tecnológicas frequentes, com sucessivos paradigmas tecnológicos e econômicos e ondas de difusão internacional, com grande impacto não somente na introdução de novos produtos e processos produtivos, mas também sobre os transportes e as comunicações. Esses últimos processos, por sua vez, desencadearam uma revolução no comércio e nas finanças internacionais.

No período discutido neste capítulo, o profundo processo de mudança tecnológica pode ser resumido em três paradigmas diferentes. Por um lado, a mecanização baseada no uso do ferro, da energia hidráulica e na construção de canais foram as tecnologias da Revolução Industrial do final do século XVIII. Essa expansão definiu o contexto para o surgimento de outras inovações que somente viriam a cristalizar-se a partir de 1830, com a utilização em grande escala da máquina a vapor (incluindo nas ferrovias e na navegação), a introdução da máquina-ferramenta em um número crescente de atividades, e o telégrafo, que revolucionou as comunicações de longa distância. Por fim, ao final desse período emergiu um novo paradigma cuja consolidação ocorrerá no começo da década de 1870. Tal paradigma fundamentou-se no emprego do aço para o transporte e na engenharia pesada, na utilização da eletricidade como uma forma revolucionária de energia facilmente transmissível e na introdução do motor de combustão interna, que iria revolucionar mais uma vez o setor de transporte.

Esse processo de aceleração da mudança tecnológica, do qual as potências coloniais ibéricas participaram de forma apenas marginal, abriu novas possibilidades de comércio internacional e constituiu o que Lynch (1992) chamou de "a segunda conquista" e o início da gestação de um novo pacto "colonial". Entre 1750 e 1870, a relação entre a América Latina e a economia mundial foi reformulada em termos do que Cardoso e Pérez Brignoli (1979) denominaram de "transição para o capitalismo periférico", um capitalismo desprovido da dinâmica industrial e tecnológica das economias centrais.

Do ponto de vista político, esse processo foi primeiramente determinado pelas reformas bourbônicas e pombalinas do final do século XVIII, quando as monarquias ibéricas tentaram revitalizar seus vínculos com as economias coloniais, com o intuito de ampliar e diversificar as oportunidades abertas com a expansão da economia internacional. Tais reformas tinham como objetivo extrair a maior quantidade possível de rendas do sistema colonial, revertendo o processo anterior de relativa autarquia de grande parte da economia ibero-americana. Desta maneira, ainda que não tenham sido alteradas as relações básicas do sistema, a economia foi revitalizada, as colônias se integraram mais na economia mundial e o desenvolvimento regional tornou-se mais diversificado. Esse processo permitiu que as elites locais vislumbrassem as possibilidades abertas pelas mudanças tecnológicas, produtivas e comerciais antes mencionadas. No entanto, a dinamização tardia da economia colonial preservou as características extrativas dos períodos anteriores e reforçou, ao mesmo tempo, o monopólio da metrópole. Embora o monopólio não fosse algo novo, ele foi aplicado com um zelo crescente, o que afetou de maneira significativa as regiões mais periféricas, que já estavam comercializando com outras potências europeias, fora do alcance do controle metropolitano.

Posteriormente, o processo decisivo foi a independência das novas repúblicas e a dolorosa, lenta e complexa construção dos Estados Nacionais. A independência das 13 colônias da América do Norte constituiu um antecedente fundamental, que influenciou diretamente o contexto da independência latino-americana. A revolução escrava no Haiti em 1791, que levou à independência desse país em 1804, foi outro evento importante. No entanto, é crescente o consenso entre os historiadores de que a eclosão da independência não teria acontecido, naquele momento e daquela maneira, não fosse a invasão da Península Ibérica por Napoleão, que culminou com a derrota da Espanha frente aos franceses e o exílio do imperador de Portugal no Brasil, e sem os conflitos entre a Inglaterra e a França, que criaram um grande vazio de poder na América Hispânica.

Do ponto de vista das relações sociais, este período foi caracterizado em termos econômicos por três transições, com combinações variáveis nos três grupos de países que mencionamos no Capítulo 1. Esses processos foram: 1) reformas liberais, cujos elementos centrais foram a expropriação de terras da Igreja, a privatização de parte substancial das terras públicas, a distribuição das terras das comunidades indígenas como propriedade privada e a mudança nas formas de tributação – ainda que alguns desses processos chegaram tardiamente ou permaneceram incompletos em vários países; 2) a abolição da escravatura; 3) a expansão em direção às áreas de fronteira.

Neste capítulo discutiremos o desempenho das economias latino-americanas nas décadas que se seguiram à Independência, buscando vincular esse desempenho com os processos políticos e institucionais da época e com as oportunidades comerciais e tecnológicas abertas para cada uma delas.

A herança colonial e as lutas da Independência

A herança colonial

As últimas décadas do período colonial, que se associam com as reformas bourbônicas e pombalinas, foram uma época de crescimento econômico relativamente rápido em muitas regiões da América Latina. Essas décadas se seguiram a um longo período de declínio da economia colonial; em algumas áreas, essa decadência já havia sido interrompida antes das reformas mencionadas, mas tais reformas lhes deram um impulso adicional de crescimento. Tal como ocorrido na expansão anterior até meados do século XVII, a economia de mineração foi o motor de crescimento. Ao longo do século XVIII ocorreram novos descobrimentos de ouro no Brasil, Nova Granada

(Colômbia) e Chile, e de prata na Nova Espanha (México) e, em menor medida, no Vice-reino do Peru. Esses centros de mineração localizavam-se, na sua maior parte, em regiões em desvantagem geográfica, mas tinham em seu favor a alta relação valor/peso de seus produtos. Além disso, embora estivessem rodeados de um grande número de atividades com baixa produtividade, eles geraram um conjunto de encadeamentos com as economias locais e regionais, produtoras de bens necessários (alimentos, carne, cavalos e mulas) para a economia mineira. As regiões próximas às vias de navegação também prosperaram, como as zonas temperadas que produziam couro e grãos e aquelas localizadas em zonas tropicais que produziam cacau, café, tabaco, anil e, especialmente, açúcar, utilizando em muitos casos a mão de obra escrava. As atividades de comércio e transporte floresceram nesse ambiente.

Apesar desses elementos positivos (com exceção notável da escravidão), a herança colonial teve dois aspectos negativos que devem ser destacados.

De um lado, a longa crise da economia colonial havia gerado um atraso de tais proporções que, a despeito do crescimento da segunda metade do século XVIII, a economia da América Latina (com a exceção de alguns países) já se encontrava a uma considerável distância (em termos de renda *per capita* e, especialmente, de capacidades tecnológicas) dos países que estavam se industrializando e passando por grandes transformações em sua produção agrária e industrial. Até o final do período colonial, a América Latina já não possuía vantagens em relação às colônias do Norte e havia acumulado uma defasagem científica e tecnológica substancial frente às potências industriais emergentes dos Estados Unidos e Europa.

Por outro lado, a herança colonial teve relação, antes de tudo, com o tipo particular de configuração institucional, que explica tanto o atraso anterior quanto as dificuldades futuras das jovens repúblicas. Para além dos determinantes geográficos e da dotação de recursos, muitos aspectos de natureza institucional foram decisivos para explicar as potencialidades e os desenvolvimentos reais dessas economias.

Os desestímulos à atividade econômica resultavam do particularismo existente nas concessões de terras e permissões de comércio, dos altos custos impostos à atividade empresarial e os riscos por ela enfrentados. Três aspectos foram particularmente negativos: o risco político devido à imprevisibilidade na tomada de decisões; os altos custos associados à ineficiente regulação dos direitos de propriedade, a elevada carga tributária e os complexos regimes regulatórios; e a ausência de investimentos em bens públicos – recursos humanos e infraestrutura.

Por sua vez, o mercado de terras não estava bem desenvolvido e predominavam formas arcaicas de propriedade, como a propriedade coletiva de terras pela Igreja, as municipalidades (*ayuntamientos*) e comunidades indígenas, bem como as restrições que as normas sobre herança impunham aos indivíduos que desejassem vender suas terras. Por outro lado, o sistema tributário colonial baseava-se em pesadas regulamentações, monopólios e licenças de comércio.

A elevada extração do excedente contrastava com a oferta restrita de bens públicos por parte dos poderes coloniais. Esses últimos não investiam em educação nem em serviços sociais, que na prática ficavam nas mãos da Igreja, nem realizavam investimentos em infraestrutura, que ficaram por conta das companhias de comércio.

Do ponto de vista do desenvolvimento produtivo, o monopólio comercial obrigava as colônias a comprar e vender somente para as metrópoles, e no segundo caso apenas aqueles bens que não concorriam com elas. O déficit comercial era saldado com transferências de metais preciosos, que se somavam às transferências líquidas das regiões mais ricas para a metrópole. Esse esquema estava sujeito às acentuadas flutuações da economia de mineração. De sua parte, o relativo atraso produtivo das metrópoles levou-as a assumir crescentemente um papel de intermediárias entre a América Latina e as nações que estavam se industrializando na Europa, reduzindo a acumulação nas metrópoles e abrindo caminho ao comércio ilegal entre as colônias e as demais potências. As reformas bourbônicas e pombalinas tentaram reverter essa situação, em primeiro lugar melhorando o sistema administrativo e diversificando os produtos de exportação das colônias, em segundo lugar ampliando o comércio intercolonial mediante uma espécie de união aduaneira.

Graças à expansão vivida durante a segunda metade do século XVIII, ao final do período colonial os territórios ibero-americanos encontravam-se em uma posição destacada em relação a outras colônias e zonas não desenvolvidas do mundo, ainda que não em uma posição vantajosa diante das colônias norte-americanas. Para todos esses territórios, mas em especial para aqueles nas zonas mais periféricas, as possibilidades que se abriam com o comércio internacional eram muito mais amplas do que aquelas que o comércio colonial permitia aproveitar.

As reformas coloniais tardias não alteraram as características do sistema. Como argumenta Sánchez Santiró (2009: 35-6), com base no estudo do caso mexicano (a principal fonte de rendas coloniais para a Espanha), as reformas consistiam em uma modernização conservadora, visto que o monopólio "foi combatido por meio da multiplicação do privilégio corporativo, o que permitiu uma incipiente liberalização dos mercados nos marcos do antigo regime colonial hispânico". Em outras palavras, mais do que uma mudança do sistema, as reformas promoveram a expansão e subdivisão territorial em diferentes escalas do mesmo sistema, integrando novos atores, diversificando produtos e regiões e estatizando algumas atividades lucrativas. Como resultado, além de dinamizar uma economia que já vinha crescendo, as reformas fortaleceram a capacidade extrativa da Coroa. Ao iniciar-se o ciclo das guerras europeias, essa maior capacidade de extração de recursos das colônias transformou-se em voracidade fiscal para sustentar a atividade militar, o que subordinou toda a política colonial.

Por outro lado, ao mesmo tempo que aumentava a capacidade de acumulação por parte das elites locais (ainda que não necessariamente favorecendo as elites nativas, pois os privilégios recaíam principalmente sobre os colonizadores espanhóis e portugueses), elas não realizaram progressos semelhantes no plano político, uma vez que o desenvolvimento da representação política, especialmente nos conselhos municipais (*cabildos*), foi mais limitado do que as assembleias das colônias inglesas e holandesas. Ao mesmo tempo, a crescente massa de mestiços permanecia sem direito efetivo à propriedade da terra e educação, ou a algum mecanismo de participação política, ao que se adicionava a desigualdade jurídica que enfrentavam os indígenas e os escravos. Desde as origens das colônias, as concessões de terras haviam gerado um enorme processo de concentração da propriedade, que se reproduziu de forma ampliada com as novas concessões de terra. Uma parte substancial das terras permaneceu nas mãos da Igreja e das comunidades indígenas.

Esse conjunto de instituições que bloqueavam o desenvolvimento econômico viu-se fortalecido pelas políticas de pureza de sangue e pelo sectarismo religioso, que influenciaram diretamente o sistema educacional, cujo objetivo principal era a conversão ao catolicismo e o controle social da grande massa de indígenas e escravos. O escasso ensino superior foi limitado à elite superior branca, que detinha controle pleno das também rarefeitas instâncias de decisão política.

Muito se tem debatido acerca da ideia de que a desigualdade econômica e social foi uma característica própria da América Latina desde os tempos coloniais, que não faria mais do que se reproduzir até nossos dias. Há poucas dúvidas de que havia uma grande desigualdade em matéria de direitos civis, a começar pelo fato de que em 1800 somente a quarta parte da população era branca e, por isso, com acesso pleno àqueles direitos. A desigualdade jurídica era apenas uma das múltiplas formas de desigualdade que se enraizavam profundamente na estrutura social e nos padrões culturais.

Em termos econômicos, embora seja verdadeiro que a propriedade de terras por parte da Igreja e pelas comunidades camponesas constituíram um freio à concentração da terra e que nem toda a propriedade privada da terra gerava altos níveis de rendimentos, é possível sustentar que os níveis de desigualdade também eram elevados, sobretudo nas sociedades escravistas, dados os amplos setores da população submetidos a diversas formas de servidão e extração coercitiva do trabalho. Excedentes elevados são um requisito para a existência de alta desigualdade. Por esse motivo, a apropriação de uma parcela grande do excedente por parte da Coroa contribuiu curiosamente para reduzir os níveis de desigualdade entre a população da colônia. Não obstante, como veremos nos capítulos seguintes, e para além dos níveis efetivos de desigualdade observados, não há dúvida de que a sociedade colonial continha os ingredientes necessários para reproduzir uma estrutura social propensa ao aumento da desigualdade.

As lutas pela Independência

O ciclo da Independência estendeu-se por um período de aproximadamente 16 anos, de 1808 até a Batalha de Ayacucho em 1824. As guerras associadas a esse processo, tanto as guerras civis iniciais como as que tiverem lugar entre os exércitos libertadores e os exércitos espanhóis de reconquista, enviados depois de concluída com sucesso a luta contra a ocupação francesa, deixaram como saldo uma grande destruição de recursos humanos e materiais. Em termos humanos, quase 800 mil vidas foram perdidas em um continente de pouco menos de 20 milhões de habitantes (Tabelas 2.1 e 2.5), enquanto as perdas materiais incluíram o gado utilizado para abastecer e alimentar os exércitos, as minas abandonadas e inundadas, o sistema tributário a serviço da guerra, a destruição da riqueza das elites como resultado da expropriação por parte das forças contrárias a que apoiavam e a desorganização do sistema escravista, em parte como consequência das promessas de libertação feitas aos escravos que se alistassem nas guerras, oferecidas por ambos os grupos em conflito.

No entanto, no desenrolar da guerra houve elementos de diferenciação, que não por acaso reforçaram algumas das características mencionadas na tipologia do Capítulo 1. A resistência imperial foi maior, e menor a radicalização independentista e republicana das elites, nos centros da economia colonial – onde se concentrava a maior parte da população indígena e dominava o eixo produtivo da *hacienda* e da mineração de exportação –, bem como nas zonas das fazendas escravistas, ou seja, nas regiões onde a presença político-administrativa do Império era mais evidente e onde as elites coloniais, predominantemente comerciais, sentiam-se mais ameaçadas por amplos setores social e racialmente discriminados. Nessas áreas, a pressão revolucionária e independentista foi mais limitada e a luta pela independência avançou mais lentamente ou mesmo não se manifestou (como no caso de

Cuba), com contradições mais pronunciadas e custos sociais e econômicos muito maiores. Em contraste, nas regiões mais periféricas da estrutura colonial, o processo da independência foi mais rápido. Desta forma, o Rio da Prata transformou-se em uma base sólida para a revolução, a partir da qual San Martín lançaria sua campanha em direção ao Chile e Alto Peru. Por outro lado, no norte da América do Sul, Bolívar não teve uma base fixa de apoio, enquanto no México as forças liberadoras sucumbiram cedo à resistência interna das forças leais à Coroa. Uma vez restaurada a dinastia na Espanha, a luta nas Américas deixou de ter as características de uma confrontação civil local entre defensores da realeza e da independência, para transformar-se em um confronto entre as forças nacionais (*criollas*) e os exércitos de reconquista. Em 1815, somente o Rio da Prata estava ao lado da Revolução, enquanto o resto do continente ainda teria de enfrentar um longo e doloroso processo, cuja fase militar apenas acabaria em Ayacucho, em 1824.

Como resultado, aprofundaram-se as diferenças no desenvolvimento econômico que estavam sendo gestadas desde as reformas bourbônicas e pombalinas. Quando o ciclo de lutas da independência foi encerrado, as regiões antes periféricas já haviam iniciado seus processos de recuperação econômica. O mesmo ocorreu em Cuba, onde o sistema colonial permaneceu intacto.

O desempenho das novas repúblicas

Este é o período mais desconhecido da história econômica destas repúblicas. Em parte, tal fato resulta da fragilidade das fontes de informação, dada a própria fragilidade institucional das novas nações emergentes. A precariedade de informações torna o debate sobre o desempenho econômico das repúblicas difícil de ser resolvido e, como consequência, há argumentos inteiramente divergentes quanto a se o desempenho econômico da região após a Independência foi pobre ou se foi mais satisfatório, mesmo que desigual.Nas próximas seções deste capítulo buscamos esboçar um quadro do desempenho econômico nessas décadas baseando-nos nas limitadas e frágeis informações disponíveis para um grupo de países. Os resultados que encontramos nos levam a nos alinharmos com aqueles que sustentam que esse foi um período de baixo desempenho econômico e de oportunidades perdidas. Assim, nós nos inclinamos a concordar com a visão clássica de Halperín (2008 [1969]), que fala de uma América espanhola contida e de uma "longa espera", e com Bulmer-Thomas (1994, relançado em 2003), que sustenta que somente alguns poucos países que tiveram estabilidade institucional foram capazes de se beneficiar das vantagens da Independência quanto à abertura do comércio e ao acesso aos mercados de capitais. Outros trabalhos que compartilham essa interpretação incluem os de Coatsworth (1998 e 2008), Bates, Coatsworth e Williamson (2007) e Kalmanovicz (2011).

Entre as interpretações revisionistas encontram-se a de Lopis e Marichal (2009), que argumentam que as taxas de crescimento não foram tão baixas, nem as perspectivas tão negativas em todas as áreas. Gelman (2009 e 2011) considerou inadequado fazer generalizações sobre o pobre desempenho da região, uma vez que houve áreas que exibiram substancial crescimento, graças às suas dotações de fatores e à "loteria das commodities", embora outros tenham sucumbido aos problemas institucionais. Prados de la Escosura (2009) também adota a mesma visão, observando que em comparação com a África, Ásia e alguns países da periferia europeia, o desempenho da América Latina não foi tão insatisfatório. Já Sanchez Santiró (2009b) sustenta que, até meados da década de 1850, o México vivenciou um rápido crescimento e mudanças radicais na sua estrutura produtiva, bem como na organização dos seus circuitos de produção e comércio.

Qual é a comparação relevante?

Uma importante consideração diz respeito às expectativas que motivaram os processos de independência em relação ao potencial das economias latino-americanas, pois que isso se vincula aos resultados e limitações das reformas bourbônicas e pombalinas.

As riquezas naturais, populações e culturas pré-colombianas indicavam que as colônias de Portugal e Espanha possuíam um estoque de riqueza maior do que o da América do Norte. Essa última era pouco habitada e dispunha de recursos naturais menos valiosos, sendo considerada de interesse marginal pelos europeus naquela época (Engerman e Sokoloff, 1997: 260).

Para os americanos descendentes de europeus, o potencial de desenvolvimento da América Latina era muito significativo, ao mesmo tempo que eles concebiam os impérios espanhol e luso como uma grande barreira ao seu próprio desenvolvimento. Embora a estrutura social colonial fosse complexa, as elites locais emergentes viam a Espanha e Portugal como países que tinham virado as costas ao Iluminismo, ao livre comércio e à Revolução Industrial.

Para a América Latina, portanto, a independência associou-se à ideia de progresso e republicanismo, existindo a oportunidade de vincular-se aos processos econômicos e políticos que vinham gerando um grande processo de desenvolvimento na Europa e o início do desenvolvimento na América do Norte.

Desta forma, quando se avalia o desenvolvimento das novas repúblicas latino-americanas, não se deve realizar comparações no vazio, ou em relação a outras nações mais pobres, mas antes com aquelas nações que se pretendia imitar, e em particular com as novas nações da América do Norte. De fato, parece mais adequado comparar a América Latina com os Estados Unidos da época do que com a África da segunda metade do século XX.

População

Embora, como já notado, o desempenho econômico seja basicamente um processo de aumento da riqueza por habitante, é importante destacar que um resultado econômico significativo no século XIX foi o aumento da população. A dinâmica populacional é até certo ponto uma expressão do bem-estar econômico, uma vez que diz respeito à capacidade de um território atrair, alimentar e reproduzir um maior número de pessoas.

Do ponto de vista da população, a América Latina cresceu a um ritmo relativamente acelerado, de 1,3% ao ano entre 1820 e 1870, como mostra a Tabela 2.1. O crescimento parece ter sido maior entre 1820 e 1850 do que em 1850-1870, mas isso está dentro da margem de erro das estimativas existentes. De todo modo, ao comparar esse período com o seguinte, de 1870-1913, o desempenho parece inferior: a taxa de crescimento da população alcançaria 1,7% por ano. Mais uma vez, esse crescimento populacional reflete diferenças muito nítidas. Retomando a tipologia que apresentamos no Capítulo 1, podemos constatar dinâmicas demográficas claramente diferenciadas, que representam uma continuidade da tendência já observada durante as últimas décadas da era colonial. As regiões que foram o centro do império colonial espanhol deparam-se com uma dinâmica demográfica muito reduzida, com taxas de crescimento inferiores a 1% ao ano. As regiões tropicais e costeiras, orientadas fortemente para produtos de exportação, com emprego ainda significativo de mão de obra escrava nas duas economias que não eliminaram essa instituição até tardiamente no século XIX (Brasil e Cuba), tiveram um ritmo de crescimento da população duas vezes maior do que o do primeiro grupo, embora Cuba e Venezuela registrassem uma tendência à desaceleração em 1850-1870 com relação às três décadas anteriores. Todavia, foram as regiões de clima temperado e grande presença da imigração europeia que cresceram mais rapidamente, cerca de mais de duas vezes o ritmo de crescimento do primeiro grupo.

Como resultado deste processo, ocorreu uma mudança substancial na distribuição demográfica da América Latina, com um declínio importante da participação relativa do primeiro grupo. Ainda assim, mais de 50% da população continuavam concentrados nessa região, o que pressionou o desempenho geral para baixo. Vale a pena ressaltar a participação ainda muito pequena das regiões da nova colonização, inclusive em 1870. Isso é importante no momento de ponderar o impacto global dos desempenhos particulares.

TABELA 2.1. População de América Latina, 1820-1870

	MILHÕES			ESTRUTURA (%)			CRESCIMENTO ANUAL (%)		
	1820	1850	1870	1820	1850	1870	1820-1850	1850-1870	1820-1870
Grupo 1									
Bolívia	1.100	1.374	1.495	5,7	4,8	4,1	0,74	0,42	0,62
Colômbia	1.206	2.065	2.392	6,2	7,2	6,5	1,81	0,74	1,38
Equador	500	816	1.013	2,6	2,8	2,8	1,65	1,09	1,42
El Salvador	248	366	492	1,3	1,3	1,3	1,31	1,49	1,38
Guatemala	595	850	1.080	3,1	3,0	2,9	1,20	1,20	1,20
Honduras	135	350	404	0,7	1,2	1,1	3,23	0,72	2,22
México	6.587	7.662	9.219	34,0	26,6	25,1	0,51	0,93	0,67
Nicarágua	186	300	337	1,0	1,0	0,9	1,61	0,58	1,20
Paraguai	143	350	384	0,7	1,2	1,0	3,03	0,46	2,00
Peru	1.317	2.001	2.606	6,8	7,0	7,1	1,40	1,33	1,37
Subtotal	12.017	16.134	19.422	62,1	56,1	53,0	0,99	0,93	0,96
Grupo 2									
Brasil	4.507	7.234	9.797	23,3	25,1	26,7	1,59	1,53	1,57
Costa Rica	63	101	137	0,3	0,4	0,4	1,59	1,54	1,57
Cuba	605	1.186	1.331	3,1	4,1	3,6	2,27	0,58	1,59
República Dominicana	89	146	242	0,5	0,5	0,7	1,66	2,56	2,02
Venezuela	718	1.324	1.653	3,7	4,6	4,5	2,06	1,12	1,68
Subtotal	5.982	9.991	13.160	30,9	34,7	35,9	1,72	1,39	1,59
Grupo 3									
Argentina	534	1.100	1.796	2,8	3,8	4,9	2,44	2,48	2,46
Chile	771	1.410	1.945	4,0	4,9	5,3	2,03	1,62	1,87
Uruguai	55	132	343	0,3	0,5	0,9	2,96	4,89	3,73
Subtotal	1.360	2.642	4.084	7,0	9,2	11,1	2,24	2,20	2,22
Total	19.359	28.767	36.666	100,0	100,0	100,0	1,33	1,22	1,29

Fonte: Maddison (2008) e tipologia de acordo com a Tabela 1.2.

Como insistimos antes, nossos grupos de países, embora ofereçam um marco analítico relevante em termos gerais, nem sempre mostram resultados totalmente coerentes em seu interior. No grupo das regiões de nova colonização, são a Argentina e o Uruguai que exibem um crescimento demográfico maior. No grupo do centro colonial, há também diferenças notáveis, mas a fragilidade das informações exige cautela na interpretação.

Mais ainda, há grandes diferenças regionais dentro de cada país, nesse e em outros períodos. O litoral argentino possuía 36% da população em 1800, mas alcançou 48,8% em 1869 (Gelman, 2009: 31, tabela 2). Enquanto entre as décadas de 1820 e 1869 a população de Córdoba não chegou a triplicar, a de Buenos Aires quadruplicou. O maior crescimento foi observado em Entre Ríos, embora seu impacto na população total tenha sido menor. Esse também foi o caso de Antioquia na Colômbia, cuja população se expandiu e migrou para o sul do território. O México apresentou claras diferenças regionais, com tendência à expansão no Norte e uma nítida deterioração no Centro (Sánchez Santiró, 2009b: tabela 3, p. 78).

A Tabela 2.2 mostra de forma eloquente as diferentes estruturas étnicas dos diversos grupos de países: uma elevada participação da população indígena e mestiça no Grupo 1, de afrodescendentes no Grupo 2 e de euro-americanos no Grupo 3. Mais do que a própria estrutura étnica, o que importa são as implicações do ponto de vista das estruturas sociais. Na tabela pode-se observar também, apesar da escassez das informações disponíveis, como a densidade demográfica reflete adequadamente as características da região. Aquelas que estavam no centro do período colonial eram as mais densamente povoadas, enquanto as diferenças entre as regiões dos Grupos 2 e 3 não parecem ser tão claras neste sentido.

Em termos gerais, as tendências populacionais que se insinuavam na etapa derradeira da era colonial são confirmadas, podendo ser definidas como de rápida expansão da economia Atlântica e do Caribe, especialmente nas regiões de clima mais temperado, em detrimento das zonas montanhosas e de mineração que foram o núcleo da economia colonial. Essas diferentes estruturas ilustram, também, a importância e a forma que as reformas antes mencionadas assumiram em cada um desses países, assim como a importância de aspectos geográficos e relacionados às tecnologias dos transportes, que serão discutidos adiante.

Exportações

A ausência ou fragilidade das estimativas do PIB para o período tem feito, como foi notado, com que as principais discussões sobre o desempenho da América Latina sejam baseadas em distintas avaliações sobre o desempenho exportador.

A Tabela 2.3 resume a informação disponível. Para estimar qual foi o desempenho exportador no final do período colonial contamos somente com informações para sete países, aos quais se soma mais um país a partir de 1830.[1] Felizmente, esse grupo é bastante representativo do conjunto e de

[1] Dado que a participação de Venezuela nas exportações era muito pequena em 1830, para manter a comparação ao longo de todo o período foi atribuída à Venezuela, em 1800, uma participação percentual no grupo similar à de 1830.

TABELA 2.2. Estrutura da população *circa* 1800

	ANO	INDÍGENAS	MESTIÇOS	NEGROS E MULATOS	BRANCOS	DENSIDADE (POPULAÇÃO/ 1.000 HABITANTES)
Grupo 1						
Bolívia	1788	48	31	5	16	
Colômbia (d)	1778	20	16	39	26	
Equador (b)	fim do séc. XVIII	65	7	1	27	
El Salvador						
Guatemala (b)	1804	58	38		5	
Honduras						
México (d)	1810	60	12	10	18	3.050
Nicarágua						
Paraguai		31		11	58	
Peru (a)	1795	80		7	13	1.016
Subtotal		52	21	12	23	2.688
Grupo 2						
Brasil (a)	1798	8		61	31	384
Costa Rica (d)		20	55	16	9	
Cuba (a)	1792			51	49	2.365
Panamá (d)		19		66	15	
República Dominicana (d)				66	34	
Venezuela (a)	1800-1809	13		62	25	
Subtotal		15		54	27	537
Grupo 3						
Argentina (d)	1800	23	3	37	37	118
Chile (b)	1780	10	7	9	75	707
Uruguai (d)		23			77	
Subtotal		19		23	63	483
Total		38	13	26	27	

Fontes: a: Engerman e Sokoloff (1997: tabela 10.4); b: Newsom (2006: tabela 5.3); c: Coatsworth (1998: tabela 1.2); d: Andrews (2004: tabela 1.1).

TABELA 2.3. Exportações totais e exportações *per capita* da América Latina

	EXPORTAÇÕES (MILHÕES DE DÓLARES)					
	1800	**1830**	**1870**	**1800-1830**	**1830-70**	**1800-1870**
Grupo 1	**19,2**	**22,7**	**59,6**	**0,6**	**2,4**	**1,6**
Colômbia	3,6	3,1	7,6	−0,5	2,3	1,1
México	12,6	14,6	30,4	0,5	1,9	1,3
Peru	3,0	5,0	21,6	1,7	3,7	2,9
Grupo 2	**21,7**	**33,4**	**141,7**	**1,5**	**3,7**	**2,7**
Brasil	15,5	15,8	75,7	0,1	4,0	2,3
Cuba	5,0	15,9	58,0	3,9	3,3	3,6
Venezuela	1,1	1,7	8,0		3,9	2,8
Grupo 3	**4,2**	**11,8**	**68,5**	**3,5**	**4,5**	**4,1**
Argentina	3,3	7,9	43,5	2,9	4,4	3,8
Chile	0,9	4,0	25,0	5,2	4,7	4,9
TOTAL	**45,0**	**67,9**	**269,7**	**1,4**	**3,5**	**2,6**
População de 8 países/população total		83,4	83,8			
	EXPORTAÇÕES *PER CAPITA* (MILHARES DE DÓLARES)					
Grupo 1	**2,4**	**2,3**	**4,2**	**−0,1**	**1,5**	**0,8**
Colômbia	3,8	2,1	3,2	−1,9	1,0	−0,2
México	2,1	2,1	3,3	0,0	1,1	0,6
Peru	2,3	3,3	8,3	1,2	2,3	1,8
Grupo 2	**3,7**	**4,8**	**11,1**	**0,9**	**2,1**	**1,6**
Brasil	4,8	3,0	7,7	-1,6	2,4	0,7
Cuba	18,4	21,0	43,6	0,4	1,8	1,2
Venezuela	1,9	2,0	4,8		2,3	1,3
Grupo 3	**5,1**	**7,3**	**18,3**	**1,2**	**2,3**	**1,9**
Argentina	10,0	11,6	24,2	0,5	1,9	1,3
Chile	1,6	4,2	12,8	3,2	2,8	3,0
TOTAL 8 países	**3,9**	**3,7**	**8,8**	**-0,1**	**2,2**	**1,2**

Fontes:

1800: Coastworth (1998: tabelas 1.2 e 1.3), exceto para Colômbia, cujos números são baseados em estimativas próprias. Assumiu-se que a participação da Venezuela em 1800 tenha sido a mesma de 1830.

1830 e 1870: Tena e Federico (2010), exceto Cuba em 1870, com dados extraídos de Bulmer-Thomas (1994), Apêndice Estatístico 1.

cada grupo, já que esses oito países representam 83% da população da América Latina.

Comecemos constatando quais eram os níveis de exportação *per capita*. No período 1830-1870, o Grupo 1 é o que mostra níveis mais baixos, com uma distância substancial em relação aos outros dois grupos. O Grupo 3 é o que sempre mostra os níveis mais elevados. O Grupo 2 aparece a meio caminho dos outros dois, mas isso se deve ao fato de que o Grupo 2 inclui Cuba, uma economia que desde 1800 registrava as maiores exportações por habitante. Cuba ainda era uma economia colonial que viveu um auge açucareiro excepcional a partir da segunda metade do século XVIII, como resultado direto da revolução haitiana de 1791 (Moreno Fraginals, 1978) Brasil e Venezuela não divergem significativamente do Grupo 1.

Entre 1800 e 1830, o crescimento das exportações *per capita* a preços correntes foi nulo. Na verdade, o desempenho foi ainda pior, já que os valores do Peru são afetados pelas exportações particularmente baixas registradas em torno de 1800, muito mais baixas do que nos anos anteriores e posteriores (Chocano *et al.*, 2010: apêndice quantitativo, tabela III.1.1). O Chile é a única economia que teve um crescimento significativo, e dado que a Argentina melhora marginalmente, o Grupo 1 exibe o melhor desempenho *per capita*.

Em 1830-1870 constatamos que as exportações crescem a diferentes ritmos nos três grupos de países, em uma ordem coerente com o que se poderia esperar: menor crescimento no Grupo 1, maior no Grupo 3. Os grupos mostram-se muito homogêneos: todos os países do Grupo 3 crescem mais do que qualquer país do Grupo 2, e todos os do Grupo 2 crescem mais do que os do Grupo 1, exceto no caso do Peru. No entanto, como observado anteriormente, o crescimento demográfico também seguiu essa ordem. Assim, quando olhamos o crescimento das exportações *per capita*, as diferenças entre os três grupos diminuem significativamente, ainda que o Grupo 1 seja, de novo, o menos dinâmico.

Avaliando com mais detalhe as séries dos diferentes países, é possível sugerir a hipótese de que o crescimento das exportações *per capita* acelerou-se em 1850-1870 com relação a 1830-1850, tendo sido durante essa aceleração que houve um aumento nas diferenças entre os Grupos 2 e 3, por um lado, e o Grupo 1, por outro, que é aquele que mostra o menor dinamismo.

Devemos voltar a enfatizar que os grupos de países nem sempre exibem uniformidade. Em particular, o Grupo 1 é o mais heterogêneo no desempenho das exportações. A Colômbia, após sofrer declínio no primeiro período, recuperou-se com força no segundo (Ocampo, 1984). O Peru, país cujas exportações mais cresceram devido ao *boom* do guano (um dos casos mais claros de uma verdadeira "loteria de produtos básicos"; Hunt 1985), desacelera no segundo período. O México não apenas desacelera, mas também exibe taxas negativas a partir de 1850, o que representa um padrão quase oposto ao colombiano, na linha do sugerido por Sánchez Santiró (2009).

Em síntese, entre 1800 e 1870 o crescimento das exportações *per capita* foi moderado, de apenas 1,3% ao ano, apesar de todas as mudanças ocorridas na economia internacional e da conquista da soberania. Entre 1850 e 1870, superado o efeito negativo das guerras de independência, o ritmo de crescimento das exportações *per capita* elevou-se para uma taxa de 2,2% ao ano.

A pergunta que ainda deve ser respondida é se esse crescimento foi um bom resultado ou não. Para dar uma resposta a essa pergunta crucial podemos recorrer a duas abordagens. Podemos comparar seu desempenho exportador com os resultados de outras economias, ou podemos avaliar a importância das exportações no conjunto da economia e como se comportou a produção para o mercado interno. Essa segunda abordagem será vista na próxima seção. Não há muitas informações sobre as exportações a preços constantes. De acordo com Maddison (2001, apêndice F, tabela F-2), entre 1820 e 1870 a taxa anual de crescimento das exportações de sete países europeus (Áustria, Bélgica, Espanha, França, Itália, Reino Unido e Suiça) e dos Estados Unidos foi de 4,5%, isto é, 36% superior aos 3,3% da América Latina, conforme apresentado na Tabela 2.4. Espanha e Itália tiveram o menor crescimento (3,7% e 3,4%, respectivamente), enquanto Bélgica, Reino Unido e Estados Unidos apresentaram taxas acima da média. Vale comparar a América Latina com os Estados Unidos, cujas exportações cresceram 4,7% ao ano.

Deste ponto de vista, o desempenho exportador da América Latina parece ter sido fraco em contraste direto não apenas com o que os outros países estavam apresentando, mas também com as expectativas criadas pela liberdade do comércio.

PIB e produção para o mercado interno

Os dados disponíveis sobre exportações não permitem uma avaliação precisa do desempenho da América Latina. Em períodos mais recentes, como será visto no Capítulo 5, a América Latina combinou momentos de excelente desempenho exportador com resultados fracos em termos de crescimento econômico geral.

Os dados que dispomos na Tabela 2.4 são frágeis, pois cobrem apenas sete países. Contudo, tal como no caso das exportações, a tabela inclui os países com maior população, motivo pelo qual os dados são representativos do conjunto da América Latina.

O resultado agregado parece apontar para um fraco desempenho: o PIB *per capita* cresceu a um ritmo de 0,42% ao ano. Esse percentual contrasta

TABELA 2.4. PIB e PIB *per capita* dos países latino-americanos, 1820-1870

	VALORES				CRESCIMENTO 1820-1870			CRESCIMENTO *PER CAPITA*					
	PIB		PIB *PER CAPITA*		PIB	EXPORTAÇÕES	MERCADO INTERNO	POPULAÇÃO	PIB	EXPORTAÇÕES	MERCADO INTERNO	EXPORTAÇÕES/ PIB	
	1820	1870	1820	1870								1830	1870
Grupo 1	**8.573**	**12.740**	**713**	**656**	**0,8**	**2,2**	**0,7**	**0,8**	**0,0**	**1,4**	**–0,1**	**3%**	**5%**
Colômbia	849	1.740	607	676	1,4	1,8	1,4	1,4	0,1	0,4	0,1	2%	3%
México	4.752	5.906	733	651	0,4	1,7	0,4	0,7	–0,2	1,0	–0,3	3%	6%
Grupo 2	**3.531**	**9.428**	**590**	**716**	**2,0**	**3,5**	**1,9**	**1,6**	**0,4**	**2,0**	**0,3**	**6%**	**12%**
Brasil	2.743	6.935	597	694	1,9	3,5	1,7	1,6	0,3	1,9	0,1	7%	15%
Cuba	406	1.418	695	1.065	2,5	3,7	2,5	1,6	0,9	2,1	0,9	5%	9%
Venezuela	329	942	460	570	2,1	3,4	2,0	1,7	0,4	1,7	0,3	10%	18%
Grupo 3	**1.126**	**5.681**	**828**	**1.391**	**3,3**	**4,6**	**3,0**	**2,1**	**1,2**	**2,5**	**0,9**	**13%**	**24%**
Argentina	540	2.673	998	1.468	3,2	4,4	3,1	2,5	0,8	1,9	0,6	12%	20%
Chile	545	2.554	710	1.320	3,1	5,1	2,7	1,9	1,3	3,2	0,8	12%	31%
Total	**13.229**	**27.849**	**683**	**795**	**1,5**	**3,3**	**1,4**	**1,3**	**0,2**	**2,0**	**0,1**	**5%**	**13%**

Nota: PIB calculado como o valor adicionado para mercado doméstico e exportações. Valores em dólares Geary-Khamis de 1990.

Fontes: PIB e PIB *per capita* para 1870, estimativas dos autores baseadas nas Tabelas A.1. Para 1820, estimativas próprias com base em: Argentina, Prados de la Escosura (2009, Tabela 6); Brasil, Maddison (2010); Chile, Díaz, Lüders and Wagner (2007); Colômbia, Kalmanovicz y López (2009); Cuba, Santamaría, A (2009); México, Maddison (2010); Venezuela, Baptista (1977).

Exportações: deflacionadas usando o índice de preços das commodities de Rousseaux (Mitchel, 1962: 471-3), exceto para os países do Grupo 1, em que se utilizou 75% de ouro e prata e 25% do índice de Rousseaux.

Utilizou-se a taxa de crescimento de 1800-1830 para 1820-1830 e a de 1830-1870 para estimar o conjunto do período. Ambas as taxas foram extraídas da Tabela 2.3.

Exportações/PIB: 1870, Tabela 3.10; 1820, extrapolado para os anos anteriores com base nos dados desta tabela.

Mercado interno: definido como resíduo, supondo que as exportações contenham 90% de valor agregado.

Os totais foram obtidos com base na Tabela 2.1. As médias mais elevadas do que seus componentes do PIB e do mercado interno no Grupo 3 devem-se ao crescimento mais rápido da população do país que amplia a amostra (Uruguai).

com o crescimento de 2,0% das exportações. Com base em diversos dados sobre coeficientes de comércio exterior, deduzimos que a produção para o mercado interno manteve-se praticamente estagnada. Deve-se lembrar que o ponto de partida é o início de 1820, ao final e às vezes em pleno desenrolar das guerras de independência. Na Tabela 1.1 observa-se que, dependendo do indicador utilizado, o hiato entre a América Latina e o Ocidente aumentou entre 0,86 e 1,69 vezes o PIB por habitante da América Latina.

Há nítidas diferenças no PIB *per capita* dos diferentes grupos de países, de forma similar, porém não idêntica, às diferenças entre exportações *per capita*. O Grupo 3 também exibe um desempenho superior em termos de crescimento do mercado interno. No entanto, por volta de 1820 o Grupo 1 não era o pior em termos de PIB per capita, mas antes as economias tropicais predominantemente escravistas.

Ao final desses 50 anos ocorreram mudanças muito claras. As economias mais ricas foram as que mais cresceram, inclusive em termos *per capita*, apesar de registrarem o maior crescimento da população. Com isso, delineia-se uma importante diferença em relação às exportações, dado que quando as exportações são corrigidas pela população, os três grupos se nivelam. Em 1870, o PIB *per capita* do Grupo 3 era mais do que duas vezes o do Grupo 1; a diferença era de apenas 16% em 1820. Uma mudança importante é que as economias tropicais cresceram mais rapidamente do que as economias do Grupo 1, o que fez com que esse último grupo ficasse no último lugar, embora próximo do Grupo 2.

O crescimento residual apoiado no mercado interno reflete muito bem essas diferenças: enquanto as economias do Grupo 1 mostram-se praticamente estagnadas e as do Grupo 2 apresentam um crescimento muito baixo, as do Grupo 3 exibem um desempenho similar às economias do "Ocidente".

Tal resultado confirma a hipótese de Gelman (2011) de que aumentou a desigualdade entre as regiões nas décadas posteriores à Independência. Mesmo assim, nossas estimativas para a América Latina como um todo, ponderadas pela população das regiões, sugerem que o desempenho foi ruim, a despeito da existência de diferenças e variações locais.

Como pode ser verificado na Tabela 2.4, todas as regiões apresentam crescimento do coeficiente de exportações. Os indicadores mostram uma série de relações muito interessantes entre coeficiente de abertura, exportações por habitante e níveis de renda por habitante. O caso das economias escravistas tropicais chama a atenção: essas economias tinham elevados coeficientes de exportação comparados aos do Grupo 1, mas não ocorria o mesmo no caso do PIB *per capita*. O fato de que as exportações realizadas por um pequeno setor da economia pesassem muito no PIB revela a existência de economias acentuadamente dualistas, nas quais os amplos setores que produziam para o mercado interno eram caracterizados por produtividade e renda muito baixas. Embora exibissem desde 1820 coeficientes de abertura e níveis de exportação *per capita* muito superiores aos do Grupo 1, esse fato não se refletia em maiores níveis de renda per capita. Após 50 anos de maior crescimento do produto e das exportações, nos quais as diferenças nas relações externas se aprofundaram em relação ao Grupo 1, os níveis de renda da população do Grupo 2 foram apenas levemente superiores aos daquele outro grupo. Esses resultados podem ser utilizados como uma indicação do nível de desigualdade nessas economias, sugerindo que as sociedades escravocratas foram as mais desiguais no terreno econômico e, obviamente, no plano dos direitos civis. Já em 1870, no entanto, uma dessas economias, a Venezuela, havia concluído seu processo de abolição da escravatura (assim como na Costa Rica e República Dominicana, que não são incluídas na Tabela 2.4 devido à ausência de dados).

Lamentavelmente, não podemos identificar diferenças mais sutis entre as distintas etapas nesses 50 anos. Deixando de lado o caso argentino, para o qual não há pontos intermediários, os outros seis casos parecem ter se caracterizado por dois padrões diferentes: México e Venezuela exibiriam um melhor desempenho até aproximadamente 1850, e depois uma clara deterioração no caso do México e estagnação no caso da Venezuela. Contrariamente, Brasil, Chile e Cuba, e de maneira mais moderada Colômbia, aceleraram seu crescimento a partir de meados do século.

Para o caso argentino, Gelman e Santilli (2010) demonstram como o resultado agregado refletiu desenvolvimentos regionais muito diferenciados. Até o fim da era colonial, tanto Córdoba, articulada com a economia de Potosí, quanto Buenos Aires, com um desenvolvimento incipiente baseado na criação de gado, apresentaram um bom, e razoavelmente similar, desempenho demográfico e econômico. Contudo, durante as primeiras décadas posteriores à Independência, ambas as regiões percorreriam caminhos muito diferentes. Córdoba sofreu o impacto da queda da economia mineira de Potosí sobre suas exportações de mulas. Já a produção têxtil de lã enfrentou a crescente concorrência das manufaturas importadas. De sua parte, Buenos Aires passou por uma significativa expansão da superfície de criação de gado, que alcançou uma densidade muito maior do que em Córdoba, capitalizando assim os campos, que além disso eram acessíveis a preços muito baixos. A superfície de terra ocupada em Buenos Aires triplicou entre 1820 e 1833. Entre 1810 e 1865 o estoque bovino passou de 1 milhão para 6 milhões de cabeças, ao que se somou o surgimento da pecuária ovina, com 38 milhões de animais. Fazendo uma equivalência de cinco ovinos por um bovino, teríamos um crescimento do estoque de gado de 4,5% anuais durante 55 anos.

Por outro lado, a província de Entre Rios mostra claramente o grande impacto que as guerras de independência e guerras civis tiveram sobre a produção. Ao final do período colonial, Entre Ríos era uma província que possuía um estoque de gado maior do que o de Buenos Aires, mas que foi em boa medida destruído pelos conflitos políticos. Foi apenas a partir de 1830 que Entre Ríos iniciou uma fase de rápido crescimento, mas sem chegar a recuperar a liderança anterior em relação a Buenos Aires. Um exemplo oposto é o caso das províncias de Salta e Jujuy. Ainda que as estatísticas sejam escassas, as exportações de 1830 parecem não ter superado em 25% as exportações do período colonial tardio.

As grandes diferenças entre essas províncias também podem ser notadas por meio de suas contribuições às receitas fiscais. A província de Buenos Aires respondia por 82% da arrecadação total, que somados ao litoral chegavam a 93%. Essas figuras implicam que os outros 40% da população respondiam por magros 7% da arrecadação fiscal. A arrecadação *per capita* em Buenos Aires era seis vezes maior do que a da província seguinte, Entre Ríos, e mais de 25 vezes superior à de Jujuy.

Enquanto os termos de troca melhoraram via queda dos preços dos manufaturados, o comércio exportador e importador floresceu, alimentando assim certa expansão fiscal baseada principalmente na arrecadação aduaneira. Mesmo no litoral, as diferenças em relação a Buenos Aires foram nítidas. Por exemplo, as exportações *per capita* de couro de Buenos Aires eram quase duas vezes maiores do que as da segunda província exportadora, Entre Ríos, e quase cinco vezes maiores do que as do terceiro centro exportador, Santa Fé.

O Peru é um dos exemplos em que as elites locais mantiveram-se fieis à Coroa, onde as lutas de independência foram cruéis e onde os governos independentes adotaram represálias políticas contra os que eram ligados à realeza e às elites locais que os apoiavam. A economia peruana sofreu, literalmente, o colapso da economia da prata. O fato de que a produção de prata total do primeiro lustro dos anos 1820 não tenha conseguido superar a produção anual de 1800, ou de 1810, pode ser explicado pela guerra. A recuperação estendeu-se até o início de 1840, quando a produção atingiu 88% do nível de 1800. Mas logo a produção retrocedeu. Em todo o período entre 1830 e 1870 a média da produção foi de 87% do nível de 1800 (com base em Contreras, 2004, tabela 4.1). As exportações continuaram estagnadas até os anos 1840, apesar da diversificação do algodão, da lã e do salitre, ocorrida antes do *boom* do guano.

O enfraquecimento da economia da prata afetou negativamente a produção das fazendas que forneciam insumos para a indústria extrativa, o que as tornou muito mais autárquicas, processo que foi reforçado por um protecionismo radical. As atividades mais orientadas à exportação da zona costeira sofreram os problemas da progressiva dissolução do sistema escravista em que estavam baseadas (Gootemberg, 1989). O declínio econômico foi interrompido pelo *boom* do guano, que aparece como um caso típico da "loteria das commodities" e que teve um enorme impacto sobre a economia peruana.

Devido ao clima peculiar das ilhas do Pacífico, o amoníaco, os fosfatos e os sais alcalinos contidos no excremento das aves *guanay* sejam mantidos intactos. Essa descoberta para a economia mundial de um velho conhecido desde tempos pré-coloniais mudou radicalmente a história do Peru. As exportações do Peru multiplicaram-se por sete entre 1845 e 1860 e o guano respondeu por mais de 50% das vendas externas nesse último ano (Contreras e Cueto, 2004: 116).

Sobre o México, até pouco tempo atrás dominava a visão de que teria havido uma longa estagnação, ou mesmo um retrocesso econômico mais ou menos permanente, até finais do Século XIX (Coatsworth, 1989; Cárdenas, 1997; Moreno-Brid e Ros, 2009). Cárdenas (1997: 65), por exemplo, sustenta que o PIB mexicano declinou em mais de um terço entre 1800 e 1860, e que foi apenas na década de 1860 que a economia começou a recuperar-se, primeiro lentamente, para depois crescer com mais vigor a partir da década de 1870. Essa visão tem sido criticada recentemente, em particular por Sánchez Santiró (2009), que argumenta que, uma vez superadas as guerras de independência, o México teria iniciado um processo de crescimento que se viu abortado pelas guerras civis e pela instabilidade institucional da década de 1850, até que o governo de Porfírio Diaz restabeleceu as condições favoráveis para o crescimento.

Assim como ocorreu na Argentina, o crescimento mexicano, até a conjuntura crítica de 1854-7, produziu grandes mudanças regionais. De forma similar ao que constatamos no caso do crescimento da população, a cidade de México viu enfraquecido seu papel como centro de cunhagem de prata, finanças e comércio. A zona central perdeu importância frente à expansão do leste do país, centrado no porto de Veracruz, e do Norte, que encontrou vias próprias de comunicação com o Golfo e o Pacífico.

Este processo também foi acompanhado por transformações setoriais: uma substancial entrada de comerciantes estrangeiros, expansão da indústria têxtil e renovação tecnológica e organizacional da indústria açucareira. Tudo isso torna difícil pensar tal processo como uma mera continuação da economia da Nova Espanha. O crescimento, ainda que modesto, ocorreu apesar da persistência de um conjunto de limitações institucionais herdadas da ordem colonial e das novas dificuldades da vida independente. As desordens políticas do ciclo 1854-1867 afetaram mais as zonas centrais e em menor medida o leste e o norte do país. Vale notar que, diferentemente dos conflitos político-militares do período do crescimento, que foram breves, urbanos e com pequeno impacto na economia, os conflitos que se sucederam a partir de meados da década de 1850 tiveram um caráter mais profundo, tanto por sua descentralização e difusão no amplo espaço rural, pelas lutas entre castas, entre povoados e fazendas, quanto pelo aprofundamento das divisões político-ideológicas entre o radicalismo liberal e o conservadorismo, que nesse país se mesclavam com as divisões entre republicanos e monarquistas (Sánchez Santiró, 2009: 102-103).

O caso do Brasil foi também uma combinação de estagnação e diversidade regional. Segundo Leff (1982, 1997), o PIB brasileiro desde sua independência em 1822 não cresceu acima de sua população. Embora seja certo que a população tenha se expandido rapidamente (a quase 2% ao ano), o desempenho econômico do país em termos *per capita* revelou-se uma experiência frustrante, que apenas foi revertida com o início do século XX. Mas essa decepcionante e prolongada estagnação esconde uma importante variação regional. O nordeste, base das exportações de açúcar e algodão e que respondia no início do período por 57% das exportações brasileiras, sofreu um declínio prolongado. Aqueles produtos chegaram a somente 30% das exportações em 1866-1870, enquanto o café, produto central da expansão do sudeste, elevou sua participação de 26% para 47% (os dados do comércio exterior são estimativas dos autores baseadas em Mitchell 2003).

Leff explica a decadência do nordeste do Brasil em termos da doença holandesa. Na medida em que as exportações de café passaram a ter um papel crescente no mercado de divisas, a taxa de câmbio refletiu cada vez mais a importância desse produto, gerando uma tendência à valorização da moeda que afetou negativamente as regiões menos competitivas, como o nordeste. Sendo o Brasil um país tão grande e com tanta diversidade geográfica, não foi possível realizar uma rápida reestruturação produtiva na zona açucareira, nem foi fácil promover migrações inter-regionais, embora tenha ocorrido uma transferência substancial de mão de obra escrava do nordeste para o sudeste. Ao longo de todo esse período, a expansão do café não foi afetada por aumentos no custo da mão de obra, visto que até 1850 (fim do tráfico de escravos) os salários foram contidos pela presença do trabalho escravo e depois pela entrada subsidiada de imigrantes, predominantemente italianos (Leff,

1997: 35). Desta maneira as características antes analisadas foram reforçadas no Brasil: um setor exportador que gerava elevadas rendas e um amplo setor que produzia para o mercado interno ou de economia de subsistência com níveis muito baixos de produtividade, resultando em baixos níveis de renda *per capita*, mas um alto coeficiente de exportação em comparação com outras economias latino-americanas.

Os trabalhos de Ocampo (1984 e 1990) e mais recentemente de Kalmanovicz e López Rivera (2009) indicam que a Colômbia passou por um processo de contração durante os anos da guerra de independência e uma estagnação que durou até por volta de 1850, processos marcados pelo colapso da produção de ouro no Pacífico baseada na escravidão, mas também pela crise do principal porto colonial, Cartagena, e da região artesanal de Santander. Mas esse período foi sucedido por uma expansão até começo da década de 1880 (portanto, posterior ao período tratado neste capítulo), baseada na diversificação das exportações. Apesar de sua volatilidade, tais exportações foram responsáveis por certo dinamismo em diferentes regiões, com ciclos muito breves de expansão e queda de novos produtos de exportação como tabaco, algodão, anil, quina e outros produtos agrícolas, assim como o café, que se consolidou e manteve uma posição de destaque nas décadas seguintes. Em algumas regiões o processo de expansão iniciou-se, no entanto, logo após a Independência. Esse é, em particular, o caso de Antioquia, que manteve a exploração do ouro iniciada desde o século XVIII, agora com uma orientação mais empresarial. Esta região também passou a aproveitar melhor as oportunidades do comércio com a Jamaica no período da independência e pós-independência. A melhora de longo prazo nos termos de troca contribuiu para essa recuperação econômica.

Para interpretar o desempenho geral da América Latina, que parece modesto à luz das expectativas criadas pela Revolução Industrial, pela liberdade comercial e pela independência política, é possível identificar dois eixos principais de interpretação, obviamente complementares e interligados. De um lado, há a abordagem que enfatiza os fatores institucionais e culturais, com interpretações que variam entre os que sublinham a continuidade com a velha ordem e as mudanças que (no final das contas e apesar de toda a instabilidade) foram tomando forma. De outro, há a abordagem que destaca os fatores de tipo geográfico, tecnológico e comercial. Nessa perspectiva, as características geográficas da região, assim como os avanços tecnológicos que interagem com elas e as transformam, aparecem como um elemento-chave na interpretação dos eventos desse período.

Vejamos a seguir essas duas abordagens, com o intuito de buscarmos entender o desempenho descrito até agora.

As transformações institucionais: continuidade e mudança

A turbulenta consolidação dos novos Estados

Com a destruição da ordem colonial, a América Latina deparou-se com a necessidade de construir novas nações soberanas a partir de estruturas regionais pouco integradas, com recursos escassos e, em vários casos, com fronteiras muito pouco claras. Ao mesmo tempo, esses processos de constituição de novas entidades nacionais tiveram lugar (como sucedeu não somente na América Latina) em meio a conflitos internacionais mais ou menos explícitos. Os países resultantes do processo de independência eram muito diferentes das unidades preexistentes. Esse foi um processo claramente que não podia ser antecipado, uma vez que a independência, antes de ser um processo de inspiração apenas endógena, foi em boa medida o resultado de um vazio de poder criado pela ocupação francesa da Península Ibérica.

Como observa Irigoin (2009), é arriscado pensar a história das primeiras décadas de vida independente como a história das repúblicas atuais. Até 1860 não existia a atual República Argentina e na década de 1870 ainda não havia uma moeda nacional. A Grande Colômbia, criada em 1821, foi dividida em três países: Colômbia, Equador e Venezuela. O Panamá se separaria da Colômbia em 1903. O Paraguai tornou-se independente do Vice-Reino do Rio da Prata em 1811, Chile em 1818 e o Uruguai constituiu-se enquanto república independente somente em 1825. A Bolívia também se estabeleceu em 1825. O México terminou por perder mais da metade de seu território entre 1836 e 1948, e em 1838 a antiga capitania geral da Guatemala terminaria dividida em cinco repúblicas independentes.

A formação dos Estados nacionais, uma vez encerrada a guerra da independência, foi um processo prolongado e conflituoso.

Halperín destaca o surgimento da violência como uma característica da sociedade independente, que contrastava com a aparentemente segura vida colonial. Essa violência, embora possa ser associada à herança das corporações militares desenvolvidas e fortalecidas em plena luta de independência, não se manifestou apenas como um excesso militar, mas também como um necessário freio ao possível acesso ao poder por parte de setores populares e como garantia de que a expansão democrática teria seus limites. Em média, 50% do orçamento dos novos Estados destinavam-se às forças militares (Halperín, 2008 [1969]: 136-138), as quais eram geralmente pequenas unidades incapazes de impor a ordem sobre extensos territórios. Assim, em épocas de conflito era necessário utilizar as milícias, que também levavam frequentemente a rebeliões contra os governos no poder.

A interação entre instabilidade política, controle militar e violência é visível nas formas assumidas pelos governos. Sob a forma republicana que adotaram os novos países, com exceção do Brasil, reconheceu-se que as eleições deveriam ser a fonte do poder político (ainda que, como veremos, com um direito de voto muito limitado). No entanto, como assinala Przeworski (2011), na maior parte das eleições não havia competição política, de forma que os partidos do governo sempre ganhavam ou simplesmente os governos duravam muito pouco antes de serem depostos por meio de rupturas da ordem institucional. Todas essas situações davam lugar a governos que dificilmente poderiam ser considerados representativos e legítimos, visto que o poder militar é que constituía em última instância a base do poder político. De fato, só em três casos ocorreu alternância de partidos no poder por via eleitoral durante os anos tratados neste capítulo: Colômbia nas eleições de 1837 e 1848 e na República Dominicana nas de 1849.

O predomínio da violência e da instabilidade tem levado os estudiosos como Dye (2006) a sustentar que esse fato representa um traço estrutural dessas sociedades, em vez de uma transição para uma nova ordem por meio de reformas profundas que se veem sempre bloqueadas ou limitadas pelas elites. Esses ciclos de reforma e contrarreforma, em contextos de elevado conflito, seriam o paralelo institucional da alta volatilidade da economia latino-americana que foi discutida no Capítulo 1. Essa afirmação é válida para o período aqui considerado, mas pode ser debatida para o momento seguinte que, como veremos, caracterizou-se por uma crescente estabilidade institucional, apesar de seu caráter predominantemente autoritário. Ainda assim, como observado por Deas (2011) em sua crítica eloquente, nem sempre a instabilidade institucional dever ser considerada um bloqueio ao crescimento, pois pode também criar um ambiente favorável a importantes inovações.

A Tabela 2.5 dá uma ideia do número de conflitos civis e internacionais que caracterizaram a região, a quantidade de vítimas fatais e a frequência das mudanças constitucionais realizadas na área.

Os conflitos internacionais foram uma realidade dessas décadas, ainda que se possa notar o aumento dos conflitos civis. O número de vítimas foi muito alto durante as guerras da independência, e embora tenha logo se reduzido nos anos 1830, houve novo crescimento nas décadas intermediárias do século devido ao aumento dos conflitos civis.

A crescente incidência dos conflitos civis teve sua contrapartida nas mudanças constitucionais. Nós organizamos essas informações de acordo com os grupos de países que vínhamos trabalhando. Contudo, é necessário avaliar esses números com muita cautela, uma vez que a estabilidade constitucional não necessariamente implica ausência de conflitos; tampouco a frequência

TABELA 2.5. Indicadores de instituições e violência na América Latina, 1810-1870

	CONFLITOS EM DESENVOLVIMENTO			MORTES			NÚMERO DE CONSTITUIÇÕES				PORCENTAGEM DE CONSTITUIÇÕES		
	INTERNACIONAIS	**CIVIS**	**TOTAL**	**INTERNACIONAIS**	**CIVIS**	**TOTAL**	**TOTAL**	**GR 1**	**GR 2**	**GR 3**	**GR 1**	**GR 2**	**GR 3**
1810-1819	4	0	4	474.360		474.360	15	6	2	7	40,0	13,3	46,7
1820-1829	7	4	11	307.349		307.349	20	13	2	5	65,0	10,0	25,0
1830-1839	5	7	12	2.565	6.000	8.565	18	15	1	2	83,3	5,6	11,1
1840-1849	3	8	11	18.000	129.680	147.680	15	14	1	0	93,3	6,7	0,0
1850-1859	2	13	15	1.300	219.388	220.688	17	12	4	1	70,6	23,5	5,9
1860-1869	5	10	15	332.000	25.141	357.141	15	12	3	0	80,0	20,0	0,0
1870-1879	4	6	10	14.000	4.500	18.500							

Fontes: dados sobre conflitos e mortes, Bates *et al.* (2007); sobre Constituições, Dye (2006: 178-9, tabela 5.1).

de mudanças constitucionais indica necessariamente instabilidade, podendo até ser um sintoma da existência de um ambiente favorável à renovação institucional. É necessário observar na tabela as mudanças dos percentuais e não seus níveis absolutos, visto que cada grupo é formado por um número diferente de países. O que se percebe é um ritmo constante de aprovação de textos constitucionais ao longo das décadas cobertas por nosso período, mas é interessante constatar como mudou a distribuição das reformas entre os distintos grupos de países.

Neste sentido, é possível notar com clareza a consolidação institucional mais precoce dos países do Grupo 3, aqueles que passaram por suas guerras de independência com relativa rapidez. Mas a estabilidade constitucional desses países de forma alguma significou que estivessem livres de conflitos nacionais e internacionais. Pelo contrário, essas décadas foram marcadas por conflitos incessantes. Os países do Grupo 1, onde predominam os velhos centros coloniais, concentraram a atividade constitucional nas décadas intermediárias do século XIX, enquanto os países do Grupo 2 tiveram uma atividade constitucional bem menor, dominados pela tardia independência cubana e pelas sucessivas mudanças na República Dominicana.

As reformas liberais

Em sintonia com um gama variada de relações sociais, havia na América Latina várias formas de propriedade, abrangendo as grandes concessões de terra nas áreas de fronteira, as antigas *haciendas*, as terras comunais (*ejidos*) e públicas em geral, as terras em poder da Igreja e as das comunidades camponesas. O processo social e político, através do qual a mão de obra tornou-se livre e móvel, e a terra, um ativo que pode ser comprado e vendido, formam parte de um complexo processo de criação de Estados e mercados nacionais que conhecemos geralmente como as "reformas liberais". Esse complexo processo deu origem a uma grande diversidade de casos, em particular nas economias onde houve predomínio do trabalho indígena.

O surgimento dos Estados nacionais e a ruptura da ordem colonial levaram a mudanças nas hierarquias e na estrutura social. Ao desaparecer o velho poder colonial e, em particular, o poder das elites comerciais a ele vinculados, o seu lugar foi ocupado por novos agentes vinculados às novas potências, dentre os quais predominavam os ingleses que literalmente invadiram as cidades latino-americanas e assumiram o controle dos principais circuitos mercantis. Ao mesmo tempo, novos grupos locais ganharam poder e influência. As elites comerciais e proprietárias de terra locais (às vezes difíceis de serem distinguidas), antes submetidas à autoridade colonial e aos interesses mercantis da metrópole, começaram a assumir o papel de protagonistas na nova estrutura de poder político. E tudo isso ocorreu em meio a violentos processos de apropriação e redistribuição da terra, de redefinição de direitos de propriedade, nos quais o surgimento das novas elites políticas e militares se entrelaçou intimamente com o poder dos proprietários de terra.

A luta pela independência esteve associada em geral à revolução social, e nos casos em que isso ocorreu, os processos de mudança foram revertidos, como na revolta liderada por Hidalgo no México e a revolução liderada por Artigas na Banda Oriental do rio Uruguai. Os dois grandes agrupamentos político-ideológicos que se cristalizaram ao longo do século XIX em vários países latino-americanos, os conservadores e os liberais, compartilhavam uma visão agrarista, elitista, excludente da participação das amplas massas populares na vida política e, em geral, uma visão que previa uma limitada participação do Estado na vida econômica. Ainda que difusamente, o grupo liberal tendia a aglutinar-se em torno da defesa das liberdades políticas, econômicas e comerciais, favorecendo governos constitucionais republicanos e federais, com igualdade diante da lei e uma visão anticlerical. O conservadorismo, que levou mais tempo para consolidar-se, baseou-se na defesa do centralismo e dos velhos privilégios corporativos, hierárquicos e mercantilistas (Cardoso e Pérez Brignoli, 1979, vol. II, p. 34). Contudo, ambos os movimentos parecem ter compartilhado o apoio a governos oligárquicos e, implícita ou explicitamente, concordado com a opinião de que a ameaça das classes populares às elites era mais temerária do que as feitas à propriedade privada por parte de alguns segmentos dessas elites, resultantes de uma excessiva concentração de poder político nas mãos de governantes autoritários. Até meados do século XIX, somente 2% da população da América Latina tinham direito ao voto, comparados com 24% nos Estados Unidos (Dye, 2006: 181).

A necessidade de realizar reformas judiciais e introduzir novas leis comerciais que substituíssem os obsoletos códigos coloniais deparou-se com um continente desprovido de pessoas qualificadas para a tarefa, além de carentes de um marco constitucional geral e de experiência na atividade legislativa parlamentar. Além disso, embora não esteja claramente demonstrado que o direito constitucional seja menos favorável ao desenvolvimento econômico do que direito consuetudinário (*common law*), a própria adesão ao primeiro inibiu um processo cumulativo de inovações graduais e descentralizadas. Essa tradição também fortaleceu um Estado que, além de ser presidencialista, deu origem a uma tendência de longo prazo de domínio do poder executivo sobre o poder judiciário, o que deu um grande poder discricionário ao primeiro (Dye, 2006: 189-93).

Quanto às reformas judiciais, um exemplo eloquente da instabilidade institucional é oferecido pelo México: a Constituição de 1824 estabeleceu um sistema judiciário dual nos níveis federal e estadual; o General Santa Anna aboliu o federalismo, centralizou a Justiça em 1837 e a reorganizou em 1843; em 1845 um governo federalista reinstalou o sistema dual; após um golpe de Estado, o poder judiciário foi novamente centralizado em 1853; o sistema federal foi reinstalado em 1855 e incluído na Constituição de 1857; mas em 1859 foi desmantelado em plena guerra civil, tendo sido logo eliminado por Maximiliano e restaurado progressivamente a partir de 1863. Com o Porfiriato, finalmente, promulgou-se em 1880 pela primeira vez uma lei orgânica do sistema jurídico federal. Entretanto, os foros especiais da Igreja, dos militares e das corporações comerciais e de mineração continuaram intactos.

De qualquer forma, em meio a disputas políticas e ideológicas, além de disputas entre grupos com pouco conteúdo político-ideológico, de conflitos regionais e difícil conformação dos espaços nacionais, somados aos caudilhismos e lideranças pessoais e militares, as reformas liberais avançaram lentamente e pode-se dizer que terminaram sendo um processo que tomou forma apenas depois da metade do século. Em alguns casos, como o mexicano, as reformas e a unidade nacional viram-se fortalecidas pela presença de conflitos internacionais que abriram caminho para a unidade interna.

Em termos gerais, durante as primeiras décadas posteriores à Independência, a posse da terra continuou baseada em um sistema heterogêneo composto pela *plantation*, pela *hacienda* (que se diferencia da anterior por sua menor vocação comercial), pela pequena propriedade, pela propriedade eclesiástica e pelas terras comunais indígenas. A mudança mais importante foi a outorga cada vez mais disseminada de títulos de propriedade de terras públicas, que favoreceu os grandes proprietários. A heterogeneidade dessas propriedades claramente dificultou a constituição de um verdadeiro mercado de terras. Ao longo do período colonial acumulou-se um conjunto de disposições contraditórias, tradições, títulos de propriedade e direitos consuetudinários que ofereciam poucas garantias para a propriedade de áreas vagamente definidas. Embora houvesse mercados informais baseados em relações de confiança, como se conseguiu documentar em áreas muito diversas, tais relações limitavam-se a casos locais e, no geral, eram estabelecidas entre pessoas com laços de parentesco ou muita proximidade. Assim, no período de vida independente a luta pela propriedade adquiriu formas violentas e arbitrárias, de modo que os processos de legalização e consolidação dos direitos de propriedade avançaram muito lentamente. Essa situação, por sua vez, deveu-se a fatores que já notamos: a falta de legitimidade dos governos, a insegurança gerada pelas frequentes mudanças de governo, a incapacidade dos Estados manterem sistemas de registro e de controle efetivo para fazer cumprir os direitos de propriedade, assim como os conflitos entre as normas legais e os mecanismos informais de legitimação da propriedade.

O mercado de trabalho tampouco sofreu grandes mudanças. Uma vez que a escravidão foi abolida mais rapidamente onde era menos importante, o tributo sobre os indígenas foi inicialmente erradicado, mas logo restaurado em alguns casos, enquanto a forma de trabalho compulsório indígena, a *mita*, chegou mesmo a ser adotada em zonas onde não havia existido durante o período colonial. As amplas massas indígenas do México, Guatemala, Bolívia e Peru não passaram por mudanças significativas.

Nas zonas de alta densidade de população indígena, o sistema de castas demorou a desaparecer dos textos constitucionais: tal é o caso do México, da Guatemala e dos países andinos. Embora tenha ocorrido uma expansão dos proprietários de terra e da aquisição de terras por parte de comerciantes e letrados urbanos, as terras sob controle das comunidades indígenas não diminuíram, apesar de sua pequena capacidade de defender-se e da precariedade dos títulos de propriedade de suas terras. Essa "arcaica organização rural" em mãos de populações "atrozmente pobres" perdurou devido à influência declinante da classe alta urbana, à falta de expansão do consumo interno e, em especial, à fragilidade do setor agrícola exportador (Halperín, 2008 [1969]: 140). Nesse quadro, os mestiços e os mulatos livres foram os que melhor aproveitaram a situação, explorando certas possibilidades limitadas de ascensão social, especialmente por meio da atividade política e militar.

O avanço muito lento das reformas liberais, associado a uma grande instabilidade institucional, foi também vinculado de certa forma com as mudanças que parecem ter ocorrido entre os poderosos. As elites urbanas dominantes, em particular os comerciantes vinculados ao comércio com a metrópole, sofreram uma perda substancial de poder, tanto para os novos comerciantes quanto para a numerosa classe de proprietários de terra, em especial as elites agrárias pré-revolucionárias. Tudo isso ocorreu a despeito da continuidade dos laços entre a propriedade da terra e o desenvolvimento da atividade mercantil.

Simultaneamente, o acesso à terra dependeu cada vez mais do acesso ao poder político-militar, surgindo, além disso, uma nova classe de prestamistas que eram com razão vistos como agiotas estreitamente ligados ao Estado e que passaram a financiar suas atividades.

A construção de uma nova estrutura fiscal nas novas repúblicas tornou-se uma questão crítica. Como assinala Irigoin (2009), com a dissolução do regime colonial na América Hispânica, desmembrou-se a maior unidade monetária existente no mundo nesta época. Sua hipótese é a de que os novos Estados Nacionais foram construídos tendo por base a herança fiscal do regime colonial, ou seja, os Estados nacionais teriam se organizado em função dos núcleos onde, na época colonial, a maior parte da receita fiscal era coletada. A desintegração política da América Hispânica permitiu que as elites locais assumissem o poder e controlassem os sistemas locais de cunhagem de moeda. A reorganização monetária foi complexa em muitos países devido à proliferação de cunhagens de diferentes conteúdos metálicos e de vários experimentos com papel-moeda de curso forçado.

Na mesma época, os déficits orçamentários dos frágeis governos tenderam a ser enfrentados de forma inflacionária ou com estreita dependência dos agiotas. Por sua vez, a receita fiscal passou a depender de maneira crescente dos impostos alfandegários, entre outras razões devido à pressão dos proprietários de terra para reduzir os impostos sobre terra (dízimos), dos mineradores empenhados em reduzir tributos (o quinto), e dos comerciantes dedicados à apropriação dos monopólios públicos herdados da colônia (tabaco, licor e sal). Essa forma de desenvolvimento monetário e fiscal contribuiu para a maior fragmentação de espaços políticos, mercados e unidades monetárias, limitando ainda mais as possibilidades de crescimento econômico.

A abolição da escravidão

Na Tabela 2.2 e de acordo com Andrews (2004: Tabela 1.1), vemos que os negros e mulatos correspondiam a aproximadamente um quarto da população da América Latina, mas menos da metade deles era escrava. Os escravos representavam pouco mais de 10% da população e uma proporção um pouco maior da força de trabalho (visto que a participação dos escravos no trabalho era muito alta): era muito importante em alguns países, mas negligível na maioria.

Um tema de debate clássico tem sido se o fim escravidão foi determinado por causas econômicas ou de natureza político-institucional, ou mesmo ideológicas e éticas. Sem diminuir a importância de fatores ideológicos e éticos, a abolição da escravidão é mais bem compreendida como um processo de transformações das relações sociais em que o trabalho livre (assalariado e independente) tende a substituir a escravidão por que se mostra econômica e socialmente superior.

O ritmo com que ocorreu tal processo dependeu do impacto do desenvolvimento do capitalismo fora de América Latina, da própria expansão dos setores mais modernos na economia latino-americana e também da importância da escravidão nas sociedades coloniais.[2]

Ainda que rebeliões e a busca da liberdade tenham sido endêmicas nas sociedades escravistas, a abolição da escravidão vinda de baixo, como resultado de uma revolução social, circunscreve-se ao caso haitiano. A América Latina diferenciou-se também das colônias britânicas, holandesas e francesas das Antilhas, onde a escravidão foi eliminada por decisão dos poderes coloniais quando o desenvolvimento capitalista já havia feito grandes avanços. Na América Latina, as guerras da independência trouxeram mudanças para a instituição escravista. Mas a abolição foi um processo gradual e prolongado, entre outras coisas porque era necessário indenizar os proprietários, como consequência do reconhecimento do princípio também liberal de direito à propriedade. Como mostra a Tabela 2.6, o tráfico de escravos foi proibido (em não poucos casos por pressão britânica) e foram assinados decretos libertando os recém-nascidos nas primeiras décadas posteriores à Independência na grande maioria dos países. Essas duas medidas permitiram dar início à superação da escravidão, mas ao mesmo tempo adiavam os custos fiscais das indenizações. Talvez por isso que, na maioria dos países, a abolição não tenha ocorrido antes de meados do século XIX.

A abolição avançou mais rapidamente naqueles países em que a escravidão tinha um menor significado econômico, enquanto nas economias escravistas o processo foi muito mais dilatado; a exceção mais importante é a República Dominicana, onde a abolição foi decretada pela ocupação haitiana. Também pesou muito a continuidade dos processos coloniais. De fato, dois dos três países que preservaram a escravidão por mais tempo continuaram sendo colônias: Porto Rico e Cuba. O terceiro, o Brasil, por seu processo muito particular de independência, que implicou que o filho do rei de Portugal tenha se tornado o primeiro Imperador do Brasil. Em todos os casos onde a independência foi acompanhada por luta militar, a abolição foi mais precoce, entre outros motivos porque os grupos em conflito buscaram mobilizar os escravos com a promessa da liberdade e pela própria desorganização econômica provocada pela guerra.

Nos casos de Cuba e do Brasil, a abolição foi resultado de um prolongado processo no qual a escravidão já havia perdido sua força e dinamismo econômico antes mesmo de ser formalmente eliminada. Algo similar ocorreu muito mais cedo na Colômbia, onde a importação de escravos já havia perdido todo dinamismo no fim do período colonial. Mas, para além do declínio de

---

[2] Ver uma análise comparativa da escravidão e a abolição no século XIX em Andrews (2004: caps. 2-3) e Klein e Vinson (2007: caps. 5, 6, 9 e 11).

TABELA 2.6. Abolição do tráfico de escravos, liberdade de recém-nascidos e abolição da escravatura na América Latina, 1810-1888

	TRÁFICO	LEI DE VENTRE LIVRE	ABOLIÇÃO
República Dominicana	1822	–	1822
Chile	1811	1811	1823
América Central	1824	–	1824
México	1824	–	1829
Uruguai	1825 (1838)	1825	1842
Equador	1821	1821	1851
Colômbia	1821	1821	1852
Argentina	1813 (1838)	1813	1853
Peru	1821	1821	1854
Venezuela	1821	1821	1854
Bolívia	1840	1831	1861
Paraguai	1842	1842	1869
Porto Rico	1820, 1835 (1842)	1870	1873
Cuba	1820, 1835 (1866)	1870	1886
Brasil	1830, 1850 (1852)	1871	1888

Nota: os anos referem-se à data na qual o tráfico e a escravidão foram legalmente abolidos.
Os anos entre parênteses indicam o término efetivo do tráfico, se posterior à data da suspensão legal.
Fonte: Andrews (2004: tabela 2.1).

sua importância econômica, em nenhum país a abolição ocorreu sem mobilização política: em Cuba houve o impacto da primeira guerra de independência (a Guerra dos Dez Anos, entre 1868 e 1878) e, no Brasil, ocorreram grandes mobilizações sociais.

As consequências econômicas e as transformações dos mercados de trabalho posteriores à abolição são temas tratados com mais detalhes no próximo capítulo.

Geografia, tecnologia e comércio

A geografia, a dotação de recursos, as distâncias e as vias de navegação, bem como as tecnologias existentes em cada época, influenciaram diretamente as possíveis respostas econômicas das diferentes regiões latino-americanas.

A economia do centro colonial era vinculada à extração de metais, que dada sua alta relação valor-peso, tornava rentável o transporte através de grandes distâncias e acidentes geográficos. As outras economias prósperas foram as que se situavam próximas do litoral, como Buenos Aires, Entre

Ríos, Uruguai (economias de fronteira com forte influência da imigração), Cuba e Brasil.

Adicionalmente, a globalização em que se inseriu a conquista da América e a instauração do regime colonial no novo continente, embora baseada em indubitáveis avanços tecnológicos, teve caráter mais geopolítico, claramente determinado pela conquista e pela violência (Findlay e O'Rourke, 2007: 378-9). A globalização que com fluxos e refluxos avançaria desde o início do século XIX até nossos dias, embora não plenamente descolada da violência e da conquista, baseou-se mais claramente nos grandes avanços tecnológicos que reduziram enormemente as distâncias econômicas entre as distintas regiões, se por isso entendermos o custo e o tempo necessários para transferir bens, pessoas e, ainda, serviços e conhecimentos.

A Revolução Industrial pôs em marcha uma sucessão de mudanças tecnológicas que afetariam radicalmente os transportes, principalmente em dois casos, ambos vinculados à introdução da máquina a vapor. O primeiro deles é a navegação a vapor, que primeiro conquistou o transporte fluvial e mares internos antes de aventurar-se em travessias transoceânicas e de longa distância, já quando o século XIX estava bem avançado. O outro foi a ferrovia. Essas duas tecnologias estão associadas ao que podemos denominar de Segunda Revolução Industrial, um processo que irrompe durante as primeiras décadas do século XIX e que se difunde até a metade do século. As tecnologias anteriores a essas transformações tecnológicas já haviam afetado o transporte, como a construção dos caminhos de macadame e de canais na Inglaterra, na Europa continental e, especialmente, nos Estados Unidos. Essas tecnologias haviam reduzido o tempo de transporte entre Manchester e Londres de quatro ou cinco dias em 1780 para um dia e meio em 1820 e em 85% do custo de transporte e de 21 a 8 dias no tempo de viagem entre Búfalo e Nova York nos anos 1817-1825. Seu efeito, contudo, foi ainda moderado em relação aos avanços que se produziriam a partir da introdução da máquina a vapor, que revolucionaria o transporte de longa distância (Findlay e O'Rourke, 2007: 379).

Durante as primeiras décadas de introdução da navegação a vapor, seu custo ainda relativamente alto a limitava ao transporte de bens de alta relação valor-peso, como metais preciosos e outras mercadorias de luxo, passageiros e correspondência. Apenas na década de 1870 pode-se dizer que o transporte a vapor havia absorvido a maior parte do tráfego marítimo.

Quanto à outra grande inovação, a ferrovia, a linha Liverpool-Manchester foi aberta em 1830 e a tecnologia difundiu-se rapidamente para o resto da Europa e Estados Unidos, onde em 1870 foi inaugurada a famosa conexão de costa a costa. Uma ligação ferroviária similar no Canadá foi estabelecida apenas em 1885, e a Transiberiana em 1903. Em 1850 havia cerca de 37.000 km de vias férreas construídas no mundo, limitando-se sua difusão à Europa e aos Estados Unidos. Em 1870 as ferrovias tinham subido para cerca de 185.000 km, dos quais quase a metade encontrava-se nos Estados Unidos. Somente então apareceram as estradas de ferro com certo significado na América Latina, com 1.024 km na Argentina e apenas 346 km no México, o que equivalia a 0,5% da extensão das ferrovias dos Estados Unidos (O'Rourke e Williamson, 1999: 34, tabela 3.2). O país latino-americano mais precoce em matéria de vias férreas foi Cuba, com início de sua primeira linha já na década de 1840 – já em 1870 detinha mais da quarta parte das ferrovias latino-americanas (Tabela 3.8). Outro caso precoce interessante é o do Panamá, então parte da Colômbia, cuja ferrovia ligando as duas costas foi construída pouco depois de meados do século, e que serviu como meio de comunicação fundamental entre o leste e o oeste dos Estados Unidos durante a corrida do ouro na Califórnia.

Resumidamente, é possível dizer que a chegada da Segunda Revolução Industrial na América Latina, e em particular no que diz respeito às tecnologias de transporte e às possibilidades abertas para incrementar sua participação na economia mundial, foi bastante lenta, tendo havido um atraso muito grande em comparação com sua difusão pelo mundo industrializado da época. Pode-se sustentar, então, que o que hoje chamamos de primeira globalização, ou seja, um processo que na América Latina localizamos, em linhas gerais, entre 1870 e 1913, é o período em que as mudanças tecnológicas no transporte tiveram de fato um impacto significativo na produção latino-americana.

Mas é importante observar que antes mesmo do surgimento da ferrovia como meio de transporte, a introdução de estradas com pedágio (*turnpikes*) representou uma importante inovação no trasporte terrestre. Essas estradas foram muito difundidas nos Estados Unidos, mas estiveram completamente ausentes na América Latina (Summerhill, 2006: 297-8). A falta de investimentos em infraestrutura, aliada a uma difícil geografia, constituíram um cenário de grande atraso nas comunicações.

Entretanto, como observamos, a expansão da fronteira teve lugar com a busca de terras para a produção de bens para consumo próprio ou para mercados locais, ou ainda para abastecer os mercados externos, que em qualquer caso tinha de ser localizado próximo à costa, ter acesso a trabalho barato ou produzir bens de alta razão valor-peso. A geografia, a loteria de produtos básicos, como no caso muito particular do guano, continuou tendo uma grande importância. E recordemos a acidentada geografia sul-americana, que dificultou a integração de grandes mercados e as comunicações dentro do continente. A título de exemplo, em 1842, um observador chamado Belford Hinton Wilson relatava que o transporte de uma tonelada de mercadorias da Inglaterra até as capitais latino-americanas custava o seguinte em libras esterlinas: Buenos Aires e Montevidéu, £2; Lima, £5,12; Santiago, £6,58; Caracas, £7,76; Cidade do México, £17,9; Quito, £21,3; Sucre e Chuquisaca, £25,6; Bogotá, £52,9 (Bértola e Williamson, 2003: 14-5). Esses valores indicam as enormes dificuldades do transporte até o interior do continente. Tal fato explica claramente porque, com a deterioração da economia de mineração e o declínio colonial, a economia da América Latina voltou-se principalmente para a costa Atlântica já desde o final do período colonial.

Como observam Findlay e O'Rourke (2007: 383, tabela 7.2), a melhor forma de medir o impacto da revolução dos transportes consiste em utilizar a relação entre o custo de transporte e o preço do produto. Essa relação apresenta quedas significativas em todas as rotas somente a partir da década de 1870.

Assim, embora o comércio mundial tenha crescido mais rapidamente antes de 1870 do que entre 1870 e 1913, é natural que esse crescimento não tenha tido um impacto tão grande no comércio da América Latina comparado ao de outras regiões nas quais a difusão da Revolução Industrial foi maior.

Geografia, dotação de recursos, possibilidades de comércio e da tecnologia aplicada, contudo, não podem ser tratadas independentemente dos ambientes sociais, políticos e institucionais. Cabe fazer a pergunta de por que ter sido tão tardia a difusão da Segunda Revolução Industrial e, em particular, das estradas de ferro na América Latina. Não há dúvida de que todos os elementos que resenhamos ao discutir os ambientes institucionais tiveram seu impacto nesse processo. Mas parece igualmente inegável que a difusão da Segunda Revolução Industrial e seus impactos econômicos nos transportes na expansão da demanda europeia, assim como a entrada de capitais, constituíram incentivos importantes para que, até final do século XIX, como veremos no próximo capítulo, as reformas liberais se aprofundassem, os Estados nacionais se consolidassem, e a América Latina, ainda que com instituições deficientes e de maneira regional e socialmente diferenciada, iniciasse um período de relativamente rápido crescimento liderado pelas exportações de produtos primários.

Também é importante dedicar uma reflexão à afirmação categórica de Gelman de que a loteria de produtos básicos e a geografia tiveram, nesse período, um papel mais determinante do que a dimensão institucional.

É preciso sublinhar que ao falarmos de instituições, não estamos nos referindo somente a grandes marcos constitucionais, às formas do direito e à jurisprudência. Ao nos referirmos a aspectos institucionais, também falamos de relações informais que predominam e no longo prazo determinam as formas particulares adotadas pelas instituições formais. Nos processos de expansão da fronteira, ocupação de novos territórios e expansão da produção na costa Atlântica surgem novas formas de relacionamento social, novas formas de propriedade, que nem sempre são guiadas pelas institucionalidades formais, muito frágeis neste período. Não há dúvida de que os tipos de sociedades que se consolidaram no Rio da Prata foram institucionalmente diferentes das sociedades andinas, assim como também distintas das economias escravistas das zonas tropicais, que se localizavam em uma posição geográfica tão boa ou melhor do que as do Rio da Prata, mas que apresentaram resultados distintos em termos de desempenho e potencial de desenvolvimento. É preciso avaliar quais foram as consequências de longo prazo dessas diferentes trajetórias.

A principal transformação nas relações externas da América Latina ocorreu com a mudança do controle do comércio exterior: "em toda a América Hispânica, do México a Buenos Aires, a parte mais rica, a mais prestigiosa, do comércio local ficará em mãos estrangeiras..." (Halperín, 2008 [1969]: 149).

Contrariamente, não se registrou nenhum fluxo significativo de investimentos estrangeiros. As primeiras experiências de emissão de títulos em nome dos governos latino-americanos por bancos londrinos terminaram em fracasso: em alguns casos, serviram para refinanciar (a custo elevado) as dívidas herdadas da guerra de independência, em outros, geraram poucos recursos para os governos, que os utilizaram de modo muito pouco eficiente. Os governos da região logo suspenderam o serviço das dívidas, os intermediários obtiveram grandes lucros e os investidores europeus perderam muito dinheiro, o que bloqueou por vários anos as possibilidades dos governos latino-americanos captarem empréstimos por essa via. A esse fato agregou-se uma onda de criação de empresas de mineração, muitas das quais não foram muito lucrativas ou mesmo sequer começaram a operar (Marichal, 1989: cap. 1).

Desta forma, enquanto em 1822-1825 a entrada de capitais foi de £21,1 milhões, em todo o período 1826-1850 a soma caiu para £18,4 milhões. Essa tendência também se deveu à demanda de recursos financeiros pelos Estados europeus que se encontravam em pleno processo de industrialização. A Europa pensava mais na América Latina como mercado do que como fonte de matérias-primas, alimentos ou mesmo metais, algo que não se alteraria substancialmente até a segunda metade do século. Foi só partir de 1850, em uma conjuntura internacional caracterizada por alta liquidez associada em parte ao *boom* do ouro californiano e ao melhor desempenho exportador latino-americano, que houve uma significativa retomada da entrada de capitais, que subiu para £132,4 milhões em 1851-1880 (CEPAL, 1964: 2).

O protecionismo difundiu-se na América Latina em parte como resultado de algumas iniciativas industriais (p. ex., as da industrialização têxtil em Puebla, México) e, muito mais pelas razões fiscais já assinaladas. A proteção foi tolerada internacionalmente, mas a criação de barreiras ao comércio entre as repúblicas latino-americanas, inexistentes no período colonial, teve um forte impacto negativo, com a destruição de uma verdadeira união aduaneira na América Hispânica. Esse fenômeno, às vezes chamado de balcanização, impôs severas restrições ao aproveitamento de economias de escalas. Em 1820, as duas maiores economias hispano-americanas chegavam a apenas um quarto da média das economias centrais europeias (medidas em termos do PIB), o mesmo podendo ser dito a respeito do Brasil. Em 1870, Argentina, Chile e México, conjuntamente, não chegavam à metade da média das economias centrais, enquanto o Brasil, o maior país, não chegava a 30% (Bates, Coatsworth e Williamson, 2007: tabela 4). Além disso, apesar das altas tarifas de importação, a concorrência internacional foi em muitos casos devastadora para as indústrias artesanais locais, devido à grande redução nos preços dos têxteis, especialmente de algodão, provocada pela Revolução Industrial.

Recapitulando

Nas primeiras décadas posteriores à Independência, a América Latina teve um desempenho relativo deficiente quando comparada com os países mais avançados da época e, especialmente, com as ex-colônias da América do Norte. Esse desempenho decepcionante também contrastou com as expectativas que existiam no início da revolução de Independência.

As razões deste resultado inferior foram múltiplas. Uma delas relaciona-se com as dificuldades para construir e consolidar os Estados Nacionais, o que por sua vez deveu-se em parte à debilidade das elites locais herdada do regime colonial. Outra razão deriva das dificuldades que limitaram as reformas liberais, incluindo a abolição da escravidão onde ela era economicamente importante. O legado da era colonial também foi um fator importante, ao limitar as reformas que em geral se identificam como parte das revoluções burguesas. O crescimento foi maior onde essas mudanças avançaram mais, como foi o caso das zonas de fronteira, onde as relações sociais de servidão e escravidão e a força das comunidades camponesas era menor, e onde o trabalho assalariado e os mercados de terra se estabeleceram mais rapidamente. Contudo, a fragilidade dos Estados Nacionais continuou sendo marcante em todas as regiões e apenas no último quarto do século XIX as estruturas estatais se fortaleceriam de maneira substancial.

O lento início do crescimento também se deveu à mudança tecnológica. A América Latina é um continente cheio de variações e obstáculos geográficos que dificultaram sua integração com os mercados mundiais. Inicialmente foram as zonas mais próximas às costas Atlântica, Pacífica e Caribenha as que mais se desenvolveram. Quando essas condições combinaram-se com ambientes institucionais mais favoráveis, obteve-se então um rápido crescimento, como no Chile e na região do Rio da Prata. O ritmo lento da mudança tecnológica vinculou-se ao predomínio das estruturas sociais, institucionais e sistemas de valores herdados do período colonial, manifestado no sistema de castas, na ausência de participação política e na escassa formação de capital humano.

As grandes mudanças comerciais da América Latina tiveram de esperar pelas transformações tecnológicas no transporte. As ferrovias, os navios de aço, e a engenharia de estradas, túneis e canais se difundiram somente nas últimas décadas do século XIX. Por sua vez, essas mudanças tecnológicas reforçaram as capacidades dos Estados nacionais concentrarem e monopolizarem o poder. Entretanto, a geografia continuou tendo uma importância muito grande, e o crescimento ocorreu de forma acentuadamente segmentada. Dada a estrutura da população da América Latina e sua distribuição por regiões, o cenário predominante continuou sendo caracterizado como de atraso relativo. As áreas dinâmicas ainda não eram suficientemente grandes para alterar o quadro geral, e mesmo eles enfrentaram restrições de grande vulto.

GLOBALIZAÇÃO, CONSOLIDAÇÃO INSTITUCIONAL E DESENVOLVIMENTO PRIMÁRIO-EXPORTADOR, *c.* 1870-1929

Introdução

Nas últimas décadas do século XIX, a América Latina iniciou um período de crescimento econômico relativamente rápido, baseado em uma inserção dinâmica na economia internacional.

É difícil precisar o início dessa etapa. Como em todas as épocas, esse não foi um processo homogêneo. Alguns países iniciaram essa etapa de crescimento mais cedo, vinculando-se a processos que já estavam em gestação desde as décadas posteriores à Independência; outros países demoraram mais a juntar-se à onda de crescimento. Alguns tiveram um crescimento explosivo, enquanto outros exibiram menos dinamismo.

O processo resultou da confluência de dois conjuntos de fatores, alguns externos e outros internos, que se combinaram de maneira diferente e tiveram impactos diversos em distintos países e regiões.

O primeiro grupo de fatores esteve associado ao enorme impacto da revolução dos transportes sobre o comércio, que se traduziu em uma redução significativa dos custos do transporte marítimo terrestre, que assim aproximou as diferentes regiões em termos econômicos. Esse fenômeno foi reforçado pela contínua expansão da demanda internacional de matérias-primas e alimentos por parte do mundo industrializado.

Outro conjunto de fatores resultou das mudanças políticas e institucionais ocorridas na maioria dos países latino-americanos e que foram, por sua vez, de dois tipos principais. Em primeiro lugar, ocorreram avanços significativos com as chamadas reformas liberais, que no período anterior ainda não haviam sido concluídas. Destacam-se aqui a abolição final da escravidão, a crescente mobilidade interna da mão de obra, a criação de um verdadeiro mercado de terras – reduzindo significativamente diversas formas de propriedade que limitavam sua utilização e aquisição via mercado – e a criação de sistemas fiscais que funcionaram adequadamente. Em segundo lugar, consolidaram-se as estruturas de poder político, que proporcionaram maior estabilidade institucional em relação às décadas anteriores, ainda que não em todos os países nem de maneira definitiva. Nos casos em que isso ocorreu, a maioria das vezes a estabilidade institucional foi acompanhada da instalação de governos autoritários, que enfatizaram mais a necessidade de assegurar o poder das elites frente aos setores populares do que a necessidade de proteger esses últimos, e mesmo as próprias elites, dos abusos daqueles que detinham o poder do Estado. Como resultado, ocorreu uma consolidação dos Estados nacionais, que embora não eliminasse por completo os conflitos internos nem os internacionais, reduziu-os significativamente.

Da combinação desses aspectos resultou uma grande expansão das exportações latino-americanas. Embora o setor exportador continuasse relativamente pequeno, as exportações geraram efeitos de encadeamento sobre as economias com diferentes graus de intensidade em distintos países. O crescimento também se viu favorecido por um substancial fluxo de capitais procedente do exterior e por maciças migrações europeias e, em menor medida, asiáticas, também desigualmente distribuídas na região.

O crescimento econômico teve em certo sentido um caráter extensivo, manifestando-se por meio de uma forte ampliação da fronteira agrícola, com a ocupação de territórios não explorados anteriormente, especialmente nas regiões que experimentaram maior crescimento.

Do ponto de vista social, o período em questão caracterizou-se por um intenso processo de diferenciação territorial e social. Ao mesmo tempo em que o hiato entre os países mais ricos e mais pobres da região ampliava-se de maneira acentuada, aumentava significativamente a desigualdade dentro de cada país.

O dinamismo das exportações gerou em algumas regiões certa diversificação das estruturas produtivas, que se expressou no desenvolvimento da indústria manufatureira, da infraestrutura de comunicações e transportes e dos serviços financeiros, bem como uma rápida urbanização.

Ao final deste período, a América Latina seria radicalmente distinta daquela de meados do século XIX. A distância em relação a outras regiões não desenvolvidas ampliou-se e alguns países latino-americanos, como Argentina e Uruguai, situavam-se entre os de maiores rendas *per capita* do planeta.

Este período é concluído com uma série de mudanças importantes na economia mundial. A crise financeira mundial de 1929, e a resultante Grande

Depressão dos anos 1930, representaram a eclosão de grandes desequilíbrios internos nas economias desenvolvidas e no sistema internacional em seu conjunto, alguns dos quais começaram a manifestar-se desde os anos da Primeira Guerra Mundial e tiveram, no final, um grande impacto em algumas economias latino-americanas desde então.

A forma pela qual as economias latino-americanas reagiram a esse novo cenário internacional, e que estudaremos no próximo capítulo a partir do conceito de industrialização dirigida pelo Estado, foi amplamente dependente dos sucessos, limites e características da expansão liderada pelas exportações que estudaremos neste capítulo.

O desempenho econômico: uma primeira visão panorâmica

Como já observado no Capítulo 1, na última terça parte do século XIX a América Latina iniciou um processo relativamente rápido de crescimento, que lhe permitiu ampliar as diferenças em relação à África e à Ásia e acompanhar de perto o crescimento das nações desenvolvidas. Ao mesmo tempo, a América Latina tornou-se mais desigual, tanto no interior de cada um dos países, como entre eles. Vejamos com mais detalhe esse processo.

A população

As tendências percebidas nas décadas posteriores à Independência aprofundaram-se neste período, quando os processos migratórios teriam um papel destacado. Como é possível ver na Tabela 3.1, a população da América Latina cresceu a um ritmo de 1,7% ao ano em 1870-1929, maior do que a média mundial, o que levou a população da região a passar de 2,9% para 4,2% da população mundial. Apesar do aumento relativo, portanto, tratava-se de um continente pequeno do ponto de vista demográfico.

O crescimento da população, da mesma forma que em períodos anteriores, não foi bem distribuído. Novamente os países que mais cresceram foram os do Grupo 3, ou seja, aqueles de nova colonização, enquanto os países do Grupo 1, os velhos centros da economia colonial e as regiões então dominadas pelo eixo *hacienda* – comunidade camponesa – economia de mineração, foram os que apresentaram o menor crescimento demográfico. Apesar disso, essas regiões continuaram respondendo, em 1929, por 40% de toda a população. Sem dúvida, o Grupo 2 expandiu-se em um ritmo mais rápido e superou o Grupo 1 em termos de população ao final do período que analisamos. Já o Grupo 3, apesar de haver alcançado a taxa mais alta de crescimento ao longo de todo um século, em 1929 reunia apenas 17,5% da população total da região.

TABELA 3.1. América Latina: população, 1870-1929

	MILHARES			PARTICIPAÇÃO (%)		CRESCIMENTO ANUAL (%)		
	1870	**1913**	**1929**	**1870**	**1913**	**1870-1913**	**1913-1929**	**1870-1929**
Grupo 1								
Bolívia	1.495	1.881	2.370	4,1	2,5	0,54	1,45	0,78
Colômbia	2.392	5.195	7.821	6,5	6,9	1,82	2,59	2,03
Equador	1.013	1.689	1.928	2,7	2,3	1,20	0,83	1,10
El Salvador	492	1.008	1.410	1,3	1,3	1,68	2,12	1,80
Guatemala	1.080	1.486	1.753	2,9	2,0	0,74	1,04	0,82
Honduras	404	660	930	1,1	0,9	1,15	2,17	1,42
México	9.219	14.970	16.875	25,0	19,9	1,13	0,75	1,03
Nicarágua	337	578	680	0,9	0,8	1,26	1,02	1,20
Paraguai	384	594	860	1,0	0,8	1,02	2,34	1,38
Peru	2.606	4.295	5.396	7,1	5,7	1,17	1,44	1,24
Subtotal	**19.422**	**32.356**	**40.023**	**52,7**	**43,1**	**1,19**	**1,34**	**1,23**
Colômbia, México e Peru	14.217	24.460	30.092	38,6	32,6	1,27	1,30	1,28
Grupo 2								
Brasil	9.797	23.660	32.894	26,6	31,5	2,07	2,08	2,07
Costa Rica	137	372	490	0,4	0,5	2,35	1,74	2,18
Cuba	1.331	2.431	3.742	3,6	3,2	1,41	2,73	1,77
Panamá	176	348	506	0,5	0,5	1,60	2,37	1,81
República Dominicana	242	750	1.213	0,7	1,0	2,67	3,05	2,77
Venezuela	1.653	2.874	3.259	4,5	3,8	1,29	0,79	1,16
Subtotal	**13.336**	**30.435**	**42.104**	**36,2**	**40,6**	**1,94**	**2,05**	**1,97**
Brasil, Cuba e Venezuela	12.781	28.965	39.895	34,7	38,6	1,92	2,02	1,95

TABELA 3.1. América Latina: população, 1870-1929 (*Continuação*)

	MILHARES			PARTICIPAÇÃO (%)		CRESCIMENTO ANUAL (%)		
	1870	1913	1929	1870	1913	1870-1913	1913-1929	1870-1929
Grupo 3								
Argentina	1.796	7.653	11.592	4,9	10,2	3,43	2,63	3,21
Chile	1.945	3.431	4.202	5,3	4,6	1,33	1,28	1,31
Uruguai	343	1.177	1.685	0,9	1,6	2,91	2,27	2,73
Subtotal	**4.084**	**12.261**	**17.479**	**11,1**	**16,3**	**2,59**	**2,24**	**2,50**
Total	**36.842**	**75.052**	**99.606**	**100,0**	**100,0**	**1,67**	**1,78**	**1,70**
Total Mundial	**1.275.737**	**1.792.917**		**2,9**	**4,2**			

Fonte: Maddison (2008) e tipologia de acordo com Tabela 1.2.

Como veremos ao longo de todo este capítulo, por volta da Primeira Guerra Mundial ocorreram mudanças nas tendências do período. Em termos gerais, o crescimento da população acelerou-se entre 1913 e 1929. Essa tendência manifesta-se nos Grupos 1 e 2, mas não no 3, que começou a desacelerar seu crescimento demográfico.

Uma característica do crescimento populacional foi a atração de imigrantes (Tabela 3.2). A América Latina absorveu cerca da quinta parte das 62 milhões de pessoas que emigraram da Europa e da Ásia entre 1820 e 1930, em sua maioria no meio século que precedeu a Primeira Guerra Mundial (Hatton e Williamson, 1994 e 2005). A Argentina e o Brasil foram os principais receptores de mão de obra europeia. Empresários e técnicos, oriundos sobretudo da Europa, foram também importantes, mesmo nos países que não receberam um fluxo maciço de imigrantes. Imigrantes da Ásia, principalmente da China e Índia, também se dirigiram para a agricultura de *plantations* em Cuba e Peru, sob diversos tipos de contratos de servidão (*indentured labor*). Também houve fluxos intrarregionais, como os movimentos de trabalhadores negros das Antilhas para as *plantations* de bananas da América Central, a indústria açucareira cubana e a construção do Canal do Panamá.

TABELA 3.2. Imigração bruta intercontinental e taxas de imigração

	EUA	CANADÁ	ARGENTINA	BRASIL	CUBA	URUGUAI	CHILE
Imigração bruta intercontinental, 1871-1940 (milhares)							
1871-1880	2.433	220	261	219		112	
1881-1890	4.852	359	841	525		140	28
1891-1900	3.684	231	648	1.129		90	7
1901-1910	8.666	947	1.764	671	243	21	39
1911-1920	4.775	1.154	1.205	798	367	57	68
1921-1930	1.723	987	1.397	840		21	41
1931-1940	443	82	310	239		57	
Acumulado	**26.576**	**3.980**	**6.426**	**4.421**	**610**	**498**	**183**
Taxa de imigração (por 1.000 habitantes)							
1871-1880	54	54	124	20		281	
1881-1890	85	77	292	41		248	12
1891-1900	53	45	163	71		114	2
1901-1910	103	154	311	34	118	21	13
1911-1920	47	141	149	32	142	46	19
1921-1930	15	103	135	28		14	10

Fontes: Migração: Hatton e Williasom (2005).
Imigração: Chile, Sánchez Albornóz (1991: tabela 2); demais países, Sánchez Alonso (2006: tabela 10.3).

Os países em que a imigração foi mais importante, em termos de impacto relativo sobre sua população, foram Argentina, em todo o período 1870-1929, Uruguai, no século XIX, e Cuba, nas primeiras décadas do século XX. Nesses três casos, as taxas de imigração superaram até mesmo as dos Estados Unidos e do Canadá em vários subperíodos. Também foi o caso do estado de São Paulo.

É importante destacar que esses fluxos migratórios foram radicalmente diferentes daqueles associados à introdução da mão de obra escrava, que afetou substancialmente o crescimento populacional do Grupo 2 ao longo dos séculos XVIII e XIX, até o fim do tráfico de escravos.

As exportações

Este período tem sido reiteradamente caracterizado como de auge exportador, sendo denominado a era das exportações, desenvolvimento orientado para fora ou primário-exportador, e a Primeira Globalização. Não há dúvida de que o desempenho do setor exportador foi o que determinou o ritmo e constituiu o motor da dinâmica de crescimento econômico na época. E também é bem claro que essa dinâmica exportadora baseou-se em produtos agropecuários ou minerais, tendo sido praticamente nulo o peso de outros tipos de produtos e serviços.

O crescimento exportador foi muito rápido entre 1870-1874 e 1925-1929: 4,2% ao ano a preços constantes, conforme a Tabela 3.3. De acordo com a Figura 1.4 do Capítulo 1, entre 1880 e 1929 a América Latina conseguiu aumentar sua participação no comércio mundial. Entre 1910-1914 e 1925-1929 houve aceleração do crescimento, que não se refletiu no aumento da participação latino-americana no total das exportações mundiais. Pode-se dizer, desta maneira, que o grande aumento do comércio latino-americano fez parte de uma expansão notável do comércio mundial, em que a América Latina foi uma das regiões que se beneficiaram.

A expansão mais espetacular das exportações foi a vivida pela Argentina desde a década de 1870 até a Primeira Guerra Mundial (Gerchunoff e Llach, 1998). Com o passar do tempo, entretanto, todos os países se beneficiaram da maior integração à economia mundial. O desempenho foi, em todo caso, muito diferente entre os grupos de países. Até 1913, o Grupo 3 continuou sendo o de maior crescimento. No entanto, ao considerar a população, o crescimento do Grupo 1 (cuja população cresceu lentamente na época) foi levemente superior. O Grupo 2, dominado por Brasil e Venezuela, foi menos dinâmico, especialmente em termos *per capita*.

TABELA 3.3. Exportações totais, exportações *per capita* e taxas de crescimento, 1870-1929

	VALORES EM DÓLARES DE 1990						TAXAS DE CRESCIMENTO					
	EXPORTAÇÕES TOTAIS (MILHÕES)			EXPORTAÇÕES *PER CAPITA* (MILHARES)			EXPORTAÇÕES			EXPORTAÇÕES *PER CAPITA*		
	1870-1874	1910-1914	1925-1929	1870-1874	1910-1914	1925-1929	1870-1914	1910-1929	1870-1929	1870-1914	1910-1929	1870-1929
Grupo 1												
Bolívia	*9,9*	52,8	115,9	6,6	28,0	48,9	4,3	5,4	4,6	3,7	3,8	3,7
Colômbia	14,2	114,8	421,2	5,9	22,1	53,9	5,4	9,1	6,4	3,3	6,1	4,1
Equador	*4,2*	29,9	83,3	4,2	17,7	43,2	5,0	7,1	5,6	3,7	6,1	4,3
El Salvador	25,5	57,1	74,1	51,8	56,6	52,6	2,0	1,8	2,0	0,2	–0,5	0,0
Guatemala	19,4	81,0	110,2	18,0	54,5	62,9	3,6	2,1	3,2	2,8	1,0	2,3
Honduras	*2,8*	26,2	95,1	6,9	39,7	102,3	5,8	9,0	6,6	4,5	6,5	5,0
México	119,2	547,9	1.169,5	12,9	36,6	69,3	3,9	5,2	4,2	2,6	4,3	3,1
Nicarágua	9,4	33,1	44,3	27,8	57,3	65,2	3,2	2,0	2,9	1,8	0,9	1,6
Paraguai	*3,0*	11,5	76,2	7,9	19,4	88,6	3,4	13,4	6,0	2,3	10,6	4,5
Peru	48,5	102,4	595,2	18,6	23,8	110,3	1,9	12,4	4,7	0,6	10,8	3,3
Subtotal	**256,2**	**1.056,6**	**2.785,1**	**13,2**	**32,7**	**69,6**	**3,6**	**6,7**	**4,4**	**2,3**	**5,2**	**3,1**
Grupo 2												
Brasil	352,5	514,2	1.577,1	36,0	21,7	47,9	0,9	7,8	2,8	-1,3	5,4	0,5
Costa Rica	21,4	66,6	70,8	156,5	179,0	144,5	2,9	0,4	2,2	0,3	-1,4	-0,1
Cuba	*101,2*	938,5	1.869,2	76,0	386,1	499,5	5,7	4,7	5,4	4,1	1,7	3,5
República Dominicana	2,2	65,9	165,5	9,2	87,9	136,4	8,8	6,3	8,1	5,8	3,0	5,0
Venezuela	59,5	143,0	978,7	36,0	49,8	300,3	2,2	13,7	5,2	0,8	12,7	3,9
Subtotal	**536,8**	**1.728,2**	**4.661,3**	**40,8**	**57,4**	**112,1**	**3,0**	**6,8**	**4,0**	**0,9**	**4,6**	**1,9**

TABELA 3.3. Exportações totais, exportações *per capita* e taxas de crescimento, 1870-1929 (*Continuação*)

Grupo 3												
Argentina	192,9	2.200,4	3.161,9	107,4	287,5	272,8	6,3	2,4	5,2	2,5	-0,4	1,7
Chile	208,0	865,5	1.481,7	107,0	252,3	352,6	3,6	3,6	3,6	2,2	2,3	2,2
Uruguai (a)	76,1	218,1	332,6	222,0	185,3	197,4	2,7	2,9	2,7	-0,4	0,4	-0,2
Subtotal	**477,0**	**3.284,0**	**4.976,2**	**116,8**	**267,8**	**284,7**	**4,9**	**2,8**	**4,4**	**2,1**	**0,4**	**1,6**
Total	**1.270,0**	**6.068,8**	**12.422,6**	**34,5**	**80,9**	**124,7**	**4,0**	**4,9**	**4,2**	**2,2**	**2,9**	**2,4**

Nota: Os dados em *itálico* são extrapolações usando a taxa de crescimento entre o primeiro quinquênio disponível e o quinquênio 1910-1914.
Os primeiros quinquênios disponíveis e seus valores são:

Bolívia	1890-1894	9,2
Equador	1880-1884	2,9
Honduras	1875-1879	1,3
Paraguai	1874-1879	1,5
Cuba	1874-1879	57,6

Fontes: Exportações a preços correntes de acordo com Tena e Federico (2010: apêndice 1). As séries foram deflacionadas pelos índices de preços de commodities de Ocampo e Parra (2010).

Entre 1910-1914 e 1925-1929, quando o crescimento exportador se acelerou, os Grupos 1 e 2 foram os mais dinâmicos, enquanto o Grupo 3 apresentou uma nítida desaceleração, dominada pela Argentina. No Grupo 1, com exceção de Nicarágua, Guatemala e El Salvador, todos exibiram um grande dinamismo. No Grupo 2 Brasil e Venezuela foram aqueles que elevaram a taxa média de crescimento.

A despeito das oscilações das taxas de crescimento, houve enormes diferenças nos níveis de exportação *per capita* dos países. As exportações *per capita* dos países do Grupo 3 foram três vezes maiores do que as do Grupo 2 em 1870-1874 e cinco vezes em 1910-1914. As diferenças com o Grupo 1 foram ainda maiores. Em 1925-1929 as diferenças entre os grupos de países continuavam sendo muito expressivas, apesar da desaceleração do Grupo 3. Desta forma, ao longo desse período as características dos três grupos de países foram mantidas, com capacidades exportadoras bastante diferenciadas.

Como já vimos na Tabela 1.7, em 1870 o primeiro produto exportado dos países latino-americanos respondia, em média, por aproximadamente 50% das exportações. Até 1913, depois do grande impulso exportador, esse percentual caiu para 42%, mas voltou a elevar-se para 54% em 1929. O mesmo ocorre se observamos o peso dos três principais produtos: passam de 66% para 73% entre 1870 e 1929, com seu ponto mais baixo em torno de 1913 (52%). Esses números demonstram o caráter primário das exportações e sua concentração em produtos cuja competitividade baseava-se pesadamente no acesso a um número limitado de recursos naturais. Como notado anteriormente, este tem sido um traço estrutural e central das economias latino-americanas na maioria dos países até nossos dias.

A partir deste fato, Carlos Díaz-Alejandro cunhou o conceito de "loteria dos produtos primários" (*commodities lottery)*, que foi retomado por muitos outros autores. Esse conceito tem suas vantagens e seus perigos. O interessante do conceito é que se refere ao fato de que a capacidade exportadora tem algo de sorte, associada à maneira como uma dotação de recursos naturais combina-se com os movimentos da demanda internacional por determinado tipo de produto em certo momento. A ideia do acaso é uma alusão ao fato de que não importa muito o que faz cada país: seu destino parece estar determinado por seus recursos naturais e por forças exógenas que não pode controlar. Deste ponto de vista, uma região pode passar por um grande auge, mas logo, devido à mudanças na demanda, à concorrência internacional ou ao aparecimento de substitutos, zonas inteiras podem entrar em colapso. O guano no Peru, os nitratos no Chile, a borracha no Brasil e no Peru e a quina na Colômbia são apenas alguns exemplos de produtos que sustentaram o auge de regiões que logo sofreram colapso. Esse conceito, no entanto, deve ser utilizado com cuidado, porque pode induzir a crença de que efetivamente a capacidade exportadora é uma simples roleta que define ganhadores e perdedores, quando na realidade há um espectro de fatores econômicos e sociais que, embora não excluam certo grau de acaso, permitem estabelecer relações causais e lógicas que podem lançar luzes sobre os padrões de mudança histórica. Por exemplo, a extração de borracha e quina declinou quando essas atividades foram substituídas pelas *plantations* do Oriente e depois por substitutos sintéticos. Os países da região simplesmente não fizeram a necessária transição.

Uma influente corrente de pensamento enfatiza a relação entre as estruturas produtivas e o processo de desenvolvimento econômico, bem como a possibilidade de que diferentes produtos podem estar associados a níveis diferentes de desenvolvimento. Os países mais ricos produzem bens de países ricos; os países mais pobres produzem bens de países pobres. W. Arthur Lewis baseou-se nessas ideias em suas obras *Aspects of Tropical Trade* (1969) e *Growth and Fluctuations, 1870-1913* (1978), para estudar os caminhos adotados pelas diferentes regiões da periferia da economia mundial com o objetivo de responder aos desafios da expansão econômica mundial.

Partindo de uma lógica semelhante, Bértola e Williamson (2006) analisaram as características dos setores exportadores latino-americanos na Primeira Globalização. Como mostra a Tabela 3.4, é possível identificar quais tipos de países exportam os diferentes bens nos quais se especializaram os países latino-americanos. É muito nítido o contraste entre os produtos de clima temperado e os produtos tropicais: no caso dos primeiros, nos quais se concentra a exportação dos países do Grupo 3, os países de renda alta (entre os quais incluem-se aqueles do Grupo 3) detinham 87% das exportações; no caso dos mercados de produtos tropicais, os países de renda baixa (que incluem os dos Grupos 1 e 2) participam com 74% das exportações.

O caso dos produtos minerais é mais ambíguo. Como é sabido, trata-se de uma produção geralmente muito concentrada em algumas áreas, onde são encontrados os depósitos naturais que podem ser explorados. A distribuição entre países mais ricos ou mais pobres foi neste caso mais aleatória. Também se tornou mais fácil o surgimento de países com poder de monopólio no mercado mundial, como foi o caso dos nitratos no Chile logo depois de sua vitória na Guerra do Pacífico.

Essa comparação entre produtos de clima temperado e produtos tropicais permite examinar a sua influência sobre a estrutura dos mercados de trabalho em nível internacional. Retomaremos esta discussão mais adiante, quando analisarmos em mais detalhe o perfil dos mercados de trabalho nas diferentes regiões. O que podemos adiantar agora é que, enquanto

TABELA 3.4. Estrutura da produção mundial e exportação de produtos primários, 1913

	AMÉRICA LATINA		COMPETIDORES			ALTA RENDA	BAIXA RENDA
	G3	G1 E G2	ALTA RENDA	BAIXA RENDA	TOTAL	+ G3	+ G1 E G2
Produtos de clima temperado (baseado em exportações)							
Média simples	26	0	61	12	100	87	12
Lã	20	0	67	12	100	87	12
Carne	30	0	51	18	100	81	18
Linho	42	0	34	24	100	76	24
Milho	43	0	53	4	100	96	4
Trigo	15	0	76	10	100	91	10
Farinha de trigo	6	0	86	6	98	92	6
Tropicais (baseado em exportações)							
Média simples	0	53	20	21	94	20	74
Cacau	0	42	10	34	86	10	76
Borracha	0	34	39	25	98	39	59
Café	0	82	12	5	99	12	87
Minerais (baseado em produção)							
Média simples	53	20	48	26	100	65	35
Cobre	9		84	7	100	93	7
Estanho		20	10	70	100	10	90
Prata		38	59	3	100	59	41
Ouro		17	37	46	100	37	63
Chumbo		5	93	2	100	93	7
Nitratos	97		3		100	100	0

Notas: Algumas das estimativas são baseadas nas exportações mundiais de produtos primários. G1, G2 e G3: Grupos de países latino-americanos de acordo com Tabela 1.2. Os competidores de altas rendas incluem Europa, Estados Unidos, Canadá e Australásia; os de baixa renda compreendem Ásia e África.

Fonte: Com base em Bértola e Williamson (2006) usando dados de Bulmer-Thomas (2003/1994: tabela 6.3).

os países produtores de bens tropicais competiam internacionalmente com outros países pobres, formando mercados pouco valorizados, os produtores de bens de clima temperado constituíram uma expansão da fronteira europeia e competiam com salários mais altos, típicos daquelas regiões. Quando os preços internacionais dos produtos de clima temperado eram fixados, o produtor marginal era o camponês europeu com rendas relativamente mais altas. Esses preços permitiam a geração de uma renda que, diferentemente do que sustentava Ricardo, não beneficiava aos que estavam mais próximos do mercado consumidor, mas àqueles que estavam mais distantes e que se tornaram competitivos graças à grande redução dos custos dos transportes. Desta forma, a expansão da fronteira agrícola produtora de bens de clima temperado foi capaz de atrair mão de obra europeia com salários relativamente altos. Não foi este o caso da produção de bens de clima tropical, que competia com Ásia e África, regiões com abundância de mão de obra que se reproduzia com baixos níveis de vida.

Existem, como sempre, casos difusos e excepcionais. O café é um deles. A expansão cafeeira de fins do século XIX na região de São Paulo no Brasil recorreu à imigração de colonos europeus, principalmente italianos. É verdade que não provinham de zonas de rendas muito altas, e que as condições de trabalho muitas vezes eram precárias, mas o que tornou possível atrair essa mão de obra foram os altos preços do café em fins do século XIX, bem como a oferta praticamente monopolista obtida pelo Brasil no mercado internacional do produto até já bem avançado o século XX.

Em síntese, por trás das maiores exportações *per capita* dos países do Grupo 3 podemos encontrar dois tipos de fatores: por um lado, uma maior proporção da população dedicada a atividades competitivas internacionalmente; por outro, uma maior valorização da produção exportadora, a depender dos mercados produtores com os quais concorria.

Nos países de grande participação da produção de minerais, por sua vez, a produção exportadora tendeu a absorver diretamente uma menor proporção da força de trabalho do que onde predominavam as exportações de produtos agropecuários. Voltaremos mais adiante a esse tema.

Como pode ser visto na Tabela 3.5, a composição das exportações latino-americanas também passou por mudanças substanciais. Os produtos agropecuários mais tradicionais, alguns produzidos basicamente pelo Grupo 2 (açúcar e borracha), mas outros produzidos também pelo Grupo 3 (peles), reduziram de maneira muito acentuada sua participação. O mesmo ocorreu com os produtos minerais tradicionais (metais preciosos, nitratos e guano). Apenas um produto agrícola tradicional, o café, manteve-se relativamente estável. Os produtos minerais dinâmicos (cobre, estanho e petróleo), ao

TABELA 3.5. Estrutura das exportações latino-americanas, 1859/1861-1927/1929

	1859/1961	1899/1901	1911/1913	1927/1929
Cereais, lã e carne	3,9	22,2	24,4	27,7
Café	18,2	18,5	18,6	18,0
Açúcar, tabaco, peles, borracha	41,2	28,5	24,5	16,9
Cobre, estanho e petróleo	0,2	1,2	4,7	14,2
Guano, nitratos, metais preciosos	18,8	14,2	13,0	6,6
Não classificadas	17,7	15,4	14,8	16,6
	100,0	100,0	100,0	100,0

Fonte: Bairoch e Etemad (1985: tabela 5.1).

contrário, cresceram bastante, bem como os produtos agropecuários típicos das economias do Grupo 3 (lã, trigo e carne).

A dependência dos mercados europeus ou norte-americanos converteu-se em um determinante decisivo do desempenho relativo das exportações depois de 1914. De fato, as exportações destinadas à dinâmica economia dos Estados Unidos foram uma das razões que permitiram que a América Latina em seu conjunto pudesse evitar reproduzir a desaceleração europeia depois da Primeira Guerra Mundial. O peso dos Estados Unidos foi muito maior na América Central, no Caribe e México do que na América do Sul, como indicado na Tabela 3.6; por outro lado, a decomposição da América do Sul permite ver que os países do norte do subcontinente (Colômbia e Venezuela) foram desde cedo mais dependentes do mercado dos Estados Unidos. Durante a Guerra a dependência aprofundou-se, particularmente nos países da América do Sul. A dependência

TABELA 3.6. Comércio da América Latina com Estados Unidos, 1913-1927 (porcentagem)

	1913	1918	1927
América do Sul			
Participação dos EUA nas importações	16,2	25,9	26,8
Participação dos EUA nas importações dos EUA e Reino Unido	37,8	59,9	60,2
Participação dos EUA nas exportações	16,8	34,8	25,2
México, América Central e Caribe			
Participação dos EUA nas importações	53,2	75,0	62,9
Participação dos EUA nas importações dos EUA e Reino Unido	82	95	91,2
Participação dos EUA nas exportações	71,3	73,4	58,4

Fonte: Thorp (1991: tabela 1) e dados de Badía-Miró and Carreras-Marín (2012) gentilmente cedidos pelos autores.

desse mercado foi às vezes ambígua, já que cedo estes países tiveram de enfrentar o arraigado protecionismo dos Estados Unidos (como aconteceu dramaticamente no caso do açúcar cubano). O perfil da orientação do comércio exportador por país de destino contribuiu em boa medida para explicar as diferenças já apontadas na dinâmica das exportações entre 1910-1914 e 1925-1929.

Já observamos que a expansão do comércio internacional durante a segunda metade do século XIX, e ao menos até a Primeira Guerra Mundial, foi em alto grau resultado de profundas mudanças tecnológicas que produziram uma significativa redução dos custos de transporte, tanto transoceânico quanto terrestre, incluindo o encurtamento de rotas permitido pela construção dos canais de Suez e do Panamá.

O índice de North de preços dos fretes caiu 41% em termos reais entre 1870 e 1910, enquanto o índice britânico apresentou uma queda de 70% no mesmo período. Essa queda pode ser comparada com a redução das tarifas de 40% para 7% registrada pelos produtos manufaturados que ingressaram nos países da OCDE (Organização para a Cooperação e Desenvolvimento) nos 30 anos transcorridos entre o final das décadas de 1940 e 1970 (Bértola e Williamson, 2006).

A redução das distâncias econômicas e de comunicação entre as diferentes partes do mundo provocou grandes mudanças nos preços relativos e nos termos de troca. O comportamento dos termos de troca neste período suscita várias questões interessantes. Em primeiro lugar, ocorreram flutuações muito grandes: há um evidente aumento da volatilidade, que reflete além do mais a volatilidade dos preços reais de produtos primários (ver, a respeito, a Figura 1.5 do Capítulo 1), com ciclos relativamente longos no início e que tendem a encurtar-se até o final do período. A série agregada referente a oito países indica que os termos de troca aumentaram na década de 1870 e, posteriormente, flutuaram sem apresentar tendência clara até a década de 1910.

Depois de alcançar um pico ao fim da Primeira Guerra Mundial ou durante o auge do pós-guerra, iniciou-se um processo de deterioração dos termos de troca que se aprofundaria na década de 1930. Como notado por Ocampo e Parra (2003 e 2010), a inflexão nos preços reais dos produtos primários teve lugar com a grande deflação mundial de 1920-1921. Desta forma, a década de 1920 caracterizou-se por um ciclo curto dentro de um nível mais baixo dos preços reais das matérias-primas e dos termos de troca da região, que nunca voltaram aos picos anteriores à crise de 1920-1921, antes de declinarem novamente durante a Grande Depressão dos anos 1930.

A crescente instabilidade dos preços reais dos produtos primários e os baixos níveis de alguns deles desde os anos 1920, ou ainda mais cedo (como a queda dos preços do café em fins do século XIX), tornou atraente intervir nos respectivos mercados. Assim fez o Brasil de forma unilateral desde a primeira década do século XX, prática que se estendeu para um crescente número de produtos primários a partir da Primeira Guerra Mundial e que se generalizou na década de 1930 como uma forma de administrar a superprodução e os baixos preços. Na verdade, durante a Guerra algumas potências regularam mercados selecionados. Voltaremos a essa questão no próximo capítulo.

Como notado com outras variáveis, devemos assinalar que houve importantes diferenças na evolução dos termos de troca dos distintos países. Os dados apresentados na Tabela 3.3 estão calculados a preços constantes, mas as variações dos preços tiveram um forte impacto no poder de compra. Os países dos Grupos 1 e 2 tiveram uma rápida e expressiva melhora até a década de 1880, no caso do primeiro grupo, e até a década de 1890, no caso do segundo. Os preços de suas exportações caíram a um nível inferior ao inicial, ainda que tenham tido uma leve melhora na década de 1910. Uma vez mais os países do Grupo 3 tiveram melhor sorte e exibiram um desempenho radicalmente distinto em relação aos outros dois grupos, como se pode constatar na Figura 3.1. Nesse grupo a alta da década de 1870 não foi tão notável. Mas, diferentemente dos outros dois grupos, o Grupo 3 teve uma melhoria radical em princípios do século XX até os anos da Primeira Guerra Mundial. Essas diferenças refletem, além disso, as tendências variadas dos distintos grupos de produtos primários e, neste último caso, a elevação tardia dos preços reais dos produtos agrícolas de clima temperado em relação aos produtos tropicais e aos metais (Figura 1.5, no Capítulo 1). A partir dos anos 1920, os preços despencam, com exceção daqueles do Grupo 1.

Os resultados em termos de crescimento da capacidade para importar (ou seja, o efeito conjunto do crescimento dos volumes exportados e dos termos de troca) são compilados na Tabela 3.7. Tomando como base o período 1870-1874, até 1910-1914 os índices do Grupo 3 foram cinco vezes maiores do que os dos dois outros grupos, como consequência da notável elevação dos seus termos de troca. Essa vantagem diminui quando se considera o maior crescimento demográfico do grupo, ainda que se mantenha muito significativa. Entre 1910-1914 e 1925-1929 ocorrem mudanças importantes. Nesse período o Grupo 1 apresenta o melhor desempenho, devido ao fato de não ter enfrentado a deterioração dos termos de troca sofrida pelos outros dois grupos. Somado ao fato de que, como já se disse, sua população cresceu menos que a dos outros países, o resultado final desse grupo é o mais impressionante, seguido a certa distancia pelo Grupo 3.

As regiões costeiras foram bastante beneficiadas pela redução nos custos do transporte marítimo. No caso do transporte terrestre, as vantagens do

FIGURA 3.1. Termos de troca da América Latina (1900 = 100)

a) Total, 1820-1940

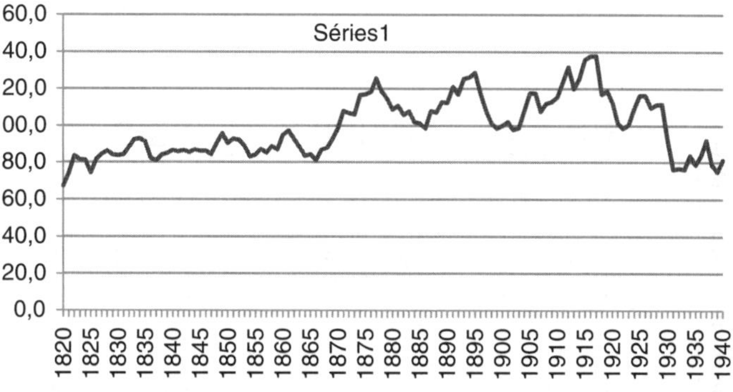

b) Grupos de países, 1870-1940

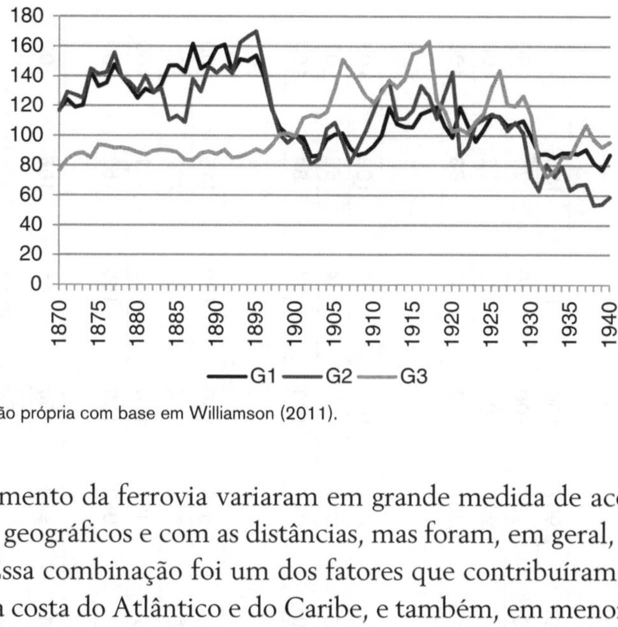

Fonte: elaboração própria com base em Williamson (2011).

desenvolvimento da ferrovia variaram em grande medida de acordo com os obstáculos geográficos e com as distâncias, mas foram, em geral, muito significativas. Essa combinação foi um dos fatores que contribuíram para o crescimento da costa do Atlântico e do Caribe, e também, em menor medida, da costa do Pacífico da América Latina. As zonas andinas da América do Sul e as áreas montanhosas da América Central e do México parecem ter sido as menos favorecidas no período, ainda que a ferrovia tenha representado um avanço significativo mesmo em algumas regiões de grande altitude, como no México, sendo aproveitada também nos enclaves de mineração.

Qualquer interpretação simplista que pretenda fazer do determinismo geográfico uma variável decisiva, porém, perde grande parte de seu valor explicativo. Basta observar o atraso da costa do Caribe da Colômbia, a história

TABELA 3.7. Termos de troca e capacidade de compra das exportações (1870-1874=100)

	VOLUME DAS EXPORTAÇÕES			TERMOS DE TROCA			PODER DE COMPRA DAS EXPORTAÇÕES			PODER DE COMPRA *PER CAPITA*		
	1870-1874	1910-1914	1925-1929	1870-1874	1910-1914	1925-1929	1870-1874	1910-1914	1925-1929	1870-1874	1910-1914	1925-1929
Grupo 1												
Colômbia	100	809	2.967	100	127	125	100	1.023	3.695	100	471	1130
México	100	460	981	100	70	75	100	321	735	100	198	401
Peru	100	211	1.227	100	77	72	100	163	885	100	99	427
Subtotal	**100**	**421**	**1.202**	**100**	**84**	**88**	**100**	**354**	**1.060**	**100**	**206**	**501**
Grupo 2												
Brasil	100	146	447	100	108	103	100	158	462	100	65	138
Cuba	100	928	1.847	100	84	63	100	779	1.166	100	427	415
Subtotal	**100**	**320**	**760**	**100**	**94**	**84**	**100**	**302**	**638**	**100**	**129**	**194**
Grupo 3												
Argentina	100	1.141	1.639	100	129	115	100	1.476	1.883	100	346	292
Chile	100	416	712	100	181	222	100	754	1.578	100	428	730
Uruguai	100	287	437	100	203	171	100	582	746	100	170	152
Subtotal	**100**	**688**	**1.043**	**100**	**156**	**152**	**100**	**1.074**	**1.589**	**100**	**358**	**371**
Total	**100**	**494**	**953**	**100**	**115**	**106**	**100**	**568**	**1.006**	**100**	**266**	**352**

Fontes: exportações, Tabela 3.3; termos de troca, Williamson (2010).

do nordeste brasileiro, o escasso desenvolvimento de muitas ilhas caribenhas e mesmo o desenvolvimento mexicano, para concluir que não basta medir as distâncias em relação aos mercados para encontrar a chave do sucesso. Um exemplo claro no sentido oposto é dado pelos países de Australásia, que naquela época eram os mais distantes dos grandes mercados e encontravam-se entre os cinco países mais ricos do globo.

A Tabela 3.8 nos mostra o ritmo de expansão das ferrovias na América Latina e em nível mundial. No capítulo anterior observamos que as ferrovias chegaram tardiamente à América Latina, em comparação com a Europa e os Estados Unidos. No entanto, neste período houve uma grande expansão e a América Latina passou de 5,5% das ferrovias mundiais em 1870 para 22,5% em 1913. A região Latina possui agora cinco vezes mais ferrovias do que a média mundial, o que sugere que teve uma grande vantagem nesse setor em relação às regiões mais pobres e populosas do mundo.

As primeiras ferrovias foram construídas em Cuba, logo em seguida no México, e em meados do século XIX no Panamá, para a travessia transoceânica. Na década de 1870 houve um crescimento explosivo nos países de maior tamanho, como Argentina, Brasil e México. Mas também nos países pequenos o impacto foi muito grande. A partir de 1913 a rede ferroviária cresceu mais lentamente, exceto em um punhado de países (Colômbia, Equador e em alguns países da América Central).

Não é surpreendente o fato de que a extensão das ferrovias em relação à população tenha sido muito maior nos países do Grupo 3, que tinham em 1913 uma extensão de linhas ferroviárias três vezes maior do que a existente nos dois outros grupos de países.

Um exemplo é suficiente para dar uma ideia do impacto do crescimento da rede ferroviária. No Uruguai, um país de superfície pequena e sem obstáculos naturais, as vantagens obtidas em 1870-1913 são claras: o preço do transporte transoceânico caiu 0,7% anualmente, enquanto as tarifas dos trens caíram 3,1% ao ano em termos reais (Bértola, 2000: 102, tabela 4.1).

O PIB e o PIB per capita

Analogamente ao ocorrido com a população e com as exportações, o desempenho econômico medido pelo PIB e pelo PIB *per capita* apresentou diferenças perceptíveis, da mesma forma que o ocorrido no período anterior. Lamentavelmente, só há dados relativamente confiáveis para oito países, que abrangem de forma adequada a população dos diferentes grupos. Esses países representam uma porcentagem crescente da população ao longo do período e 87% em média do total da região.

TABELA 3.8. Quilômetros de ferrovias nos países latino-americanos, total e *per capita*, 1840-1913

	TOTAL									KM/1.000 HABITANTES		
	1840	1850	1860	1870	1880	1890	1900	1913	1930 (E)	1870	1913	1930
Grupo 1												
Bolívia						209	972	1.440	1.953		0,77	0,82
Colômbia (a)			80	80	131	282	568	1.061	2.843	0,03	0,20	0,36
Equador					64	92	92	587	1.132		0,35	0,59
El Salvador (b)						87	116	320	623		0,32	0,44
Guatemala					21	186	640	987	819		0,66	0,47
Honduras					60	96	96	241	1.109		0,37	1,19
Mexico (c)		13	32	349	1.080	9.718	13.585	25.600	23.345	0,04	1,71	1,38
Nicarágua (d)					21	143	225	322	235		0,56	0,35
Paraguai				91	91	240	240	373	497	0,24	0,63	0,58
Peru			103	669	1.034	1.599	1.800	3.317	3.056	0,26	0,77	0,57
Subtotal		**13**	**215**	**1.189**	**2.502**	**12.652**	**18.334**	**34.248**	**35.612**	**0,06**	**1,06**	**0,89**
Grupo 2												
Brasil			223	745	3.398	9.973	15.316	24.614	32.478	0,08	1,04	0,99
Costa Rica (b)					117	241	388	878	669		2,36	1,37
Cuba (a)	72	465	858	1.295	1.418	1.731	1.960	3.846	4.381	0,97	1,58	1,17
Panamá					76	76	76	76	349		0,22	0,69
República Dominicana						115	182	241			0,32	0,00
Venezuela				13	113	454	858	858	885	0,01	0,30	0,27
Subtotal	**72**	**465**	**1.081**	**2.053**	**5.122**	**12.590**	**18.780**	**30.513**	**38.762**	**0,15**	**1,00**	**0,95**

Continua

TABELA 3.8. Quilômetros de ferrovias nos países latino-americanos, total e *per capita*, 1840-1913 (*Continuação*)

	TOTAL									KM/1.000 HABITANTES		
	1840	**1850**	**1860**	**1870**	**1880**	**1890**	**1900**	**1913**	**1930 (E)**	**1870**	**1913**	**1930**
Grupo 3												
Argentina (c)			39	732	2.313	9.254	16.767	31.859	38.120	0,41	4,16	3,29
Chile			195	732	1.777	2.747	4.354	8.070	8.937	0,38	2,35	2,13
Uruguai				20	431	983	1.730	2.576	2.746	0,06	2,19	1,63
Subtotal			**234**	**1.484**	**4.521**	**12.984**	**22.851**	**42.505**	**49.803**	**0,36**	**3,47**	**2,85**
Total	**72**	**478**	**1.530**	**4.726**	**12.145**	**38.226**	**59.965**	**107.266**		**0,13**	**1,43**	
Total Mundial (e)				**85.170**				**402.178**		**0,07**	**0,22**	
Participação no total de km												
Grupo 1		2,7	14,1	25,2	20,6	33,1	30,6	31,9				
Grupo 2	100,0	97,3	70,7	43,4	42,2	32,9	31,3	28,4				
Grupo 3			15,3	31,4	37,2	34,0	38,1	39,6				
Total América Latina	**100,0**	**100,0**	**100,0**	**100,0**	**100,0**	**100,0**	**100,0**	**100,0**				
América Latina no mundo (f)				**5,5**				**22,5**				

Fonte: Mitchell (1993), exceto: (a) até 1880, Sanz (1998); (b) OXLAD; (c) 1913, Bulmer-Thomas (2004: tabela 4.4); (d) Sanz (1998); (e) Summerhill (2006: tabela 8.1).

De acordo com a Tabela 3.9, o crescimento anual do PIB foi de 3,4% entre 1870 e 1929. O ritmo de crescimento foi altamente instável: alcançou a taxa mais alta de 5% anuais nas décadas que precederam a Primeira Guerra Mundial e a Grande Depressão dos anos 1930 (ver a Figura 4.5, no Capítulo 4), mais especificamente em 1902-1912 e em 1922-1929; mas também sofreu uma acentuada desaceleração durante a década que sucedeu a crise do Baring de 1890 (que como será visto adiante, afetou mais diretamente a Argentina) e um retrocesso nos anos da Primeira Guerra Mundial. Como no período anterior, o Grupo 3 cresce mais do que os Grupos 1 e 2, desta vez por uma margem considerável, que reflete sobretudo o espetacular crescimento da economia argentina. Tão ampla é a vantagem do Grupo 3 que, mesmo considerando o maior crescimento de sua população, o PIB *per capita* também cresce muito mais. Como resultado, enquanto o Grupo 3 atingiu um PIB por habitante que era o dobro do registrado pelos outros dois grupos por volta de 1870, a relação sobe para 2 vezes e meia do PIB *per capita* do Grupo 1 e por volta de 1913 a quatro vezes do PIB *per capita* do Grupo 2, constituído pelas antigas economias escravistas.

No entanto, e diferentemente do ocorrido no período anterior, dado o maior crescimento da população do Grupo 2 em relação à do Grupo 1, o crescimento *per capita* deste último foi bastante superior ao do Grupo 2. Para esse resultado contribuíram o razoável crescimento do México durante o Porfiriato (em claro contraste com seu decepcionante desempenho nas décadas posteriores à Independência) e, na direção oposta, o medíocre crescimento da economia brasileira.

Por volta da crise de 1913 e da Primeira Guerra Mundial ocorreu uma mudança que levou a um crescimento mais lento do PIB e do PIB *per capita*. Os Grupos 1 e 3, que exibem maior crescimento por habitante em todo o período, são os que desaceleram no período 1913-1929. No caso do Grupo 1, na verdade é o México que declina, devido à ruptura provocada pela Revolução Mexicana, enquanto a Colômbia vive uma expansão, impulsionada pelo notável crescimento de sua produção cafeeira. Contrariamente, os países do Grupo 2, que em 1870-1913 passaram pela decadência da economia escravista, parecem encontrar tardiamente o caminho do crescimento iniciado no século XX. Os padrões são, contudo, muito diferentes: a Venezuela expande-se como resultado do início de seu auge do petróleo, enquanto o Brasil vê-se favorecido por um grande dinamismo tanto das exportações quanto do mercado interno. A exceção no Grupo 2 é Cuba, que no começo do século XX apresenta um crescimento bastante volátil, após a rápida expansão logo após a Independência.

Como se pode constatar na Tabela 3.9, enquanto o grau de desigualdade (medido pelo coeficiente de variação do PIB *per capita*) entre os países da

TABELA 3.9. PIB e PIB *per capita*, 1870-1929

	DÓLARES GEARY-KHAMIS DE 1990						**TAXA DE CRESCIMENTO**					
	PIB			**PIB *PER CAPITA***			**PIB**			**PIB *PER CAPITA***		
	1870	**1913**	**1929**	**1870**	**1913**	**1929**	**1870-1913**	**1913-1929**	**1870-1929**	**1870-1913**	**1913-1929**	**1870-1929**
Grupo 1 (ampliado)	**13.441**	**44.414**	**66.657**	**692**	**1.373**	**1.665**	**2,8**	**2,6**	**2,8**	**1,6**	**1,2**	**1,5**
Colômbia	1.740	4.574	11.801	676	8.45	1.589	2,3	6,1	3,3	0,5	4,0	1,5
México	5.906	24.636	28.183	651	1.672	1.696	3,4	0,8	2,7	2,2	0,1	1,6
Peru	2.193	4.365	10.133	840	1.024	1.892	1,6	5,4	2,6	0,5	3,9	1,4
Subtotal	*9.839*	*33.576*	*50.117*				*2,9*	*2,5*	*2,8*			
Grupo 2 (ampliado)	**9.695**	**27.589**	**53.459**	**727**	**906**	**1.270**	**2,5**	**4,2**	**2,9**	**0,5**	**2,1**	**0,9**
Brasil	6.935	18.149	35.250	694	758	1.051	2,3	4,2	2,8	0,2	2,1	0,7
Cuba	1.418	5.215	6.274	1.065	2.327	1.688	3,1	1,2	2,6	1,8	-2,0	0,8
Venezuela	942	2.892	9.131	570	1.010	2.813	2,6	7,5	3,9	1,3	6,6	2,7
Subtotal	*9.294*	*26.256*	*50.654*				*2,4*	*4,2*	*2,9*			
Grupo 3	**5.965**	**45.028**	**74.739**	**1.461**	**3.673**	**4.276**	**4,8**	**3,2**	**4,4**	**2,2**	**1,0**	**1,8**
Argentina	2.673	30.747	53.560	1.468	3.962	4.557	5,8	3,5	5,2	2,3	0,9	1,9
Chile	2.554	10.436	14.780	1.320	3.058	3.536	3,3	2,2	3,0	2,0	0,9	1,7
Uruguai	738	3.845	6.398	2.106	3.197	3.716	3,9	3,2	3,7	1,0	0,9	1,0
Total	**29.101**	**117.031**	**194.855**	**790**	**1.559**	**1.956**	**3,3**	**3,7**	**3,4**	**1,6**	**1,4**	**1,5**
Desvio-padrão				508	1.195	1.198						
Coeficiente de variação				0,64	0,77	0,61						

Fontes: Tabelas A1 e A2.

América Latina cresceu entre 1870-1913, a tendência é revertida entre 1913 e 1929. Uma situação similar pode ser observada com outros indicadores de modernização, em particular o consumo de energia por habitante (Rubio *et al.*, 2010) e o investimento em máquinas e equipamentos (Tafunell, 2009b). Nesses indicadores, os países do Grupo 3 e Cuba apresentavam uma vantagem relativa até começo do século XX que mais tarde tendeu a deteriorar-se graças ao desenvolvimento dinâmico (ainda que desigual) de outros países.

É preciso avaliar aqui a representatividade dos países para os quais temos informações. Dissemos anteriormente que eles representam aproximadamente 87% da população. Contudo, essa representatividade não é idêntica para os três grupos. O grau do Grupo 3 é de 100% e 95% para o Grupo 2, mas o Grupo 1 é o que apresenta as maiores dificuldades e para o qual temos menos dados, pois Colômbia, Peru e México constituem 75% do total do grupo. Comparando com o que vimos sobre o crescimento da população, embora Colômbia e México possuam histórias bastante distintas e os grandes conflitos que causaram muitas baixas na população tiveram efeitos diferentes em ambos os períodos, as taxas de crescimento demográfico são similares às do total do Grupo 1 (Tabela 3.1), de forma que esses três países somados podem ser representativos do conjunto. Contudo, vimos também que o desempenho exportador dessas nações foi um tanto diferente. As exportações desse grupo aceleraram-se entre 1913 e 1929, o que não necessariamente contradiz o desenvolvimento aqui indicado. Voltaremos a isso na próxima seção, ao considerar o mercado interno.

Em resumo, a América Latina cresceu a um bom ritmo entre 1870 e 1913, levando a um aumento da disparidade entre as regiões, com os países do Grupo 3 crescendo mais rapidamente e aumentando as diferenças em relação aos demais grupos. As economias escravistas, que sofreram com um baixo dinamismo ao final do século XIX, recuperaram-se em princípios do XX, obviamente sobre uma base que já não é escravista, de maneira similar a de países como Colômbia, do Grupo 1. No período 1913-1929, por outro lado, houve um declínio de dinamismo que foi da mesma forma desigual. Os que iniciaram mais cedo o processo de crescimento enfrentaram desaceleração, com o México somando-se a essa tendência. O resultado foi uma redução das disparidades regionais.

O mercado interno

As exportações lideraram a maioria dos processos de expansão econômica da América Latina até o decênio dos anos 1920, uma vez que o crescimento das exportações foi mais rápido, sendo determinante dos ciclos de crescimento do

PIB. Mas o papel dominante desempenhado pelas exportações não significou que os setores exportadores absorveram a maior parte da força de trabalho ou que representaram de fato uma proporção elevada do PIB.

Na verdade, na maioria dos países as economias exportadoras deixaram grandes contingentes de trabalhadores sob a influência das estruturas rurais tradicionais. Conforme os termos de Braudel (1986: 11-2) "... a economia pré-industrial é, na verdade, a coexistência das rigidezes, inércias e desajustes de uma economia simples com os movimentos limitados e minoritários, ainda que vivos e poderosos, de um crescimento moderno [...] Há, portanto, pelo menos dois universos, dois gêneros de vida que são alheios um ao outro, e cujas massas respectivas encontram sua explicação, contudo, uma graças à outra". O primeiro é o universo das trocas diretas e da vida local; o segundo é o das trocas de maior alcance, em que é gerada a acumulação de capital. As economias são lideradas pelas exportações, no sentido de que as exportações estão no centro dessa dinâmica dos mercados mais amplos e da acumulação de capital, não que envolva uma proporção muito elevada da população, que em muitos países latino-americanos, sobretudo nos mais povoados, continuou por muito tempo sob o signo da vida local. Em muitos casos, o retrocesso das redes que tinham sido criadas na colônia com a exploração das zonas de mineração, ou das economias escravistas, levou mesmo ao fortalecimento dessas economias locais.

A partir dos dados que dispomos, podemos tentar estimar como se decompõe o crescimento econômico entre as exportações e a produção destinada ao mercado interno, tal como fizemos no capítulo anterior. Faremos esse exercício somente com os oito países para os quais contamos com dados do PIB.

A Tabela 3.10 apresenta os resultados. A primeira conclusão que pode ser extraída é que, de fato, o crescimento exportador produziu um aumento do coeficiente de exportações até 1913 e depois a uma leve reversão. Contudo, é muito importante observar que em média mais de 80% da produção da América Latina destinava-se ao mercado interno, mesmo nas fases finais do auge exportador. Essa constatação é extremamente importante, visto que a falta de dados tem levado a que se identifique o conjunto da economia com o setor exportador, que dispõe geralmente de melhores registros.

No total deste grupo de países não constatamos nenhuma mudança no ritmo de expansão do mercado interno antes ou depois de 1913, como fizemos com as exportações. Isso quer dizer que até 1913 tivemos um maior crescimento exportador do que para o mercado interno. Essa tendência reverteu-se em 1913-1929, quando o mercado interno cresceu mais.

As diferenças entre os grupos de países são evidentes, refletindo vários padrões já constatados no período anterior. O Grupo 1 tem um coeficiente de abertura notavelmente baixo comparado com os outros dois, resultado

TABELA 3.10. Crescimento do PIB e desempenho das exportações e do mercado interno, 1820-1870

	CRESCIMENTO DO PIB			**CRESCIMENTO DAS EXPORTAÇÕES**			**CRESCIMENTO DO MERCADO INTERNO**			**CRESCIMENTO DO MERCADO INTERNO *PER CAPITA***			**EXPORTAÇÕES/ PIB (%)**		
	1870-1913	**1913-1929**	**1870-1929**	**1870-1913**	**1913-1929**	**1870-1929**	**1870-1913**	**1913-1929**	**1870-1929**	**1870-1913**	**1913-1929**	**1870-1929**	**1870-1974 (A)**	**1910-1914 (A)**	**1925-1929**
Grupo 1	**2,9**	**2,5**	**2,8**	**3,7**	**6,0**	**4,6**	**2,9**	**2,5**	**2,8**	**1,6**	**1,2**	**1,5**	**0,05**	**0,08**	**0,13**
Colômbia	2,3	6,1	3,3	5,4	9,1	6,4	2,1	5,8	3,1	0,3	3,2	1,1	0,03	0,09	0,14
México	3,4	0,8	2,7	3,9	5,2	4,2	3,3	0,5	2,6	2,2	-0,3	1,5	0,06	0,07	0,13
Peru	1,6	5,4	2,6	1,9	12,4	4,7	1,6	4,9	2,5	0,4	3,5	1,2	0,04	0,05	0,12
Grupo 2	**2,4**	**4,2**	**2,9**	**2,9**	**2,6**	**4,0**	**2,4**	**4,3**	**2,9**	**0,5**	**2,3**	**1,0**	**0,12**	**0,27**	**0,21**
Brasil	2,3	4,2	2,8	0,9	7,8	2,8	1,8	2,7	2,1	-0,2	0,7	0,0	0,15	0,09	0,15
Cuba	3,1	1,2	2,6	5,7	4,7	5,4	3,1	0,0	2,3	1,7	-2,8	0,5	0,09	0,26	0,44
Venezuela	2,6	7,5	3,9	2,2	13,7	5,2	2,6	7,5	3,9	1,3	6,7	2,8	0,15	0,13	0,30
Grupo 3	**4,8**	**3,2**	**4,4**	**4,9**	**2,8**	**4,4**	**4,7**	**2,5**	**4,1**	**2,1**	**0,2**	**1,6**	**0,24**	**0,25**	**0,24**
Argentina	5,8	3,5	5,2	6,3	2,4	5,2	6,8	3,7	6,0	3,4	1,1	2,7	0,20	0,24	0,20
Chile	3,3	2,2	3,0	3,6	3,6	3,6	3,3	2,2	3,0	2,0	0,9	1,7	0,31	0,35	0,43
Uruguai	3,9	3,2	3,7	2,7	2,9	2,7	3,8	3,0	3,6	0,9	0,8	0,9	0,61	0,38	0,36
Total	**3,3**	**3,7**	**3,4**	**4,0**	**4,9**	**4,2**	**3,3**	**3,2**	**3,3**	**1,6**	**1,5**	**1,6**	**0,13**	**0,16**	**0,19**

Nota: O PIB é medido como o valor adicionado das exportações e produção para o mercado doméstico. As taxas de crescimento são calculadas dólares a preços de 1990.

Fontes e metodologia: PIB e exportações: Tabelas 3.3 e 3.9.

Os coeficientes de exportações/PIB em 1925-9 são estimados com dados de exportação em dólares correntes de Tena e Federico (2010) convertidos para a moeda local com as taxas de câmbio compiladas pela OXLAD. Os dados são da OXLAD para Argentina, Brasil, Peru e Venezuela; Rodrígues Weber (2007) para Chile; CEPAL em dólares constantes para Colômbia convertidos a dólares correntes utilizando o IPC de Estados Unidos; INEGI para México; Bertino e Tajam (1999: tabela 15) para Uruguai. Os coeficientes para 1870-74 e 1910-14 foram então estimados com base na evolução das exportações e PIB a preços constantes. Portanto, eles podem ser entendidos como coeficientes de exportação a preços de 1925-9.

que é diretamente influenciado pelo caso mexicano. Cuba, Chile e Uruguai possuíam os mais altos coeficientes de abertura, o que é coerente com o tamanho relativamente pequeno dessas economias.

Nos Grupos 1 e 3 o crescimento do PIB *per capita* associado ao mercado interno declinou a partir de 1910-1914. O Grupo 2 diverge dessa tendência, a despeito do declínio de Cuba. É provável que a melhora no nível de vida dos antigos escravos tenha contribuído em alguma medida para a expansão do mercado interno.

Já observamos que, de maneira geral, o coeficiente de exportação da América Latina cresceu até 1925-1929. Porém, essa afirmação não é válida seja para o Grupo 2 ou para o Grupo 3, pois após 1910-1914 o crescimento das exportações nesses países ficou abaixo do registrado para o mercado doméstico, com a consequente queda do coeficiente de exportação. Esse não foi o caso do Grupo 1, no qual a tendência positiva foi influenciada primariamente pela Colômbia, visto que o mercado doméstico do México sofreu uma contração como resultado da revolução.

A partir de então, como já vimos, as exportações disparam, sem que o mercado interno reaja. Aqui é muito importante o desenvolvimento mexicano posterior à revolução. A Colômbia cresce rapidamente para fora, mas também cresce para dentro de maneira significativa, embora de forma menos acentuada.

A Tabela 3.11 reproduz os mesmos dados com o uso de uma metodologia já apresentada e analisada na Tabela 1.8 do Capítulo 1. A ideia é avaliar a relação entre as taxas de crescimento de uma dada economia e dos países com os quais essa economia comercializa, condicionada pelas elasticidades-renda das exportações e das importações. O que se prevê é que, independentemente do que aconteça com as exportações, se as importações crescerem mais rapidamente, a consequente deterioração da balança comercial pode restringir o crescimento econômico.

Neste ponto, vamos subdividir o período 1870-1929 em dois: 1870-1913 e 1913-1929. É possível ver que há um bom ajuste entre a taxa de crescimento estimada e a taxa de crescimento real em 1870-1929, ou seja, é possível estimar o crescimento a partir das propensões a exportar e importar e do crescimento da demanda externa. O ajuste também é bom para 1870-1913. E é ilustrativo ver como mudam duas das três variáveis em questão no período 1913-1929, antecipando a grande crise que viria. Na maioria dos países (entre eles, todos os do Grupo 3) nota-se uma marcada redução da elasticidade-renda da demanda das exportações e das importações. Particularmente crítica é a redução da elasticidade-renda da demanda das exportações (•), que pode ser interpretada como um sinal de que a demanda

TABELA 3.11. Crescimento relativo e elasticidades-renda de exportações e importações de sete países latino-americanos, 1870-2000

	ε	π	ε/TT	Y	Z	Y/Z	Y*	Y/Y*
Colômbia								
1870-1929	1,43	1,73	0,82	1,46	1,67	0,87	1,38	1,06
1870-1913	0,93	2,10	0,44	0,52	1,57	0,33	0,69	0,75
1913-1929	2,53	1,61	1,57	4,02	1,95	2,06	3,06	1,31
México								
1870-1929	0,90	0,60	1,50	0,70	0,85	0,83	1,27	0,55
1870-1913	1,90	1,93	0,99	1,49	1,55	0,96	1,53	0,98
1913-1929	-0,06	3,38	-0,02	0,09	1,60	0,06	-0,03	-3,13
Peru								
1870-1929	2,83	2,56	1,11	0,01	1,09	1,02	0,01	0,98
1870-1913	2,66	8,40	0,32	0,00	0,35	0,91	0,00	1,10
1913-1929	3,39	0,67	5,02	0,04	3,53	1,42	0,06	0,70
GRUPO 1 (médias simples)								
1870-1929	1,72	1,17	1,16	1,08	1,26	0,85	1,33	0,81
1870-1913	1,83	2,01	0,71	1,01	1,56	0,65	1,11	0,86
1913-1929	1,95	2,50	0,78	2,06	1,77	1,06	1,52	-0,91
Brasil								
1870-1929	2,38	4,84	0,49	0,71	1,47	0,48	0,72	0,98
1870-1913	3,10	23,26	0,13	0,21	1,69	0,12	0,23	0,91
1913-1929	-1,13	-0,07	16,40	2,06	0,90	2,30	14,70	0,14
Venezuela								
1870-1929	2,19	0,44	4,98	5,05	1,19	4,23	5,95	0,85
1870-1913	3,98	3,75	1,06	2,30	1,69	1,36	1,79	1,29
1913-1929	2,57	0,96	2,69	7,34	2,74	2,68	7,36	1,00
GRUPO 2 (médias simples)								
1870-1929	2,28	2,64	2,74	2,88	1,33	2,35	3,34	0,91
1870-1913	3,54	13,50	0,60	1,25	1,69	0,74	1,01	1,10
1913-1929	0,72	0,44	9,54	4,70	1,82	2,49	11,03	0,57
Argentina								
1870-1929	3,65	1,49	2,46	1,95	0,95	2,05	2,35	0,83
1870-1913	4,66	2,05	2,28	2,78	1,36	2,04	3,10	0,90
1913-1929	0,17	-0,99	-0,17	0,88	0,71	1,23	-0,12	-7,12
Chile								
1870-1929	1,40	1,53	0,92	1,68	1,41	1,19	1,30	1,30
1870-1913	3,31	1,85	1,79	1,97	1,25	1,57	2,24	0,88
1913-1929	-1,98	-0,31	6,36	0,91	1,83	0,50	11,66	0,08

Continua

TABELA 3.11. Crescimento relativo e elasticidades-renda de exportações e importações de sete países latino-americanos, 1870-2000 (*Continuação*)

	ε	π	ε/TT	Y	Z	Y/Z	Y*	Y/Y*
Uruguai								
1870-1929	1,89	2,43	0,78	0,97	1,32	0,73	1,03	0,94
1870-1913	3,67	3,17	1,16	0,98	1,11	0,88	1,28	0,76
1913-1929	-0,84	0,42	-2,01	0,94	1,90	0,50	-3,83	-0,25
GRUPO 3 (médias simples)								
1870-1929	2,32	1,82	1,39	1,53	1,23	1,32	1,56	1,02
1870-1913	3,88	2,36	1,74	1,91	1,24	1,50	2,21	0,84
1913-1929	-0,88	-0,29	1,39	0,91	1,48	0,74	2,57	-2,43
Todos os países (médias simples)								
1870-1929	2,08	1,95						
1870-1913	3,03	5,81						
1913-1929	0,58	0,71						

Notas: ε: elasticidade-renda da demanda das exportações
ϖ: elasticidade-renda da demanda das importações
y: taxa real de crescimento
y*: taxa de crescimento estimada de acordo com a la fórmula y=e/p*z
z: taxa de crescimento do mundo relevante de cada país de América Latina

Fonte: calculado pelos autores.

mundial tornou-se um motor cada vez mais fraco para o desenvolvimento latino-americano. Somente a Venezuela (devido ao início das exportações de petróleo) e a Colômbia (que viveu um *boom* do café e um *boom* mais tardio de petróleo) escaparam dessa tendência geral em 1913-1929.

O ambiente social, político e institucional

O fortalecimento do poder do Estado

Existe um amplo consenso de que, durante este período, embora não tenham desaparecido os conflitos internacionais, os conflitos civis, a má administração, nem muitos outros aspectos característicos das novas repúblicas latino-americanas, desenvolveu-se uma crescente estabilidade política em vários países da América, que foi acompanhada na maioria das vezes por formas autoritárias de governo.

A crescente estabilidade política pode estar relacionada com algo que Glade (1986: 1) observou com razão: ao longo das décadas posteriores à Independência ocorreu um processo paulatino, progressivo, cumulativo, às vezes pouco perceptível, mediante o qual ganharam terreno relações sociais e econômicas mais compatíveis com o modo de funcionamento do capitalismo em expansão. Embora esse processo de mudança incremental não tenha alterado radicalmente a organização econômica, criou-se um ambiente propício no qual seria possível adotar novos aperfeiçoamentos institucionais, como os registrados em 1870-1914.

A consolidação do poder centralizado dos Estados nacionais foi geralmente apoiada em governos oligárquicos. Tratava-se do fortalecimento de uma coalizão de poder que articularia os interesses dos setores proprietários de terra, mineração, capital estrangeiro e agentes do comércio internacional com os agentes, partidos ou caudilhos políticos que permaneciam no poder com elevada capacidade discricionária, mas defendendo em última instância os interesses desses grandes atores. A capacidade dos setores economicamente poderosos cooptarem esses detentores do poder era grande, quando não eram eles mesmos os detentores, em um momento em que mecanismos formais de controle do poder político eram sacrificados, inclusive os de outras frações das elites, com o objetivo de assegurar o poder em relação aos setores populares subordinados. Segundo Halperín (1968), nessa nova etapa os proprietários de terra, que haviam passado a ser o setor dominante da elite nas décadas posteriores à Independência, começaram a perder poder para as novas elites comerciais e financeiras estreitamente vinculadas ao capital estrangeiro, terminando por consolidar o que ele denomina de um novo "pacto colonial".

O caso brasileiro é particular, como em muitos outros aspectos, devido ao distinto processo de sua independência que levou à instalação de uma monarquia ilustrada, que se transformou em república sem maiores sobressaltos em 1889, da mesma forma em que ocorreu a abolição da escravidão. Contudo, e para sugerir causalidades simples, já podemos constatar que a estabilidade política brasileira não foi suficiente para que o país iniciasse um processo contínuo ou vigoroso de crescimento econômico. Como vimos, o Brasil parece entrar em uma trajetória de crescimento mais vigorosa apenas no início do século XX, enquanto o século XIX indica antes um cenário de desenvolvimentos regionais diferenciados e contraditórios, com um resultado agregado claramente decepcionante, tanto em termos de crescimento como de níveis de renda. Contudo, no final do século XIX aprofundou-se a grande expansão da zona cafeeira do estado de São Paulo, região que seria o núcleo do que se tornaria depois uma vigorosa industrialização. Ao mesmo tempo, tanto o Nordeste, outrora protagonista da expansão açucareira, como o centro colonial situado na área do Rio de Janeiro, duas regiões que viveram seu esplendor baseadas na economia escravista, sofreram um acentuado processo de decadência, embora mais tardiamente nessa última região.

Como já indicado ao final do capítulo anterior, o Chile foi um país relativamente excepcional na América Hispânica. Trata-se, dentro de certos limites, de um país com uma grande estabilidade institucional, um Estado e uma burocracia relativamente sólidos, que assumiu na administração de Balmaceda uma visão intervencionista e nacionalista, que não duvidou em identificar o Estado e a nação com interesses econômicos particulares poderosos. Frente à crise dos anos 1870, que muito cedo colocou limites a uma inserção um tanto casual de Chile no mercado internacional mediante a exportação de trigo para a Califórnia e Austrália, em pleno auge do descobrimento e exploração do ouro nessas regiões, esse Estado relativamente forte na região não duvidou em desencadear uma guerra expansionista, defendendo interesses de companhias em que seus ministros eram acionistas. A Guerra do Pacífico culminou com a anexação de importantes e ricos territórios (em nitratos) a seu território nacional.

Outro caso paradigmático do período é o do México. Como vimos no capítulo anterior, embora seja provável que o país tenha tido um desenvolvimento econômico relativamente bem-sucedido nas primeiras décadas posteriores à Independência, esse processo viu-se afetado por conflitos internacionais e, principalmente, por sérios conflitos internos, que deram origem a um período de grande instabilidade e péssimo desempenho econômico. Esse processo é radicalmente revertido durante o chamado Porfiriato, o prolongado período 1876-1910 durante o qual Porfirio Díaz governou de forma autoritária.

Outros ditadores que se mantiveram por um longo tempo no poder foram Antonio Guzmán Blanco (1870-1887) e Juan Vicente Gómez (1908-1935), na Venezuela; Justo Rufino Barrios (1871-1885) e Manuel Estrada Cabrera (1898-1920), na Guatemala. Na Argentina, o General Roca foi um elemento decisivo no processo de expansão da fronteira agrícola, resolvendo os conflitos ainda remanescentes derivados da apropriação do território das populações indígenas. No Uruguai esse período é conhecido como o do militarismo, no qual três militares sucederam-se no exercício do poder, fazendo valer finalmente o poder do Estado em todo o território, modernizando-o, tornando-o mais eficiente e colocando-o a serviço do "disciplinamento" das áreas rurais.

Mesmo nos países onde não aparece este tipo de governo forte e autoritário, a atmosfera geral do período era tal que a sociedade como um todo tornou-se muito mais inclinada a respeitar as relações de propriedade, de forma que, para usar uma formulação típica do fim do século XX, o "clima de negócios" havia se tornado mais favorável.

O fortalecimento das estruturas centrais do Estado neste período, e as maiores garantias que dava para os processos de acumulação de capital, é reconhecido inclusive por Dye, um autor que tem insistido no caráter estrutural da instabilidade institucional latino-americana até nossos dias. Dye sustenta que metade dos países latino-americanos que alcançaram certa estabilidade institucional ao longo de sua vida independente o fizeram durante esse período de crescimento liderado pelas exportações, e viram como essa estabilidade desapareceria com o colapso do modelo nos anos 1930 (Dye, 2006: 183).

Tal tendência geral não nos deve fazer esquecer da persistência de uma aguda instabilidade política em vários países. A Guerra dos Mil Dias (1899-1902) na Colômbia, a pior das guerras civis do século XIX neste país, é um bom exemplo. Também é verdade que, enquanto a Colômbia não conquistou certa estabilidade depois dessa guerra, não foi possível iniciar um processo dinâmico de crescimento econômico. Mas o exemplo mais destacado é, sem dúvida, a Revolução Mexicana, que, em termos econômicos, interrompeu abruptamente o período de crescimento dinâmico sob o Porfiriato e conduziu o país a uma fase de lento crescimento, até que a organização política criada pela revolução conseguiu estabilidade e assentou as bases para uma nova fase de expansão econômica.[1]

Fica aberta a questão da causalidade a fim de saber se foram os avanços institucionais os que em última análise provocaram a onda de crescimento, ou se, pelo contrário, foram as oportunidades criadas pela expansão da demanda internacional de matérias-primas e redução dos custos dos transportes que evitaram as turbulências políticas. Por ora nos conformamos em dizer que ambos os fatores estiveram estreitamente relacionados e que, apesar de existirem exemplos contrários, a tendência predominante parece ser a de que crescimento e estabilidade institucional andaram juntos.

Mercados de terras

A terra, seja a agrícola ou para a extração de minerais, continuou sendo o principal fator de produção com base no qual se sustentava a inserção da economia latino-americana na economia mundial.

---

[1] A obra de Moreno-Brid e Ros (2009) oferece talvez a melhor tentativa de associar as grandes fases da história mexicana aos arranjos institucionais e, segundo sua visão, aos acordos sociais implícitos sobre o desenvolvimento econômico que caracterizou as duas grandes fases de expansão da economia mexicana depois da Independência.

O aumento da produção e das exportações latino-americanas que descrevemos anteriormente baseou-se em uma expansão muito grande das terras incorporadas ao mercado. O aumento da superfície teve três fontes principais: a) a apropriação por parte de particulares de terras de domínio público, b) o uso mais eficiente de terras pertencentes às tradicionais propriedades rurais, e c) a expropriação das terras pertencentes às organizações religiosas e de outro tipo, e a dissolução das reservas indígenas naqueles países onde esse processo foi levado a cabo (Glade, 1981: 23-30).

As principais zonas de expansão de fronteira foram o norte do México e o sul da América do Sul. Mas em todas as regiões centrais do México, da América Central e na zona andina da América do Sul, ocorreu uma expansão em direção às fronteiras, às zonas tropicais e às planícies, utilizando terras antes não aproveitadas para diferentes lavouras. Glade distingue duas modalidades de tal processo. Uma delas caracteriza-se pela produção de novos produtos de exportação nas áreas de fronteira, como o café no Brasil, a lã na Patagônia e o salitre no norte do Chile. A outra forma consiste no deslocamento da produção tradicional para as zonas marginais, enquanto as zonas centrais são ocupadas por lavouras de exportação.

As formas institucionais assumidas por essa expansão foram diversas e em vários casos francamente fraudulentas. No caso da mineração, o procedimento principal foi o das concessões. Houve também concessões de terras às companhias ferroviárias para a instalação dos trilhos. Também teve importância a modalidade de concessão de terras a companhias para promover a colonização, o que algumas vezes resultou em projetos bem-sucedidos e, em muitas outras, a fraudes de vulto, favorecendo à apropriação de grandes territórios por poucos proprietários, como foi o caso no sul do Chile. Também terras públicas foram vendidas a proprietários individuais, a preços nominais, às vezes como pequenos lotes de terra (zonas cafeeiras da Colômbia e da Costa Rica), mas quase sempre na forma de grandes propriedades.[2] Finalmente, uma parte substancial do território foi simplesmente ocupada e logo reclamada, com particular êxito por aqueles que já tinham fortunas e poder. Em muitos destes casos, as terras reclamadas, compradas ou concedidas eram terras ocupadas por populações que possuíam raízes nas propriedades como se fossem parte delas, e com as quais era estabelecido um mosaico de complexas relações de trabalho e sociais.

---

[2] No caso da Colômbia, a concessão de terras a pequenos e médios proprietários nas futuras zonas cafeeiras só foi possível depois da luta dos ocupantes das terras, que haviam sido outorgadas previamente a grandes proprietários.

A transformação das propriedades rurais e fazendas parece ter sido o resultado do aparecimento de novas oportunidades comerciais, tanto regionais como internacionais, na maioria das vezes combinadas com melhorias no acesso a vias de navegação ou de transporte terrestre, com a estrada de ferro como principal agente de transformação. Da mesma forma que o ocorrido com a expansão da fronteira, a expansão da fazenda rumo ao interior podia basear-se na utilização de recursos antes ociosos, mas também podia implicar uma reestruturação das atividades que já vinham sendo desenvolvidas por parte dos habitantes das fazendas, ocasionando muitas vezes conflitos devido ao deslocamento dos camponeses para terras marginais e a concentração das terras mais férteis na atividade comercial. Os produtos podiam ser típicos produtos de exportação, ou lavouras para mercados locais ou enclaves mineiros. Esse processo teve lugar primordialmente em zonas de colonização mais antiga, de origem colonial. O resultado foi uma crescente comercialização da terra e processos contraditórios de concentração e divisão de propriedades. Tal processo favoreceu igualmente a entrada de outros setores das elites como proprietários de terra, quer fossem aqueles cuja formação de capitais e riquezas provinham da atividade comercial e de mineração, quer fossem militares e caudilhos políticos ou, ainda, investidores estrangeiros.

As propriedades de igrejas e outras organizações foram crescentemente ameaçadas com as reformas liberais, tipicamente no México a partir de 1850, na Colômbia nos anos 1860, e na Venezuela e no Equador, mais tardiamente. Na realidade, os antecedentes com respeito à propriedade da Igreja remontam a um século antes, com a expulsão dos Jesuítas na década de 1760. Desta vez o processo assumiu formas muito variadas, incluindo compra, arrendamento ou apropriação. Também foi comum o cancelamento das dívidas que os proprietários de terra tinham com a Igreja devido aos tributos clericais. Bauer (1991:155) nota que no Chile o Estado recebeu, entre 1865 e 1900, US$3,5 milhões na forma de pagamentos de tributos eclesiásticos que equivaliam a uma dívida de US$17 milhões com a Igreja. No México ocorreu algo similar, recebendo o Estado cerca de 15% das dívidas com organizações para missas e obras piedosas.

Além do mais, "... em meados do século XIX começa, em quase todas as partes, o assalto às terras indígenas (somado em algumas partes ao que se realiza contra as eclesiásticas)...", Halperín, 2008 [1969]: 213). Essa frase eloquente ilustra outro aspecto central do processo que tomou forma durante as décadas anteriores e quase todo o período em estudo neste capítulo.

Embora algumas das propriedades subtraídas às corporações passassem para as mãos de pequenos e médios camponeses, foi mais frequente a apropriação por parte de grandes proprietários de terra e empresas capitalistas. Os protagonistas deste processo foram, muitas vezes, atores locais não pertencentes às elites, tais como as aristocracias provinciais, comerciantes de pequenas cidades, "índios ricos" de fora ou de dentro de suas comunidades locais. Essas terras podiam ou não estar voltadas à produção para os mercados externos. Contudo, ao aprofundar-se o processo de inserção na economia mundial, intensificou-se o papel das elites e a maior orientação das terras para a produção destinada ao mercado internacional.

Em síntese, citando Glade (1986: 30): "A difusão das relações de produção capitalistas na América Latina não eliminou todas as propriedades corporativas pré-capitalistas, as propriedades comunais, os lavradores camponeses e os direitos consuetudinários de usufruto das terras dos latifúndios, mas a nova matriz social e econômica da época deu um significado em grande parte diferente à posição de todos esses vestígios culturais."

É difícil realizar uma estimativa da evolução geral dos preços da terra na América Latina. Como foi visto, embora a tendência tenha sido de constituição de um mercado de terras, os mecanismos de funcionamento deste mercado estiveram totalmente inseridos em uma infinidade de arranjos políticos, coercitivos e ainda sujeitos a costumes e tradições locais. Essas últimas haviam regulado o funcionamento dos mercados locais de terras, onde havia transferências baseadas em relações interpessoais de confiança em comunidades formadas por pessoas muito próximas, com fortes laços de parentesco. É difícil estimar o preço da terra apropriada em grandes quantidades por concessões e conquistas. Mais ainda, é particularmente difícil determinar o quão representativos eram os preços em períodos de acelerada expansão da fronteira, uma vez que essa própria expansão definia uma clara diferenciação entre os preços das terras marginais e os das terras em regiões centrais altamente valorizadas.

Mesmo diante de todos esses problemas, tudo indica que o preço da terra teve uma alta muito significativa, sobretudo naquelas regiões de terras férteis e/ou próximas a ferrovias e vias de navegação interior ou oceânica. Como é possível ver na Tabela 3.12, nos países do Rio da Prata o preço da terra multiplicou-se por mais de 10 vezes entre 1870 e 1913. Ao mesmo tempo, é possível constatar, desde a década de 1880 no Uruguai, e desde princípios do século XX na Argentina, um processo de grande convergência nos preços da terra entre diferentes regiões, o que sugere uma forte integração do mercado de terras, em parte graças à expansão da rede de transportes. Obviamente são maiores as diferenças de preços entre as diferentes regiões argentinas do que entre as uruguaias, dado que todo o Uruguai equivale a um estado argentino, em termos de superfície e população.

TABELA 3.12. Preços da terra na Argentina e no Uruguai, 1870-1929

	ARGENTINA (A)	URUGUAI (B)	ARGENTINA (PESOS/HA) (C)		URUGUAI (PESOS/HA) (D)	
	(1913=100)	(1913=100)	MÉDIA	COEFICIENTE DE VARIAÇÃO	MÉDIA	COEFICIENTE DE VARIAÇÃO
1871-1875		8,2				
1876-1880		9,0				
1881-1885	5,5	11,4				
1886-1890	12,8	21,8			1,14	0,61
1891-1895	15,2	22,4			1,06	0,68
1896-1900	20,6	22,8			1,05	0,47
1901-1905	24,2	30,2			1,76	0,34
1906-1910	57,2	52,8	43,3	0,61	2,16	0,23
1911-1913	100	88,4	77,5	0,55	2,78	0,24
1914-1919	167,2	73,8	88,7	0,54	2,98	0,12
1920-1924	265,8	99,4	125,9	0,59	4,10	0,10
1925-1929	297,4	104,8				

Fontes:
a. Williamson (1998).
b. Bértola, Camou e Porcile (1998).
c. Argentina: preços médios da terra em Buenos Aires, Santa Fé, Córdoba. Entre Ríos e La Pampa. República Argentina, Ministerio de Agricultura (1926), *Anuario de Estadística Agropecuaria*, 1925-6: cap. IV.
d. Uruguai: preços médios da terra em Canelones, San José, Paysandú, Tacuarembó, Cerro Largo, Lavalleja, Durazno y Florida, extraídos de Balbis (2005: tabela 12).

Mercados de trabalho

Um aspecto central no processo chamado por Cardoso e Pérez Brignoli de transição ao capitalismo periférico foi a transformação das relações de trabalho. Essa transformação afetaria, por um lado, as múltiplas formas de serviço baseadas na coerção, fosse escravidão ou outra forma de subordinação do trabalhador às terras ou minas, que limitaram sua mobilidade; por outro lado, tratava-se de "liberar" a força de trabalho das comunidades camponesas e indígenas, vinculadas à sua economia de subsistência.

A mão de obra assalariada, e em geral a mão de obra com mobilidade, eram muito escassas, tal como observado por vários analistas contemporâneos,[3] ainda que isso não seja reflexo da escassez de mão de obra como tal, mas antes de seu grau de mobilidade, ou seja, das relações sociais. Tal fato indica que as estruturas econômicas pré-capitalistas tendiam a restringir a mobilidade da

[3] Para uma análise das visões de contemporâneos sobre esse tema, ver Bulmer-Thomas (2003/1994: cap. 4). No entanto, esse autor não enfatiza, como aqui fazemos, o vínculo entre a "escassez" observada pelos contemporâneos e as restrições à mobilidade da mão de obra.

mão de obra, e que a "instituição" mais importante do capitalismo moderno, o mercado de trabalho assalariado, estabeleceu-se gradualmente na América Latina apenas durante o século XX. Ao fim dessas transformações, e combinadas com elevado crescimento populacional e diferentes ritmos de geração de emprego, enfrentaríamos na América Latina ao longo do século XX o que W. Arthur Lewis (1954) chamou de "oferta ilimitada de mão de obra", mas tal processo só tomou forma gradualmente.

Diferentes regiões da América Latina seguiram caminhos distintos, obviamente condicionados pelas relações sociais preexistentes e pelas formas com que se apresentaram as oportunidades neste período.

Dadas as restrições à mobilidade do trabalho, o acesso ao mercado de mão de obra assalariada mais desenvolvido do mundo na época, ou seja, o europeu, foi decisivo para garantir uma resposta dinâmica às oportunidades oferecidas pela economia mundial. Este foi o padrão observado nas economias de colonização do Cone Sul, como vimos anteriormente neste capítulo. O processo facilitou um rápido crescimento econômico baseado na imigração em massa, no mercado de mão de obra assalariada e na melhor qualidade de vida do que no resto da região. A imigração também foi uma via privilegiada de transferência internacional de tecnologia sob a forma do conhecimento tácito trazido pelos imigrantes. Este conhecimento também tinha relação com as formas de organização social e de percepção dos conflitos, motivo pelo qual a imigração também contribuiu para o surgimento precoce de conflitos associados aos movimentos trabalhistas modernos. A mobilidade deste mercado de trabalho teve sua máxima expressão nas "*golondrinas*", trabalhadores temporários que cruzavam o Atlântico anualmente aproveitando a sazonalidade das tarefas agrícolas.

O uso de outras fontes de mão de obra com mobilidade internacional teve um alcance mais limitado. A abolição da escravidão no Caribe criou uma oferta de mão de obra de que se beneficiaram as *plantations* de banana da América Central, as *plantations* açucareiras cubanas e a construção do Canal de Panamá. Mas a mão de obra liberada com a abolição resultou em um processo muito diferente em algumas partes de América Latina, nas quais os antigos escravos buscaram mais a independência nas zonas de fronteira, livres da obrigação de trabalhar de maneira subordinada, em uma espécie de "greve permanente" que pouco contribuiu, por certo período, para a criação de um mercado de trabalho moderno. A mão de obra chinesa, os *coolies*, sujeita a contratos de servidão, também foi empregada em Cuba e Peru.

Naquelas regiões onde as condições de trabalho e os níveis salariais que podiam ser pagos não tornavam viável a imigração europeia, dependia-se por completo dos desenvolvimentos internos para liberar uma força de trabalho com mobilidade. A mobilização de mão de obra dependeu de vários elementos, como as dotações de fatores, a influência das instituições tradicionais, os tipos predominantes de produtos exportados e seus encadeamentos com a produção local, as dinâmicas demográficas e a própria transformação e o ritmo de expansão da economia.

Os pequenos proprietários rurais eram outra fonte possível de mão de obra nacional. Conforme veremos na seção seguinte, houve muitos casos de zonas de pequena propriedade e sua produção teve um papel importante no desenvolvimento dos setores exportadores em alguns países (café na Colômbia e na Costa Rica, tabaco em Cuba), assim como na oferta de alimentos para as cidades e para os centros exportadores. Contudo, dados os limites impostos pela concentração da terra, essa fonte de oferta também teve um alcance limitado.

Em vários países já haviam começado a surgir redutos de população excedente das economias camponesas e, em termos mais gerais, estavam sendo acumuladas pressões demográficas em zonas rurais antes da era de desenvolvimento primário-exportador, o que foi reforçado pelo efeito das reformas liberais do século XIX. Esses trabalhadores "livres" eram recrutados como jornaleiros assalariados temporários ou permanentes, ou, com mais frequência, como arrendatários sujeitos a combinações variáveis de obrigações contratuais, parceria e direitos de uso de um lote para produzir alimentos. Havia em comum, de qualquer modo, certas restrições econômicas e não econômicas à mobilidade de mão de obra, tais como o trabalho rural para o pagamento de dívidas, a "*tienda de raya*", o "*sistema de enganche*" e outras formas similares, incluindo o simples e básico recurso aos poderes locais para ajudar a impor as relações de dependência. Quando tal força de trabalho com mobilidade não se desenvolvia, o recrutamento de mão de obra costumava implicar, tal como no passado colonial, a coerção aberta, agora combinada com incentivos monetários. Essa era, em geral, a regra nas localidades onde a população indígena ainda era substancial. Além disso, permaneciam aqui e ali mecanismos de recrutamento forçado de trabalho para trabalhar nas fazendas ou em obras públicas, especialmente no Peru, Bolívia e Guatemala.

Desta maneira, a formação do mercado de trabalho deu origem a um mosaico de processos muito diversos, que em geral avançaram a um ritmo lento e no qual a escassez relativa de mão de obra com mobilidade foi marcante. Segundo Glade (1991: 33), é possível fazer apenas três generalizações: a escravidão foi finalmente abolida em todos os países, com a abolição final ocorrendo no Brasil e em Cuba, únicos Estados que a haviam mantido até este período; que a própria heterogeneidade dos mercados de trabalho refletia a inexistência de algo semelhante a um mercado de trabalho moderno que conectasse as diferentes regiões e processos produtivos; e que os mercados de trabalho urbanos funcionavam com muito mais liberdade do que os rurais.

Além da permanência de diversas formas de trabalho, muitas de caráter coercitivo, vale registrar que a tendência de longo prazo foi a de desenvolvimento do trabalho assalariado e que a crescente demanda de mão de obra deu origem a certa tendência ao crescimento dos salários reais.

Não contamos com dados para muitos países, mas aqueles disponíveis registram um significativo aumento dos salários reais em algumas regiões, ao mesmo tempo em que revelam a existência de grandes diferenças nos níveis salariais entre diferentes áreas da América Latina, como indicado na Tabela 3.13. Os salários reais melhoraram em todos os países, pelo menos até a década de 1910. O México aparece como uma exceção, com salários estáveis até a revolução e um colapso posterior. Na Colômbia, o aumento ocorreu mais tardiamente, com o auge da atividade econômica.

As diferenças entre as diversas regiões, assim como os baixos níveis de vida de outras, também ficam evidentes na própria Tabela 3.13 e, em especial, na Figura 3.2, que compara os níveis salariais de diferentes grupos de países. Williamson (1998) tem enfatizado a ideia de que a primeira globalização teria gerado uma convergência de preços de bens e fatores. A Figura 3.2 parece desmentir categoricamente essa hipótese e apresenta, em vez disso, a persistência de grandes diferenças nos níveis salariais de diferentes regiões. Essas persistências podem ser associadas ao funcionamento dos diferentes

TABELA 3.13. Salários em paridade de poder de compra da América Latina e de outros países (Reino Unido em 1905 = 100)

	COLÔMBIA	MÉXICO	BRASIL	CUBA	ARGENTINA	CHILE	URUGUAI
1870-1874	23		20		50		91
1875-1879	16		25		44		76
1880-1884	19	67	28		57		74
1885-1889	24	58	32		68		86
1890-1894	25	56	27		75	42	105
1895-1899		56	28		80	51	85
1900-1904		58	36		91	64	78
1905-1909	29	62	39	76	81	45	85
1910-1914	25	61	39	75	83	56	89
1915-1919	37	30	29	84	63	53	63
1920-1924	35	29	26	84	91	55	94
1925-1929	45	37	31	95	113		109

Fontes: Argentina, Brasil e Uruguai: Bértola, Camou e Porcile (1999).
Chile: estimativas dos autores com base em Matus (2009).
Outros países: Williamson (1999).

FIGURA 3.2. Níveis relativos dos salários latino-americanos e de outras regiões, 1870-1929 (Europa 3=100)

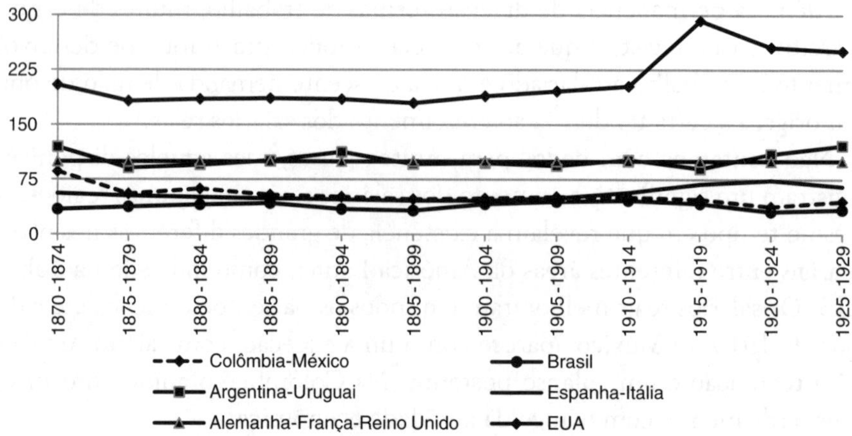

Fonte: Tabela 3.13 e Williamson (1998).

mercados de trabalho, às regulações e limitações da mobilidade da força de trabalho, incluindo a segmentação dos processos de migração internacional (os europeus, para os países de nova colonização, e os oriundos da China e da Índia, para os trópicos) e, em particular, aos diferentes níveis de produtividade das diferentes economias e às formas particulares pelas quais a organização social e o poder de mercado determinam as possibilidades de apropriação dos aumentos de produtividade e das rendas geradas nos processos vinculados à exploração de produtos naturais (Allen, 1994; Bértola, 2000: cap. 4; Greasley, Madsen e Oxley, 2000).

Essas diferenças não apenas refletem o grande hiato com relação aos Estados Unidos, mas também entre os países latino-americanos do Grupo 3, como Argentina e Uruguai, e os outros países latino-americanos. Tampouco as diferenças se limitam à questão salarial, pois também são replicadas em outro conjunto de indicadores sociais apresentados na Tabela 3.14. A esperança de vida ao nascer, os níveis de alfabetização, a média de anos de educação, os índices de habilidade numérica, bem como os indicadores de circulação de periódicos entre a população, reafirmam em conjunto os padrões de riqueza, produtividade, exportações *per capita* e níveis salariais, reafirmando a imagem geral que vem sendo aqui apresentada. Em outras palavras, a média dos níveis de desenvolvimento e de capital humano dos países da América Latina era muito baixa em perspectiva internacional, à exceção dos países do Grupo 3. Mas mesmo estes países, ao serem comparados com Austrália, Nova Zelândia e Canadá, indicam um substancial atraso.

TABELA 3.14. América Latina: indicadores sociais, 1870-1930

	EXPECTATIVA DE VIDA (A)		ALFABETIZAÇÃO (%) (B)		HABILIDADE NUMÉRICA (ABCC) (C)			PERIÓDICOS POR HABITANTE (D)	MÉDIA DE ANOS DE ESTUDO (E)		
	1910	**1930**	**1910**	**1930**	**1880 (A)**	**1910**	**1930**	**1910-14**	**1870**	**1910**	**1930**
Grupo 1											
Bolívia	28	33	0,80	0,75	55	72	86	6			
Colômbia	31	34	0,61	0,48		81	89	3		2,40	3,24
Equador			0,62	0,54	52	76	92	15			
El Salvador		29	0,73	0,72	67	74	81	13	0,78	1,44	1,53
Guatemala	24	25	0,87	0,81	72	68	71		0,35	0,92	1,03
Honduras		34	0,70	0,66	87	86	89	5	0,87	1,68	1,80
México	28	34	0,70	0,64	63	77	90	12	1,17	1,76	1,99
Nicarágua		28		0,61	63	75	91	28	0,61	1,13	1,37
Paraguai	29	38	0,62	0,48				20	0,62	1,37	2,56
Peru			0,71	0,63	82	67		20	1,08	1,43	1,87
Subtotal	**28**	**32**	**0,71**	**0,63**	**68**	**75**	**86**	**14**	**0,78**	**1,52**	**1,92**
Colômbia e México	30	34	0,66	0,56		79	90	8		2,08	2,61
Grupo 2											
Brasil	31	34	0,65	0,60	82	90	95	9	1,26	1,57	1,84
Costa Rica	33	42	0,53	0,33	74	87	79	31	0,90	2,01	2,38
Cuba	36	42	0,43	0,29				9	0,45	1,31	2,45
Panamá		36	0,73	0,54	82	91	94	53	1,29	2,29	2,87
República Dominicana		26		0,74	65	77	83	9	0,40	1,02	1,33
Venezuela	29	32	0,71	0,64	71	84	92	16	1,18	1,51	1,68
Subtotal	**32**	**35**	**0,61**	**0,52**	**75**	**86**	**89**	**21**	**0,91**	**1,62**	**2,09**
Brasil, Cuba e Venezuela	32	36	0,60	0,51	77	87	94	11	0,96	1,46	1,99
Grupo 3											
Argentina	44	53	0,40	0,25	100	100	100	87	1,35	2,26	3,68
Chile	30	35	0,47	0,25	84	89	94	44	0,93	1,79	3,63
Uruguai	52	50	0,40	0,25		99	99	80	2,02	2,59	3,27
Subtotal	**42**	**46**	**0,4**	**0,3**	**92**	**96**	**98**	**70**	**1,44**	**2,21**	**3,53**
Total	**33**	**36**	**0,6**	**0,5**	**73**	**82**	**89**	**26**	**0,95**	**1,68**	**2,27**

Fontes: (a) e (b) baseado em Astorga e Fitzgerald (1998). (c) Manze e Baten (2009): 1890 para Honduras, Argentina e Chile. (d) Bulmer-Thomas (2003/1994: tabela IV.1). (e) Morrisson e Murtin (2008).

Essas características da população são, por sua vez, reflexo das capacidades competitivas dessas economias. Quando, a partir da mudança de tendência da economia mundial e da crise da inserção exportadora latino-americana baseada nos recursos naturais, os países latino-americanos viram-se forçados a ensaiar outras estratégias de desenvolvimento, carregaram dessa época, ainda que de maneira desigual, um elevado déficit em matéria de recursos humanos, que imporia sérias limitações a seu potencial de desenvolvimento. Como veremos em breve, a forma pela qual os recursos econômicos estavam distribuídos teve um forte impacto nas médias gerais.

Os distintos cenários da vida rural

Da articulação entre os diferentes processos de formação das relações de propriedade da terra e das relações de trabalho surge uma ampla variedade de cenários da vida rural e transições ao capitalismo agrário.

Acompanhando Bauer (1991), nas zonas centrais da colonização espanhola articulada com a numerosa população indígena surgem três grandes cenários: um dominado pelo eixo *hacienda*-comunidades camponesas, outro dominado pela presença de pequenos e médios produtores, e um terceiro em que domina a grande propriedade. Por sua vez, esse último abrange uma ampla gama de estruturas, que vão desde grandes propriedades onde se desenvolvem formas de dependência da mão de obra sem forte organização e resistência da comunidade camponesa, até outras onde a mão de obra é fundamentalmente livre. Todas essas formas de organização da vida rural se entrelaçam, ainda, com as formas de transição dos mercados de trabalho tratadas na seção anterior. Contudo, nos três cenários todos os atores mencionados estão presentes, em proporções e formas diversas.

O cenário mais característico, e que dá lugar às maiores generalizações e visões estilizadas da América Hispânica rural, é aquele em que predomina uma estreita relação entre a *hacienda* de origem colonial e as comunidades camponesas indígenas. Geograficamente nos referimos ao centro do México, às terras altas da Guatemala e à maior parte da região andina. A imagem dessas *haciendas* foi mudando com o tempo, desde a ideia de uma organização feudal e autárquica até a ideia de unidades com maior inserção no mercado local e mesmo internacional, ainda que igualmente combinada com a busca de altos graus de autossuficiência na provisão de bens e mão de obra, inclusive qualificada.

As características mais comerciais da *hacienda* foram provavelmente desenvolvidas com mais intensidade durante este período, mas estamos ainda muito longe de uma empresa moderna que busca mão de obra em um mercado livre. Pelo contrário, a mão de obra camponesa continuou arraigada à terra, mesmo dentro dos próprios limites da *hacienda*. Ao mesmo tempo, as comunidades indígenas não eram mais aquelas pré-colombianas, mas organizações híbridas, ou seja, hispano falantes, cristãs, baseadas no sistema de camaradagem e com formas castelhanas de governo profundamente transformadas pelo contato com a dominação espanhola e posteriormente republicana (Bauer, 1991: 138). Eric Wolf define a comunidade resultante como uma que, "apoiada em sua autonomia pela concessão de terra, encarregada da imposição autônoma do controle social, constituía uma ilha pequena e rigorosamente defendida, que garantia a homogeneidade social e cultural de seus membros dentro dela e lutava por manter sua integridade frente aos ataques vindos de fora" (Wolf, citado por Bauer, 1991: 138). Durante estes anos, e de maneira muito desigual, a comunidade camponesa sofreu as tentativas de desalojá-la de suas terras e impor o trabalho assalariado a seus membros. Mas o ritmo em que isso foi alcançado foi muito desigual e lento.

A própria *hacienda* sofreu mudanças consideráveis, mas perduraria como unidade produtiva até bem avançado o século XX, quando começou a ser mais sistematicamente ameaçada por projetos de reforma agrária. Em alguns casos, a transição avançou rapidamente para formas mais capitalistas e modernas, como no México, e em algumas zonas do Peru as comunidades indígenas conseguiram controlar a oferta de trabalho até certo ponto. Já nas típicas zonas de *haciendas* bolivianas próximas ao Lago Titicaca, a *hacienda* conseguiu desalojar e submeter as populações indígenas em um contexto de estagnação e baixo dinamismo econômico até meados do século XX (Duncan e Rutledge, 1977:484). Na Guatemala, formas compulsórias de mobilização da mão de obra indígena continuavam sendo utilizadas para satisfazer a demanda das *haciendas* cafeeiras ou para realizar programas de obras públicas. O fim do século XIX foi marcado por rebeliões indígenas, que tiveram relação tanto com o processo de desapropriação de terras quanto com as marchas e contramarchas do sistema tributário, conforme sucediam os auges exportadores de prata e estanho (Mörner, 1977: 471).

O segundo cenário é o das zonas de predomínio da pequena e média propriedade. Bauer observa que esse tipo de propriedade era importante na Sierra Alta de Hidalgo, no Bajío do México, na Costa Rica central, em algumas partes da Antioquia e da zona cafeeira de Caldas na Colômbia, em Huancayo, em zonas próximas a Arequipa, Peru, em Loja e Carchi, Equador, e no departamento de San Felipe, Chile. Outros casos podem ser incluídos, como o de lavradores de tabaco em Cuba, de café em Porto Rico e talvez muitos outros. Não contamos com um claro diagnóstico da evolução desses setores durante o período, a não ser, como assinala Bauer, que foram segmentos que se localizavam mais próximos às zonas urbanizadas e tiveram uma fácil interação com a expansão da economia capitalista, especialmente, como já notamos, abastecendo as cidades com alimentos ou produzindo, em uns poucos casos, itens de exportação. Contudo, não dispomos de dados quantitativos que nos permitam ter uma opinião segura de seu significado. Em todo caso, dentro do conjunto das relações agrárias, parece ser um setor minoritário, como atestado, além do mais, pela alta concentração da terra (Frankema, 2009: cap. 3).

O norte do México e as *haciendas* do Vale Central do Chile representam um dos casos exemplares do terceiro cenário, em que surgiram relações de dependência, mas nem os pequenos proprietários nem as comunidades indígenas foram capazes de resistir ao poder dos fazendeiros. Esses últimos tinham praticamente o monopólio da terra e forçavam os camponeses a instalar-se dentro de suas propriedades sob diversas formas de trabalho dependente, como o inquilinato no Chile.

No entanto, a tendência predominante no período parece haver sido a de monetização dos contratos e dos pagamentos e de certa racionalização dos colonos instalados nas *haciendas* com base no contrato de assalariados, o que oferecia maior flexibilidade para o uso das terras. De qualquer forma, a atração de assalariados para as cidades, para regiões de exploração de minerais, como os nitratos no norte de Chile, bem como para as obras das ferrovias, criaram oportunidades para os assalariados, que forçaram os fazendeiros a oferecer algumas melhorias salariais ou a recorrer à manutenção de diversas formas de sujeição da mão de obra, como o endividamento ou a entrega de terras para pastagem ou autoconsumo. A ocupação no sul do Chile, que de início parecia indicar o predomínio de pequenos e médios imigrantes, passou por uma grande mudança no final do século XIX, reproduzindo as formas predominantes no Vale Central mediante a instalação de grandes *haciendas*. Embora as *haciendas* chilenas não tivessem o tamanho das mexicanas (segundo Bauer, em Zacatecas havia pelo menos oito *haciendas* com uma superfície maior do que 100.000 hectares), elas levavam a uma alta concentração da propriedade da terra.

Uma realidade muito diferente foi vivida nas regiões onde predominavam as economias de *plantation* em zonas baixas, costeiras e tropicais. Aqui podem ser encontrados, em grandes traços, três tipos de transição: a transformação dos ex-escravos em assalariados, o que nem sempre ocorreu, como já notamos; o recurso a migrações internas, principalmente indígenas e mestiços das zonas andinas para as zonas de *plantations*; e o recurso à mão de obra imigrante, seja o caso dos colonos italianos em São Paulo ou a já mencionada mão de obra *coolie*.

O nordeste brasileiro foi um dos casos mais bem-sucedidos de incorporação dos ex-escravos ao sistema de fazendas. Neste caso, combinou-se o monopólio da terra com as dificuldades ecológicas apresentadas pela fronteira agrícola do já bastante povoado sertão. A crise da indústria açucareira não permitiu gerar avanços econômicos e tecnológicos, mas o setor açucareiro brasileiro preservou o poder social dos fazendeiros, por meio da manutenção de condições salariais e de trabalho precárias. Uma situação um tanto diferente foi vivida no Vale do Cauca, na Colômbia, onde a existência de refúgios nas zonas montanhosas deu oportunidades alternativas aos escravos, ainda que, de acordo com Taussig (1977), tenha ocorrido posteriormente um processo de reassimilação dessa mão de obra no sistema de fazendas, ainda que não sem conflitos e resistências.

No caso do recrutamento de camponeses das serras, podem ser encontradas desde situações com claros contornos coercitivos no norte argentino, principalmente devido à onipresença do monopólio da propriedade pelas oligarquias locais, até regimes relativamente livres de mobilidade da mão de obra, como na produção cafeeira de Cundinamarca, na Colômbia (Duncan e Rutledge, 1977: 203-98). O caso do norte argentino combinou um processo de agroindustrialização, que começou cedo e era orientado para o mercado interno, com o amparo em um forte protecionismo. No caso das fazendas cafeeiras do leste colombiano, embora tivessem se desenvolvido formas de arrendamento, a evolução nas primeiras décadas do século XX deu-se na direção da gradual autonomia dos arrendatários, muitos dos quais adquiriram finalmente sua propriedade como resultado da primeira reforma agrária na década de 1930 (Palacios, 1983). A esses dois casos, poderia agregar-se o das *plantations* açucareiras do Peru, onde combinou-se uma lavoura em pleno auge de demanda e preços internacionais com um intenso processo de concentração da propriedade e modernização técnica da produção, o que inclusive permitiu aos engenhos pagar salários relativamente elevados para atrair a mão de obra, que, por outro lado, provinha das serras, onde ocorria um fenômeno de grande expansão demográfica.

O recurso à imigração estrangeira foi dominante na região de São Paulo e em Cuba depois de sua independência. Nesse último caso, e em relação ao *boom* açucareiro de 1900-1925, o processo vinculou-se a uma realocação da indústria em zonas menos povoadas e à rejeição dos desocupados locais em trabalhar sob as péssimas condições de moradia e trabalho das antigas *plantations*. A reestruturação da indústria levou a certa desvinculação entre a fase agrária e a industrial e a um elevado investimento nesta última. Para tanto foi necessário um grande aporte de mão de obra para construir as novas usinas, mão de obra esta principalmente composta de trabalhadores espanhóis. Mas o trabalho em sua fase agrícola continuou sendo tão duro e tecnologicamente atrasado como nos engenhos tradicionais. Para trabalhar neles, e depois de diversos conflitos, abriram-se as portas à imigração de populações oriundas do Caribe (Moreno Fraginals, 1991).

O caso de São Paulo é muito especial, como já observamos, porque é o único que combina imigração europeia com a exploração de um produto de agricultura tropical. A expansão da fronteira, o auge da demanda e dos preços do café e as dificuldades de acesso à mão de obra ex-escrava para o trabalho nas fazendas, levaram a que se recorresse a um enorme número de imigrantes, predominantemente italianos – os colonos. A estrutura social resultante terminou sendo muito diferente daquela típica de uma economia de *plantation*, uma vez que se caracterizava por uma situação intermediária entre a economia de plantação e as economias de nova colonização, como as do Rio da Prata. Nas primeiras etapas da imigração, a parceria foi o sistema mais utilizado, mas gradualmente foi substituído por formas complexas de contratos salariais, que compreendiam um salário básico, salário por produção, pagamento em espécie e acesso à terra não utilizada para café para o cultivo próprio de subsistência, principalmente. Esse último constituiu um atrativo especial para uma imigração de origem camponesa (Holloway, 1977).

As terras temperadas nas quais ocorreu a expansão da fronteira foram as zonas de maior dinamismo demográfico e econômico, como já se viu. O elemento-chave para discernir as diferentes modalidades de expansão nestas regiões são as formas de acesso à terra e o grau de concentração de sua propriedade. Define-se, desta maneira, a estrutura social dessas regiões com um maior ou menor predomínio de latifúndios que contratam grandes contingentes de mão de obra assalariada livre, e até que ponto desenvolveu-se uma classe média de proprietários, que se apoia sobretudo na mão de obra familiar, ainda que recorra igualmente a um volume expressivo de mão de obra assalariada, especialmente durante as safras das atividades agrícolas.

Como um todo, a investigação recente tem qualificado a ideia excessivamente estilizada de absoluto predomínio do latifúndio nas regiões latino-americanas, em direto contraste, por exemplo, com as formas de distribuição mais equitativa da propriedade da terra nas colônias britânicas da América do Norte. Desta forma, detectou-se uma presença muito mais numerosa do que antes se acreditava de uma pequena e média propriedade agrícola e inclusive pecuária. Como veremos na sequência, este tem sido um campo de muito debate e investigação.

A distribuição da renda e da riqueza

Como se adiantou no Capítulo 1, a distribuição da renda e da riqueza foi um tema intensamente debatido nas duas últimas décadas. Sabemos que hoje em dia a América Latina é uma das regiões mais desiguais do planeta, mas não há muito consenso sobre a origem dessa desigualdade, nem sobre o preciso impacto que a desigualdade teve sobre seu desempenho de longo prazo.

A ideia de uma América Latina muito desigual desde os tempos coloniais, presente na maior parte da literatura histórica, sociológica e econômica sobre a América Latina dos anos 1960 a 1980, foi retomada pela corrente neoinstitucionalista como um traço determinante do atraso de longo prazo da América Latina. Outros autores, contudo, argumentam que a desigualdade latino-americana passou a ser um traço distintivo somente a partir deste período que estamos considerando e que perduraria ao longo do século XX.

Já discutimos duas dimensões da desigualdade. Em primeiro lugar, a desigualdade entre a América Latina e o restante do mundo. Esse é um aspecto muitas vezes negligenciado nos estudos que somente se concentram na desigualdade no interior de cada país. Constatamos que o período 1870-1913 foi de crescente desigualdade global. A dispersão nos níveis de renda entre as diferentes regiões do mundo aumentou significativamente. Contudo, neste processo, a América Latina em seu conjunto saiu-se relativamente bem, enquanto África e Ásia tiveram uma queda nas posições do *ranking* internacional.

É sabido que a ampliação do hiato entre países pode gerar um conjunto de oportunidades de crescimento, pela via da transferência de tecnologia e da adoção de formas mais avançadas de organização empregadas pelos países líderes. Mas também é certo que as diferenças expressas nos níveis de renda *per capita* são reflexo fiel das capacidades competitivas de cada economia, em vista do que o hiato pode transformar-se em um mecanismo de reprodução de desigualdades: a desigualdade pode ser a base de maior desigualdade. Neste plano, e durante o período em questão, a forma de inserção internacional da América Latina, explorando sua dotação de recursos naturais, mobilizando trabalho de maneiras muito diversas e atraindo capitais, permitiu-lhe aproveitar os movimentos da demanda e de preços internacionais para encurtar a distância em relação aos países líderes, ainda que de maneira não muito significativa. O hiato continuou sendo muito grande: em 1929 o PIB *per capita* da América Latina chegou a apenas 37% do Ocidente (Tabela 1.1). Sem dúvida, isso gerou oportunidades, mas também implicou uma situação de franca desvantagem na concorrência internacional, especialmente em atividades de maior desenvolvimento tecnológico. Do ponto de vista da distribuição da renda, o problema de se determinar a magnitude das rendas apropriadas por grupos externos tem sido de difícil resolução. Este tema, outrora central nas interpretações dependentistas, foi excluído das agendas recentes de pesquisa. Tal fato deve-se a certo consenso de que, mesmo quando essas saídas de recursos foram substanciais, elas não explicariam em si mesmas o melhor ou pior desempenho da América Latina.

Também vimos outra dimensão da desigualdade: aquela existente entre os diferentes países dentro da América Latina. Constatamos que a maior desigualdade que vemos neste período em nível mundial reproduziu-se também no interior da América Latina, pelo menos até 1913, quando os países do Grupo 3 cresceram muito mais rapidamente do que os outros. Também vimos que entre 1913 e 1929 o hiato da desigualdade diminuiu um pouco quando o menor dinamismo econômico europeu afetou especialmente os países mais ao sul das Américas e a contínua expansão dos Estados Unidos manteve o crescimento de outros países.

Agora trataremos da desigualdade interna de cada país e o seu possível impacto na desigualdade global na América Latina.

Diante da falta de dados para estimar os níveis de desigualdade, os pesquisadores recorreram a estudos de preços e rendas relativos para se obter uma ideia das tendências gerais. Foram usadas assim tanto as relações entre salários e preços da terra quanto a relação entre salários e PIB *per capita*. Em termos gerais, todos esses exercícios mostraram uma tendência crescente da desigualdade na América Latina durante o período, em todos os países para os quais foi possível conseguir dados (Williamson, 2002; Prados de la Escosura, 2007; Bértola *et al.*, 1998).

Esses indicadores apresentam, contudo, vários problemas. Primeiro, eles não nos revelam os níveis absolutos de desigualdade, não permitem comparar desigualdades entre diferentes países e usam médias de preços da terra e de salários de trabalhadores não qualificados. Segundo, a relação entre índice de salário real e PIB *per capita* não considera a participação da massa salarial no PIB.

Alguns esforços recentes tentaram construir bases de dados um pouco mais completas, que poderiam abrir caminho para comparações mais informativas. Não obstante, ainda são esforços limitados, com resultados preliminares. Antes de apresentar esses resultados, parece útil considerar os diferentes contornos gerais da desigualdade, partindo dos distintos cenários rurais apresentados anteriormente.

Nas zonas agrárias das regiões do Grupo 1, a desigualdade estrutural pode ter sido relativamente baixa, se as comunidades indígenas controlavam parcelas importantes da terra disponível. Segundo Bauer, na Bolívia as comunidades camponesas detinham no mínimo 50% da propriedade da terra em 1860 (1991: 138). No entanto, a distribuição dependia do grau de autonomia dessas comunidades, e se eram ou não forçadas a realizar trabalhos externos, seja para os fazendeiros, para o próprio Estado, ou para pagar tributos, enquanto estiveram submetidos a essa obrigação. Nessas sociedades existia, por outro lado, um setor de mineração que na maior parte das vezes gerava altos níveis de desigualdade. No entanto, já foi constatado que essas economias tinham um nível muito baixo de exportações por habitante, o que leva a pensar que o impacto das exportações de produtos minerais sobre a desigualdade pode não ter sido muito alto. Nessas regiões, o que se poderia esperar é que a desigualdade tivesse aumentado por efeito da valorização dos recursos naturais e especialmente pela via da distribuição da terra em favor dos que já possuíam terras, mantendo os salários em níveis muito baixos. É difícil estimar quais foram os níveis de desigualdade resultantes, uma vez que o efeito dependeria mais da redistribuição de ativos do que de rendas. Em geral, os países do Grupo 1 foram aqueles em que o processo de transformação da *hacienda* ocorreu em um contexto de agudas contradições entre fazendeiros e comunidades camponesas. Nas poucas regiões em que houve predomínio da pequena e média propriedade, poderia se esperar que os níveis de desigualdade não fossem muito altos nem tivessem se elevado dramaticamente.

Um dos casos de transição à *hacienda* capitalista que estudamos é aquele no qual nem os pequenos produtores, nem as comunidades camponesas puderam limitar o poder dos fazendeiros. Esse é o tipo de situação que ocorreu no Chile, que classificamos no Grupo 3. O monopólio do controle da terra por parte dos fazendeiros e a falta de poder dos camponeses levou a uma situação de alta desigualdade estrutural. As tendências da desigualdade que podemos esperar neste período dependeram da possibilidade de exploração comercial das terras, de sua valorização, dos movimentos da oferta de mão de obra e da disponibilidade de uma fronteira aberta para a expansão. Esse caso será discutido mais detalhadamente adiante.

As economias do Grupo 2 também tiveram um alto grau de desigualdade estrutural. Nesses países, as terras costeiras, aptas para as lavouras tropicais e próximas das vias de navegação, foram monopolizadas por uma elite que, na maioria dos países do grupo, tinha um passado escravista. Embora nem toda a população negra fosse escrava e existissem diferenças entre diversos grupos de escravos, pode-se presumir que os níveis de desigualdade nessas regiões foram elevados, sendo determinados por níveis de vida muito baixos e por uma alta concentração dos lucros dos setores exportadores pela elite. Recordemos que esses países apresentam níveis de exportação *per capita* muito mais altos do que os do Grupo 1, o que indica, por outro lado, que o restante da economia local é menor, de forma que a desigualdade do setor exportador teria um maior impacto sobre a sociedade como um todo. Mesmo quando a abolição da escravidão resultou em uma ruptura radical nessas economias e mudanças institucionais significativas, os mercados de trabalho mantiveram os novos assalariados com níveis de vida muito baixos, simultaneamente ao fato de que em fins do século XIX ou começo do século XX as lavouras de exportação sofreram grande valorização, fortalecendo as rendas da elite. Os processos de concentração da propriedade da terra variaram bastante de lugar para lugar, desde aqueles provocados pelas reformas liberais até os que ocorreram, por exemplo, nas zonas açucareiras do Peru depois da Primeira Guerra Mundial, em meio a um processo de aprimoramento técnico e aumento do investimento (Klarén, 1977: 233).

Finalmente, temos os casos das economias de fronteira, que atraíram elevados contingentes de mão de obra imigrante. Os níveis de desigualdade dessas economias são resultantes de duas tendências diferentes. Por um lado, o predomínio de trabalho assalariado oriundo da Europa elevou os níveis salariais, motivo pelo qual os níveis de desigualdade deveriam ser relativamente baixos. No entanto, os níveis de desigualdade são determinados pelo grau de concentração da propriedade da terra. Uma alta concentração em algumas regiões poderia levar a níveis elevados de desigualdade estrutural. O efeito dessa concentração da terra dependeria da existência ou não de uma fronteira aberta, com as diferenças de preços da terra entre as zonas centrais e de fronteira e com as formas pelas quais a terra nessas zonas fosse apropriada.

O papel do investimento estrangeiro nos padrões de desigualdade é difícil de ser estimado, dado que boa parte do excedente apropriado por esse setor circulava fora da fronteira, da mesma forma que é difícil identificar os proprietários individualmente. O capital de grande porte penetrou nas atividades em que o capital fixo e as economias de escala eram substanciais. Esse foi o caso da exploração extrativa mineral e petrolífera, assim como das *plantations* açucareiras e de bananas. O capital estrangeiro desempenhou um papel dominante em todos esses setores. Em outros casos, esse capital controlou a comercialização e o processamento, mas não a produção de matérias-primas. No entanto, a natureza da concentração produtiva não foi somente ditada por imperativos tecnológicos. O contraste entre as grandes *plantations* cafeeiras estabelecidas na maioria dos países latino-americanos, apesar das restritas economias de escala na produção, e as propriedades pequenas e médias típicas de alguns países, é um claro exemplo. Tal fato sugere que os determinantes da estrutura industrial em um sentido amplo foram neste caso institucionais, ou seja, estavam associados à necessidade de concentrar a propriedade da terra para garantir o controle da força de trabalho, antes que determinados pelas características dos produtos. As práticas de investidores locais e estrangeiros foram, na maior parte dos casos, similares.

Um trabalho recente sobre o Cone Sul (Bértola *et al.*, 2010), que se baseia em estimativas sobre Brasil, Chile e Uruguai e em algumas conjecturas sobre a Argentina, discute três dos quatro grandes exemplos aos quais fizemos referência. Os resultados desse estudo, que trata a desigualdade desses países como se constituíssem uma unidade, são apresentados na Tabela 3.15 e indicam o seguinte:

- A desigualdade aumentou de maneira significativa entre 1870 e 1920 no Cone Sul e no Brasil como um todo.
- A desigualdade aumentou em todos os países, mas também aumentou entre os países.
- No início do período, a desigualdade entre países era substancial, mas explicava menos de 10% da desigualdade total. Os restantes 90% consistiam na desigualdade dentro dos países.
- Ao final do período as desigualdades entre países passaram a explicar aproximadamente 20% da desigualdade, mesmo quando as

TABELA 3.15. Desigualdade no Cone Sul, 1870 e 1920

	TOTAL E POR PAÍS			DENTRO DOS PAÍSES		ENTRE PAÍSES	
	GE(0)	**GE(1)**	**GINI**	**GE(0)**	**GE(1)**	**GE(0)**	**GE(1)**
1870							
Total	0,639	0,594	0,575	0,587	0,537	0,052	0,057
Argentina	0,513	0,477	0,522				
Brasil	0,581	0,534	0,548				
Chile	0,715	0,643	0,594				
Uruguai	0,421	0,397	0,481				
1920							
Total	0,897	0,821	0,653	0,721	0,640	0,176	0,180
Argentina	0,654	0,595	0,574				
Brasil	0,725	0,651	0,597				
Chile	0,886	0,776	0,641				
Uruguai	0,618	0,565	0,562				

	p90/p10	p90/p50	p50/p10
1870	24,63	6,83	3,61
1920	36,52	6,32	5,78

Nota: GE(0) e G(1) correspondem a índices de entropia generalizada; p significa percentil.
Fonte: Bértola *et al.* (2010: tabelas 3 e 4).

desigualdades nacionais tinham aumentado. Tal fato é explicado pelo bom desempenho econômico dos três países do Grupo 3 e pelo sofrível desempenho do Brasil no final do século XIX.

- Brasil e Chile exibiram níveis de desigualdade elevados e crescentes, aparentemente mais altos que os da Argentina e do Uruguai, ainda que o caso argentino esteja baseado em suposições.

Observando mais especificamente o caso brasileiro (Bértola *et al.*, 2010, tabela 5), pode-se constatar que houve um aumento generalizado da desigualdade. Apesar das grandes diferenças regionais no Brasil, as desigualdades dentro de cada uma de suas cinco regiões ou dentro das 21 províncias existentes em 1872 ou nos 21 estados existentes em 1920 explicam a maior parte da desigualdade, enquanto as diferenças entre regiões ou províncias-estados contribuem muito pouco para a desigualdade total e para o aumento da desigualdade entre 1870 e 1920. A razão pela qual no Brasil a desigualdade entre regiões não aumentou deveu-se ao fato de que o acelerado crescimento do estado de São Paulo foi compensado pelo declínio do até então mais rico estado, o Rio de Janeiro.

Quais foram os mecanismos que explicaram esse aumento da desigualdade? Um mecanismo privilegiado na literatura é a dinâmica dos preços relativos prevista pelo modelo Heckscher-Ohlin e, em particular, o teorema de Stolper-Samuelson sobre os efeitos distributivos dos padrões de especialização comercial. De acordo com esses modelos, ao ocorrer um processo de integração de mercados, produz-se um aumento relativo das rendas do fator relativamente abundante. No caso da América Latina, o resultado seria a valorização da terra e a depreciação relativa do trabalho. Note-se, contudo, que a análise supõe que, antes da especialização, o fator escasso (neste caso, o trabalho) seja relativamente bem remunerado; que haja pleno emprego e que não haja mobilidade de fatores de produção. Todos esses supostos são de validade questionável para uma interpretação da história da América Latina e para explicar a deterioração da distribuição de renda vivida no período estudado.

O primeiro desses supostos é particularmente surpreendente para qualquer observador que conheça a realidade das relações sociais das zonas rurais da América Latina durante aquela época. O segundo é igualmente surpreendente quando se considera a generalizada subutilização dos recursos no início do período. E o terceiro negligencia o fato de que a mobilidade dos fatores foi elevada nas regiões mais dinâmicas, que atraíram capital e trabalho. Nesse caso, os salários foram influenciados pelos rendimentos obtidos pelos imigrantes em seus países de origem, o que pode ter sido, na verdade, o mais importante determinante da distribuição de renda. De qualquer forma, a crescente oferta de trabalho poderia ter pressionado para baixo a razão entre salário e renda da terra de uma maneira similar àquela prevista pelo modelo Heckscher-Ohlin, especialmente nas áreas onde a fronteira agrícola não poderia ser expandida.

Mesmo nessas situações, entretanto, a fronteira pôde expandir-se em alguns casos, como no Chile com a Guerra do Pacífico e da conquista do sul. Nesse momento, podemos ver que a desigualdade no Chile reduziu-se. A apropriação de terras de fronteira ocorreu muitas vezes fora dos mecanismos tradicionais de mercado e é provável que tenha havido muitas incorporações de terra a preços realmente baixos. Normalmente esses processos não aparecem registrados nos índices de preço da terra. No entanto, uma vez consolidada a fronteira, institucionalizada a propriedade e iniciadas as explorações comerciais, o processo de valorização da terra parece ter sido inexorável.

De todo modo, o movimento dos preços relativos pode ser resultante de fatores institucionais. Seja pelas limitações à entrada de mão de obra, seja pela incorporação maciça de trabalhadores por meios coercitivos, os níveis de desigualdade obedeceram a forças que não foram puramente de mercado. Por outro lado, como visto em várias passagens, este foi um período de enormes transformações das estruturas de poder, das relações sociais e da propriedade da terra. Todos esses processos deixaram uma forte marca na distribuição da renda e da riqueza e fortaleceram, na maioria dos casos, o caráter elitista e excludente do desenvolvimento latino-americano. Vimos que isso não significou necessariamente que os salários reais se mantiveram no nível mínimo de subsistência. Na maioria dos casos em que documentamos o movimento dos salários, constatamos um aumento. De qualquer forma, os rendimentos que apuramos não são os das amplas massas camponesas, mas antes salários urbanos que provavelmente estão sujeitos a condições especiais.

Podemos concluir, então, não sem expressar cautela pela ainda limitada qualidade e quantidade de dados disponíveis, que a América Latina possuía cenários diversos, mas com uma elevada desigualdade estrutural antes do início desse processo de globalização. Ao final do mesmo, as desigualdades cresceram de maneira substancial, reproduzindo padrões da desigualdade original e gerando padrões novos de desigualdade, especialmente nas regiões nas quais as comunidades indígenas foram despojadas de suas terras e submetidas a uma proletarização com poderosos elementos coercitivos. Uma parte importante do aumento da desigualdade teve sua origem na valorização dos recursos naturais, gerada pela maior participação na economia internacional, o que teria de conduzir a certa redução natural da desigualdade quando as tendências de preços internacionais se revertessem e, particularmente, quando a primeira globalização entrou definitivamente em colapso, sem que com isso necessariamente melhorassem as condições de vida dos setores menos privilegiados.

A distribuição da propriedade da terra é um indicador amplamente utilizado para medir a desigualdade da riqueza. A Tabela 3.16 resume alguns dados disponíveis para as primeiras décadas do século XX. Não surpreende ver os países de América Latina com os maiores níveis de desigualdade de toda a amostra de países. No extremo oposto encontram-se Canadá, Estados Unidos, os países asiáticos, que nos últimos decênios têm reduzido a distância em relação ao Ocidente, e os países escandinavos e bálticos. Os escandinavos são os que mais rapidamente integraram-se ao grupo de países ricos durante o século XX.

Os casos da Austrália e Nova Zelândia chamam a atenção, por possuírem níveis relativamente elevados de concentração da propriedade. Eles diferem, porém, dos países da América Latina visto que a porcentagem da população masculina nas áreas rurais que era proprietária de terra era muito alta, enquanto na Argentina e no Uruguai a porcentagem não foi maior do que 20%. Assim, os distintos processos de apropriação e distribuição da propriedade da terra levaram à consolidação de estruturas muito diferentes de distribuição funcional da renda: na Austrália e na Nova Zelândia a participação dos lucros e salários foi muito superior à das rendas da terra, dominantes tanto na Argentina quanto no Uruguai (Álvarez, 2007).

Finalmente, parece válido fazer uma última consideração sobre as desigualdades em um plano mais geral. Em uma situação em que mercados de terras e trabalho funcionam sob inúmeras imperfeições e relações de poder e subordinação, é impossível não fazer referência às desigualdades de etnia, casta, cultura etc., que marcaram a sociedade latino-americana. Todos esses

TABELA 3.16. Índice de Gini da Propiedade da Terra, 1880-1890

REGIÃO	ÍNDICE DE GINI
Europa	64,4
Estados Unidos e Canadá	53,2
Austrália e Nova Zelândia	74,7
Países muçulmanos	64,8
América Latina	79,9
Países bálticos e escandinavos	48,4
Ásia	44,3
Caribe	72,1

Fonte: elaborado com base em Frankema (2009: apêndice 1).

elementos contribuíram para forjar uma sociedade entre desiguais, que deixou marcas profundas nas formas com que esses distintos segmentos tiveram acesso a rendas, propriedade, voz e poder. E, como visto, esse tipo de sociedade também determinaria o acesso ao que agora chamamos de capital humano, que podemos medir via expectativa de vida ao nascer e níveis educacionais: esses elementos contribuem de maneira decisiva para a configuração de um continente que em seu conjunto apresenta fortes traços estruturais de desigualdade, para além das flutuações ocorridas em diferentes períodos.

Quando o padrão de desenvolvimento econômico mudou, em meio à queda dos preços e da demanda internacional de bens primários, essas características da sociedade latino-americana iriam se transformar em barreiras importantes para sua transformação.

Capital estrangeiro, política econômica e diversificação produtiva

Os capitais estrangeiros: padrões de instabilidade e suas implicações

Como visto nos capítulos anteriores, o curto auge financeiro da década de 1820 (associado às dívidas da guerra de independência e a projetos pioneiros de mineração e colonização) e a posterior moratória de todos os países latino-americanos, com exceção do Brasil, foi o início de uma série de ciclos de acesso aos mercados financeiros, acompanhados por interrupções bruscas da entrada de capitais, novas moratórias e renegociações da dívida externa. O acesso aos mercados nos anos 1860 e começo dos 1870 foi sucedido por colapso a partir da crise mundial de 1873. Essa fase foi sucedida pelo auge dos anos 1880, em grande parte concentrado na Argentina, seguido pelo colapso da crise do Baring e pelas renegociações daquele país nos anos 1890. Um novo ciclo de expansão ocorreu nos 10 ou 15 anos prévios à Primeira Guerra Mundial, seguido pela interrupção dos fluxos com o início do conflito bélico na Europa. Finalmente ocorreu a "dança dos milhões" (para utilizar o termo dos debates colombianos) dos anos 1920, especialmente na segunda metade da década, que foi seguida pela interrupção súbita do financiamento a partir de meados de 1928, antes do colapso de Wall Street de outubro de 1929 (Marichal, 1989).

Com exceção do ciclo da Primeira Guerra Mundial, todos esses ciclos foram de moratórias razoavelmente generalizadas. Todos eles deram também origem a episódios de abandono do padrão-ouro (ou prata), nesse caso com maior frequência durante a Primeira Guerra Mundial. O acesso foi, além disso, muito desigual, mesmo entre os maiores países da região. O México até os anos 1880 e a Colômbia durante quase todo o século XIX estiveram em uma situação de virtual moratória permanente. E os países menores, com a notável exceção do Uruguai, tiveram um acesso muito limitado.

A Tabela 3.17 apresenta uma síntese dos dados sobre o investimento estrangeiro na América Latina. Até a Primeira Guerra Mundial, a Grã-Bretanha foi a principal fonte de financiamento. Os títulos públicos, a fonte mais importante de recursos, foram usados nos investimentos em ferrovias, portos e, em alguns casos, para financiar as guerras (principalmente civis, mas também alguns conflitos fronteiriços). No começo de cada ciclo, houve também

TABELA 3.17. Investimentos estrangeiros na América Latina (em milhões de dólares)

	1880	1890	1900	1913	1926
Valores por país					
Reino Unido	868	2.069	2.630	4.867	5.825
França	218	664	364	1.002	s.i
EUA	n.d.	n.d.	304	1.276	5.370
Total	**1.087**	**2.733**	**3.298**	**7.145**	**11.194**
Participação no total por país de origem					
Reino Unido	80	76	80	68	52
França	20	24	11	14	s.i
EUA	s.i.	s.i.	9	18	48
Total	**100**	**100**	**100**	**100**	**100**
Estrutura dos investimentos do Reino Unido por receptor e setor					
Governo	69	46	42	32	28
Setor Privado	31	54	58	68	72
Ferrovias	19	39	37	46	41
Empresas de serviço público	6	28	6	0	0
Mineração	2	3	2	2	2
Salitre	0	1	2	0	0
Bens imóveis	0	2	2	0	0
Bancos	2	1	2	2	3
Vários	2	4	7	18	25
Total	**100**	**100**	**100**	**100**	**100**
Estrutura dos investimentos dos Estados Unidos por tipo de investimento				**1914**	**1929**
Em carteira				22,3	32,1
Diretos				77,7	67,9

Nota: n.d.: não disponível.

Fontes : Elaboração própria com base em CEPAL (1964).

um substancial volume de refinanciamento, como parte dos pacotes de reestruturação das dívidas previamente sob moratória. A isso se agregou o investimento direto em alguns projetos de mineração e infraestrutura, entre os quais se destacaram as ferrovias, especialmente a partir das últimas décadas do século XIX. Esses investimentos se transformariam, por sua vez, em uma fonte de conflitos quando depois foram objeto de nacionalizações. Alguns desses investimentos foram feitos por empresas multinacionais emergentes, que viriam a ter um papel importante ao longo do século XX, inclusive durante períodos nos quais os fluxos financeiros foram limitados.

O predomínio britânico ao longo do século XIX foi sucedido pela ascensão norte-americana como fonte de capitais, iniciada com operações no México e em alguns países do Caribe (especialmente Cuba). Em 1914, os Estados Unidos já possuíam cerca de um quinto do capital estrangeiro investido na América Latina, com uma participação relativamente maior no investimento direto. A região foi, de fato, um destino inicial do capital norte-americano, representando cerca da metade do total do capital exportado pelos Estados Unidos. Ao contrário do que aconteceu com os investimentos europeus, que estagnaram depois da Primeira Guerra Mundial, os fundos norte-americanos continuaram fluindo durante a guerra e a década de 1920, na forma de investimentos diretos em petróleo, mineração, agricultura e, em menor medida, serviços públicos. Esse processo coaduna-se com o já comentado em relação ao comércio exterior da América Latina. Nos anos 1920, o financiamento de carteira aumentou significativamente, quando Wall Street converteu-se na fonte principal de emissão de títulos dos governos e das empresas privadas da América Latina, assim como de empresas norte-americanas que investiram na região (Nações Unidas, 1955).

A Tabela 3.18 revela uma faceta adicional das disparidades regionais na América Latina apresentadas anteriormente: os países do Grupo 3 exibiram um nível de investimento estrangeiro *per capita* que foi sete vezes maior do que o dos outros dois grupos de países. Somente Cuba destoa dessa tipologia, mas fica longe dos níveis dos líderes do Grupo 3. Do ponto de vista da origem e destino dos investimentos, o critério geográfico tem um peso decisivo. É claro o predomínio dos Estados Unidos no México, na América Central e no Caribe e o predomínio europeu na América do Sul.

Como demonstrado por Triffin (1968) e pelos autores do livro editado por Aceña e Reis (2000), o padrão-ouro operou de maneira assimétrica em detrimento dos países da periferia, que tendiam a experimentar durante as crises uma redução simultânea dos preços das matérias-primas e do financiamento externo. Por sua vez, os ciclos externos transmitiam-se dentro dos países por meio da grande dependência das finanças do setor público em

TABELA 3.18. América Latina: investimento direto estrangeiro por origem e destino (em milhões de dólares)

	REINO UNIDO	FRANÇA	ALEMANHA	ESTADOS UNIDOS	OUTROS	TOTAL	REINO UNIDO	FRANÇA	ALEMANHA	ESTADOS UNIDOS	OUTROS	TOTAL	
	A. Investimento por destino setorial						B. Participações por setor de destino						
Agricultura	12			239	4	255	0	0	0	17	0	3,4	
Mineração	101	3		415	11	530	3	0	0	30	1	7,1	
Petróleo	4			136		140	0	0	0	10	0	1,9	
Ferrovias	1.667	152	15	305	203	2.342	46	21	5	22	13	30,9	
Empresas de serviços públicos	546	17	75	127	149	914	15	2	23	9	10	12	
Indústria manufatureira	83			17	462	562	2	0	0	1	30	7,4	
Comércio	2			34	449	485	0	0	0	2	29	6,4	
Outros e sem especificação dos setores	1.170	539	230	121	281	2.341	33	76	72	9	18	30,9	
Total	**3.585**	**711**	**320**	**1.394**	**1.559**	**7.569**	**100**	**100**	**100**	**100**	**100**	**100**	
	A. Investimento por destino setorial						B. Participações por setor de destino						C. Investimento *per capita*
Grupo 1	**904**	**29**	**12**	**699**	**3**	**1.647**	**25**	**4**	**4**	**50**	**0**	**22**	**51**
Bolívia	17	25		2		44	0	4	0	0	0	1	23
Colômbia	31	1		21	1	54	1	0	0	2	0	1	10
Equador	29	2		9		40	1	0	0	1	0	1	24
El Salvador	6			7	2	15	0	0	0	1	0	0	15
Guatemala	44		12	36		92	1	0	4	3	0	1	62
Honduras	1			15		16	0	0	0	1	0	0	24
México	635			542		1.177	18	0	0	39	0	16	79
Nicarágua	2			4		6	0	0	0	0	0	0	10
Paraguai	18			5		23	1	0	0	0	0	0	39
Peru	121	1		58		180	3	0	0	4	0	2	42

Continua

TABELA 3.18. América Latina: investimento direto estrangeiro por origem e destino (em milhões de dólares) (*Continuação*)

	REINO UNIDO	FRANÇA	ALEMANHA	ESTADOS UNIDOS	OUTROS	TOTAL	REINO UNIDO	FRANÇA	ALEMANHA	ESTADOS UNIDOS	OUTROS	TOTAL	
	A. Investimento por destino setorial						B. Participações por setor de destino						C. Investimento *per capita*
Grupo 2	**812**	**393**	**15**	**379**	**206**	**1.805**	**23**	**55**	**5**	**27**	**13**	**24**	**59**
Brasil	609	391		50	146	1.196	17	55	0	4	9	16	51
Costa Rica	3			41		44	0	0	0	3	0	1	118
Cuba	170			216		386	5	0	0	15	0	5	159
Panamá				23		23	0	0	0	2	0	0	66
República Dominicana				11		11	0	0	0	1	0	0	15
Venezuela	30	2	15	38	60	145	1	0	5	3	4	2	50
Grupo 3	1.869	289	293	265	1.350	4.066	52	41	92	19	87	54	332
Argentina	1.502	289	235	40	1.151	3.217	42	41	73	3	74	43	420
Chile	213		56	225		494	6	0	18	16	0	7	144
Uruguai	154		2		199	355	4	0	1	0	13	5	302
Sem informação sobre países receptores				51		51				4		1	
Total	**3.585**	**711**	**320**	**1.394**	**1.559**	**7.569**	**100**	**100**	**100**	**100**	**100**	**100**	**101**

Fonte: Elaboração própria com base em CEPAL (1964).

relação à tributação do comércio exterior e dos vínculos entre o balanço de pagamentos e a oferta monetária. A principal vítima era invariavelmente o investimento público e privado, submetido a um comportamento cíclico particularmente severo. Ainda que alguns países tenham aprendido a viver com ciclos tão pronunciados dentro das "regras do jogo" do padrão-ouro (e prata), foram frequentes os episódios de inconversibilidade monetária. Entre os países maiores, Argentina, Brasil, Chile e Colômbia viveram episódios prolongados de inconversibilidade.

Esses episódios, assim como o abandono tardio do padrão-prata em alguns países, geraram uma propensão inflacionária em relação aos padrões mundiais. No entanto, apenas em dois casos isso deu lugar a um descontrole inflacionário e ambos estiveram associados a conflitos políticos: na Colômbia, durante a Guerra dos Mil Dias, e no México, durante os anos mais agudos da guerra civil que estourou depois de sua Revolução, especialmente em 1913. A inconversibilidade significou também que a depreciação nominal era considerada, durante as crises, um instrumento protecionista e de promoção das exportações. Ao mesmo tempo, a inconversibilidade implicou que o estabelecimento ou restabelecimento do padrão-ouro – logo após um episódio de inconversibilidade – fosse custoso, tanto devido à necessidade de destinar-se uma parte dos escassos recursos fiscais para garantir as reservas requeridas, como devido aos ajustes de preços relativos, que tinham efeitos adversos nas atividades de exportação e naquelas que competiam com as importações.

Como observado antes, os países latino-americanos que se encontravam no padrão-prata puderam absorver certo dinamismo interno por conta da desvalorização de suas moedas, dada a depreciação da prata em relação ao ouro a partir da década de 1870. Os países latino-americanos que estavam nessa situação foram o México até 1905, a Bolívia e El Salvador até 1914 e Honduras até 1931 (Salvucci, 2006: 254-264).

A estrutura produtiva e sua diversificação

Como indicado anteriormente, o crescimento deste período foi em grande parte influenciado pelo aumento das exportações. Contudo, o mercado interno latino-americano continuou sendo amplamente majoritário (mais de 80% no período 1913-1929, conforme a Tabela 3.10) e cresceu a um ritmo apreciável. Ao mesmo tempo, o crescimento do mercado interno foi algo mais estável que o das exportações e gerou importantes transformações estruturais, sob a forma de urbanização, desenvolvimento dos serviços públicos, industrialização e desenvolvimento do Estado em diversas áreas.

Ainda que escassas, as informações disponíveis parecem indicar que entre 1870 e 1929 ocorreu um significativo aumento da população que vivia nas cidades de mais de 20.000 habitantes. Segundo a CEPAL, o grau de urbanização em 1930 era de 30%. Em sintonia com o que já foi tratado antes, os países do Grupo 3 apresentavam um índice de urbanização de 57% naquele ano, o que consistia em duas vezes os níveis dos outros dois grupos, dentre os quais somente Cuba destacava-se com figuras próximas às do Grupo 3 (Tabela 3.19).

As cidades de 1870 formavam parte de um cenário predominantemente rural e eram na verdade cidades dos ricos, que se concentravam em torno da praça. Os pobres viviam nos arredores da cidade, em ruas não pavimentadas, em um ambiente mais rural que urbano. Até 1930 a América Latina já contava com grandes metrópoles, como Buenos Aires, Havana, Rio de Janeiro e Cidade do México. A expansão da economia exportadora e as importações de bens de capital e de consumo, que eram sua contrapartida, foram os setores que deram a principal contribuição ao crescimento urbano, mediante a demanda de diversos serviços conexos. As classes altas tenderam a deslocar-se do centro da cidade para zonas mais altas e afastadas, sem por isso deixar de dominar a vida de seu centro econômico, comercial, político e cultural e trabalhar para seu embelezamento. A urbanização levou ao crescimento da população de classe média, e também dos assalariados públicos e privados do setor industrial e de serviços. Desta forma, as cidades também transformaram-se em porta-vozes de visões mais progressistas e estiveram crescentemente submetidas às pressões dos setores populares emergentes (Scobie, 1991: 202).

O desenvolvimento da economia urbana teve um grande impacto no desenvolvimento dos serviços e da indústria da construção. Os serviços bancários, seguros, iluminação e eletricidade, águas e saneamento, transporte público urbano e de longa distância, sistemas de ensino, diversas funções administrativas do Estado, todos constituíram áreas de diversificação da atividade econômica.

Já faz pelo menos duas décadas que se abandonou a ideia de que a indústria foi uma novidade que surgiu nos anos 1930 como reação à crise mundial. A reação contra essa visão estimulou uma série de estudos do que então se chamou de "indústria precoce". O fato de que a indústria manufatureira estava presente e em expansão na América Latina já antes da crise de 1929 está agora fora de dúvidas. Como se pode ver na Tabela 3.19, os níveis de industrialização alcançados até 1929 são apreciáveis. Nos países do Grupo 3, a indústria manufatureira respondia por aproximadamente 16% do produto.

TABELA 3.19. Níveis de Industrialização e urbanização, circa 1870-1930

	GRAU DE INDUSTRIALIZAÇÃO (A)	TARIFA MÉDIA (RECEITAS DAS TARIFAS/ IMPORTAÇÕES) (B)			URBANIZAÇÃO (% CIDADES COM MAIS DE 20.000 HABITANTES) (C)			TAXA DE URBANIZAÇÃO, 1930 (D)
	c. 1929	1870-1874	1910-1914	1925-1929	c. 1870	c. 1913	c. 1930	(CEPAL)
Grupo 1								
Bolívia								25
Colômbia	6	21	56	29	2	8	9	25
Equador								22
El Salvador								28
Guatemala								20
Honduras	5							12
México	12	15	24	21	9		16	33
Nicarágua	5							26
Paraguai								30
Peru	8	35	22	18	6		15	27
Subtotal	**7**	**24**	**34**	**23**	**6**	**8**	**13**	**25**
Grupo 2								
Brasil	13	35	37	24	9		15	24
Costa Rica	9							20
Cuba		25	22		21		19	51
República Dominicana								18
Panamá								30
Venezuela	11				7		17	27
Subtotal	**11**	**30**	**30**	**24**	**12**		**17**	**28**
Grupo 3								
Argentina	20	23	21	16	15	34		57
Chile	13	20	11	21	11		32	50
Uruguai	16	23	32	17	27	27		63
Subtotal	**16**	**22**	**21**	**18**	**18**	**30**	**32**	**57**
Total	**10**				**12**		**18**	**31**

Fontes: a) Bulmer-Thomas (2003/1994: tabela VI.7). b) Coastworth e Williamson (2003). c) Scobie (1991: tabela 1). d) Divisão de População das Nações Unidas: World Urbanization Prospects (revisão 2007). Base de dados de população (formato digital).

No maior país desse grupo, a Argentina, o índice chegou a 20%. Nos outros dois grupos destacam-se os países grandes, Brasil e México, com graus de industrialização claramente superiores aos do restante, o que está na base dos novos critérios de classificação de países que utilizaremos a partir do próximo capítulo.

O desenvolvimento inicial da indústria foi estimulado por vários fatores. Podemos falar de um desenvolvimento relativamente espontâneo, vinculado tanto às exportações como a um conjunto de atividades orientadas ao mercado interno que se aproveitavam do crescimento populacional e da renda. Mas também cedo aparece certo crescimento industrial apoiado em altos níveis tarifários induzidos por razões fiscais ou por políticas explicitamente protecionistas.

No caso do setor exportador, a produção industrial era um pré-requisito para as exportações de alguns bens primários. Os minerais deviam ser processados perto do centro de produção a fim de minimizar os custos de transporte. Tal fato levou ao desenvolvimento de instalações de fundição e, às vezes, de refino, que se converteram nos primeiros esforços de industrialização das economias de mineração. As minas de Chuquicamata e de El Teniente no Chile eram consideradas as maiores do mundo. Como os minerais, o açúcar necessitava ser processado próximo ao lugar onde era produzida a matéria-prima. Com o transporte refrigerado, as exportações de carne requeriam o desenvolvimento da indústria frigorífica, que processava, além da carne, vários subprodutos. Os frigoríficos que operavam na Argentina, Swift e Armour, tinham dimensões comparáveis às dos frigoríficos dos Estados Unidos. Outras mercadorias, como petróleo e banana, exigiam redes especiais de transporte, intensivas em capital, mas não necessitavam um processamento considerável. Nesses casos, os grandes investimentos de capital nos setores exportadores de matérias-primas tinham efeitos diretos mais limitados em termos de industrialização.

Também havia encadeamentos indiretos associados em sua maior parte com a demanda de consumo gerada pelas rendas crescentes, em especial por parte da mão de obra assalariada europeia e em regiões onde, a despeito da renda média não ser muito alta, existiam grandes mercados integrados. O tamanho e a integração do mercado nacional refletiam um efeito conjunto do crescimento das exportações, da urbanização e do desenvolvimento de uma infraestrutura moderna. Os efeitos positivos desse tipo de desenvolvimento eram potencializados quando havia uma estratégia de integração nacional. Em outros casos, ao contrário, o desenvolvimento do transporte moderno não contribuiu inicialmente para integrar o mercado interno, na medida em que melhorava a comunicação de diferentes localidades com o restante do mundo, mas as comunicações internas continuavam dependendo de meios de transporte tradicionais. Contudo, no longo prazo o transporte moderno contribuiria para a integração do mercado interno. A transição das ferrovias para as rodovias desempenhou também um papel neste sentido, mas ocorreu em um período de transição rumo à industrialização dirigida pelo Estado.

A crescente demanda nacional de manufaturas refletiu-se no aumento das importações, mas também estimulou as primeiras fases da industrialização. Algumas economias exportavam produtos agrícolas que formavam os itens básicos das cestas de consumo. Embora isso encerrasse certa contradição, porque afetava os excedentes exportáveis, facilitou o desenvolvimento de indústrias de bens de consumo locais. Em outros casos, o crescimento do consumo popular teve um grande impacto sobre as importações, o que, a longo prazo, geraria oportunidades para uma indústria substitutiva. O efeito da demanda combinou-se muitas vezes com o alto custo dos transportes, dando origem a uma espécie de proteção natural para a produção de bens de consumo, tais como cerveja, gráfica e editorial e, mais tarde, cimento e outros setores vinculados à indústria da construção. Nesses casos, a produção nacional acompanhou diretamente o crescimento da demanda, sem que se desenvolvessem importações consideráveis; em outros casos, houve agudas flutuações da atividade interna, conforme os ciclos econômicos favorecessem mais ou menos o acesso a bens importados. Como resultado, em termos gerais ocorreu um intenso desenvolvimento espontâneo das indústrias tradicionais de produção de bens de consumo e alguns intermediários para o mercado interno.

Embora seja verdade que a indústria manufatureira latino-americana era predominantemente composta por um conjunto de pequenas empresas que ocupavam, em média, poucos trabalhadores, a existência de grandes empresas não se limitava aos setores exportadores. Em alguns ramos industriais, como cerveja e têxteis, constituiu-se um pequeno grupo de grandes empresas, algumas das quais persistem até hoje, como as argentinas Quilmes e Biekert, a brasileira Antártica e a mexicana Cuauhtémoc. Havia também grandes empresas em outros ramos industriais, como a produtora argentina de calçado popular, Alpargatas. Na indústria têxtil, Suzigan (1986: apêndice 3) menciona pelo menos quatro empresas têxteis que no Rio de Janeiro tinham mais de 500 trabalhadores antes de 1905.

De qualquer forma, o fato de que algumas empresas industriais haviam adotado modernas técnicas capitalistas de produção não significou que essas técnicas transformaram a estrutura industrial, já que muitos estabelecimentos arcaicos sobreviviam ao lado das outras empresas. A fragmentação e a diversidade tecnológica eram predominantes, o que dificultou o desenvolvimento sistêmico e a interação entre setores, gerando-se muito poucos encadeamentos para a frente e para trás, nunca se estabelecendo uma relação simbiótica entre a grande e a pequena indústria (Lewis, 1991: 241).

O limitado impacto da grande indústria pode talvez ser observado com os números da Tabela 3.20. Eles nos mostram, por um lado, o enorme crescimento da importação de máquinas e equipamentos no Brasil e no México no começo do século e em fins dos anos 1920. No caso brasileiro, a indústria têxtil acompanha a tendência do conjunto; no mexicano, esse setor cresce menos do que o restante. Mas em todo caso, é digno de nota a grande concentração das importações de máquinas têxteis no total, especialmente se consideramos que, pelo menos no caso brasileiro, esses dados incluem as importações de todos os tipos de máquinas utilizadas na indústria, inclusive transporte e geração elétrica.

O crescimento natural da produção industrial tinha, contudo, limites muito claros e dificilmente estava em condições de produzir uma profunda mudança estrutural da economia latino-americana. Os países já industrializados haviam desenvolvido capacidades muito superiores, que tornavam impossível o acesso da América Latina aos mercados industriais. Inclusive, muitas indústrias artesanais latino-americanas viram-se literalmente arrasadas pela

TABELA 3.20. Importação total de maquinaria e têxteis do Brasil (1895-1939) e México (1895-1935) (preços de 1900)

	BRASIL			MÉXICO		
	MAQUINARIA	TÊXTIL	% TÊXTIL	MAQUINARIA	TÊXTIL	% TÊXTIL
1895-1899	121	144	26			
1900-1904	102	125	29	77	62	50
1905-1909	242	248	23	166	89	34
1910-1914	404	369	21	143	47	20
1915-1919	89	91	26	160	13	4
1920-1924	279	343	28	431	125	23
1925-1929	444	497	27	856	209	18
1930-1934	216	229	27	331	93	32
1935-1939	424	499	28			

Elaboração própria baseada em:
Brasil: Suzigan (1986: 359-364, apêndice 1), baseado em exportações de maquinaria da Alemanha, França e dos Estados Unidos para o Brasil em libras esterlinas de 1913.
México: Haber (2006: tabela 13.5), baseado em exportações de maquinaria do Reino Unido e Estados Unidos para o México, em dólares de 1929.

concorrência da produção industrial, sendo o caso dos artesãos têxteis o mais conhecido e estudado, não apenas na América Latina. Por isso é que dificilmente podemos dizer que este período foi de industrialização, se por isso entendemos a transformação da indústria no motor do crescimento econômico.

A política econômica: estrutura tributária, protecionismo e bancos estatais

As dificuldades para o crescimento da produção industrial, em um contexto no qual o aumento das rendas *per capita* conduzia a um aumento da demanda de bens industriais, levam-nos ao tema do protecionismo da indústria. Embora este período seja visto como dominado pelo liberalismo comercial, é sabido que os avanços do liberalismo não foram nem tão importantes nem tão gerais como se tem acreditado (Bairoch, 1993). Em particular, os trabalhos de Coatsworth e Williamson mostraram que os impostos de importação representavam uma porcentagem muito alta do valor das importações na América Latina, situando-se entre os níveis mais elevados do mundo, embora, de forma notável, relativamente comparáveis aos também altos níveis de proteção dos Estados Unidos e dos países da Australásia.

Por que foi tão alta a participação dos impostos de importação em relação ao total das importações e qual foi seu impacto sobre o crescimento industrial?

Como visto no Capítulo 2, a construção de uma nova base fiscal nas recentes repúblicas latino-americanas foi um processo sinuoso e complexo. Particularmente nas zonas densamente povoadas, o tributo que incidia sobre a população indígena representava uma importante contribuição aos cofres da metrópole e sua arrecadação era realizada pelos fazendeiros, que se apropriavam de uma parte do mesmo, a maior parte das vezes mediante contribuições na forma de trabalho. As novas repúblicas primeiro aboliram o tributo, mas em alguns casos ele foi reintroduzido. Com o avanço das reformas liberais, o tributo foi finalmente suprimido naqueles países onde mais havia perdurado: no Peru em 1854 e no Equador em 1857.

Ainda que tenha havido várias tentativas de estabelecer um sistema de tributação direta, que era particularmente atraente para alguns liberais da época, a execução de um sistema dessa natureza por parte das novas repúblicas era algo muito custoso, particularmente quando se tratava da atividade agrícola, amplamente espalhada pelo território. Os impostos sobre o comércio externo surgiram como um atraente meio de aumentar as receitas, sendo, além disso, de coleta relativamente mais fácil. As tarifas aduaneiras concentravam-se em alguns poucos núcleos centrais, especialmente nos portos, e seu controle era muito mais facilitado. Não se tratava apenas de um problema técnico, mas também de controle das rendas geradas pela exploração dos recursos naturais.

Nas economias agroexportadoras houve uma oposição frontal dos proprietários de terra à tributação direta de seu principal ativo: a terra. Nelas, assim como naquelas economias de mineração que não tributavam os setores exportadores, as tarifas aduaneiras eram o principal, e às vezes o único, meio para tributar de maneira indireta as atividades de exportação. Obviamente, o seu impacto redistributivo era muito menor do que na hipótese de se ter priorizado a taxação direta. A maioria dos governos adotou ativamente os impostos sobre o comércio externo, como já visto, apesar de seu compromisso com o desenvolvimento exportador e os princípios liberais.

Ainda que as elevadas tarifas fossem motivadas por razões essencialmente fiscais, elas também tinham efeitos protecionistas. De fato, e ao contrário do sustentado por correntes acadêmicas modernas, o crescimento das exportações e o protecionismo não eram consideradas estratégias opostas, mas antes complementares, elementos de um só impulso de modernização. Alguns países latino-americanos (Brasil, Chile, Colômbia e México) praticavam um protecionismo muito ativo bem antes do modelo de industrialização dirigida pelo Estado. Nesses casos, a industrialização inicial, desde final do século XIX, esteve estreitamente associada à proteção.

A estrutura tarifária da época baseava-se, em geral, em tarifas específicas, incluindo uma variante: as tarifas *ad valorem* que eram pagas de acordo com uma lista oficial de preços. As tarifas específicas concediam uma proteção especial à produção de bens industriais de escasso valor por unidade de peso: por exemplo, uma proteção maior para os têxteis simples, de uso popular, do que para os mais elaborados. Da mesma forma, em ambos os sistemas a inflação erodia a proteção, mas a deflação a aumentava. Esses efeitos geravam um comportamento anticíclico da proteção, que se somava ao papel anticíclico exercido pelas taxas de câmbio naqueles países que não aplicavam as regras do padrão-ouro. Desta forma, os períodos de expansão externa desestimulavam a produção de manufaturas com tarifas *ad valorem* decrescentes (devido à inflação) e com a apreciação real, mas a promoviam com o aumento da demanda. Ao contrário, durante as crises, a deflação aumentava as tarifas *ad valorem*; esse efeito, mais o da desvalorização (quando usada), estimulavam a substituição de importações. Adicionalmente, durante a Primeira Guerra Mundial, a escassez física de alguns produtos manufaturados importados da Europa gerou incentivos adicionais para a produção nacional.

A combinação deste tipo de proteção com as políticas de fomento ao desenvolvimento financeiro e ao transporte que caracterizaram muitos países deu lugar em alguns casos a experimentos que foram o prelúdio da industrialização dirigida pelo Estado, que veio a predominar depois da Segunda Guerra Mundial. Talvez o caso mais interessante seja o do México sob o Porfiriato, que adotou uma estratégia de industrialização relativamente ampla, que incluiu as formais iniciais de bancos de desenvolvimento e de incentivos às "indústrias nascentes", combinadas com uma política agressiva de integração do mercado interno (Cárdenas, 2003: cap. V; Haber, 1989 e 2010). Essa orientação explica porque, segundo vimos, a expansão da economia mexicana durante esses anos teve uma mescla muito equilibrada de exportações e mercado interno. Nesse caso, como foi visto, a manutenção do padrão-prata até relativamente tarde pode ter constituído um estímulo adicional à produção de bens comercializáveis. No Chile, a proteção, unida ao forte compromisso estatal com o desenvolvimento da infraestrutura para integrar o mercado interno, teve um efeito similar (Palma, 2003). Nesses e em outros casos de menor alcance, o desenvolvimento das atividades manufatureiras voltadas ao mercado interno não foi visto como antítese do desenvolvimento primário-exportador, mas como outra faceta do processo de desenvolvimento moderno.

De todo modo, é importante ressaltar que, como se deduz claramente da Tabela 3.19, não existiu correlação alguma entre nível de industrialização e nível de proteção, já que os países com níveis mais elevados de proteção não eram os mais industrializados.

Cabe observar, ainda, que quando os investidores estrangeiros tinham uma participação relevante nas atividades exportadoras, o problema das rendas entrelaçava-se estreitamente com o "retorno do capital", ou seja, a parcela das receitas externas que permanecia dentro das fronteiras nacionais. Essa parcela dependia da capacidade do Estado extrair efetivamente uma parte da renda das empresas estrangeiras mediante impostos diretos ou indiretos (sobre a exportação, nesse último caso). A tributação dos setores extrativos minerais foi importante em alguns casos, mas em outros foi muito menos desenvolvida. Os casos mais evidentes de tributação elevada sobre as exportações de produtos minerais deram-se em economias que tiveram uma alta participação nos respectivos mercados mundiais (Peru com o guano e Chile com o salitre). Contudo, em todas as economias de mineração o problema da tributação do setor esteve no primeiro plano do debate político nacional.

Em que medida o desenvolvimento financeiro interno contribuiu para o desenvolvimento econômico e para a diversificação produtiva? Não é fácil responder a essa pergunta, porque apesar de uma crescente literatura sobre casos nacionais, não existem virtualmente trabalhos comparativos sobre esse tema para o período que analisamos. O exercício realizado já há algum tempo por Goldsmith (1973) indica que, entre os sete maiores países da região, a Argentina tinha uma ampla vantagem em termos de desenvolvimento financeiro em 1913 e 1929, seguida pelo Brasil e pelo México pré-revolucionário, com escasso desenvolvimento nos outros quatro países. Curiosamente, a falta de desenvolvimento financeiro refletia-se na capacidade de financiar os déficits públicos, que dependiam do crédito externo e, por isso, havia dívidas públicas internas muito baixas em todos os países em relação aos padrões dos países desenvolvidos. Mesmo na economia líder da época, a Argentina, o desenvolvimento financeiro tendeu, em relação a outros países de igual ou maior desenvolvimento fora da região, a atrasar-se até o final do período que analisamos. Isso sugere que o financiamento interno foi incapaz de servir como um bom substituto do externo (Della Paolera e Taylor, 1998). Em todos os países, o sistema bancário foi viesado em favor do financiamento de curto prazo, motivo pelo qual mesmo as não muito desenvolvidas bolsas de valores constituíram, às vezes, um melhor mecanismo de mobilização de recursos de prazo mais longo. As entidades hipotecárias também o fizeram, mas aparentemente com uma grande dependência de recursos externos.

O Estado teve um papel importante na criação de entidades financeiras. Os países com maior desenvolvimento financeiro relativo dominaram novamente o panorama, como o Banco de la Província de Buenos Aires (1822), o Banco de la Nación Argentina (1891), e muitos outros nesse país,[4] enquanto o Brasil tinha o Banco do Brasil (1808) e a Caixa Econômica Federal (1861). Na Argentina, o Banco de la Nación expandiu-se em termos relativos e já ao final do período que analisamos controlava quase a metade do sistema bancário da Argentina. Também é interessante o caso de dois países pequenos cujas principais instituições bancárias públicas surgiram bem cedo no período: o Banco de la República no Uruguai (1896) e o Banco Internacional de Costa Rica (1916), que se transformaria mais tarde (em 1936) no Banco Nacional de Costa Rica. Houve no continente muitos outros exemplos de entidades de propriedade estatal ou semiestatal, nem todos bem-sucedidos.

Várias das instituições públicas citadas atuaram, além de no setor bancário comercial, como agentes financeiros do governo e, de maneira implícita, como bancos centrais, até a criação desses últimos, que em alguns casos foi muito tardia. A principal onda de criação de bancos centrais aconteceu na década de 1920 nos países andinos, sob a influência do professor da Universidade de Princeton, Edwin Kemmerer, entre 1923 e 1928, que esteve envolvido no

[4] Para uma história da proliferação de bancos públicos na Argentina e do colapso de muitos deles durante a crise do Baring de 1890, ver Marichal (1989: cap. 5).

estabelecimento dos bancos centrais de Colômbia, Chile, Equador e Bolívia, nessa ordem, e na reorganização do Banco Central do Peru, em 1931, que havia começado a funcionar em 1922. Todos esses bancos centrais seguiram firmemente os princípios do padrão-ouro (Drake, 1989), mas foram também essenciais para o ativismo monetário e creditício que surgiria a partir da década de 1930.

Inovação tecnológica e transferência internacional de tecnologia

O tema da transferência tecnológica e do desenvolvimento das capacidades de inovação merece uma consideração especial.

Em termos gerais, a combinação de um padrão de produção altamente especializado em bens primários com trabalho não qualificado sujeito a diferentes formas de coerção foi associada a um padrão de baixos níveis de inovação e mudança tecnológica. E no caso da América Latina, esse baixo ritmo de mudança tecnológica refletia as escassas qualificações, não apenas da mão de obra, mas também das elites.

Nesse contexto, a transferência internacional de tecnologia tornou-se um problema crítico. Mesmo as mudanças tecnológicas que mais aproximaram a América Latina do mundo – tal com a revolução dos transportes – e que certamente chegavam à sua faixa litorânea, não necessariamente penetravam em todas as partes do interior dos países. Inclusive, como se afirmou muitas vezes, os vínculos dinâmicos com o comércio exterior algumas vezes contribuíram para reforçar formas convencionais de coerção e tecnologias arcaicas. Muitas tecnologias foram introduzidas e adotadas (sistemas de irrigação, cercas de arame nas propriedades), mas não necessariamente modificaram o padrão produtivo básico. No terreno institucional, o desenvolvimento de códigos de minas e comerciais e o aperfeiçoamento da regulação bancária e monetária constituíram progressos consideráveis durante esta etapa do desenvolvimento, que em boa medida se deveram ao impacto do investimento estrangeiro.

Este tem sido um tema clássico de debate com o paradigma da modernização, na medida em que, de acordo com essa visão, o processo de modernização consiste na progressiva expansão de um setor moderno à custa de um tradicional. O pensamento estruturalista ressaltou justamente que a existência de um setor moderno, longe de absorver o tradicional, muitas vezes pressupõe sua existência, articula-se com ele e o reproduz, gerando subdesenvolvimento, desenvolvimento dependente, capitalismo periférico, padrões oligárquicos de desenvolvimento, industrialização incompleta ou outras caracterizações similares.

Pode-se sustentar que os dois principais veículos da transferência internacional de tecnologia foram, nesse período, o investimento estrangeiro e a imigração (Bértola *et al.* 2009).

Podemos relacionar essa capacidade de transferência tecnológica diretamente com o investimento estrangeiro *per capita*. O impacto do investimento estrangeiro não se limitou ao setor exportador, mas teve também uma grande influência sobre um conjunto de atividades que permeavam as estruturas do mercado interno, como bondes, ferrovias, eletricidade, seguros, bancos etc.

A imigração recebeu muitíssima atenção, ainda que não tanto do ponto de vista da transferência internacional de tecnologia, em boa medida sob a forma de conhecimento tácito. A imigração trouxe consigo a experiência de pessoas que já conheciam a civilização industrial, que traziam conhecimentos, experiência prática, cultura empresarial e técnica, ética do trabalho, conhecimento das novas formas de organização comercial e, também, experiência direta com os principais mercados de exportação e importação. De toda forma, os imigrantes não eram todos iguais, vinham de diferentes ambientes e muitos deles fugiam justamente devido à concorrência da industrialização, trazendo consigo técnicas e mesmo culturas em declínio. Mais ainda, no caso das áreas rurais, muitos fracassos e trajetórias tecnológicas ineficientes resultaram de tentativas de transferir tecnologias e técnicas eficientes em outros contextos para ambientes inteiramente distintos.

Tem havido várias discussões sobre se os imigrantes que chegaram à América Latina foram menos qualificados do que os que foram para outras regiões, e se os que chegaram ao sul da América do Sul eram os "mais pobres entre os pobres". Aparentemente, contudo, os imigrantes não eram menos qualificados do que a média da população em seu lugar de origem (Alonso, 2006). Além disso, na maior parte das vezes os mais pobres entre os pobres geralmente não tinham recursos para emigrar.

É sabido que os imigrantes compuseram na América Latina uma boa parte do setor empresarial, mesmo, como mencionado, nos países onde a migração não foi um fenômeno em grande escala. Por este motivo, podemos esperar que o aporte de conhecimento e capacidade empresarial tenha sido mais significativo nos países que receberam os maiores fluxos de imigração. Em outras palavras, do ponto de vista da transferência internacional de tecnologia, as diferenças nas taxas de imigração contribuíram para explicar os diferentes resultados entre as nações latino-americanas.

Mas a despeito das grandes diferenças entre os países latino-americanos, a América Latina possui um elemento distintivo pelo fato de que mesmo as nações latino-americanas mais avançadas apresentam resultados claramente inferiores frente às economias líderes no mundo. Trabalhos recentes que comparam os países do Rio da Prata com os da Australásia demonstraram como o padrão de apropriação da terra e a forma em que isso condicionou a estrutura institucional tiveram grande impacto na constituição dos mercados de terra, distribuição funcional da renda, diferenciação produtiva, no ritmo de incorporação de mudança tecnológica e na formação de sistemas radicalmente diferentes de inovação no setor agrário. Enquanto na Nova Zelândia construiu-se um sistema de inovação e houve profundas transformações no ambiente natural, no Uruguai os grandes criadores de gado concentraram-se em uma estratégia rentista e no bloqueio por meios políticos das forças progressistas nas áreas urbanas (Alvarez, Bértola e Porcile, 2007).

A transição para uma nova era

Ao final da era das exportações as condições estavam mudando. A Primeira Guerra Mundial deu lugar ao entreguerras, um período que nas economias europeias caracterizou-se pelas mais baixas taxas de crescimento do século e por ser o único momento no qual o comércio exterior cresceu menos até do que o já deprimido produto doméstico.

Esse período crítico da economia internacional resultou de um conjunto de contradições no interior das economias desenvolvidas e no próprio sistema comercial e financeiro internacional.

Vimos que algumas economias latino-americanas sentiram rapidamente a mudança nas tendências internacionais, enquanto outras, de incorporação mais tardia à nova onda expansiva e também mais ligadas ao mercado norte-americano, continuaram em expansão até a crise de 1929.

Nessa nova conjuntura mundial, a América Latina que terá de se posicionar já será bem distinta daquela dos períodos anteriores. Além das diferenças entre os países, a América Latina contou com novos atores que se desenvolveram durante o período analisado neste capítulo: classes médias urbanas, uma classe trabalhadora com experiência em lutas sociais, um empresariado industrial e novos atores na economia agrária. E além de tudo isso, havia um ator que expandiu amplamente sua influência: o Estado.

A ação do Estado não se limitou a criar e regular instituições monetárias, mas também desempenhou um papel central no desenvolvimento do sistema bancário nacional e na construção da infraestrutura, dando origem ao nascimento precoce de empresas estatais na maioria dos países. Os governos também intervieram na distribuição e utilização das rendas extraídas dos recursos naturais, nos vínculos entre as exportações e as atividades econômicas domésticas e, desde o começo do século XX, na determinação das instituições trabalhistas e de desenvolvimento social.

Embora esse modelo não fosse o tipo de Estado intervencionista que se estabeleceu a partir da década de 1930 na América Latina, tampouco ajustava-se à imagem de *laissez-faire* elaborada por alguns analistas nostálgicos da era primária-exportadora. Os itens mais tradicionais do gasto público (administração geral, defesa e serviço da dívida) já tinham dado lugar a uma alocação crescente dos recursos governamentais para despesas de transporte e educação (ver os estudos contidos em Cárdenas, Ocampo e Thorp, 2003). E esse novo ator seria chamado a ocupar um lugar decisivo, não apenas na América Latina, mas em toda a economia mundial neste ciclo que muitas vezes se associa ao keynesianismo, mas que na América Latina está mais vinculado ao desenvolvimentismo.

CAPÍTULO 4

A INDUSTRIALIZAÇÃO DIRIGIDA PELO ESTADO

A Grande Depressão dos anos 1930 e as perturbações do comércio mundial causadas pela Segunda Guerra Mundial desencadearam um golpe fatal para o crescimento liderado pelas exportações. Mais que uma transição súbita a um novo modelo de desenvolvimento, o que se deu foi uma sucessão de choques macroeconômicos de grande intensidade aos quais os distintos países responderam de maneira pragmática, em não poucos casos francamente improvisada ou reproduzindo as ações que os países industrializados estavam implementando. Em nível mundial, as mudanças ocorridas podem ser resumidas como o colapso da primeira globalização. Alguns elementos desse colapso (o menor dinamismo do comércio internacional e as dificuldades para manter o padrão-ouro) já vinham sendo percebidos desde a Primeira Guerra Mundial, mas a sentença de morte apenas seria declarada durante a Grande Depressão. Esse processo foi acompanhado pela crescente intervenção do Estado na economia, pelo retrocesso do liberalismo em nível mundial[1] e seu colapso com a ascensão do fascismo, em vários países, e do comunismo, na Rússia. Mesmo nas economias que preservaram tendências mais liberais, a esfera de ação do Estado ampliou-se com a pressão por reformas sociais por parte dos movimentos de trabalhadores; a planificação econômica que as potências mundiais foram forçadas a adotar durante as duas guerras mundiais e, finalmente, a necessidade de enfrentar as grandes perturbações macroeconômicas provocadas pela Grande Depressão.

[1] Polanyi (1957) continua sendo a melhor análise da lógica histórica dos eventos que se seguiram ao colapso do liberalismo.

Daí surgiria na América Latina um novo padrão de desenvolvimento, que aqui denominaremos *industrialização dirigida pelo Estado*, um conceito que ressalta suas duas características básicas: o foco crescente na industrialização como eixo do desenvolvimento e a ampliação significativa das esferas de ação do Estado na vida econômica e social.[2] Um terceiro elemento que caracterizou esse padrão foi a orientação para o mercado interno, aspecto que se relaciona tanto ao conceito cepalino de "desenvolvimento para dentro", quanto ao mais utilizado internacionalmente de "industrialização por substituição de importações". Como veremos, contudo, a substituição de importações não foi nem um elemento mais destacado ao longo do tempo nem uma característica que compartilharam todos os países durante o meio século no qual predominou essa estratégia de desenvolvimento. Esse termo não é, portanto, o mais adequado para caracterizar a fase de desenvolvimento que examinaremos neste capítulo.

O surgimento da segunda globalização, com a gradual reconstrução do comércio internacional e de um novo sistema financeiro internacional, teria também um enorme impacto sobre a região. A gestação desta segunda globalização seria, contudo, lenta, e seus primeiros efeitos apenas chegariam ao mundo em desenvolvimento a partir dos anos 1960 por meio da maior demanda de seus produtos de exportação (que incluía agora um crescente número de manufaturas) e com o acesso ao mercado de eurodólares na década de 1970.

O período cobre duas fases inteiramente distintas. A primeira, abrangendo a Grande Depressão e a Segunda Guerra Mundial, foi um período essencialmente de transição, caracterizado por um lento crescimento econômico: 2,6% ao ano ou apenas 0,6% por habitante para o conjunto dos 145 países para os quais contamos com dados (ver Tabelas A.1 e A.2, no Apêndice Estatístico). A segunda fase, que cobre o período entre o final da guerra e 1980, e que se pode considerar como de predomínio da industrialização dirigida pelo Estado, caracterizou-se pelo maior crescimento de toda a história latino-americana: 5,5% ao ano e 2,7% *per capita*. Como veremos adiante, o aumento da produtividade também alcançou durante o período os índices mais altos da história. A explosão demográfica e a urbanização acelerada foram também notáveis. A população, que era de 100 milhões de habitantes em 1929, cresceu para 158 em 1950 e 349 milhões

[2] Seguimos aqui o conceito elaborado por Cárdenas, Ocampo e Thorp (2003b) e Thorp (1998a).

em 1980, atingindo um crescimento anual de 2,7% entre esses dois anos.[3] Por outro lado, a população urbana na região passou de 32% em 1930, e 42% em 1950, para 65% em 1980.

A diversidade nos padrões regionais de crescimento e mudança social e estrutural foi também uma característica notável de ambas as fases. Os países do Cone Sul, que nos capítulos anteriores foram classificados no Grupo 3, contavam já antes da crise de 1929 com mercados internos que, devido aos seus níveis de renda relativamente altos, haviam estimulado certa diversificação produtiva e promovido um desenvolvimento social mais propício para as políticas de industrialização. Paradoxalmente, contudo, esses países esgotaram mais cedo seu potencial de crescimento para dentro e se situaram entre os que menos cresceram durante o período tratado neste capítulo. Esse também foi o caso de Cuba.

Ao contrário, a maioria dos países dos Grupos 1 e 2 teve um desenvolvimento mais limitado de seus mercados internos e uma menor diversificação produtiva durante a era primária-exportadora. Esses dois grupos de países tenderam a tornar-se mais e mais semelhantes devido à convergência estrutural das sociedades indo-americanas e afro-americanas, à medida que se distanciaram da escravidão e expandiram as relações de trabalho baseadas nos salários.

Houve, entretanto, uma crescente divergência dos países grandes, como Brasil e México, e mesmo médios como Colômbia, Peru e Venezuela, em relação aos países menores. Ainda que os países maiores compartilhassem os elementos comuns dos Grupos 1 e 2 assinalados no Capítulo 1, eles foram capazes de compensar os baixos níveis de renda de sua população com o tamanho de seus mercados domésticos e com um desenvolvimento significativo da industrialização em certas regiões e cidades, em processos que datavam do final do século XIX. Esses países estiveram, em geral, na dianteira do crescimento liderado pela indústria e conseguiram encurtar a distância com os países do Grupo 3 no período em questão. Que as duas maiores economias tenham sido as de melhor desempenho indica que o tamanho tornou-se um elemento muito importante, além, obviamente, da relevância que adquiriram os mercados internos. Algumas economias pequenas também tiveram um bom desempenho.

Pelas razões notadas, a partir deste capítulo modificaremos a tipologia que vínhamos utilizando e dividiremos os Grupos 1 e 2 em um grupo de

[3] Os números de Angus Maddison para os 19 países aqui analisados, e que utilizamos até 1950, foram de 99,6 milhões em 1929 e 156,5 milhões em 1950, tendo uma pequena discrepância com os dados da CEPAL (158,1 milhões neste último ano).

países pequenos e outro de grandes e médios. O Grupo 3 será mantido e a ele nos referiremos genericamente como o Cone Sul.

As grandes perturbações externas e a lenta gestação de uma nova era

O choque externo

A Grande Depressão consistiu em um golpe definitivo para a primeira globalização. Ela desordenou o comércio mundial, aprofundou as tendências protecionistas que vinham sendo ensaiadas internacionalmente desde o final do século XIX e provocou uma dramática queda da atividade econômica nos Estados Unidos, o centro industrial do qual havia dependido crescentemente a América Latina logo depois do crescimento da Europa Ocidental ter declinado a partir da Primeira Guerra Mundial. Sob a liderança alemã, mas também das preferências imperiais britânicas e de outras potências europeias, bem como de alguns tratados norte-americanos, um grande número de acordos bilaterais de comércio foram celebrados, que terminaram por levar ao colapso do multilateralismo no comércio internacional, que ressurgiria somente quando o Acordo Geral de Tarifas e Comércio (mais conhecido por suas siglas em inglês, GATT) reintroduziu em 1947 o princípio básico da não discriminação (o princípio da "nação mais favorecida"), ainda que com várias exceções herdadas do passado (as preferências coloniais). Os preços dos produtos primários começaram a cair acentuadamente a partir de meados de 1928, antes da derrocada de Wall Street e, em casos como o açúcar e o cacau, desde muito antes.

Além do que foi visto anteriormente, o auge do financiamento externo na década de 1920, que havia beneficiado a maioria dos países latino-americanos, foi substituído por menores fluxos de capital a partir de meados de 1928 e pela total interrupção desses fluxos pouco depois. Ainda que, como visto em capítulos anteriores, a história da América Latina a partir da Independência tenha sido de ciclos de financiamento externo de curta duração acompanhados por mudanças súbitas dos fluxos de capital, o ciclo dos anos 1920 e 1930 revelou-se o mais severo e generalizado enfrentado pela América Latina até então. O México, imerso nas mudanças desencadeadas por sua revolução e em moratória de sua dívida externa desde 1914 (ainda que com alguns pagamentos parciais), foi a grande exceção em termos de acesso ao mercado de crédito nos anos 1920. Mais ainda, a dramática crise financeira dos Estados Unidos com o colapso de Wall Street em outubro de 1929, e a sequência de suspensões do serviço da dívida que se desencadeou em todo o mundo, esfacelou o sistema financeiro internacional. Seriam necessárias três décadas para que surgisse um novo sistema, o mercado de eurodólares nos anos 1960, e mais tempo ainda para que os fluxos de capital privado retornassem em grande escala à América Latina.

No decorrer das imensas dificuldades enfrentadas para a sua restauração após a Primeira Guerra Mundial, o abandono definitivo do padrão-ouro em setembro de 1931 por parte de quem havia sido sua criadora no século XVIII, a Grã-Bretanha, foi um dos sinais mais claros dos novos tempos. O mesmo aconteceu com a nova moeda internacional emergente, o dólar, que também se tornou não conversível nas transações internas e foi desvalorizado frente ao ouro (cujo preço aumentou de $20,67 para $35) no final de janeiro de 1934 para as transações externas. O uso em grande escala de controles de câmbio que acompanhou o colapso do padrão-ouro, que em muitos países remonta à Primeira Guerra Mundial, marcou toda uma época no mundo inteiro. De fato, a criação do Fundo Monetário Internacional na Conferência de Bretton Woods, em 1944, aceitou a ideia de que os países poderiam controlar os fluxos internacionais de capitais como um dos princípios da ordem econômica internacional que emergiu da Segunda Guerra Mundial, ainda que o objetivo fosse eliminar gradualmente tais controles sobre as transações comerciais. Mesmo as principais potências europeias, porém, só restaurariam a conversibilidade em 1958 nas transações comerciais, com constituição da Comissão Econômica Europeia, e em 1990 no caso das transações de capital.

O colapso das exportações e a brusca reversão do financiamento externo nos anos 1930 geraram tensões no balanço de pagamentos e nas contas fiscais. Embora os países latino-americanos estivessem habituados a esses fenômenos, desta vez a escala dos acontecimentos foi muito maior e levou também ao abandono generalizado e definitivo do padrão-ouro por parte dos países da região.[4] Alguns deles o fizeram logo no início da crise, mas mesmo os que se esforçaram em ser fieis às "regras do jogo" do padrão-ouro, ajustando as finanças públicas e permitindo que a quantidade de dinheiro em circulação se reduzisse de forma dramática à medida que diminuíam as reservas internacionais, tiveram poucos argumentos para continuar a fazê-lo a partir do momento que a Grã-Bretanha o abandonou. O uso em grande escala de controles de câmbios e acordos bilaterais de pagamentos no mundo industrializado difundiu-se para os países da região. O racionamento das importações já havia sido usado de maneira generalizada nos países desenvolvidos durante a Primeira Guerra Mundial (e o seria de novo durante a Segunda

[4] Ver uma análise pormenorizada dos efeitos da Grande Depressão na América Latina em Díaz-Alejandro (1988), Thorp (1988) e Bulmer-Thomas (2003: cap. 7).

Guerra), e logo se converteu também em parte do arsenal protecionista da América Latina. A isso agregou-se o uso (e mais tarde o abuso) das taxas de câmbio múltiplas, seguindo aqui também as políticas praticadas por vários países europeus. Os poucos países que evitaram a manipulação ativa da taxa de câmbio e/ou os controles de câmbios foram geralmente os países pequenos que estavam sob forte influência dos Estados Unidos ou que usavam o dólar como meio de pagamento. Cuba e Panamá são os exemplos mais claros dessa situação.

As tentativas de administrar os mercados de produtos básicos em nível internacional também tinham vários antecedentes desde o início do século XX, nem sempre bem-sucedidos (ver, por exemplo, Rowe, 1965: parte IV). Conforme vimos no capítulo anterior, essas tentativas refletiam a queda real de alguns preços de produtos básicos na virada do século e de forma generalizada depois da Primeira Guerra Mundial, em particular com a grande deflação mundial de 1920-1921, o que permite ver o ciclo ascendente dos anos 1920 como uma recuperação frente a preços reais já deprimidos.

O caso mais significativo na América Latina de intervenção nos preços de produtos básicos foi o do café, em que o Brasil passou, a partir de 1906, a estocar uma parte da colheita para sustentar os preços no mercado internacional. Os esforços do que se denominaria "defesa permanente" entraram em colapso em outubro de 1929 pelas dificuldades na obtenção de financiamento externo. Com a queda livre dos preços, estoques crescentes e uma sequência de colheitas excepcionais, o governo federal optou por uma política de destruição física do café, jogando-o ao mar ou queimando-o. A intervenção foi financiada com impostos sobre os produtores do grão.[5] Além disso, desde 1931 o Brasil tentou definir com a Colômbia um esquema para estocar parte da produção. A Colômbia recusou-se inicialmente a tomar parte da iniciativa e apenas firmou um acordo em 1936, que suspendeu unilateralmente depois de intervir no mercado durante apenas seis meses (outubro de 1936 a março de 1937). A regulação do mercado do café seria promovida posteriormente pelos Estados Unidos, no início da Segunda Guerra Mundial, por meio do Acordo Interamericano de Café de 1940, cuja origem foi essencialmente política.

Outro exemplo conhecido é o do açúcar. O dramático e rápido colapso dos preços a partir de 1925 deu lugar de início a medidas para restringir a produção em Cuba, o primeiro exportador mundial, e posteriormente ao Plano Chadbourne (liderado por um advogado norte-americano associado

[5] Para a história dessas intervenções, ver Delfim Netto (1979: caps. 2 e 3), Peláez (1973) e Wickizer (1942: cap. 10).

aos interesses açucareiros norte-americanos em Cuba) assinado em Bruxelas em 1931 e no qual participou um grupo de exportadores que representava pouco mais da metade da produção mundial.[6] Seu objetivo foi novamente reduzir as exportações e a produção do produto. O Plano foi abandonado em 1935 depois que esses produtores perderam cerca de 20 pontos percentuais de participação no mercado. O Plano seria substituído por um acordo mais amplo, o primeiro Acordo Internacional do Açúcar em 1937, que foi assinado em Londres por 41 países e que seria o primeiro de uma série de acordos.

A magnitude e sequência do choque comercial podem ser vistas na Figura 4.1, que resume a evolução de três variáveis-chave do setor externo nas sete principais economias latino-americanas: as exportações reais, a capacidade para importar (que depende também da evolução dos termos de troca) e as importações reais. A figura reproduz uma média não ponderada dessas variáveis para as sete economias, mas as médias ponderadas mostram uma situação muito similar. O *quantum* das exportações caiu 28% entre 1929 e 1932 e, devido à acentuada queda dos termos de troca, a capacidade para importar diminuiu 48% naquele último ano e 51% em seu ponto mais baixo, em 1933. A recuperação até 1937 foi significativa graças à recuperação das economias industrializadas a partir de 1933 (Europa) e 1934 (Estados Unidos). Em 1937, o quantum de exportações já superava em 16% os níveis de 1929. Contudo, os termos de troca continuavam deprimidos (com algumas exceções, como veremos adiante), de tal forma que a capacidade para importar permanecia 21% abaixo do seu nível de 1929. Com a nova recessão ocorrida nos Estados Unidos em 1938 e a desaceleração subsequente das economias europeias, a recuperação das exportações latino-americanas foi contida e os termos de troca voltaram a fraquejar. A parte inferior da Figura 4.1, que retrata a evolução do *quantum* de exportações e importações para um conjunto mais amplo de países (novamente com médias simples), corrobora essas observações, ainda que nesse caso a recuperação entre 1933 e 1937 seja um pouco mais limitada, o que indica que as economias menores foram em média mais afetadas.

Às perturbações do comércio agregaram-se as tensões provocadas pela suspensão do financiamento internacional. Diante da ausência de dados sobre o balanço de capitais, a única forma de se ter uma ideia da magnitude do efeito gerado pela guinada ocorrida entre a época de bonança no

[6] Cuba, Java (embora colônia holandesa) e Peru, que exportavam açúcar de cana, e Alemanha, Bélgica, Tchecoslováquia, Hungria, Polônia e Iogoslávia que produziam açúcar de beterraba.

FIGURA 4.1. Índices de Comércio Exterior, 1929-1945

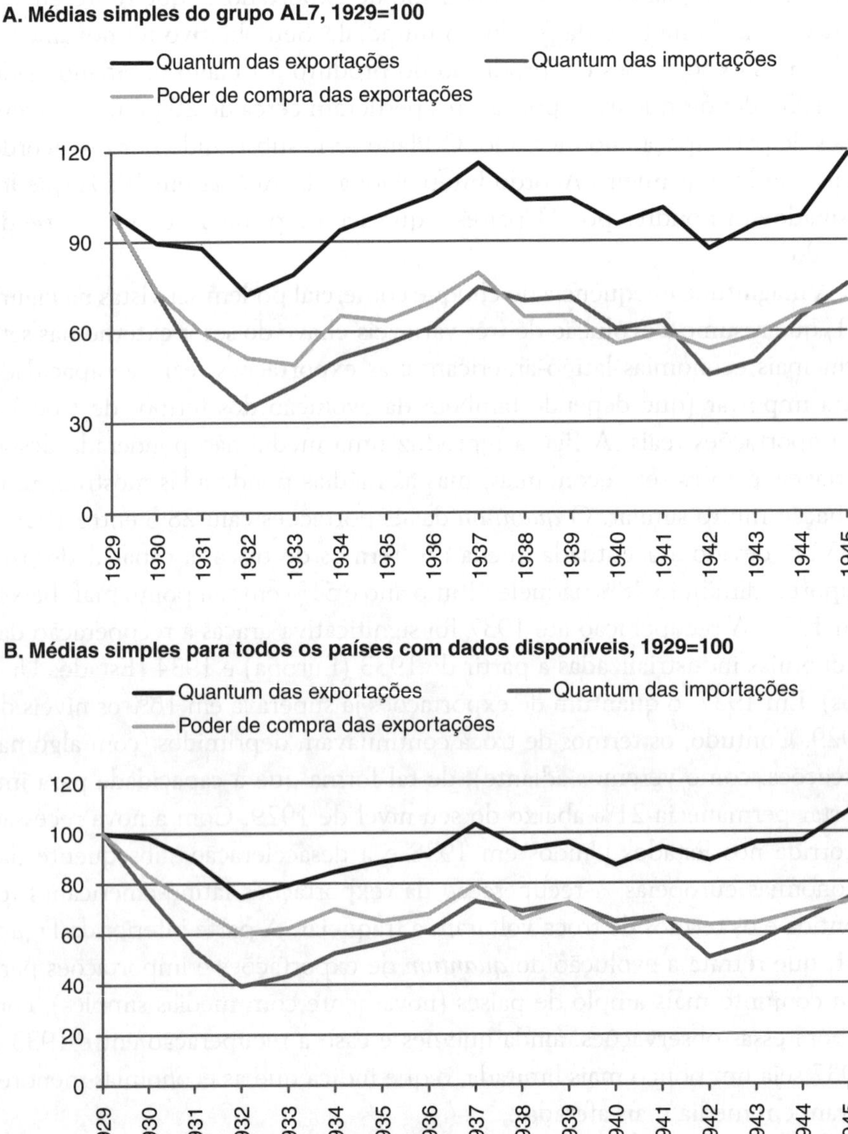

A. Médias simples do grupo AL7, 1929=100

B. Médias simples para todos os países com dados disponíveis, 1929=100

Notas: AL7 compreende as sete maiores economias da região. Quantum das exportações e importações exclui Panamá, Paraguai e República Dominicana; no período 1940-45 a série também exclui Cuba.

Os dados de poder de compra excluem Bolívia, Cuba, Equador, Panamá, Paraguai e República Dominicana.

Fonte: séries estimadas com base em dados da CEPAL (1976) para as sete maiores economias, Bulmer-Thomas (1987) para a América Central, Bértola (1991) para Uruguai e Santamaría (2001) para Cuba.

financiamento externo e a crise é examinando as pressões criadas sobre a balança comercial e as importações. No ponto mais alto das emissões de títulos em Wall Street em 1926-8, os países latino-americanos emitiram valores de US$ 346 milhões anuais (CEPAL, 1964: tabela 19), que representaram 13% das exportações.[7] Estas emissões reduziram-se a pouco mais da metade durante os dois anos seguintes (e as que ocorreram vincularam-se essencialmente a refinanciamentos) e desapareceram totalmente em 1931. Como resultado, ainda que entre 1926-1928 e 1931-1932 as exportações tenham se reduzido 32% em dólares nominais, as importações devem ter diminuído 53%. Pelo lado do saldo comercial, a América Latina teve de destinar um adicional de 23% de suas exportações para gerar o superávit comercial necessário ao pagamento do serviço da dívida externa (e outras demandas não associadas ao comércio). O resultado conjunto desse fator e da contração da capacidade para importar foi a queda de 62% das importações reais entre 1929 e 1932 (Figura 4.1.A).

Não é estranho, portanto, que tais condições tenham levado a uma nova onda de suspensões do serviço da dívida externa.[8] As moratórias iniciaram-se com a Bolívia em janeiro de 1931 e generalizaram-se para a região nos meses e anos seguintes. Entre os países maiores, a Argentina foi a grande exceção, como parte de um acordo comercial celebrado com o Reino Unido que é ainda motivo de um acalorado debate (O'Connell, 2003). A Venezuela também foi uma exceção, porque acabou de pagar sua dívida externa em 1930. Muitos países pequenos continuaram servindo a dívida externa, quase sempre de forma parcial (juros e parte das amortizações), em particular Honduras, Nicarágua e República Dominicana. Cuba suspendeu o serviço da dívida em 1934, mas depois reembolsou os pagamentos restantes. Os países em moratória fizeram pagamentos parciais em alguns anos e recompraram parte dos bônus a preços de mercado reduzidos. Em todo caso, em 1935 97,7% dos títulos em dólares emitidos pela América Latina (exceto os da Argentina) estavam em atraso e, ainda em 1945, quando alguns países já haviam renegociado suas obrigações, 65,0% da dívida (novamente, excluindo a Argentina) permaneciam nesta situação (Nações Unidas, 1955: tabela XII). Como veremos adiante, a moratória resultou em um bom negócio para a região.

Ainda que o pagamento do serviço da dívida por alguns países centro-americanos e caribenhos demonstre a influência norte-americana, a verdade

[7] Todos os dados de comércio referem-se aos que utilizamos neste livro.

[8] Para uma análise detalhada desses processos, ver Marichal (1989: caps. 7 e 8) e Stallings (1987: cap. 2). Ver também os dados e a análise muito úteis de Nações Unidas (1955) e CEPAL (1964).

é que a administração Hoover recusou-se adotar uma política de defesa dos credores,[9] enquanto a posterior Administração Roosevelt interessou-se muito mais em renovar o comércio e em criar relações mais cordiais com a América Latina por meio de sua política de "boa vizinhança" do que em defender os credores norte-americanos. Além disso, no plano internacional, a tendência foi de tolerar a suspensão da dívida, mesmo que em países industrializados, como ocorrido em 1932 com a suspensão do pagamento das reparações alemães, admitida pelas potências vitoriosas na Primeira Guerra Mundial, e a suspensão por um ano do serviço das dívidas europeias com os Estados Unidos, também resultantes da Guerra, que se tornaria definitiva em 1934.

Graças à economia de divisas possibilitada pelos menores pagamentos da dívida externa, a recuperação das importações reais foi muito mais vigorosa entre 1932 e 1937 do que a de outros indicadores de comércio exterior: 115% comparados aos 52% da capacidade para importar das sete principais economias latino-americanas e 84% frente aos 32% para o conjunto dos países. O nível de importações manteve-se, além disso, mais elevado do que o das exportações nos dois anos seguintes de nova recessão do comércio.

O impacto dos choques comerciais e da evolução da dívida externa foi diferente entre os países (Tabela 4.1). O choque inicial via exportações foi particularmente dramático para o Chile, cujas exportações de salitre desapareceram definitivamente enquanto as de cobre sofriam uma acentuada queda: a capacidade para importar do país reduziu-se em 84% durante os três primeiros anos da crise. Cuba enfrentou uma situação igualmente dramática, ainda que nesse caso o fenômeno tenha iniciado antes e de forma gradual. Além da superoferta mundial, o protecionismo norte-americano revelou-se fatal para Cuba, que enfrentou aumentos das tarifas em 1921 e 1922 (depois da deflação mundial de 1920-1) e posteriormente em 1930 que chegaram – no pior momento da crise – a níveis duas vezes maiores do que o preço (FOB) de importação do açúcar em Nova York. O protecionismo contra o açúcar cubano diminuiu um pouco a partir de 1934, ainda que sob um sistema de cotas que discriminou novamente o país caribenho. A sua capacidade para importar reduziu-se 76% entre 1924 e 1932. Do outro lado do espectro, a Colômbia foi talvez o país que contou com a situação mais favorável, tanto durante os anos mais severos da crise (com a Venezuela) quanto durante a década de 1930 em geral.

---

[9] Em 1932, o Secretário de Estado Stimson declarou que nenhum empréstimo tinha o respaldo do governo dos Estados Unidos: "Nenhum empréstimo internacional jamais foi feito sob o suposto de ter a aprovação do governo dos Estados Unidos em relação ao valor intrínseco do empréstimo" (citado em Stallings 1987, p. 79).

TABELA 4.1. Índices de comércio externo, 1929=100

	QUANTUM DAS EXPORTAÇÕES						PODER DE COMPRA DAS EXPORTAÇÕES						QUANTUM DAS IMPORTAÇÕES					
	1929	**1932**	**1937**	**1939**	**1942**	**1945**	**1929**	**1932**	**1937**	**1939**	**1942**	**1945**	**1929**	**1932**	**1937**	**1939**	**1942**	**1945**
América Latina (7 países)																		
Média ponderada	100,0	74,8	109,3	98,3	79,0	99,7	100,0	53,4	89,1	67,8	56,9	67,3	100,0	38,0	75,9	66,6	43,0	60,3
Média simples	100,0	72,4	115,9	104,1	87,2	118,7	100,0	52,0	79,2	65,1	54,0	69,4	100,0	34,8	74,7	71,4	45,3	75,5
América Latina (19 países)																		
Média simples	100,0	74,6	103,3	96,0	88,9	108,2	100,0	60,0	79,3	72,0	63,3	72,5	100,0	39,3	72,6	71,8	50,3	73,8
Países grandes																		
Brasil	100,0	80,8	128,8	159,6	109,6	142,3	100,0	55,1	74,8	71,2	66,8	91,5	100,0	36,2	78,3	66,7	43,5	68,1
México	100,0	58,5	112,3	47,2	45,3	50,9	100,0	35,1	69,7	50,7	45,3	69,0	100,0	38,9	85,2	64,8	66,7	140,7
Cone Sul																		
Argentina	100,0	87,4	95,3	78,7	58,3	66,9	100,0	65,1	114,7	76,4	60,8	58,5	100,0	46,8	80,8	64,1	35,9	26,3
Chile	100,0	28,8	95,0	80,0	102,5	98,8	100,0	15,6	73,2	51,4	47,0	44,5	100,0	17,0	48,0	56,0	41,0	45,0
Uruguai	100,0	58,4	65,4	80,8	43,9	86,0	100,0	41,5	88,6	97,3	61,1	85,7	100,0	39,9	88,6	76,7	67,4	66,0
Andinos																		
Colômbia	100,0	98,0	125,5	127,5	113,7	154,9	100,0	73,0	84,1	79,2	67,6	82,3	100,0	36,9	90,8	103,1	40,0	90,8
Peru	100,0	70,3	129,7	102,7	81,1	91,9	100,0	44,0	80,1	70,4	53,2	60,5	100,0	36,7	90,0	83,3	63,3	86,7
Venezuela	100,0	83,3	125,0	133,3	100,0	225,0	100,0	76,1	57,7	56,5	37,6	79,8	100,0	30,8	50,0	61,5	26,9	71,2
América Central																		
Costa Rica	100,0	78,4	120,4	99,2	92,1	87,4	100,0	67,0	71,9	57,6	51,1	39,7	100,0	38,6	67,1	96,6	53,7	83,2
El Salvador	100,0	84,0	148,0	132,0	120,0	124,0	100,0	42,9	84,7	76,9	108,4	94,9	100,0	41,4	58,6	55,2	51,7	62,1
Guatemala	100,0	97,7	123,2	123,2	126,2	153,3	100,0	61,1	81,7	88,4	80,5	97,1	100,0	35,0	78,3	73,4	44,0	61,1
Honduras	100,0	103,0	50,5	51,5	47,7	58,1	100,0	147,8	74,0	72,1	34,4	56,2	100,0	72,0	75,8	75,8	45,5	75,8
Nicarágua	100,0	75,8	91,5	76,2	53,4	57,2	100,0	59,5	73,7	86,9	107,9	77,9	100,0	42,1	54,2	61,4	47,0	61,4
Outros																		
Bolívia	100,0	47,8	65,2	70,6	94,6	100,0	100,0	n.d.	n.d.	n.d.	n.d.	n.d.	100,0	n.d.	n.d.	n.d.	n.d.	n.d.
Cuba (1924=100)	134,6	81,5	86,4	86,8	n.d.	n.d.	51,3	23,7	41,2	34,7	n.d.	n.d.	61,2	22,5	42,9	36,5	n.d.	n.d.
Equador	100,0	80,3	112,2	108,7	144,9	126,7	100,0	n.d.	n.d.	n.d.	n.d.	n.d.	100,0	40,8	73,3	78,1	76,8	94,4

Fonte: ver Figura 4.1

Quase todos os países beneficiaram-se com a recuperação das exportações entre 1932 e 1937. Argentina e Uruguai tiveram uma melhora sensível em seus termos de troca, graças aos impactos da seca norte-americana sobre os preços de seus produtos de exportação. A recuperação das importações foi também vigorosa em todos os países entre 1932 e 1937, ainda que por razões diferentes, seja devido à combinação de recuperação das exportações e moratória da dívida na maioria dos países ou à melhora nos termos de troca no caso de Argentina e Uruguai. Uns poucos países continuaram aumentando as importações entre 1937 e 1939, mas apenas a Colômbia registrou nesse último ano um nível de importações reais superior ao de 1929.

A comparação dos choques sentidos nos distintos países também é interessante pela influência que as políticas de distintas economias industrializadas tiveram sobre a região.[10] A dependência argentina em relação à Grã-Bretanha já havia mostrado seus efeitos adversos desde 1914 quando esta economia desacelerou-se, da mesma forma que ocorreu nos anos 1930, não apenas em vista de suas preferências imperiais e sua preocupação em corrigir os déficits comerciais bilaterais, mas também pela maior disposição do governo britânico de intervir em favor de suas organizações financeiras.[11] O Brasil e, mais ainda, a Colômbia beneficiaram-se, por sua vez, da dependência dos Estados Unidos, por contar com um produto de exportação que não era objeto de interesses protecionistas e de um governo que em geral interveio pouco em favor de suas entidades financeiras. Cuba não contou com nenhum desses benefícios, já que produzia um artigo de exportação sujeito ao forte protecionismo nos Estados Unidos (que incluía benefícios especiais para suas quase-colônias, Filipinas e Porto Rico) e pelos grandes interesses financeiros norte-americanos estabelecidos na ilha. Por outro lado, o bilateralismo alemão terminou tendo efeitos benéficos sobre as exportações de vários países latino-americanos. Brasil, Colômbia e Guatemala são três exemplos destacados.

O ativismo macroeconômico e a recuperação

A forte contração do comércio e a ausência de financiamento externo tornaram inevitável a adoção de duras medidas de ajuste para equilibrar o balanço de pagamentos. Esse quadro levou a diversas combinações de instrumentos de política já mencionados: desvalorização, geralmente com taxas de

[10] Abreu (1988) apresenta uma interessante comparação dos impactos das políticas britânica e norte-americana sobre Argentina e Brasil.

[11] Ver Eichengreen e Portes (1989).

câmbio múltiplas, aumento de tarifas, controle de câmbio e importações, e *default* no serviço da dívida externa. Esses ajustes aprofundaram as mudanças nos preços relativos resultantes da crise, o que criou um grande incentivo para a produção doméstica de artigos previamente importados, especialmente manufaturados. A industrialização recebeu assim um impulso adicional, o que beneficiou primordialmente os países (em geral, os de grande porte) que já haviam visto uma expansão do setor industrial durante a era de desenvolvimento primário-exportador. Vários países, mas especialmente alguns pequenos e médios, também viveram processos de substituição de importações agrícolas e, mais geralmente, grandes reestruturações de seus setores agropecuários induzidas também pelos efeitos da crise internacional sobre as lavouras de exportação.

A natureza do ajuste macroeconômico teve efeitos sobre as estruturas econômicas, com consequências de longo prazo. Contudo, mais que uma mudança súbita e radical nos padrões de desenvolvimento da América Latina, a Grande Depressão representou uma fase de transição. Por um lado, conforme vimos no capítulo anterior, a industrialização e o protecionismo estavam já firmemente arraigados desde a fase histórica anterior. Mas isso não implicou descartar a possibilidade de um novo crescimento exportador. Pelo contrário, a expectativa durante os anos 1930 foi a de que as exportações se recuperariam depois desta estagnação cíclica, como havia acontecido no passado e como ocorreu de fato entre 1932 e 1937. A partir de então, a região sentiu em cheio o colapso dos mercados mundiais e começou a voltar-se para dentro de suas economias. O coeficiente de exportação, que vinha se reduzindo mas que se recuperou entre 1934 e 1937, declinou daí em diante até 1949 a menos da metade do seu nível anterior (ver Figura 4.2, que exclui a Venezuela). Por esse motivo o ano de 1937, quando se iniciou uma nova recessão nos Estados Unidos, pode considerar-se como a confirmação do fato de que a era do crescimento liderado pelas exportações havia chegado ao fim.

À medida que a industrialização e a substituição de importações agrícolas tornaram-se fontes mais efetivas de crescimento econômico em meio a uma economia internacional que frustrou por muito tempo as expectativas de recuperação do comércio internacional, era natural que recebessem uma atenção crescente por parte das autoridades. Tal fato conduziu no final da década de 1930 à criação de instituições estatais destinadas à promoção de novas atividades manufatureiras, em particular bancos de desenvolvimento. Entre as principais economias, Chile, Colômbia e México criaram seus principais bancos de desenvolvimento entre 1934 e 1940. Como vimos no Capítulo 3, Argentina, Brasil, Costa Rica e Uruguai já contavam com bancos públicos importantes desde o século XIX ou início do século XX. A isso se adicionou

FIGURA 4.2. Participação das exportações no PIB (%, PIB em dólares a preços de 2000)

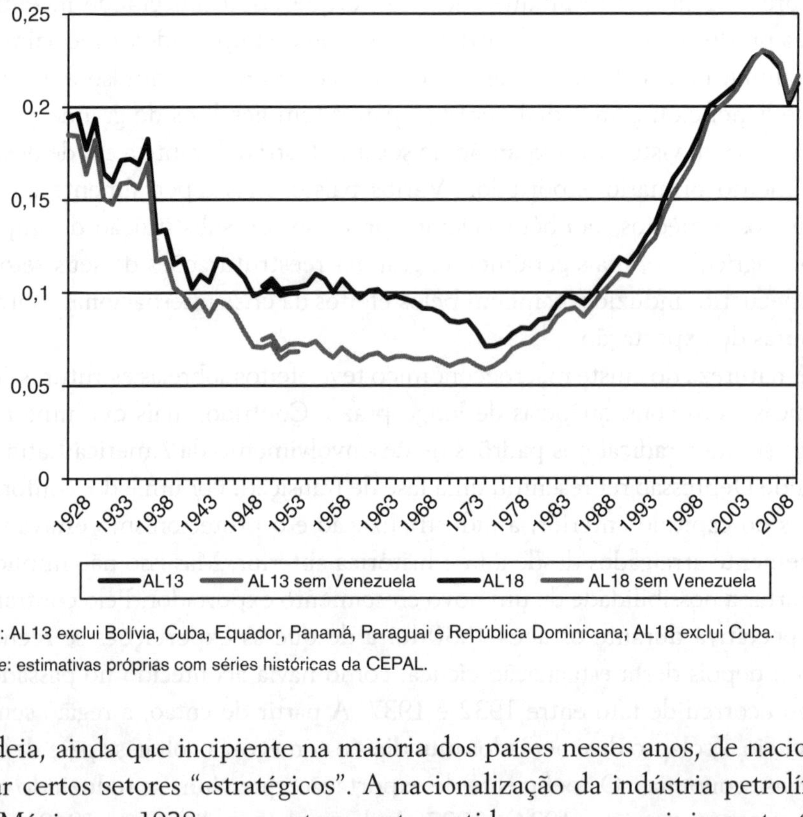

Nota: AL13 exclui Bolívia, Cuba, Equador, Panamá, Paraguai e República Dominicana; AL18 exclui Cuba.
Fonte: estimativas próprias com séries históricas da CEPAL.

a ideia, ainda que incipiente na maioria dos países nesses anos, de nacionalizar certos setores "estratégicos". A nacionalização da indústria petrolífera do México em 1938 representou, neste sentido, o marco mais importante.

Ainda que adotadas como medidas de emergência, as mudanças na política macroeconômica tornaram-se definitivas. Portanto, é nesse campo, e não no da política de desenvolvimento como tal, que ocorreu a mudança mais relevante. O abandono da ortodoxia monetária, somado ao alívio fiscal proporcionado pela moratória da dívida externa, facilitou a adoção de políticas monetárias e fiscais expansivas, o que favoreceu a recuperação da demanda interna. O fenômeno foi muito mais claro na área monetária do que na fiscal, dada à ausência de mecanismos de financiamento interno do déficit público, incluindo o uso moderado dos créditos dos bancos centrais aos governos. Por essa razão, a forma típica de financiar os déficits foi por meio de atrasos nos pagamentos aos funcionários públicos e àqueles que tinham contratos com o setor público. A expansão monetária foi acompanhada, adicionalmente, pela intervenção direta no mercado de crédito, que incluiu a criação de vários bancos comerciais estatais, além dos já mencionados bancos de desenvolvimento. A própria desvalorização interrompeu a deflação de preços dos primeiros anos da crise na maior parte dos países latino-americanos (assim como no mundo inteiro) que tinha elevado a carga real das dívidas contraídas durante os anos de expansão e levado a várias medidas de alívio aos devedores.

A recuperação rápida e em geral bem-sucedida da América Latina durante a Grande Depressão foi impulsionada, assim, por combinações variáveis de substituição de importações de produtos manufaturados e agrícolas, e pela recuperação da demanda interna como resultado de políticas macroeconômicas expansivas.

A já clássica análise de Diaz-Alejandro (1988) sobre o impacto da Grande Depressão nos distintos países é esclarecedora. O autor diferencia entre os países autônomos e reativos que adotaram medidas ativas de ajuste do comércio exterior e da política macroeconômica (em particular, em sua visão, desvalorizando a taxa de câmbio) e os países dependentes e/ou passivos que não adotaram tais medidas. Diaz-Alejandro conclui que os primeiros países tiveram em geral um comportamento macroeconômico melhor do que os do outro grupo. Assim o indicam, no primeiro caso, o razoável crescimento econômico do Brasil e da Colômbia depois de quedas moderadas no início da crise, a capacidade demonstrada pelo México de reiniciar o crescimento econômico depois de uma forte contração nos primeiros anos da crise, o bom desempenho da Costa Rica entre as economias menores, e mesmo a habilidade do Chile de administrar um choque externo draconiano alcançando um crescimento modesto. Cuba representa o caso oposto e, de fato, o de um país que deu prioridade a suas relações comerciais com os Estados Unidos em condições por demais desvantajosas, e não à sua autonomia macroeconômica e sua diversificação produtiva.[12] Seu PIB continuou dependendo, assim, das rendas voláteis das exportações de açúcar.

Outros casos não corroboram, contudo, esse contraste proposto por Diaz--Alejandro: não se aplica à Venezuela, que não desvalorizou sua moeda (na verdade, revalorizou-a, uma vez que o país não elevou o preço do ouro quando os Estados Unidos o fizeram em janeiro de 1934, ainda que pouco depois tenha introduzido uma taxa de câmbio favorável para café e cacau) e que teve ao lado de Colômbia e Brasil o maior crescimento econômico nos anos 1930.[13] Tampouco se aplica à Argentina e ao Uruguai, duas economias com políticas ativas que não tiveram um comportamento positivo (Tabela 4.2 A).

---

[12] Ver Santamaría (2001: cap. VI). Em resposta à sua crise precoce, Cuba adotou medidas protecionistas já em 1927, que causaram alguma substituição de importações agrícolas e industriais, cujo efeito foi moderado, contudo, devido aos tratados comerciais com os Estados Unidos dos anos 1930.

[13] O mesmo é verdade com relação à Guatemala, mas nesse caso os dados de crescimento econômico são duvidosamente positivos, sobretudo porque estão baseados em uma forte expansão da produção agropecuária para o mercado interno.

TABELA 4.2. Índices de produção, 1929=100

	1929	1932	1937	1939	1942	1945
A. Produto Interno Bruto						
América Latina (7 países)						
Média ponderada	100,0	85,2	117,3	124,3	132,4	153,4
Média simples	100,0	83,0	118,4	127,0	130,7	157,6
Países grandes						
Brasil	100,0	95,1	129,2	136,0	141,5	171,7
México	100,0	82,3	117,3	125,6	147,6	170,7
Cone Sul						
Argentina	100,0	86,3	109,9	114,6	123,9	132,4
Chile	100,0	55,9	104,9	108,4	116,6	132,7
Uruguai	100,0	87,3	102,6	110,7	103,5	120,8
Andinos						
Colômbia	100,0	104,0	127,9	144,6	150,5	168,9
Peru	100,0	78,3	114,8	117,3	116,9	133,7
Venezuela	100,0	78,8	124,4	142,6	117,9	193,0
América Central						
Costa Rica	100,0	95,4	134,8	147,0	141,5	145,8
El Salvador	100,0	82,4	113,9	113,6	131,1	129,3
Guatemala	100,0	85,1	151,4	175,1	213,5	140,1
Honduras	100,0	97,5	82,4	89,6	87,3	110,2
Nicarágua	100,0	68,1	68,2	87,6	100,8	110,0
Cuba (1924=100)	88,9	56,4	112,4	92,0	90,1	126,9
Estados Unidos	100,0	73,0	98,7	102,3	156,4	195,0
Europa (12 países)	100,0	90,5	112,3	122,4	120,8	99,8
B. Produção Industrial						
Países grandes						
Brasil	100,0	97,1	144,8	162,5	181,9	220,9
México	100,0	69,3	135,2	152,3	210,7	260,4
Cone sul						
Argentina	100,0	82,5	122,9	135,2	152,9	167,0
Chile	100,0	85,0	126,0	128,9	186,5	223,4
Uruguai	100,0	n.d.	n.d.	n.d.	n.d.	n.d.
Andinos						
Colômbia	100,0	106,6	186,1	232,1	266,8	312,8
Peru	100,0	78,3	115,9	126,5	125,2	142,9
Venezuela	100,0	n.d.	n.d.	n.d.	n.d.	n.d.
América Central						
Costa Rica	100,0	108,5	167,8	220,3	210,2	179,7
El Salvador	100,0	66,1	94,6	92,9	100,0	116,1
Guatemala	100,0	82,6	141,3	104,3	126,1	137,0
Honduras	100,0	82,6	104,3	113,0	121,7	147,8
Nicarágua	100,0	66,0	82,0	164,0	234,0	258,0

Fontes: A – Apêndice B; B – OXLAD.

A comparação entre Argentina e Brasil é particularmente interessante, visto que o segundo país teve crescimento econômico muito maior a despeito de seu choque externo ter sido mais severo.

De qualquer forma, o crescimento econômico dos anos 1930, ainda que superior ao mundial (e, como veremos no capítulo seguinte, maior do que exibiria a região na crise da dívida dos anos 1980), foi baixo e implicou forte desaceleração em relação aos anos 1920: 2,1% ao ano entre 1929 e 1939 diante dos 4,9% entre 1921 e 1929. Isso é verdadeiro, além disso, para quase todos os países, mesmo os que tiveram um bom comportamento relativo nos anos 1930. México e Costa Rica são as únicas economias que cresceram mais na década de 1930 do que na anterior.[14] Mais importante do que o crescimento econômico agregado foi, no entanto, a diversificação e, em particular, o bom desempenho da produção manufatureira (Ver Haber, 2006 e tabela 4.2.B) vivido durante esses anos, definindo o que podemos chamar de fase "pragmática" da substituição de importações. O auge da indústria têxtil, de alimentos processados para o mercado interno (óleos comestíveis, por exemplo), da produção de cimento, do refino de petróleo e da indústria farmacêutica, entre outras atividades, foram o reflexo dessa reorientação para o mercado interno, como o foi a substituição de importações agrícolas. A reorientação da política de desenvolvimento da infraestrutura para rodovias em vez de ferrovias, e os importantes planos de expansão viária que muitos países implementaram como parte dos programas de recuperação, contribuíram também para a integração do mercado interno, como notado por diversos estudos nacionais.

Como um todo, a contribuição direta da substituição de importações foi a maior em termos relativos da história (0,8 pontos percentuais de um total de crescimento de 2,1%) e em alguns casos ainda mais elevada (Tabela 4.3). No Chile e Uruguai, a totalidade desse modesto crescimento foi associada a esse fator, e na Venezuela a substituição de importações superou amplamente o impacto sobre o crescimento resultante da expansão petrolífera. A substituição de importações ajudou ainda a aliviar a pressão sobre o balanço de pagamentos e permitiu a expansão, ainda que modesta, da demanda interna. Já as exportações tiveram um impacto ligeiramente negativo para o conjunto do período, com algumas exceções (Brasil e Venezuela), ainda que claramente tenham contribuído de maneira significativa para a recuperação de 1932 a 1937.

O fim do padrão-ouro, desta forma, deu origem a políticas macroeconômicas anticíclicas, mas a natureza dessas políticas teria um sentido muito

[14] Também Guatemala, mas ver a nota anterior.

TABELA 4.3. Fontes do crescimento econômico, 1929-1945

	1929-1939				**1939-1945**			
	D	Exp	SI	Total	D	Exp	SI	Total
Brasil	1,8	0,4	0,9	3,1	3,8	−0,2	0,3	4,0
México	3,0	−1,4	0,8	2,3	6,0	0,1	−0,9	5,2
Países grandes	2,4	−0,5	0,8	2,7	4,9	0,0	−0,3	4,6
Argentina	1,0	−0,2	0,6	1,4	1,8	−0,2	0,8	2,4
Chile	−0,1	−0,3	1,3	0,8	1,9	0,5	1,0	3,4
Uruguai	0,7	−0,3	0,7	1,0	0,8	0,1	0,6	1,5
Cone sul	0,5	−0,3	0,8	1,1	1,5	0,1	0,8	2,4
Colômbia	2,9	0,3	0,6	3,8	1,6	0,4	0,6	2,6
Peru	1,2	0,0	0,4	1,6	2,4	−0,2	0,1	2,2
Venezuela	0,7	0,9	2,0	3,6	0,9	3,9	0,4	5,2
Andinos	1,6	0,4	1,0	3,0	1,6	1,4	0,4	3,3
Costa Rica	2,9	0,0	1,0	3,9	−0,2	−0,3	0,4	−0,1
El Salvador	0,2	0,3	0,7	1,3	2,3	−0,1	0,0	2,2
Guatemala	3,9	0,2	1,7	5,8	−3,9	0,3	−0,1	−3,6
Honduras	0,3	−1,7	0,3	−1,1	2,6	0,4	0,5	3,5
Nicarágua	−1,2	−0,5	0,5	−1,3	4,2	−0,8	0,5	3,9
América Central	1,2	−0,3	0,8	1,7	1,0	−0,1	0,3	1,2
Equador	...	...	...	...	3,2	0,9	0,1	4,2
América Latina	1,6	-0,3	0,8	2,1	2,9	0,2	0,3	3,4

Notas: D = Demanda Interna, Exp = Exportações, SI = Substituição de Importações.
Médias simples na última linha de cada grupo.
Fontes: estimativas próprias baseadas nas séries do PIB do Apêndice e séries de comércio exterior da Figura 4.1., todas a preços de 2000.

diferente no centro e na periferia da economia mundial. No centro, elas assumiram a forma de uma administração ativa da demanda agregada. Tal política havia surgido em vários países industrializados com tentativas pragmáticas de fazer frente à crise por meio do gasto público e de políticas monetárias expansivas, facilitadas pelo abandono das "regras do jogo" do padrão-ouro. O princípio de que a política econômica deveria buscar uma administração ativa da demanda agregada consolidou-se, além disso, na própria teoria econômica a partir da publicação em 1936 da "Teoria General" de John Maynard Keynes. O ativismo macroeconômico que a sucedeu, cujo objetivo central foi a tentativa de moderar os ciclos econômicos, iria se converter também nas décadas seguintes no elemento principal da administração macroeconômica dos países industrializados.

Na periferia, o ativismo macroeconômico teve outros determinantes. A razão básica para isso é a fonte das flutuações cíclicas: enquanto nos países industrializados as variações da demanda agregada são a causa básica dos ciclos, nos países em desenvolvimento, entre eles os latino-americanos, a principal fonte eram e continuaram sendo os choques externos transmitidos dos países industrializados para a periferia através do comércio e do financiamento internacional. Por isso, a administração anticíclica concentrou-se em intervenções diretas no balanço de pagamentos. Isso refletia, além do mais, o fato de que uma administração expansiva da demanda durante a etapa descendente do ciclo não é viável enquanto não se superarem as restrições associadas à disponibilidade de divisas, uma vez que o aumento da demanda tende a agravar a crise de balanço de pagamentos, uma lição que os países latino-americanos aprenderiam e reaprenderiam durante muitas décadas. Assim, a administração da demanda para amortecer os efeitos recessivos oriundos do exterior apenas era possível na medida em que fossem adotados outros mecanismos para garantir o ajuste do balanço de pagamentos, incluindo, na década de 1930, uma peculiar medida de "ajuste": a moratória da dívida.

Esse tipo de intervenção marcou o debate macroeconômico durante meio século. As autoridades latino-americanas concentrariam sua atenção na racionalização das saídas de divisas durante as crises e, cada vez mais, na geração de novas receitas de exportações, a fim de evitar a gestão pró-cíclica da demanda agregada que seria de outro modo necessária para reduzir a pressão sobre o balanço de pagamentos durante as crises. Em contraste, o Fundo Monetário Internacional, criado em 1944, pressionaria em favor da administração pró-cíclica da demanda (ou seja, em favor de medidas restritivas durante as crises), seguindo princípios que não eram muito diferentes das "regras do jogo" do padrão-ouro, ainda que agora ligeiramente moderados pela possibilidade de reajustar as taxas de câmbio e de utilizar o financiamento multilateral durante as crises.

Em síntese, enquanto o eixo do pensamento keynesiano foi a estabilização da demanda agregada mediante uma política fiscal e monetária ativa, a administração dos choques de oferta agregada de origem externa via administração do balanço de pagamentos teve um papel anticíclico muito mais importante em economias em desenvolvimento, incluídas aí as latino-americanas, cujas fontes de perturbação macroeconômica eram predominantemente de origem externa.

O impacto da Segunda Guerra Mundial

A Segunda Guerra Mundial deu outro grande impulso ao intervencionismo no comércio exterior e à industrialização. A interrupção do abastecimento de alguns produtos nos mercados internacionais, como resultado do racionamento e escassez típicos da guerra, ocasionou uma nova queda no *quantum* de importações (Figura 4.1) e serviu de justificativa para a promoção de um novo conjunto de atividades manufatureiras nos países onde o processo de industrialização havia se enraizado.

Por sua vez, o desejo de garantir o apoio latino-americano aos países aliados durante a Segunda Guerra Mundial levou os Estados Unidos não apenas a celebrar acordos com muitos países latino-americanos para abastecer os estoques de matérias-primas estratégicas (tal como os japoneses fizeram também no início do conflito), mas também a promover o Acordo Interamericano do Café e financiar, por meio de seu Banco de Exportações e Importações (Eximbank), várias iniciativas dos governos latino-americanos, muitas delas voltadas aos setores de substituição de importações. Assim, e de uma maneira algo paradoxal, os Estados Unidos ajudaram a criar o Estado intervencionista latino-americano (Thorp, 1998b). A agenda norte-americana também incluiu a criação de um Banco Interamericano de Desenvolvimento, uma ideia que alguns países latino-americanos já haviam lançado anteriormente. Ainda que não tenha prosperado, a ideia foi uma das fontes mais importantes das propostas que Harry Dexter White, o negociador norte-americano, levou a Bretton Woods, e que inspiraram a criação do Banco Mundial (Helleiner, 2009). Depois da Revolução Cubana, a ideia do Banco Interamericano finalmente frutificaria, novamente com claras motivações políticas.

O impacto da guerra sobre as exportações foi desigual. A dificuldade de transportar produtos para a Europa e mesmo para os Estados Unidos durante os ataques submarinos alemães no Caribe durante 1942 e o primeiro semestre de 1943 afetou adversamente as exportações de muitos países. Mas a escassez provocada pela guerra terminou sendo uma bênção para uma região cujas capacidades produtivas permaneceram intactas em meio à destruição causada pelo conflito bélico, e deu lugar a uma expansão das exportações significativa nos últimos anos da guerra. O México beneficiou-se da proximidade dos Estados Unidos com um auge curto de exportações de produtos manufaturados, especialmente têxteis, que não se sustentou depois da guerra (Cárdenas, 2003). A Venezuela e, agora, Cuba, beneficiaram-se por possuírem produtos estratégicos (petróleo) ou escassos (açúcar). Em geral, ainda que os preços de produtos básicos começassem a subir depois do choque adverso inicial ocasionado pela guerra, os controles de preços impostos pelos adversários, assim como o próprio encarecimento das importações (em parte devido aos elevados custos de transporte), impediram que os termos de troca dos países latino-americanos melhorassem. Os termos de troca melhorariam significativamente apenas no final do conflito bélico.

Como a guerra impediu que as divisas das exportações fossem gastas em importações, as reservas internacionais dos países cresceram. Em alguns deles, sobretudo os do sul do continente, grande parte das reservas consistia em libras esterlinas não conversíveis. A acumulação de reservas e o ambiente geral de aumento de preços e escassez de manufaturas no plano internacional estimularam a inflação, mas houve também alguns efeitos novos. Um deles foi a "esterilização" das reservas internacionais, por meio da emissão de títulos dos bancos centrais para frear a expansão monetária criada pela acumulação de reservas. Esse foi um passo adicional no desenvolvimento de um banco central ativo, uma prática que se estabeleceria depois da Segunda Guerra Mundial.

O resultado da combinação de um crescimento modesto das exportações, continuidade da substituição de importações e, sobretudo, de um ambiente macroeconômico mais expansivo durante anos (em que uma de suas dimensões foi a expansão monetária já apontada), levou a uma moderada aceleração do crescimento em relação à média dos anos 1930 (Tabela 4.3). Algumas das economias que estavam crescendo rapidamente enfrentaram, contudo, uma desaceleração.

Outro efeito interessante da acumulação de reservas foi a disponibilidade de divisas para financiar uma grande onda de investimentos no imediato pós-guerra, assim como para viabilizar a aquisição de empresas estrangeiras de infraestrutura e serviços públicos. A nacionalização das estradas de ferro britânicas pelo General Perón na Argentina, usando as libras esterlinas não conversíveis acumuladas durante a Segunda Guerra, foi o caso mais notável. Além disso, graças à acumulação de ativos internacionais e aos *defaults* das dívidas, a América Latina iniciou o pós-guerra com coeficientes de endividamento público muito reduzidos.

As renegociações com os credores norte-americanos reiniciaram-se de fato no início da Segunda Guerra Mundial, promovidas por razões políticas pelos Estados Unidos e com o atrativo de possível acesso aos créditos do Banco de Exportações e Importações (e, depois da guerra, do Banco Mundial). O melhor acordo foi o mexicano de 1941, que obteve uma redução de 90% do valor de sua dívida, incluindo aquela associada com a nacionalização dos investimentos norte-americanos em petróleo e ferrovias (Marichal, 1989: cap. 8). Esse foi, contudo, em acordo envolvendo uma das principais moratórias da história mundial. Nos outros casos não houve redução do principal, mas apenas dos juros, além de não terem sido capitalizados os juros não pagos. Jorgensen e Sachs (1989) calcularam que o valor presente da dívida externa da Colômbia, descontado a taxa de juros dos bônus da dívida norte-americana (o que subestima significativamente o benefício para um país devedor, cujas obrigações haviam sido contratadas a taxas mais elevadas), teve um corte de 15%, enquanto que os países que negociaram mais tarde (Chile em 1948, Peru em 1953 e Bolívia em 1958) tiveram reduções entre 44% e 48%. A Argentina pagou, por outro lado, 25% a mais do que o Tesouro norte-americano e não teve benefícios em termos de acesso ao mercado de capitais, nem durante a década de 1930 nem depois da Guerra, porque, além do mais, tal mercado havia deixado de existir. É preciso notar, contudo, que os cálculos de Jorgensen e Sachs subestimam os benefícios para os países que haviam tomado créditos a taxas mais elevadas do que as dos títulos do Tesouro norte-americano.

Fatos, ideias e instituições que moldaram a industrialização dirigida pelo Estado

Os acontecimentos da década de 1930 e a Segunda Guerra Mundial foram a semente de uma nova era, mas o período de gestação foi longo e não teve uma direção clara por algum tempo. A forma com que essa nova era teve lugar foi estreitamente relacionada à posição privilegiada ocupada pela América Latina em princípios do período do pós-guerra. A América Latina era, de fato, uma região que havia evitado a guerra e vivido, com os Estados Unidos (nesse caso com a óbvia exceção dos anos da Grande Depressão), a expansão mais rápida em nível mundial no período do entreguerras, aumentando sua participação na produção mundial em mais de três pontos percentuais, de 4,2% em 1913 para 7,2% em 1950 (ver a Tabela 1.1, no Capítulo 1). Não é surpreendente, portanto, que a região tenha escolhido consolidar seu padrão de transformação.

Essa opção foi notavelmente diferente do caminho seguido por outras regiões do mundo em desenvolvimento. Em particular, enquanto nas nações independentes que surgiram do processo de descolonização na Ásia e África a industrialização foi vista como uma ruptura com a ordem colonial precedente, na América Latina foi a continuação de uma estratégia que se havia imposto pela prática e que era vista, com muita razão, como bem-sucedida. Tal situação trouxe dois paradoxos, que têm sido pouco ressaltados nas discussões sobre o desenvolvimento latino-americano.

O primeiro foi que os países latino-americanos optaram por um Estado *menos intervencionista* do que em outras regiões do mundo em desenvolvimento. Essa afirmação poderia parecer inusitada à luz da visão que se difundiu mais tarde de que a excessiva presença do Estado foi um dos problemas essenciais da região. Contudo, no período que sucedeu à Segunda Guerra Mundial, com raras e relativas exceções (Estados Unidos, em particular), as alternativas não se situavam entre a intervenção estatal e o retorno a um passado liberal, mas na verdade entre a planificação central e a criação de economias mistas com formas mais moderadas de intervenção estatal. A América Latina, acompanhando a Europa Ocidental, optou por este último caminho, ou seja, por *menos* e não por *mais* intervenção estatal. Essa tendência, contudo, não alcançou o grau de "autonomia incorporada" (*embedded autonomy*) – mesmo no caso do Brasil, talvez o caso mais destacado na região de construção de um Estado desenvolvimentista – que foi característico dos exemplos mais bem-sucedidos desse tipo de modelo no pós-guerra: Japão e República da Coreia (Evans, 1995). Apenas Cuba optaria, e muito depois, por um modelo de planificação central, ao qual se uniriam os experimentos falidos da Unidade Popular no Chile, em começos dos anos 1970, e da Revolução Sandinista na Nicarágua a partir de 1978, ambos com mais matizes de economia mista do que o modelo cubano.

O segundo paradoxo é que o processo foi induzido, especialmente em suas primeiras etapas, mais por fatores objetivos do que por um grande impulso industrializante das elites. Um desses fatores objetivos, aos quais faremos alusão adiante, é que até meados dos anos 1960 a recuperação do comércio internacional não ofereceu grandes oportunidades aos países em desenvolvimento. Mais ainda, a industrialização apareceu no panorama latino-americano em um momento em que os interesses primário-exportadores continuavam sendo influentes. Não existia, além disso, uma distinção nítida naqueles casos em que, seguindo um padrão que remonta ao final do século XIX, os empresários diversificavam o risco investindo em um e outro setor. Mais ainda, a exportação de produtos primários continuou tendo um papel relevante ao longo de toda esta fase de desenvolvimento, entre outras razões porque a industrialização permaneceu dependendo em grande medida das divisas geradas pelas exportações de produtos primários. Por isso, na interpretação de Hirschman (1971), uma característica da industrialização latino-americana, em comparação com a "industrialização tardia" dos países do continente europeu analisada por Gerschenkron (1962), foi precisamente a debilidade dos interesses industriais em relação aos primário-exportadores.

O termo "industrialização por substituição de importações" foi empregado amplamente para descrever o período que abarca desde o final da Segunda Guerra Mundial até os anos 1970 do século XX. Contudo, como observamos no início deste capítulo, este não é um termo muito útil porque as novas políticas iam muito além da substituição de importações e envolviam um crescente papel do Estado em várias outras esferas do desenvolvimento econômico e social. Em segundo lugar, como vimos no capítulo anterior, o protecionismo e a industrialização tinham já uma longa história na América

Latina. Em terceiro lugar, as exportações continuaram desempenhando um papel fundamental, não apenas como fonte de divisas em todos os países e de financiamento governamental naqueles de vocação extrativa mineral, mas também para o crescimento econômico de várias das economias da região, como veremos mais adiante. Do mesmo modo, quase todos os países médios e grandes introduziram mecanismos de promoção de exportações desde meados dos anos 1960 como um elemento essencial da estratégia de desenvolvimento, coincidindo com as maiores oportunidades que a economia internacional começava a oferecer. Como resultado, surgiu um "modelo misto" que, como veremos, combinava a substituição de importações com a promoção de exportações e a integração regional. O modelo era também "misto" no sentido de que promovia ativamente a modernização agrícola com instrumentos similares aos utilizados para estimular a industrialização e, até mesmo, com um aparato de intervenção muito mais sofisticado.

Além do mais, não houve frequentemente uma substituição de importações líquida durante o período, nem foi ela sempre uma fonte importante e consistente de crescimento econômico. A demanda interna, ao contrário, desempenhou um papel mais decisivo. Tal fato é ilustrado na Tabela 4.4, onde se observa que a substituição de importações apenas foi importante durante o novo período de crise do balanço de pagamentos (o de "estrangulamento externo", para utilizar a terminologia cepalina) que abrange o fim do auge de preços de produtos básicos do pós-guerra – que teve seu ponto mais alto durante a Guerra da Coreia – até meados dos anos 1960 (correspondente ao período 1957 a 1967 na tabela, ainda que a fase tenha se iniciado ou terminado um pouco antes em alguns países). Esse foi, com efeito, o período em que se consolidou em várias das economias maiores a segunda fase de substituição de importações, orientada para a produção de bens intermediários e de consumo durável e, em muito menor medida, de bens de capital.[15] Posteriormente, a substituição de importações teria certa importância em algumas indústrias em países individuais: na automobilística, que chegou tarde aos países andinos, e nos ramos de bens de capital no Brasil durante anos 1970.

Deve ser notado, contudo, que a metodologia utilizada para elaborar a Tabela 4.4 tende a subestimar a importância das políticas de comércio exterior no crescimento, uma vez que invariavelmente os períodos em que a escassez de divisas foi menor também foram os de maior crescimento da demanda

[15] Ver, por exemplo, os cálculos da contribuição da substituição de importações na industrialização de Brasil, Colômbia e México em Abreu, Bevilaqua e Pinho (2003), Ocampo e Tovar (2003) e Cárdenas (2003). O período relevante corresponde em geral ao indicado no texto, com algumas diferenças nacionais.

TABELA 4.4. Fontes do crescimento econômico, 1945-1980

	1945-1957				1957-1967				1967-1974				1974-1980			
	D	**EXP**	**SI**	**TOTAL**	**D**	**EXP**	**SI**	**TOTAL**	**D**	**EXP**	**SI**	**TOTAL**	**D**	**EXP**	**SI**	**TOTAL**
Brasil	6,6	0,0	0,0	6,6	4,9	0,1	0,4	5,4	10,2	0,4	−0,8	9,8	6,1	0,4	0,5	7,0
México	5,3	0,4	0,5	6,2	5,8	0,2	0,5	6,5	6,8	0,3	−0,2	6,9	6,4	0,6	−0,5	6,5
Países grandes	6,0	0,2	0,2	6,4	5,4	0,2	0,4	6,0	8,5	0,4	−0,5	8,4	6,2	0,5	0,0	6,8
Argentina	4,1	0,0	−0,2	4,0	3,0	0,1	0,1	3,2	4,7	0,0	0,0	4,7	2,0	0,3	−0,5	1,8
Chile	3,8	−0,1	−0,2	3,4	3,8	0,4	0,0	4,3	2,1	0,3	−0,7	1,7	2,6	1,7	−0,5	3,8
Uruguai	4,4	−0,4	0,2	4,2	−0,6	0,3	0,3	0,0	2,5	0,1	−0,5	2,0	4,8	0,9	−1,0	4,7
Cone sul	4,1	−0,2	−0,1	3,9	2,1	0,3	0,1	2,5	3,1	0,1	−0,4	2,8	3,1	1,0	−0,6	3,4
Colômbia	4,6	0,2	0,1	4,9	4,1	0,3	0,3	4,7	6,1	0,4	−0,2	6,3	4,7	0,5	−0,3	4,8
Peru	5,5	0,6	−0,5	5,6	5,0	0,8	0,0	5,8	5,0	−0,1	−0,3	4,5	1,5	0,6	0,6	2,7
Venezuela	7,1	5,1	−1,9	10,3	2,4	1,1	2,1	5,6	5,6	0,0	−0,5	5,1	5,8	−1,1	−0,9	3,8
Andinos	5,7	1,9	−0,8	6,9	3,8	0,7	0,8	5,3	5,5	0,1	−0,3	5,3	4,0	0,0	−0,2	3,8
Costa Rica	7,1	0,6	−0,2	7,4	5,5	0,9	−0,1	6,3	6,0	1,6	−0,5	7,1	4,5	0,1	0,0	4,7
El Salvador	6,8	0,5	−0,8	6,5	4,6	0,9	0,1	5,6	3,8	0,4	0,0	4,3	0,1	0,6	−0,2	0,5
Guatemala	6,7	0,1	−1,3	5,5	3,6	0,6	0,6	4,8	5,2	1,2	0,1	6,5	5,1	0,4	−0,4	5,1
Honduras	4,1	0,5	−1,2	3,4	3,7	1,7	−0,6	4,8	3,0	0,5	−0,1	3,4	4,7	1,4	0,2	6,3
Nicarágua	5,7	2,3	−1,3	6,8	4,8	2,0	−0,5	6,3	3,9	1,3	−0,2	4,9	−2,5	−1,3	0,3	-3,5
América Central	6,1	0,8	−1,0	5,9	4,4	1,2	−0,1	5,6	4,4	1,0	−0,2	5,2	2,4	0,2	0,0	2,6
Bolívia	1,5	−0,6	−0,3	0,6	3,9	0,3	0,0	4,3	5,0	0,5	0,2	5,7	3,0	−0,1	0,1	2,9
Equador	5,7	1,8	−0,5	7,0	3,1	1,7	−0,3	4,5	7,0	3,9	−1,9	9,1	6,2	0,6	−0,5	6,3
Panamá	2,6	0,8	−0,4	3,1	5,7	1,6	−0,3	7,0	4,6	1,9	−0,2	6,3	2,6	5,9	−3,0	5,5
Paraguai	...	...	...	...	3,5	0,5	0,0	3,9	5,4	0,5	0,0	5,9	9,4	1,0	−0,6	9,9
República Dominicana	...	...	...	...	4,1	−0,2	−0,3	3,6	8,0	1,5	−0,7	8,8	4,7	0,0	0,5	5,2
Outros	3,3	0,7	−0,4	3,6	4,1	0,8	−0,2	4,7	6,0	1,7	−0,5	7,2	5,2	1,5	−0,7	6,0
América Latina	5,2	0,5	−0,2	5,5	4,2	0,3	0,4	5,0	6,7	0,3	−0,4	6,7	5,0	0,4	−0,2	5,2

Notas: D = Demanda Interna, Exp = Exportações, SI = Substituição de Importações. Médias simples de cada grupo ao final de cada agrupamento.
Fontes: de 1950 em diante, séries históricas da CEPAL em dólares de 2000; para 1945-1950, as mesmas fontes da Tabela 4.3.

interna (1945-1957 e 1967-1974). As políticas do balanço de pagamentos tiveram um papel importante para o crescimento da demanda interna em 1957-1967. Essa observação corrobora a análise apresentada no Capítulo 1 do período de industrialização dirigida pelo Estado como um todo. Observou-se ali que a relação entre o crescimento efetivo dos países e o que se pode explicar com base no dinamismo dos parceiros comerciais e nas elasticidades de comércio exterior foi maior no período de industrialização do que nas duas fases de desenvolvimento liderado pelas exportações. Assim, dentro das restrições do balanço de pagamentos existentes na época, é possível dizer que o processo de industrialização foi capaz de dinamizar a demanda interna.

Pelas razões já discutidas, o conceito de "industrialização dirigida pelo Estado" é mais apropriado para caracterizar a nova estratégia de desenvolvimento. De fato, o Estado assumiu um amplo conjunto de responsabilidades. Na esfera econômica, além da continuada intervenção no balanço de pagamentos para administrar o impacto dos ciclos externos produzidos durante os anos da Grande Depressão, essas responsabilidades incluíam um papel fortalecido (mesmo monopolista) no desenvolvimento da infraestrutura, na criação de bancos de desenvolvimento e de vários bancos comerciais, no desenho de mecanismos para obrigar as instituições financeiras privadas a canalizar fundos para setores prioritários (crédito dirigido), no apoio à empresa privada nacional (mediante proteção e contratos governamentais) e na intervenção nos mercados agrícolas de produtos agropecuários. Na esfera social, a ação do Estado passou a ter um papel maior na provisão de educação, saúde, habitação e, em menor medida, seguridade social.

O processo incluiu também grandes transformações sociais e políticas. A explosão demográfica das décadas de 1950 e 1960 foi acompanhada por um rápido processo de urbanização (ver adiante). As estruturas de poder foram redefinidas, portanto, no contexto de sociedades mais urbanas e de novas relações entre o Estado e a cada vez mais poderosa elite empresarial. As tendências adversas, antigas e novas, da distribuição da riqueza e da renda refletiram-se na explosão de antigas tensões rurais e no desenvolvimento de novos conflitos urbanos.

No final da década de 1940 e início da de 1950, a Comissão Econômica das Nações Unidas para a América Latina e Caribe (CEPAL),[16] sob a liderança de Raúl Prebisch, elaborou uma teoria que teve grande impacto em todo o mundo em desenvolvimento e em políticas públicas e debates teóricos

[16] Mais tarde, de América Latina e o Caribe. Diferentemente das siglas em inglês e francês, o acrônimo da entidade em espanhol e português não foi modificado quando o Caribe uniu-se à organização.

em fóruns internacionais. Essas ideias (como expressas por Prebisch, em particular) tiveram uma influência especial sobre a Conferência das Nações Unidas sobre Comércio e Desenvolvimento (UNCTAD) a partir de 1964 e nas negociações sobre uma "nova ordem econômica internacional" que a sucederam. Contudo, muitos padrões, práticas e mesmo ideias precederam a criação da CEPAL. Como observado com particular clareza por Love (1994: 395): "A industrialização da América Latina foi um fato antes de ser uma política, e uma política antes de ser uma teoria". De qualquer maneira, a CEPAL elaborou uma defesa teórica da nova estratégia, com um sentido de identidade regional.[17]

As ideias da CEPAL foram tão difundidas quanto criticadas, às vezes mais como crítica a uma caricatura de suas concepções, como também aconteceria mais tarde com as reformas de mercado. Tais ideias pertenceram, além disso, a uma família de novas teorias sobre o desenvolvimento econômico que surgiram desde os anos 1940 e que criaram, de fato, uma nova "subdisciplina" na Economia: a economia do desenvolvimento. Neste sentido, as visões da CEPAL sobre a industrialização e a intervenção estatal coincidiam em grande medida com a sabedoria contemporânea, que identificava o desenvolvimento com a industrialização. Deve-se ressaltar, além do mais, que o Banco Mundial apoiou o intervencionismo estatal pelo menos até a década de 1970, investiu em muitos projetos de substituição de importações e até fins daquela década continuou defendendo a ideia de que a industrialização era essencial para o desenvolvimento econômico (Webb, 2003). A influência do primeiro economista-chefe do Banco Mundial nos anos 1970, outro grande teórico do desenvolvimento, Hollis Chenery, foi decisiva neste sentido (ver, por exemplo, Chenery, 1979) e refletiu-se, entre outras coisas, nos primeiros "*World Development Reports*" elaborados pelo Banco no final daquela década. Mais ainda, segundo vimos, durante a Segunda Guerra Mundial os Estados Unidos apoiaram a industrialização da América Latina, e os interesses privados norte-americanos e de outros investidores estrangeiros também se ajustaram à nova estratégia, dado que compreenderam as oportunidades oferecidas para investimentos em mercados protegidos e para a venda de bens de capital à América Latina.

As ideias centrais em todas estas concepções sobre o desenvolvimento eram que a industrialização consistia no mecanismo principal de transferência

[17] Em seu livro semiautobiográfico, Furtado (1989) apresenta uma fascinante história do início da CEPAL. Para uma avaliação das contribuições da CEPAL, ver os ensaios de Fishlow (1985), Love (1994), Bielschowsky (1998 e 2009), Rosenthal (2004) e Rodríguez (1980 e 2006).

do progresso técnico e que a estrutura produtiva caracterizava-se, ao longo do processo de crescimento, por um aumento na participação da indústria e dos serviços modernos e pela redução da participação dos produtos básicos, especialmente agrícolas. O elemento mais especificamente cepalino foi a ênfase dada à redefinição dos padrões de inserção na economia mundial. Nessa visão, elaborada no "manifesto latino-americano", conforme Hirschman denominou o informe da CEPAL de 1949 (Prebisch, 1973), a solução não era isolar-se da economia internacional, mas *redefinir a divisão internacional do trabalho* para que os países latino-americanos pudessem beneficiar-se da mudança tecnológica que era entendida, com razão, como intimamente ligada à industrialização. A partir dessa perspectiva, o desenvolvimento implicava que os países deixassem de ser meramente produtores de produtos básicos e passassem a produzir manufaturas – ou seja, uma visão muito distante de um desenvolvimento autárquico (ou seja, de isolamento da economia internacional) difundida pelas caricaturas do pensamento cepalino. Essa visão implicava um esforço explícito da política econômica para transformar as estruturas produtivas e sociais, um processo que Sunkel (1991) denominou desenvolvimento a partir de dentro, em lugar de *para* dentro. Um dos elementos da visão de Prebisch, que a CEPAL adotou como sua própria doutrina, foi o de que os termos de troca dos produtos básicos tendiam a deteriorar-se inevitavelmente ao longo do tempo, uma visão que não foi corroborada nem pela literatura subsequente ou pelos eventos durante o período da industrialização em que CEPAL teve sua maior influência.[18]

As políticas de industrialização variaram ao longo do tempo, em parte para corrigir seus próprios excessos e em parte para responder às novas oportunidades que a economia mundial começou a oferecer desde os anos 1960. Como ressaltado por diversas histórias do pensamento cepalino (Bielchowsky, 1988; Rosenthal, 2004), desde os anos 1960 a CEPAL tornou-se crescentemente crítica dos excessos da substituição de importações e defensora de um modelo "misto", que combinasse substituição de importações com diversificação da base exportadora e integração regional. A CEPAL teve, assim, um papel central na criação da Associação Latino-americana de Livre Comércio (ALALC), mais tarde Associação Latino-americana de Integração (ALADI), em 1960, do Mercado Comum Centro-americano no mesmo ano

[18] Como vimos no Capítulo 1, os trabalhos de Ocampo e Parra (2003 e 2010) mostram que houve uma deterioração substancial dos termos de troca dos produtos primários ao longo do século XX, mas que esse declínio foi associado a dois momentos negativos, um nos anos 1920 e outro nos anos 1980. No período intermediário, que corresponde à fase de industrialização dirigida pelo Estado, não houve tendência de deterioração dos termos de troca.

e do Grupo Andino em 1969. A CEPAL pressionou também por reformas na esfera social, muitas das quais foram apoiadas mais tarde pelos Estados Unidos sob a Aliança para o Progresso lançada pelo Presidente Kennedy no começo da década de 1960.

A estratégia respondia também às circunstâncias próprias dos primeiros anos do pós-guerra. A marginalização da América Latina nas prioridades dos Estados Unidos no imediato pós-guerra (Thorp, 1998b) viu-se agravada pelo fato de que, a despeito das tendências favoráveis a curto prazo, a continuidade da dependência em relação às exportações de produtos básicos não parecia ser uma boa opção, em vista das tendências do passado. Além disso, as crises do balanço de pagamentos logo retornaram no pós-guerra e se agravaram com o declínio cíclico dos preços dos produtores primários com o fim da Guerra da Coreia, gerando uma sensação de que a restrição do balanço de pagamentos (a chamada "escassez de dólares") era tanto uma realidade latino-americana como europeia. Em princípios do pós-guerra a inconversibilidade europeia tornou-se uma restrição adicional para aqueles países cujo mercado principal era a Europa. A escassez de financiamento externo foi um elemento adicional. O pouco financiamento disponível vinha na forma de ajuda bilateral norte-americana (muito escassa antes da Aliança para o Progresso, e mesmo depois), especialmente por meio do Eximbank e dos limitados empréstimos do Banco Mundial.

Por outro lado, os altos níveis de proteção eram a regra nos países industrializados, e era claramente necessário que o comércio internacional passasse por um longo período de crescimento contínuo para convencer países e autoridades, que haviam vivido o colapso recente, que eles deviam encarar o comércio internacional como uma opção viável. Embora em 1947 tenha sido assinado o Acordo Geral sobre Tarifas e Comércio (GATT), com a participação de vários países latino-americanos,[19] a ideia de uma instituição mais forte para regular o comércio mundial foi bloqueada durante várias décadas quando o Congresso dos Estados Unidos recusou ratificar a Carta de Havana, que propôs a criação da Organização Internacional do Comércio (do qual o GATT faria parte). Além disso, logo ficou claro que os setores nos quais os países em desenvolvimento tinham maior potencial de exportação (agricultura e têxteis) seriam exceções à liberalização comercial dentro do GATT, como tornou-se evidente quando os Estados Unidos, apoiados pela Europa Ocidental, retiraram o comércio de produtos agrícolas do acordo em meados dos anos 1950 e começaram a introduzir uma série de restrições

[19] Brasil, Chile, Cuba, Nicarágua, Peru, República Dominicana e Uruguai foram fundadores ou membros iniciais do GATT, aos quais a Argentina juntou-se em 1967.

ao comércio de produtos têxteis, que se transformaria, com o tempo, no Acordo Multifibras. Tudo isso fomentou o "pessimismo das exportações" que caracterizou algumas visões do pós-guerra e o sentimento de que os esforços de substituição de importações e a estreita administração estatal das escassas divisas eram essenciais para superar as crônicas restrições do balanço de pagamentos.[20]

A reconstrução do comércio internacional nos anos posteriores à Segunda Guerra Mundial baseou-se em dois tipos de acordos: o GATT, que ao lado da criação da Comissão Econômica Europeia serviu de marco para o crescimento do comércio entre países europeus e com Estados Unidos; e o Conselho para Assistência Econômica Mútua entre os países comunistas da Europa Central e Oriental e a União Soviética. Com o tempo, contudo, e ainda que concentrado no comércio intraindustrial entre países desenvolvidos e como elemento central da "idade de ouro" do crescimento econômico nos centros industriais, o primeiro desses processos estendeu-se para a periferia e abriu oportunidades para as exportações de manufaturas dos países em desenvolvimento. Também foram concebidos mecanismos específicos para fortalecer a maior participação dos países em desenvolvimento no comércio mundial, em particular o Sistema Generalizado de Preferências (SGP) e os acordos sobre produtos primários, que renasceram com força após a queda dos preços das matérias-primas a partir de meados dos anos 1950. Entre os acordos importantes para vários países latino-americanos foram os acordos sobre café iniciados de maneira parcial no final dos 1950 e transformados nos sucessivos Acordos Internacionais que, com breves interrupções, regularam com quotas o mercado do café entre 1962 e 1989.[21] Adicionalmente, ainda que a reconstrução do sistema financeiro internacional tenha se concentrado nos países desenvolvidos, desde meados da década de 1960 e, especialmente, início da década de 1970, começaram a surgir alternativas aos bancos multilaterais e organismos bilaterais.

Depois da Revolução Cubana, a América Latina adquiriu maior importância na agenda da política exterior norte-americana. A criação do Banco Interamericano de Desenvolvimento (BID) em 1959 foi a manifestação mais imediata, seguida logo depois pela Aliança para o Progresso, lançada

[20] Daí surgiu também a ideia cepalina da tendência estrutural às crises de balanço de pagamentos causada pela elevada elasticidade-renda da demanda de importações e menor elasticidade-renda e preço das exportações, particularmente no caso dos produtos primários. Essas ideias foram a base para a ênfase no ajuste do balanço de pagamentos nas políticas macroeconômicas da região.

[21] Beyer (1997) apresenta a melhor análise da história das negociações internacionais do café.

em Punta del Este, Uruguai, em 1961. Como observado antes, essa última iniciativa adotou em grande medida o programa que a CEPAL vinha promovendo desde a década de 1950, que incluía a planificação em uma economia mista, integração regional, reforma agrária e reforma tributária em que a tributação direta teria um papel importante e maior investimento em áreas sociais. Contudo, o fluxo de fundos foi menor do que o prometido, e o caráter condicional da ajuda norte-americana logo se transformou em uma fonte de atrito.

Fases e diversidade das experiências de industrialização

A industrialização latino-americana atravessou três etapas diferentes durante o período coberto neste capítulo. A primeira foi a fase "pragmática" de substituição de importações induzida pela variação de preços relativos e pelas respostas de política econômica diante dos choques externos da década de 1930 e da Segunda Guerra Mundial. Esses acontecimentos e especialmente a Guerra deram origem aos primeiros planos para promover novas indústrias e a diminuição da dependência das importações, sobretudo em setores considerados "essenciais" ou "estratégicos". Essa ideia revelou-se particularmente atraente nos países com regimes militares, em especial Argentina, Brasil e, no imediato pós-guerra, Venezuela.

A segunda etapa, que poderíamos chamar de fase "clássica" da industrialização latino-americana, tomou forma entre o fim da guerra e meados dos anos 1960, tendo, como veremos, sua maior influência relativa nas economias maiores. A escassez de divisas prosseguiu sendo um de seus elementos determinantes. Com efeito, apesar da abundância inicial de reservas internacionais, as crises do balanço de pagamentos converteram-se em um problema recorrente logo no pós-guerra. O esgotamento das reservas em dólares, frente à demanda reprimida de importações, deu lugar às primeiras crises do balanço de pagamentos pouco tempo depois de terminado o conflito bélico mundial. A crise transformou-se em uma onda generalizada com a queda dos preços dos produtos primários após a Guerra de Coreia. A Figura 4.2 resume o número de países latino-americanos com programas com o FMI, as quantias de financiamento transferidas por esse organismo aos países da região e o montante das reservas internacionais, estimados como proporção do PIB latino-americano. Como se pode observar, todos esses números indicam deterioração entre meados dos anos 1950 e começo da década de 1960, quando então começaram a melhorar a partir de meados dessa última década. Logo, porém, vários países tenderam a submeter-se quase permanentemente a programas de ajuste com o FMI.

De acordo com as tendências impostas durante a fase "pragmática", as respostas de política seguiram um padrão em que cada crise aumentava os níveis de proteção. Mas nesse momento, quase todo país da região seguiu uma estratégia de industrialização mais consciente, harmonizada geralmente com planos de desenvolvimento explícitos. A estratégia empregou uma combinação variável de velhos instrumentos, utilizados agora com maior e, às vezes, excessiva intensidade: proteção tarifária e não tarifária; taxas de câmbio múltiplas e racionamento de divisas; bancos de desenvolvimento e investimentos em infraestrutura. Novos instrumentos foram adicionados: regulações na alocação setorial do crédito ao setor privado e das taxas de juros; incentivos fiscais e investimentos do setor público em setores "estratégicos", inclusive nos serviços de energia, telecomunicações e alguns de transporte, mas também alguns ramos de siderurgia e química ou petroquímica; subsídios nos preços de insumos para empresas públicas que controlavam esses setores estratégicos; "leis de similares" (que basicamente proibiam as importações de produtos que competiam com a produção nacional) e leis requerendo que as empresas adquirissem matérias-primas e bens intermediários nacionais.

Uma característica essencial do modelo foi que, em vez de modificar a estrutura de proteção para promover novas indústrias, sobrepuseram-se camadas de proteção novas às antigas, o que gerou um padrão "geológico" de proteção que se converteria em uma característica básica da industrialização dirigida pelo Estado na América Latina. Tal fato deveu-se obviamente à economia política da época, em que a proteção de um setor específico era considerada uma "conquista" permanente do setor que se beneficiava dela. Além do mais, os incentivos nunca eram considerados temporários (ou seja, para indústrias "nascentes", cujos incentivos deveriam ser retirados uma vez que se tornassem competitivas) e sua complexa estrutura tornava difícil saber quais eram os setores favorecidos de fato. Naturalmente, o complexo sistema de proteção que se construiu não esteve isento de críticas, inclusive, segundo vimos, da própria CEPAL.

A principal ideia lançada para racionalizar a estrutura de proteção durante esse período foi a integração regional e sub-regional. De acordo com a concepção original da CEPAL, a integração regional reduziria os custos da substituição de importações ao aumentar o tamanho do mercado, um elemento crítico para os setores mais avançados de substituição de importações nas economias maiores, mas que também serviria para estimular algum nível de industrialização nas menores. Além do mais, esperava-se que a integração impusesse certa disciplina de mercado aos setores protegidos, que haviam alcançado facilmente altos níveis de concentração industrial (e haviam mesmo formado monopólios) em nível nacional, e que servisse de plataforma para o desenvolvimento de novas atividades exportadoras, em particular no setor de manufaturas.

Contudo, excluindo o Mercado Comum Centro-Americano, a integração regional em pouco tempo enfrentou os mesmos problemas de economia política da racionalização da proteção em geral. Logo após algumas rodadas multilaterais bem-sucedidas em princípios da década de 1960, a Associação Latino-americana de Livre Comércio (ALALC), mais tarde Associação Latino-americana de Integração (ALADI), deparou-se com uma grande oposição à liberalização das importações competitivas (isto é, aquelas em que os produtos de um país competiam com os de outro país-membro). Em suas etapas posteriores a Associação concentrou-se em acordos bilaterais entre os países-membros, a fim de facilitar as importações complementares. O Grupo Andino enfrentou pressões similares depois de sua criação em 1969, o que o levou a priorizar a liberalização do comércio intrarregional de importações complementares. Houve também tentativas entre os países centro-americanos e andinos de programar o desenvolvimento industrial em seus mercados ampliados e de planejar a realização de investimentos complementares, mas tais esforços foram, quase sempre, completos fracassos.

O pessimismo das exportações foi também uma característica da fase "clássica", mas havia consideráveis diferenças regionais a respeito. Com exceção de alguns países (Venezuela e várias economias pequenas, mas também parcialmente o México), a experiência das exportações foi decepcionante no imediato pós-guerra. Contudo, a situação melhorou de maneira significativa a partir de meados da década de 1950, sobretudo para as economias pequenas, cujas exportações tiveram um crescimento rápido desde então, e para o conjunto da região a partir de meados dos anos 1960 (Tabela 4.5). Curiosamente, esse processo foi acompanhado por acentuada desaceleração das exportações da Venezuela, a economia exportadora mais dinâmica da região entre os anos 1920 e 1950. Na realidade, em muitos casos, e em particular nas economias centro-americanas, mas também em algumas de tamanho médio como a do Peru, a substituição de importações sobrepôs-se ao que continuou sendo em essência um modelo primário-exportador (Thorp e Bertram, 1978: parte IV). O mesmo pode ser dito com relação à Venezuela, onde a política de industrialização foi concebida na verdade como a forma de "semear o petróleo" (Baptista e Mommer, 1987; Astorga, 2003; Di John, 2009). Assim, a nítida tendência declinante de participação das exportações no PIB que começou em 1938 foi seguida por uma deterioração mais suave nos anos 1950 e se interrompeu na década seguinte (ver Figura 4.3 para os resultados regionais, que excluem a Venezuela).

TABELA 4.5. Dinamismo do setor exportador na América Latina

	CRESCIMENTO REAL DAS EXPORTAÇÕES DE BENS E SERVIÇOS (EM DÓLARES DE 2000)				**COEFICIENTES DE ABERTURA ECONÔMICA (EXPORTAÇÕES COMO % DO PIB EM DÓLARES DE 2000)**			
	1945-57	**1957-67**	**1967-74**	**1974-80**	**1945-57**	**1958-67**	**1968-74**	**1975-80**
Países grandes								
Brasil	0,6%	4,2%	11,3%	10,1%	6,0%	3,6%	4,0%	4,1%
México	4,4%	3,0%	6,3%	10,6%	8,6%	6,8%	5,9%	6,1%
Cone Sul								
Argentina	–0,2%	3,0%	1,3%	7,3%	5,0%	4,1%	3,5%	4,5%
Chile	–1,0%	4,6%	3,2%	13,6%	13,2%	11,0%	10,3%	17,5%
Uruguai	–4,3%	4,9%	1,0%	10,5%	9,7%	8,4%	8,2%	11,2%
Andinos								
Colômbia	1,6%	3,9%	5,4%	6,0%	11,2%	9,3%	9,0%	8,8%
Peru	4,8%	6,7%	–1,3%	6,7%	11,8%	14,8%	12,1%	10,2%
Venezuela	10,2%	2,9%	–0,1%	–5,1%	55,2%	49,0%	36,7%	19,2%
América Central								
Costa Rica	4,7%	8,3%	11,4%	0,9%	15,0%	12,9%	17,9%	16,6%
El Salvador	4,5%	9,0%	3,7%	4,5%	9,8%	12,2%	12,9%	14,4%
Guatemala	0,7%	8,3%	11,2%	3,3%	8,8%	10,0%	12,9%	13,3%
Honduras	3,1%	8,9%	2,5%	6,7%	21,7%	23,2%	30,0%	27,1%
Nicarágua	13,0%	8,4%	5,1%	–5,2%	21,8%	31,1%	33,4%	37,5%
Outros								
Bolívia	–3,2%	2,8%	4,8%	–1,4%	17,4%	11,7%	12,7%	11,1%
Equador	6,2%	5,7%	11,9%	2,0%	28,8%	33,6%	38,9%	35,7%
Panamá	6,1%	9,2%	9,3%	18,6%	23,7%	22,8%	30,3%	39,9%
Paraguai	–0,8%	5,2%	5,2%	10,6%	11,1%	11,0%	11,6%	11,6%

Continua

TABELA 4.5. Dinamismo do setor exportador na América Latina (*Continuação*)

	CRESCIMENTO REAL DAS EXPORTAÇÕES DE BENS E SERVIÇOS (EM DÓLARES DE 2000)				**COEFICIENTES DE ABERTURA ECONÔMICA (EXPORTAÇÕES COMO % DO PIB EM DÓLARES DE 2000)**			
	1945-57	**1957-67**	**1967-74**	**1974-80**	**1945-57**	**1958-67**	**1968-74**	**1975-80**
República Dominicana	5,5%	−1,0%	10,7%	0,1%	n.d.	19,0%	16,8%	15,6%
Médias ponderadas								
Total América Latina (18 países)	4,4%	3,7%	3,9%	5,5%	10,9%	10,0%	8,6%	7,6%
Excluindo Venezuela	1,9%	4,2%	6,0%	8,6%	7,9%	6,6%	6,3%	6,6%
Economias maiores (7 países)	4,7%	3,4%	3,2%	5,6%	10,5%	9,5%	7,9%	6,7%
Economias menores (11 países)	2,3%	6,0%	7,7%	5,2%	15,5%	15,6%	18,4%	19,6%
Médias Simples								
Total América Latina (18 países)	2,9%	5,4%	5,7%	5,6%	16,4%	16,4%	17,1%	16,9%
Excluindo Venezuela	3,1%	5,6%	6,1%	6,2%	14,0%	14,4%	15,9%	16,8%
Economias maiores (7 países)	3,2%	4,0%	3,7%	7,0%	15,9%	14,1%	11,6%	10,0%
Economias menores (11 países)	0,0%	6,3%	7,0%	4,6%	16,8%	17,8%	20,5%	21,3%

Fonte: ver Tabela 4.4.

FIGURA 4.3. Indicadores de crise de balanço de pagamentos, 1950-1980

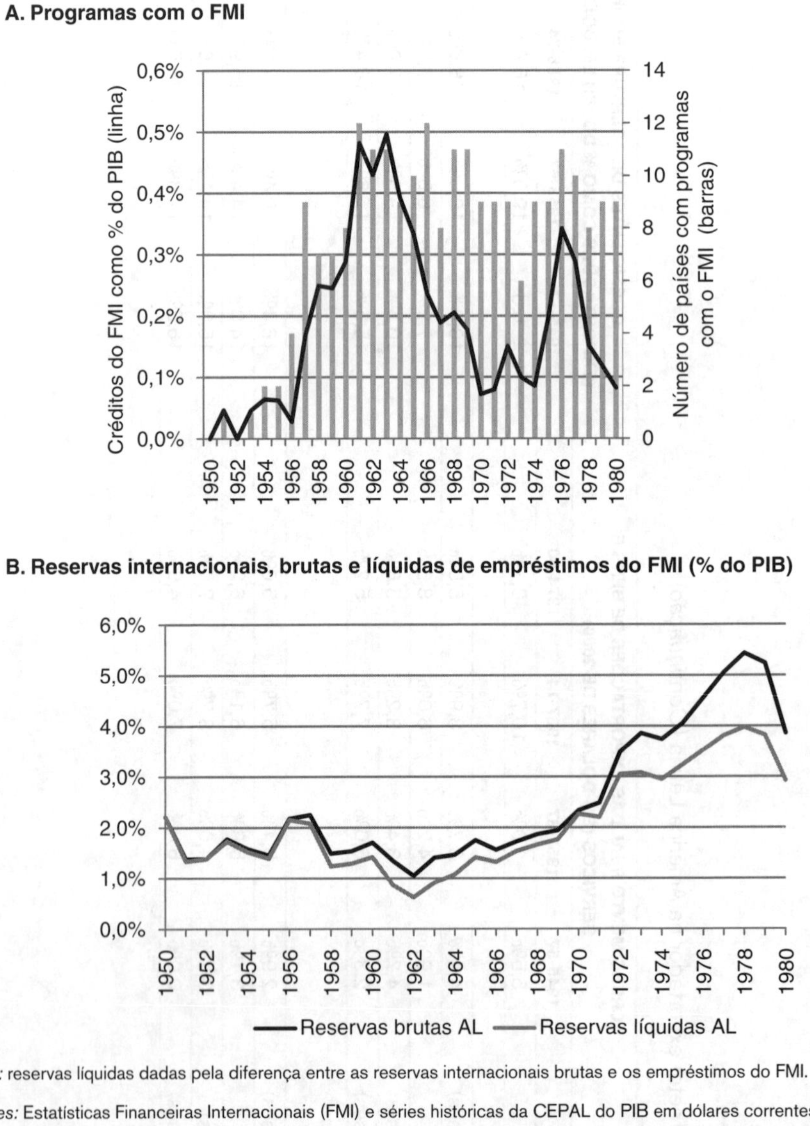

Nota: reservas líquidas dadas pela diferença entre as reservas internacionais brutas e os empréstimos do FMI.

Fontes: Estatísticas Financeiras Internacionais (FMI) e séries históricas da CEPAL do PIB em dólares correntes.

As opiniões sobre as oportunidades oferecidas pelas exportações de produtos básicos não foram replicadas ao caso do investimento direto estrangeiro (IDE). Pelo contrário, a promoção do investimento por parte de empresas transnacionais em novas atividades de substituição de importações tornou-se um ingrediente central da industrialização dirigida pelo Estado na América Latina. O IDE foi considerado também uma fonte confiável de financiamento externo privado em uma economia mundial que oferecia poucos mecanismos alternativos. Contudo, muitos países da região adotaram simultaneamente uma posição cada vez mais restritiva contra as formas *tradicionais* de investimento estrangeiro nos setores de recursos naturais e infraestrutura. Assim, a América Latina não rechaçou o IDE, mas o dirigiu de acordo com o que percebia como seus interesses nacionais. De fato, até a década de 1970 a região atraiu a maior parte dos fluxos de IDE para o mundo em desenvolvimento (ver adiante).

A terceira fase pode ser considerada como a etapa "madura" da industrialização dirigida pelo Estado. Contudo, a característica dominante desse período foi a diversidade crescente das tendências regionais. Podem ser diferenciadas três grandes estratégias, adotadas às vezes em forma sequencial em países específicos, tendo o primeiro choque do petróleo como ponto de inflexão.

A primeira estratégia, que foi dominante entre meados da década de 1960 e o primeiro choque do petróleo (e também a mais próxima às opiniões da CEPAL), promoveu de maneira crescente as exportações, dando origem ao que temos denominado de "modelo misto". Em certo sentido, essa combinação aproximou a estratégia das economias médias e grandes com aquela que vinha sendo aplicada pelos países pequenos. A estratégia baseava-se nos acordos de integração existentes, mas ainda mais nas novas oportunidades oferecidas pelas crescentes exportações de manufaturas leves para os países industrializados.

Seguindo padrões já estabelecidos, a nova estratégia lançou uma nova camada de incentivos às exportações sobre o padrão "geológico" de proteção já existente, que incluía uma combinação de incentivos fiscais (subsídios diretos ou taxas de câmbio favoráveis, além de isenções ou devoluções das tarifas sobre insumos) e facilidades de crédito para as empresas exportadoras, bem como requisitos de exportação para as empresas estrangeiras e a criação de zonas de livre comércio. Nesse último caso, o programa mexicano de *maquila* na fronteira com os Estados Unidos, estabelecido em 1965 (o mesmo ano em que um programa similar foi lançado em Taiwan), foi a primeira inovação do gênero. Em geral, os incentivos às exportações foram acompanhados de certa racionalização da estrutura de proteção existente e da administração das divisas (em particular a unificação ou simplificação do sistema do regime de câmbio múltiplo), ao lado de uma política cambial mais ativa, inclusive um regime cambial mais flexível (minidesvalorizações ou *crawling peg*) para administrar a sobrevalorização recorrente em economias propensas à inflação. Este foi o sistema cambial introduzido por Argentina, Colômbia, Chile e Brasil entre 1965 e 1968 (Frenko e Rapetti, 2011).

É interessante observar que a revalorização do papel das exportações foi acompanhada desta vez por uma visão mais crítica do investimento estrangeiro direto. A ideia de que os investidores nacionais deveriam desempenhar um papel central nos novos setores manufatureiros esteve presente desde a Segunda Guerra Mundial, sobretudo nos países onde havia uma visão militarista dos setores "estratégicos". Em muitos casos, esse papel foi assumido pelas empresas estatais. Contudo, a defesa dos investidores nacionais atraiu uma atenção crescente nas décadas de 1960 e 1970, ao que se juntou o estabelecimento de limites aos *royalties* e às remessas de lucros ao exterior em resposta à visão de que as empresas transnacionais estavam obtendo lucros excessivos em seus investimentos na região. As normas do Grupo Andino foram talvez as mais representativas a respeito: o estatuto do investimento estrangeiro (Decisão n. 24 de 1970) reservou, com efeito, certos setores a empresas com maioria de capital andino,[22] limitou os benefícios que as empresas estrangeiras poderiam extrair do seu mercado ampliado e estabeleceu restrições às remessas de lucros para o exterior e ao pagamento de *royalties* dos investidores. As nacionalizações da indústria do cobre no Chile e da indústria petrolífera na Venezuela, em princípios da década de 1970, fizeram parte de outro padrão que tinha raízes mais antigas.

Apesar disso, a América Latina continuou recebendo em 1973-1981 cerca de 70% do total dos fluxos de investimento direto estrangeiro para o mundo em desenvolvimento (Ocampo e Martin, 2004: tabela 3.2). O investimento estrangeiro continuou sendo bem-vindo para o desenvolvimento de setores industriais e exportações, e não poucas empresas estatais constituíram associações estratégicas com multinacionais. Portanto, não é correta a visão de que a América Latina rechaçou o investimento estrangeiro durante a industrialização dirigida pelo Estado. Foi mais uma questão de direcionar os investimentos para áreas específicas. Japão e dois dos primeiros "tigres asiáticos" – Coreia e Taiwan – eram, na verdade, mais fechados ao investimento estrangeiro nestes anos do que a América Latina.

A segunda estratégia consistiu em aprofundar ainda mais a substituição de importações. O Peru é o melhor exemplo de um país que, contrariamente à sua própria tradição primária-exportadora, optou por uma política mais orientada para dentro no final da década de 1960, ao contrário das tendências regionais (Thorp e Bertram, 1978: parte IV). Brasil, México e Venezuela lançaram ambiciosos planos de investimento industrial em bens intermediários e de capital

[22] Os setores de serviços públicos, financeiro, comunicações, transportes e comercialização interna ficaram reservados a empresas com mais de 51% de capital andino. A Decisão nº 24 proibiu também por 10 anos as concessões para investimentos em produtos básicos.

após o primeiro choque do petróleo (que foi um choque negativo para o primeiro e positivo para os outros dois). O Brasil teve um aumento das exportações e desenvolveu a estrutura industrial mais completa da região (Castro, 1985).

A terceira estratégia foi um ataque frontal ao papel do Estado no desenvolvimento econômico. Assim, desde meados da década de 1960 houve um deslocamento dos debates intelectuais para uma concepção mais liberal das políticas econômicas, nas quais se dava maior peso ao mercado na alocação de recursos. Analogamente ao ocorrido no século XIX, a economia liberal não esteve vinculada inicialmente a uma orientação política liberal. Nos países do Cone Sul (Argentina, Chile e Uruguai), países pioneiros dessa estratégia, as grandes reformas de mercado da segunda metade da década de 1970 foram implementadas por ditaduras militares. Não obstante, mesmo em casos com conteúdo ideológico radicalmente liberal, a crise do petróleo levou esses países a utilizar incentivos estatais para a promoção de exportações de manufaturados não tradicionais em uma tentativa de enfrentar o déficit da balança comercial.

Em todo caso, em parte como reflexo dessa crescente diversidade de experiências, a industrialização alcançou seu maior nível na América Latina em 1973-1974. Até então, a participação da indústria manufatureira no PIB teve um aumento constante; desde então, e por isso muito antes do colapso com a crise da dívida, o coeficiente de industrialização começou a reduzir-se (Figura 4.4). O processo de industrialização foi, de qualquer

FIGURA 4.4. Valor adicionado da indústria manufatureira no PIB, 1950-2006

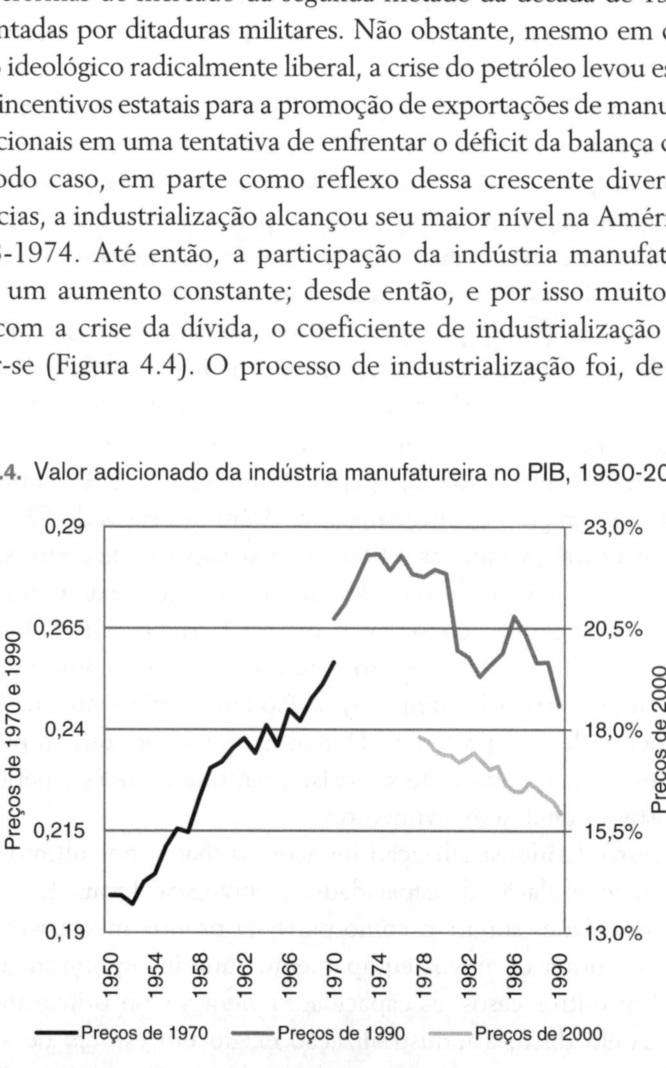

Fonte: estimativas próprias baseadas nas séries históricas da CEPAL.

forma, desigual em termos regionais. Entre os países maiores, os aumentos mais expressivos na participação da indústria de transformação no PIB entre 1950 e 1974 foram registrados na Argentina, no Brasil, na Colômbia e no México; por outro lado, os aumentos foram muito inferiores no Peru e Venezuela e marginais no Chile, onde a participação da manufatura já era muito alta em 1950. Mas a industrialização também avançou rapidamente em vários países pequenos, em particular Equador e diversos países centro-americanos, nesses casos combinada, como já notamos, com uma estrutura primária-exportadora. Entre 1974 e 1980 a industrialização avançou em poucos países: algo no México e na Venezuela, entre os maiores, e especialmente no Equador e Nicarágua, entre os pequenos. No Brasil, a indústria reduziu marginalmente sua participação no PIB, mas seu crescimento continuou sendo muito dinâmico.

O ritmo da industrialização dependeu estreitamente do tamanho das economias e refletiu-se diretamente em sua estrutura. A Tabela 4.7 apresenta estimativas de participação de distintos ramos no valor agregado da indústria de transformação em 1974, sendo os países ordenados de acordo com o tamanho de seu setor industrial. Nas economias menores, os ramos mais tradicionais da indústria representavam entre 60% e 80% do valor adicionado industrial ao fim do período mais intenso de industrialização, embora na Colômbia e no Peru chegasse a aproximadamente metade do valor adicionado. Chile e Venezuela possuíam uma estrutura onde um setor apenas ocupava um papel importante (refinação de petróleo e metais básicos, respectivamente). Desta forma, apenas Brasil, México e Argentina haviam alcançado um alto grau de diversificação. Além dos casos de Chile e Venezuela, as estruturas produtivas refletiam a participação de certos setores em que os países tinham ou haviam adquirido vantagens competitivas, entre eles têxteis em algumas economias pequenas (Uruguai e Bolívia, e Guatemala e El Salvador entre as centro-americanas), assim como as indústrias de processamento (papel e química) na Colômbia, alimentos na Argentina e equipamento de transporte no México. Esses padrões teriam paralelo nas exportações de manufaturas desses países, tanto durante este período como na fase posterior de desenvolvimento.

O processo de industrialização foi acompanhado, por último, por uma significativa acumulação de capacidades tecnológicas locais. Em alguns casos, tais capacidades surgiram como parte da própria industrialização, por exemplo, na forma de novos equipamentos que incorporavam tecnologia superior. Em outros casos, as capacidades vieram com o investimento estrangeiro. Além disso, a industrialização exigiu um esforço de aprendizagem e adaptação de tecnologia, que gerou diversas inovações secundárias.

TABELA 4.6. Indústria manufatureira e agricultura: crescimento e participação relativa no PIB

	INDÚSTRIA MANUFATUREIRA					SETOR AGRÍCOLA				
	PARTICIPAÇÃO NO PIB (PREÇOS DE 1970)			CRESCIMENTO ANUAL		PARTICIPAÇÃO NO PIB (PREÇOS DE 1970)			CRESCIMENTO ANUAL	
	1950	1974	1980	1950-1974	1974-1980	1950	1974	1980	1950-1974	1974-1980
Países grandes										
Brasil	21,9	30,6	30,2	8,7	6,7	20,7	9,3	8,6	3,7	5,3
México	17,2	23,5	23,9	8,0	6,7	18,7	9,9	8,4	3,8	3,5
Cone Sul										
Argentina	23,8	31,6	27,5	4,9	-0,6	16,0	12,4	11,6	2,6	0,7
Chile	25,6	25,9	22,2	3,4	1,2	9,7	6,8	6,6	1,9	3,2
Uruguai	18,9	22,2	22,4	2,3	4,9	13,8	11,2	10,2	0,7	3,1
Andinos										
Colômbia	16,1	22,7	21,6	6,7	4,0	33,4	22,9	22,5	3,5	4,5
Peru	15,1	20,0	18,9	6,7	1,8	27,8	14,5	12,1	2,6	-0,3
Venezuela	12,1	16,4	17,6	7,9	5,0	8,6	6,6	6,4	5,4	3,1
América Central										
Costa Rica	...	...	...	...	...	43,3	19,6	16,8	3,2	2,0
El Salvador	14,9	19,8	16,5	6,2	-2,5	59,0	39,0	41,1	3,2	1,3
Guatemala	12,0	15,7	16,7	6,1	6,1	33,1	27,9	24,8	4,2	3,1
Honduras	7,1	14,7	14,1	7,0	5,5	36,2	25,3	21,5	2,3	3,4
Nicarágua	11,5	20,7	25,1	8,8	-0,4	33,0	24,2	24,0	4,8	-3,6
Outros										
Bolívia	12,7	14,1	14,5	3,7	3,4	29,3	19,7	20,0	1,6	3,1
Equador	12,5	17,4	21,6	7,6	10,2	28,9	17,8	13,8	4,0	1,9
Panamá	8,4	15,4	13,3	9,0	3,0	30,6	15,3	12,8	3,2	2,4
Paraguai	15,5	16,7	16,0	4,7	9,1	42,1	31,7	26,6	3,1	6,7
República Dominicana*	16,3	18,4	18,5	7,4	5,3	30,9	18,9	16,4	2,8	2,8
América Latina	19,9	27,2	26,7	7,5	5,4	20,3	11,2	10,4	3,5	4,3

Nota: * o primeiro ano disponível na República Dominicana é o de 1960.

Fonte: estimativas próprias a partir das séries históricas da CEPAL, encadeando séries em dólares de 1970 e de 1990.

TABELA 4.7. Participação no valor adicionado industrial ao final do período de rápida industrialização

A. PAÍSES SUL-AMERICANOS E MÉXICO, 1974	**BRASIL**	**MÉXICO**	**ARGENTINA**	**VENEZUELA**	**CHILE**	**COLÔMBIA**	**PERU**	**URUGUAI**	**EQUADOR**	**BOLÍVIA**	**PARAGUAI**	**TOTAL**
Alimentos, bebidas e tabaco	13,3%	15,3%	30,0%	22,2%	17,8%	27,6%	25,0%	32,9%	42,6%	43,0%	50,0%	19,2%
Têxteis, confecções, couro e calçados	12,3%	15,5%	13,8%	11,8%	10,1%	15,7%	13,1%	20,9%	14,2%	22,9%	16,6%	13,5%
Outras indústrias tradicionais (madeira e móveis, editoriais e outras manufaturas)	8,0%	5,7%	4,2%	6,2%	4,4%	6,0%	15,2%	5,0%	7,7%	6,5%	12,8%	6,7%
Subtotal indústrias tradicionais	33,7%	36,5%	48,0%	40,2%	32,3%	49,3%	53,3%	58,8%	64,6%	72,4%	79,4%	39,4%
Minerais não metálicos	5,5%	5,9%	3,3%	4,8%	2,9%	5,6%	7,1%	4,0%	5,3%	5,4%	4,3%	5,0%
Refinarias de petróleo	3,7%	3,4%	5,2%	14,0%	3,7%	3,0%	9,3%	12,9%	2,2%	7,8%	4,3%	4,7%
Papel e indústria química, excluída a refinação de petróleo	19,6%	20,5%	12,6%	16,1%	14,0%	23,3%	8,4%	14,2%	16,1%	7,3%	5,4%	17,6%
Metais básicos	8,8%	4,4%	6,0%	7,6%	30,9%	3,8%	5,9%	0,8%	1,1%	3,0%	0,3%	7,6%
Equipamentos de transporte	7,4%	14,5%	10,9%	7,4%	6,2%	4,5%	7,6%	1,4%	0,5%	0,3%	0,9%	9,2%
Indústria metal-mecânica	21,4%	14,9%	14,0%	9,9%	10,0%	10,4%	8,3%	7,9%	10,0%	3,8%	5,4%	16,4%
Subtotal indústrias não tradicionais	66,3%	63,5%	52,0%	59,8%	67,7%	50,7%	46,7%	41,2%	35,4%	27,6%	20,6%	60,6%
Participação no valor adicionado industrial da América Latina	41,6%	20,8%	19,0%	4,5%	4,0%	3,6%	3,5%	1,0%	1,0%	0,6%	0,3%	100,0%

Continua

TABELA 4.7. Participação no valor adicionado industrial ao final do período de rápida industrialização (*Continuação*)

B. AMÉRICA CENTRAL, 1975	GUATEMALA	COSTA RICA	EL SALVADOR	NICARÁGUA	HONDURAS	
Alimentos, bebidas e tabaco	47,7%	49,9%	42,3%	53,7%	52,6%	48,7%
Têxteis, confecções, couro e calçados	19,9%	12,3%	20,9%	12,3%	12,2%	16,4%
Outras indústrias tradicionais (madeira e móveis, editoriais e outras manufaturas)	6,0%	12,8%	5,5%	6,5%	14,5%	8,3%
Subtotal indústrias tradicionais	73,6%	75,0%	68,7%	72,5%	79,2%	73,4%
Minerais não metálicos	4,1%	3,7%	5,4%	4,9%	6,3%	4,6%
Refinarias de petróleo	6,9%	4,4%	6,8%	3,8%	6,1%	5,7%
Papel e indústria química, excluída a refinação de petróleo	5,5%	12,1%	13,2%	11,5%	4,7%	9,3%
Metais básicos	9,9%	4,9%	6,0%	7,3%	3,6%	7,0%
Subtotal indústrias não tradicionais	26,4%	25,0%	31,3%	27,5%	20,8%	26,6%
Participação no valor adicionado industrial da América Central	31,9%	21,8%	19,4%	16,4%	10,5%	100,0%

Fontes: A. CEPAL, PADI. Dados em dólares de 1994.
B. CEPAL (1983). Dados da América Central a preços de 1970. Exclui atividades não especificadas.

As adaptações eram necessárias, entre outras coisas, a fim de superar gargalos específicos, ajustar às condições onde as empresas estavam estabelecidas (menor escala de produção, utilização de matérias-primas locais, cooperação técnica com os provedores de insumos, desenvolvimento de redes de assistência técnica de bens de consumo duráveis) ou redesenhar os produtos em função dos mercados locais. Os participantes desse processo de aprendizagem e adaptação de tecnologia abrangeram desde firmas de tamanho modesto a grandes corporações, inclusive sucursais das multinacionais e empresas públicas. Algumas empresas de grande porte estabeleceram departamentos de pesquisa e desenvolvimento. Nos casos mais bem-sucedidos, algumas firmas adquiriram conhecimentos suficientes para vender tecnologia, na forma de licenças e serviços de engenharia, especialmente para outros países da América Latina. Em um conjunto mais amplo de entidades produtivas, a aprendizagem foi um elemento decisivo para que empresas aproveitassem as oportunidades abertas pela exportação de manufaturas a partir de meados dos anos 1960.[23]

De qualquer modo, os sistemas nacionais de inovação que se desenvolveram durante essa fase do desenvolvimento foram insuficientes para gerar sólidas redes tecnológicas do tipo que foram criadas pelo Japão e alguns dos primeiros tigres asiáticos (especialmente a República da Coreia e Taiwan). Como resultado, eles foram incapazes de promover uma redução sustentada do hiato tecnológico com os países industrializados. Também não houve qualquer política orientada para promover transbordamentos tecnológicos do investimento estrangeiro, o que sugere que se supunha, incorretamente, que tais externalidades ocorreriam espontaneamente. Os sistemas de ciência e tecnologia desenvolvidos foram predominantemente modelos determinados pela oferta, em que o Estado promovia a criação de centros científicos e tecnológicos que eram geralmente confinados às empresas públicas e, como veremos, ao setor agrícola. Os sistemas educacional e de pesquisa foram geralmente pouco articulados às necessidades de um sistema produtivo que, por outro lado, não demandava grande número de técnicos de alta qualificação (CEPAL, 2004b: cap. 6).

Há visões divergentes sobre a estrutura de proteção das indústrias com maior conteúdo tecnológico. Em um trabalho clássico, Fajnzylber (1983) argumentou que a estrutura de proteção favoreceu a importação de bens

[23] Esta "microeconomia da substituição de importações" está associada muito especialmente ao trabalho de Jorge Katz (ver, por exemplo, Katz 1978 e 1984, e Katz e Kosacoff 2003). Veja-se também Teitel (1983), Teitel e Thoumi (1987) sobre a transição da substituição de importações à exportação em vários setores da Argentina e do Brasil, assim como o trabalho mais recente de Bértola *et al.* (2009).

de capital desviando incentivos ao desenvolvimento desse setor no mercado interno, o que levou a certa discriminação contra setores mais intensivos em tecnologia. Divergindo dessa visão, analistas da industrialização brasileira argumentaram que nesse país, talvez o único em que se avançou significativamente neste terreno, a proteção das indústrias de bens de capital encareceu os custos de investimento e tornou-se um fator negativo nas etapas finais do período de industrialização (Abreu, Bevilaqua e Pinho, 2003).

O desempenho econômico e social no período da industrialização dirigida pelo Estado

O crescimento econômico

Como discutido no Capítulo 1, durante o período de industrialização dirigida pelo Estado, a América Latina conseguiu em termos gerais crescer acima da média mundial e acompanhar o ritmo de crescimento dos países mais desenvolvidos, que temos chamado "Ocidente". Trata-se de um desempenho digno de nota, já que depois de haver crescido mais rapidamente do que o restante do mundo desde 1870, mesmo durante as turbulências internacionais que caracterizaram o período do entreguerras, a América Latina tomou parte do auge econômico posterior à Segunda Guerra Mundial – o período de maior crescimento histórico da economia mundial e, em particular, aquele no qual as economias mais industrializadas viveram sua "idade de ouro" (até 1973).

Esse desempenho teve, contudo, grandes exceções, entre as quais se incluem o fraco desempenho das economias que haviam sido líderes até o início do século XX (as do Cone Sul e Cuba), e mesmo a incapacidade daquelas que cresceram rapidamente de reduzir de forma significativa a distância em relação ao mundo industrializado ou, como vimos na seção anterior, de desenvolver os sistemas nacionais de inovação necessários para fazê-lo.

O PIB *per capita* cresceu a um ritmo anual de 2,7% entre 1945 e 1980, o mais elevado em um período desta duração. Além disso, como resultado do rápido crescimento populacional, a participação da América Latina na produção mundial continuou aumentando, até chegar em 1980 a 9,8%, dois pontos percentuais a mais do que no fim da Segunda Guerra e quatro a mais do que em 1929 (ver a Tabela 1.1, no Capítulo 1). A Figura 4.5 mostra as taxas decenais de crescimento econômico da região, estimadas com base em totais que têm uma cobertura crescente de países da região. Como é possível observar, a taxa de crescimento de 5,5% ao ano entre 1945 e 1980 havia sido alcançada anteriormente apenas de forma esporádica (em torno de 5% no decênio anterior à Primeira Guerra Mundial e nos anos 1920), mas nunca havia se mantido por um período tão longo, nem voltaria a ocorrer nas três décadas posteriores à crise da dívida dos anos 1980. Cabe notar também que este foi o período de maior estabilidade econômica da história (Tabela 1.5). Não sem razão essa fase do desenvolvimento regional foi descrita por Hirschman (1987) como *"les trente glorieuses"* e por Kuczynski e Williamson (2003: 29 e 305) como a "idade de ouro" do crescimento econômico latino-americano.

FIGURA 4.5 Taxa de crescimento do PIB, médias móveis

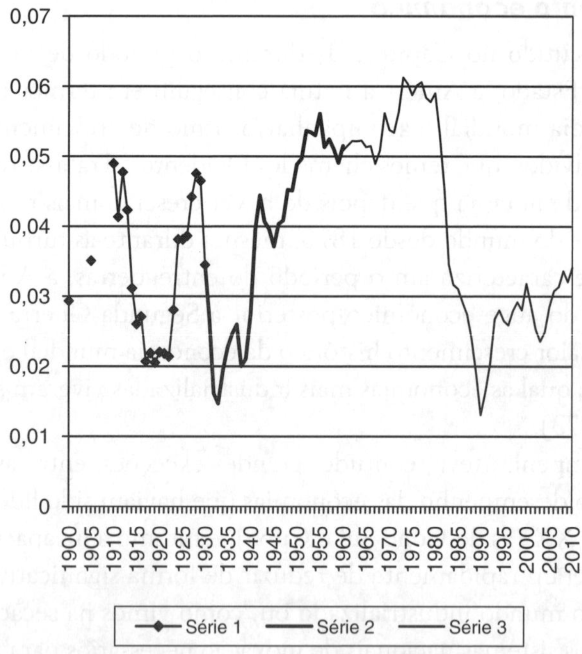

Nota: taxa média anual de crescimento com média móvel decenal encerrando no último ano indicado na figura.

Fonte: Estimado com base nos dados do Apêndice.

A série 1 inclui Argentina, Brasil, Chile, Colômbia, Cuba, México, Uruguai e Venezuela (os dois primeiros pontos excluem Cuba e Equador).

A série 2 inclui todos os países, exceto Equador, Panamá, Paraguai e República Dominicana.

A série 3 inclui todos os países.

O crescimento da produtividade também alcançou durante esses anos as taxas mais altas da história latino-americana. A Tabela 4.8 mostra que o PIB por trabalhador aumentou 2,7% ao ano entre 1950 e 1980. Astorga, Bergès e Fitzgerald (2009) observaram que a produtividade do trabalho das seis maiores economias da região teve três fases definidas ao longo do século XX:

TABELA 4.8. Dinamismo econômico

	PIB	PIB *PER CAPITA*	PIB POR TRABALHADOR
Brasil	7,0%	4,1%	3,4%
México	6,6%	3,4%	3,4%
Países grandes	6,8%	3,7%	3,4%
Argentina	3,3%	1,6%	2,0%
Chile	3,5%	1,4%	1,9%
Uruguai	2,2%	1,3%	1,2%
Cone Sul	3,0%	1,4%	1,7%
Colômbia	5,1%	2,3%	2,3%
Peru	4,9%	2,1%	2,4%
Venezuela	6,0%	2,2%	2,4%
Andinos	5,3%	2,2%	2,4%
Costa Rica	6,3%	3,2%	2,9%
El Salvador	4,1%	1,2%	1,4%
Guatemala	5,0%	2,2%	2,7%
Honduras	4,3%	1,3%	1,9%
Nicarágua	4,1%	1,0%	0,7%
América Central	4,8%	1,8%	1,9%
Bolívia	3,2%	0,9%	2,4%
Equador	6,1%	3,2%	4,1%
Panamá	6,1%	3,2%	3,6%
Paraguai	5,5%	2,8%	3,0%
República Dominicana	5,8%	2,7%	2,6%
Outros	5,4%	2,6%	3,1%
América Latina	5,5%	2,7%	2,6%
Média simples	4,9%	2,2%	2,5%
Estados Unidos	3,6%	2,2%	2,8%
Europa industrializada (EU12)	4,1%	3,5%	3,9%
Mundo	4,5%	2,6%	

Fonte: séries históricas da CEPAL a preços de 2000. Força de trabalho de acordo com dados da OIT. Dados de produtividade mundial dos EUA e EU12 extraídos de Maddison (2001: tabela E-5).

lento crescimento até 1936, uma aceleração entre este último ano e 1977, e uma estagnação posterior (até fim do século). Esses autores demonstram que o mesmo aconteceu com a produtividade total dos fatores (PTF). A despeito dos variados métodos de cálculo da PTF, uma extensa literatura indica que a produtividade total dos fatores teve substancial crescimento entre 1950 e 1975, seguido por uma relativa estagnação até a crise da dívida e um retrocesso posterior. A Figura 4.6 retrata tal desempenho, com os dados do estudo do BID (2010).[24] Todas as estimativas são consistentes com a percepção de que os maiores aumentos da produtividade ocorreram nos anos de maior avanço do processo de industrialização.

FIGURA 4.6. Produtividade total dos fatores (média simples, 1960=1)

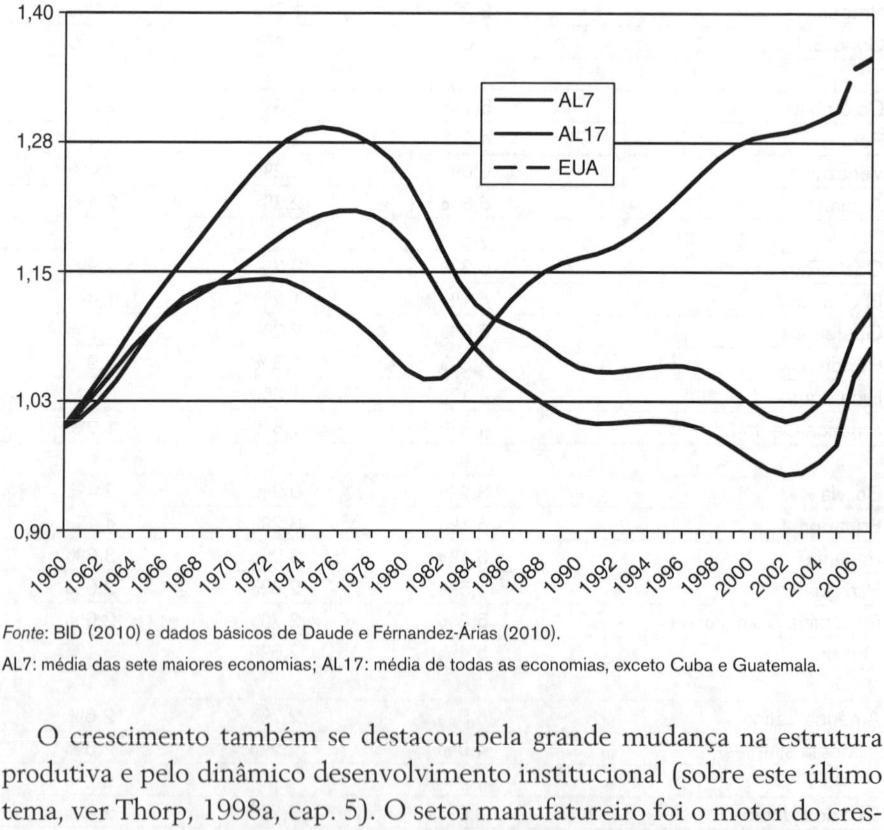

Fonte: BID (2010) e dados básicos de Daude e Férnandez-Árias (2010).

AL7: média das sete maiores economias; AL17: média de todas as economias, exceto Cuba e Guatemala.

O crescimento também se destacou pela grande mudança na estrutura produtiva e pelo dinâmico desenvolvimento institucional (sobre este último tema, ver Thorp, 1998a, cap. 5). O setor manufatureiro foi o motor do crescimento econômico, segundo vimos, mas os serviços modernos também se expandiram significativamente: os financeiros, a infraestrutura de transporte (agora rodoviária e aérea, mais que ferroviária) e de telecomunicações e serviços públicos (eletricidade, água encanada e esgoto). O Estado teve um papel direto no desenvolvimento de alguns setores industriais "estratégicos" por meio da criação de empresas públicas, mas este foi um padrão característico

[24] Ver também os trabalhos resenhados por Astorga, Bergés e Fitzgerald (2009), bem como Hoffman (2000) e Aravena *et al.* (2010).

dos países maiores. O Estado também teve um papel decisivo na indústria do petróleo e na mineração de grande escala, em muitos casos por meio da nacionalização – seguindo a tendência que o México havia inaugurado em 1938. Muito mais generalizada, contudo, foi a participação do Estado no desenvolvimento dos serviços modernos, o que em vários casos implicou a nacionalização de empresas privadas (as mais importantes delas, estrangeiras) que haviam sido estabelecidas em épocas passadas.

Para o conjunto da região, o padrão temporal foi uma aceleração do crescimento econômico no imediato pós-guerra, facilitada pelos bons preços das matérias-primas, seguida de uma desaceleração entre meados das décadas de 1950 e de 1960 (Tabela 4.4) ocasionada pela onda de crises do balanço de pagamentos já mencionadas. No final da década de 1960 e início da seguinte houve uma clara aceleração, graças à qual o ritmo de crescimento econômico alcançou seu máximo entre 1967 e 1974 (6,7% ao ano), as maiores taxas registradas pela América Latina. Ainda que tenha se reduzido depois do primeiro choque do petróleo, o crescimento continuou sendo rápido ao final de nosso período em análise, sobretudo comparando-se com a acentuada desaceleração das economias industrializadas e da economia mundial na época. Contudo, as crises do balanço de pagamentos voltaram a ser frequentes (Figura 4.2) e as bases do processo de crescimento tornaram-se mais frágeis. Isso implicou, como vimos, a estagnação ou retrocesso do processo de industrialização na maioria dos países, assim como o excessivo endividamento externo desde meados da década de 1970, um tema que abordaremos no próximo capítulo.

O crescimento econômico não foi, contudo, uniforme em toda a região ou entre os distintos países ao longo do tempo (Tabelas 4.4 e 4.8). Pelo lado positivo, o crescimento mais destacado é o das duas maiores economias, Brasil e México, cujo desempenho foi particularmente notável entre 1967 e 1974. Esse resultado refletiu, sem dúvida, a prioridade que o padrão de desenvolvimento conferiu ao mercado interno. As maiores economias andinas tiveram também um bom desempenho, particularmente nas primeiras fases do pós-guerra na Venezuela (quando foi, de fato, a economia mais dinâmica da região) e a partir de 1967 na Colômbia.

Exceto pelas experiências mais destacadas de Brasil, México e Venezuela (esses dois em fases mais curtas), os ritmos de crescimento da região não foram suficientes para colocá-la entre as "principais ligas" internacionais. Em particular, o crescimento regional foi inferior ao das economias asiáticas mais bem-sucedidas, em especial o Japão, mas também a primeira geração dos "tigres" (República da Coreia, Hong Kong, Cingapura e Taiwan). Em que pese seu processo de convergência com os países mais desenvolvidos, o Brasil somente alcançou 33% e o México 39% do PIB *per capita* do Ocidente em 1980, porcentagens mais baixas até das alcançadas previamente pelos países do Cone Sul. Por outro lado, como registra também a Tabela 4.8, o grupo da Europa industrializada (EU-12), que estava recuperando-se dos desastres da guerra, também reduziu significativamente a distância com os Estados Unidos, algo que muito poucos países latino-americanos puderam imitar.

Pelo lado negativo, sobressai o lento crescimento nas economias mais bem-sucedidas da era de desenvolvimento primário-exportador: as três economias do Cone Sul e Cuba. Desde os anos da Primeira Guerra Mundial, os primeiros (Argentina, Chile e Uruguai), que nos capítulos formaram o que chamamos de Grupo 3, tinham os maiores níveis de renda *per capita*, mas passaram por um nítido processo de divergência desde então, caindo de 81% do PIB *per capita* do Ocidente em 1913 e 75% em 1929, para 67% em 1950 e 43% em 1980. Diferentemente do padrão médio regional, esses países tiveram seu melhor desempenho na primeira fase de crescimento do pós-guerra.

No caso de Cuba, cujos registros não são reproduzidos nas tabelas citadas, a história até sua revolução foi de uma grande volatilidade em meio a um crescimento econômico extremamente baixo, uma vez que o PIB *per capita* em 1957 era virtualmente idêntico ao de 1916 e apenas ligeiramente superior ao de 1905. A transição para uma economia centralmente planificada e as incertezas acerca do papel do açúcar na economia da ilha levaram a um retrocesso adicional nas primeiras etapas da revolução, do qual o país só começou a sair a partir do início dos anos 1970; desse período até 1985, Cuba viveu o período de crescimento econômico mais rápido e prolongado durante a revolução.[25]

A história das economias menores foi muito heterogênea. Costa Rica, Equador e Panamá tiveram um crescimento do PIB *per capita* superior à média latino-americana. A elas teriam de ser adicionadas a República Dominicana e Guatemala durante o auge de 1967-1974, e o Paraguai em 1974-1980. Por outro lado, Bolívia e Nicarágua tiveram, no conjunto do período, o pior desempenho regional em termos de crescimento *per capita*. Em todas as economias menores a importância das exportações como motor de crescimento foi maior do que nas economias de maior tamanho, mas isso não ajuda a explicar inteiramente o comportamento relativo dos países.[26] O crescimento

---

[25] Ver Santamaría (2005). Duas visões sobre a complexa transição para a economia centralmente planificada encontram-se em Mesa Lago (1981) e Rodríguez (1990).

[26] A correlação simples entre a contribuição direta das exportações e o crescimento do PIB nos dois últimos grupos da Tabela 4.4 mostra um índice elevado (superior a 0,6) nas duas primeiras fases do crescimento do pós-guerra, alcançando seu nível mais alto (0,75) em 1967-1974, mas com uma substancial redução (para 0,4) em 1974-1980.

das exportações foi, por exemplo, um reconhecido motor de crescimento no Panamá e no Equador (nesse caso, nas últimas etapas e como resultado dos descobrimentos de petróleo), mas não na Costa Rica, onde a demanda interna assumiu o papel dominante. Por outro lado, o bom desempenho exportador não foi sempre chave do êxito, como ilustra o caso de Nicarágua.

A maioria dos países de pior desempenho passou por rupturas revolucionárias: Bolívia, Cuba, Chile e Nicarágua, em sequência histórica. Os outros dois, Argentina e Uruguai, também viveram uma história de grandes rupturas políticas e institucionais, sob a forma de ditaduras militares, da mesma forma que o Chile depois do ensaio revolucionário. Em termos mais amplos, com a exceção da Costa Rica e do Panamá (não por coincidência as duas economias com bom desempenho), a região centro-americana mergulhou em uma fase de guerras civis até o final de nosso período de análise. A Colômbia também sofreu com sua própria guerra civil (o período chamado simplesmente de "A Violência") na primeira fase do pós-guerra, a de pior desempenho econômico nesse país.

Outra notável história de sucesso após a Segunda Guerra Mundial foi a capacidade de a região absorver os dois grandes choques demográficos indicados no início do capítulo: a aceleração do crescimento demográfico e o rápido processo de urbanização. A diminuição das taxas de mortalidade e a demora na transição da fecundidade geraram fortes pressões demográficas, que tiveram seu ápice entre meados da década de 1950 e meados da seguinte. No conjunto, a população aumentou a uma taxa média anual de 2,7% entre 1950 e 1980, ainda que com diferenças expressivas entre países. Em particular, a maior parte dos países de maior desenvolvimento relativo na região desde começo do século XX (Cone Sul e Cuba) teve um menor crescimento populacional do que em 1929-1950 (com a exceção do Chile), devido em grande medida à sua transição demográfica mais precoce, enquanto que o maior crescimento da população teve lugar na Venezuela, o grande receptor de migrantes durante este período (Tabela 4.9). A aceleração demográfica levou a uma população mais jovem e ao aumento nas taxas de dependência familiar, que mantiveram uma parte significativa das mulheres fora do mercado de trabalho. O resultado foi que a força de trabalho tendeu a crescer menos do que a população total, particularmente durante as décadas de 1950 e 1960. Com a queda da fecundidade desde meados dos anos 1960, houve um aumento rápido da participação do trabalho das mulheres e, com a incorporação dos jovens nascidos nas décadas anteriores, um rápido crescimento da força de trabalho.

A combinação dos dois fenômenos demográficos resultou em acelerado crescimento da população urbana, que atingiu a taxa média anual de 4,4%

TABELA 4.9. População, taxas de crescimento e taxas de urbanização

	POPULAÇÃO TOTAL				TAXAS DE CRESCIMENTO DA POPULAÇÃO		TAXAS DE URBANIZAÇÃO		
	MADDISON		CEPAL		MADDISON	CEPAL	CEPAL		
	1929	**1950**	**1950**	**1980**	**1929-1950**	**1950-1980**	**1930**	**1950**	**1980**
América Latina (7 países)	82.039	129.403	130.242	291.037	2,2%	2,7%	34,5	46,4	71,8
América Latina (19 países)	99.606	156.544	158.107	349.009	2,2%	2,7%	30,8	39,6	57,0
Países grandes									
Brasil	32.894	53.443	53.975	121.672	2,3%	2,7%	24,0	36,0	67,1
México	16.875	28.485	27.741	69.325	2,5%	3,1%	33,0	42,7	66,3
Cone Sul									
Argentina	11.592	17.150	17.150	28.094	1,9%	1,7%	57,2	65,3	82,9
Chile	4.202	6.091	6.082	11.174	1,8%	2,0%	49,5	59,9	79,0
Uruguai	1.685	2.194	2.239	2.914	1,3%	0,9%	63,0	72,5	85,1
Andinos									
Colômbia	7.821	11.592	12.568	28.356	1,9%	2,7%	24,5	38,1	64,3
Peru	5.396	7.633	7.632	17.325	1,7%	2,8%	26,5	35,5	64,2
Venezuela	3.259	5.009	5.094	15.091	2,1%	3,7%	27,0	47,0	79,0
América Central									
Costa Rica	490	867	966	2.347	2,8%	3,0%	20,0	33,5	42,9
El Salvador	1.410	1.940	1.951	4.586	1,5%	2,9%	28,0	35,7	44,1
Guatemala	1.753	2.969	3.146	7.013	2,5%	2,7%	20,0	24,5	33,0
Honduras	930	1.431	1.487	3.634	2,1%	3,0%	12,0	17,6	34,9
Nicarágua	680	1.098	1.295	3.257	2,3%	3,1%	25,5	35,0	50,1
Outros									
Bolívia	2.370	2.766	2.714	5.355	0,7%	2,3%	24,5	30,0	45,5
Cuba	3.742	5.785	5.920	9.823	2,1%	1,7%	51,0	56,3	68,2
Equador	1.928	3.370	3.387	7.961	2,7%	2,9%	22,0	28,5	47,0
Panamá	506	893	860	1.949	2,7%	2,8%	30,0	35,9	49,8
Paraguai	860	1.476	1.473	3.198	2,6%	2,6%	30,0	34,6	41,6
República Dominicana	1.213	2.353	2.427	5.935	3,2%	3,0%	17,5	23,8	37,3

Fonte: Séries históricas de Maddison e da CEPAL; dados de urbanização em 1930 e 1950 de acordo com CELADE e IDB (1996).

em seu ponto mais alto entre 1950 e 1970, algo sem precedentes na história mundial e que apenas seria replicado posteriormente em menor escala em outras partes do mundo em desenvolvimento. A taxa de urbanização já era próxima ou superior a 50% em 1930 no Cone Sul e Cuba, enquanto nas outras economias alcançava apenas 33% (no México) ou menos (Tabela 4.9). Em 1980, a urbanização já chegava próxima a 80% nos países que primeiro se urbanizaram (um pouco menor em Cuba) e na Venezuela, e superior a 60% nos outros quatro países de maior tamanho (Brasil, México, Colômbia e Peru). O grau de urbanização esteve, então, correlacionado com o grau de desenvolvimento, mas também com o tamanho da população dos países.

Agricultura, exportações e desequilíbrios macroeconômicos

As críticas tradicionais ao processo de industrialização latino-americano têm se concentrado em três questões: os vieses antiagricultura e antiexportações e os desequilíbrios macroeconômicos que caracterizaram tal processo. Uma análise cuidadosa corrobora somente a segunda dessas críticas e a terceira apenas para um conjunto limitado de países, com algumas qualificações em ambos os casos.

De fato, a agricultura não esteve ausente da trajetória de crescimento da produção e produtividade e de um processo dinâmico de desenvolvimento institucional. Apesar de sua participação no PIB ter se reduzido, como é comum nos padrões usuais de crescimento econômico, a produção agrícola cresceu a uma taxa anual de 3,5% em 1950-1974, acelerando-se para 4,3% em 1974-1980, ainda que com diferenças significativas entre distintos países (Tabela 4.6 e CEPAL e FAO, 1978). Essas taxas foram superiores à média mundial e ao que seria característico depois de 1980, como será discutido no próximo capítulo. De sua parte, graças à mescla de mudança tecnológica e diminuição do excedente de mão de obra subempregada no campo, a produtividade agrícola cresceu rapidamente entre meados dos anos 1950 e meados dos 1980.[27] Esse foi um período em que a América Latina realizou a transição de uma agricultura extensiva para intensiva, apoiada – em diferentes graus em países distintos – no uso de sementes modificadas, mecanização e irrigação, ao lado do crescimento generalizado da atividade

[27] Em sua análise das fontes do aumento da produtividade das seis principais economias, Astorga, Bergés e Fitzgerald (2011) concluíram também que o período 1936-1977 foi o de maior aumento da produtividade agrícola, tanto em relação às primeiras décadas como às últimas décadas do século XX.

pecuária quase-industrial (avicultura, em particular) (Solbrig, 2006). Muito mais preocupante do que o supostamente lento crescimento da produção foi o crescente dualismo que caracterizou o setor na maioria dos países, visto que o dinamismo da agricultura empresarial foi acompanhado em geral pelo atraso da agricultura camponesa, assim como, mais geralmente, pelo atraso social no campo, conforme veremos adiante.

Sem dúvida, as políticas comerciais discriminaram a agricultura (Anderson e Valdés, 2008). Contudo, isso foi fundamentalmente o resultado dos impostos explícitos ou implícitos (p. ex., via taxas de câmbio diferenciadas) sobre os produtos de exportação, e especialmente o café e o açúcar, dado que os setores que produziam bens que competiam com as importações foram também objeto de proteção.[28] As medidas protecionistas incluíram, em vários países, a obrigação de que os industriais adquirissem as colheitas de certas lavouras ou o uso do monopólio público de importação para evitar que as compras externas afetassem as colheitas nacionais. A sobrevalorização também pode ter representado um viés contra a agricultura em vários momentos em distintos países, mas esse não foi um problema tão generalizado, como veremos, nem tão característico da fase de industrialização.

Ainda mais importante, o aparato das novas instituições estatais de apoio à modernização do setor agropecuário, que incluiu serviços tecnológicos, extensão agrícola, crédito e comercialização foi, em geral, mais desenvolvido do que o concebido para apoiar o crescimento industrial, que dependeu fundamentalmente da proteção e do financiamento estatal. O contraste foi particularmente claro no caso dos serviços tecnológicos, que foram eficazes na introdução de novos produtos e no melhoramento das práticas de cultivo em diversos países. A política fiscal, que adotou menores tarifas para os insumos e máquinas agrícolas e também benefícios específicos ao setor via imposto de renda (em países onde o imposto era relevante), apoiou também o desenvolvimento da agricultura. Graças à expansão da infraestrutura de transporte, a expansão da fronteira agrícola desempenhou também um papel relevante em vários países e notavelmente no Brasil. Os resultados em matéria de crescimento indicam que esses elementos positivos tenderam a predominar sobre os vieses negativos das políticas comerciais, ainda que estes últimos tenham se refletido em uma participação decrescente da agricultura de exportação e em um aumento daquela destinada ao mercado interno (CEPAL e FAO, 1978).

[28] Esta parece uma leitura mais apropriada dos dados de Anderson e Valdés (2008) do que a de um viés mais generalizado contra o setor agropecuário. Ver, por exemplo, a Figura 1.3 desse estudo, que mostra que os produtos importados tiveram quase sempre uma proteção positiva.

O viés contra as exportações foi um fenômeno muito mais importante. Com efeito, uma das maiores desvantagens da industrialização dirigida pelo Estado foi sua incapacidade de explorar integralmente os benefícios do crescente dinamismo do comércio mundial no pós-guerra. Excluindo-se Cuba, a participação da América Latina no comércio mundial reduziu-se a pouco mais de 4% no começo dos anos 1970, cerca de três pontos percentuais menos do que em 1925-1929 ou na véspera da Primeira Guerra Mundial. A diminuição foi muito mais significativa em relação aos níveis do início do pós-guerra, mas nesse caso refletiram na verdade os baixos níveis de comércio resultantes da devastação europeia (Figura 1.3).

Avaliando em termos de produtos, a incapacidade de participar plenamente dos benefícios da expansão do comércio de produtos primários foi a explicação principal da deterioração, uma vez que a América Latina teve uma queda expressiva em sua participação no comércio mundial de produtos primários ao longo do período de industrialização (Tabela 4.10 e Ffrench-Davis, Muñoz e Palma, 1998). No caso dos alimentos, em que a deterioração foi particularmente aguda, o protecionismo dos países industrializados e os crescentes subsídios, inclusive subsídios à exportação, que afetaram duramente a Argentina, Cuba e Uruguai, são parte da explicação. Contudo, a América Latina perdeu participação até nas exportações de produtos primários do mundo em desenvolvimento. A queda relativa das exportações foi ainda mais acentuada no caso do petróleo, uma vez que as exportações mundiais se deslocaram da Venezuela e México para o Oriente Médio.

Dado que, como vimos, o crescimento das exportações foi dinâmico a partir dos anos 1950 em muitos países pequenos (Tabela 4.5), a tendência geral foi determinada sobretudo pelos países maiores. A Argentina, líder na era de desenvolvimento primário-exportador, teve o desempenho exportador mais decepcionante, de maneira notável até meados da década de 1960. Sua participação nas exportações mundiais reduziu-se de 2,6% em 1925-1929 (e um percentual apenas ligeiramente inferior antes da Primeira Guerra Mundial) para apenas 0,4% ao final do período coberto neste capítulo. Cuba, o outro grande sucesso da fase primária-exportadora, que controlava cerca de 1% do comércio mundial nos anos 1920, sofreu também um colapso de sua participação nas exportações mundiais, tanto antes como depois de sua revolução. Em termos relativos, as participações do Chile e Uruguai no mercado mundial também se reduziram a uma fração do que haviam sido até os anos 1920. Ou seja, entre os países de maior tamanho, os grandes fracassos em matéria de crescimento econômico durante este período também o foram em matéria de desenvolvimento exportador.

TABELA 4.10. Exportações da América Latina, 1953-2000

	STIC*	1953	1958	1963	1968	1973	1980	1990	2000
Composição das exportações latino-americanas									
Total	0-9	100,0	100,0	100,0	100,0	100,0	100,0	100,0	100,0
Alimentos	0+1	52,7	46,0	37,8	38,0	38,6	26,9	21,7	13,3
Matérias-primas excluindo combustíveis	2+4	19,4	17,3	18,4	16,2	15,4	11,9	11,9	6,9
Combustíveis	3	19,6	28,1	31,4	27,0	21,2	37,5	26,1	17,0
Produtos químicos	5	1,2	1,0	1,4	1,9	2,6	2,9	5,1	4,7
Maquinaria	7	0,1	0,2	0,6	1,3	4,6	6,0	11,7	35,8
Outras manufaturas	6+8	6,8	6,9	10,2	15,4	17,0	14,3	23,0	21,8
América Latina como % dos países en desenvolvimento									
Total	0-9	35,9	32,8	30,5	23,2	19,2	14,9	15,0	18,1
Alimentos	0+1			43,2	42,1	41,1	36,9	30,9	37,5
Matérias-primas excluindo combustíveis	2+4			25,1	23,8	22,5	24,4	29,6	30,3
Combustíveis	3			45,1	25,8	16,5	12,1	18,3	14,6
Produtos químicos	5			20,5	13,6	12,2	12,2	11,0	15,8
Maquinaria	7			4,0	3,2	7,7	9,1	8,5	20,1
Outras manufaturas	6+8			14,0	13,8	11,7	11,9	10,4	13,4
América Latina como % do mundo									
Total	0-9	10,1	8,3	6,8	5,5	4,7	4,8	3,7	5,7
Alimentos	0+1	23,9	19,4	15,1	15,2	13,1	12,5	9,3	12,0
Matérias-primas excluindo combustíveis	2+4	11,0	9,3	9,2	8,3	7,4	8,5	9,0	11,8
Combustíveis	3	19,5	20,4	27,0	18,0	11,4	9,3	11,5	9,7
Produtos químicos	5	2,7	1,5	1,4	1,4	1,6	1,8	2,0	2,8
Maquinaria	7	0,0	0,1	0,2	0,2	0,7	1,1	1,2	4,9
Outras manufaturas	6+8	2,6	2,2	2,5	2,9	2,7	2,7	2,9	4,7

* Standard International Trade Classification.

Fonte: Nações Unidas, Yearbook of International Trade Statistics (1958) e cálculos dos autores baseados na ONU-COMTRADE.

A experiência do Brasil não foi melhor até meados dos anos 1960, mas neste caso fazia parte de uma tendência de mais longo prazo, que vinha do início do século XX. O México, depois de apresentar taxas de crescimento das exportações satisfatórias até os anos da Segunda Guerra Mundial, teve também um desempenho exportador pobre entre meados das décadas de 1950 e 1970. A Venezuela, a economia com maior dinamismo exportador nas primeiras décadas do pós-guerra, perdeu impulso a partir dos anos 1960, diminuindo rapidamente sua participação no comércio mundial de petróleo – reduzindo, além disso, suas exportações de combustíveis durante os anos 1970 como resultado de seu ingresso na OPEP (Organização dos Países Exportadores de Petróleo), uma entidade em que foi um de seus principais patrocinadores.

A mudança de orientação da política econômica na década de 1960 em vários países médios e grandes para um "modelo misto" deu grande estímulo às exportações. O resultado principal desta mudança foi o aumento das exportações de manufaturas para os países industrializados e outros países da região, como consequência nesse último caso dos sistemas emergentes de integração. Ainda que em grande medida restrita a produtos complementares, a integração regional estimulou o comércio inter-regional de manufaturas. Como resultado, ao longo das décadas de 1960 e 1970 a participação das manufaturas no total das exportações começou a se expandir (ver Tabela 4.10 e CEPAL, 1992). A mudança para um modelo misto facilitou o surgimento de novos produtos agrícolas de exportação em vários países.

A incapacidade de racionalizar o complexo sistema de proteção herdado do período "clássico" teve, contudo, custos elevados. Para as indústrias estabelecidas, essa proteção deixou de desempenhar um papel positivo como incentivo à acumulação de capital e tornou-se cada vez mais uma fonte de rendas e/ou de defesa contra a sobrevalorização cíclica da taxa de câmbio, assim como uma das explicações da alta concentração industrial. O sistema de proteção foi, da mesma forma, parcialmente contraproducente em termos de seu objetivo explícito de reduzir a dependência de insumos e tecnologia importados, uma vez que várias atividades novas eram intensivas em tais insumos. O sistema não concebeu a proteção como um instrumento limitado no tempo e não contemplou em geral a ideia de vincular os incentivos ao desempenho.

Com a introdução de sistemas de taxas de câmbio múltiplas no início do pós-guerra, a administração da taxa de câmbio tornou-se um complemento da política comercial. A capacidade de tributar implicitamente as importações de produtos competitivos e as exportações tradicionais, e de utilizar a taxa de câmbio como instrumento para subsidiar as importações complementares, era atraente em termos de sua conveniência administrativa, dado que apenas exigia uma decisão dos bancos centrais, que os governos controlavam, em vez de um debate muito mais custoso nos parlamentos. Além do mais, uma vez que fixar impostos sobre as exportações era politicamente delicado, na maioria dos países as taxas de câmbio discriminatórias eram o único meio disponível para tal fim. Contudo, em matéria do regime cambial houve melhoras consideráveis desde meados da década de 1950 (sob uma forte pressão por parte do FMI) e sobretudo na etapa "madura", quando os regimes de taxas de câmbio múltiplas foram simplificados ou eliminados.

Contrariamente à visão de que a sobrevalorização foi uma característica central da industrialização dirigida pelo Estado, Jorgensen e Paldam (1987) demonstraram que não houve tendência de longo prazo para a apreciação real da taxa de câmbio oficial durante o período 1946-1985 em nenhum dos oito maiores países latino-americanos.[29] A característica mais problemática dos regimes cambiais da época foi a elevada volatilidade em torno da tendência de longo prazo da taxa de câmbio real, sobretudo nas economias mais propensas à inflação, um padrão que se tentou modificar com a introdução do sistema de minidesvalorizações desde meados da década de 1960. A instabilidade da taxa de câmbio real afetou negativamente a geração de incentivos estáveis para novas exportações, levando os setores que competiam com as importações a pressionar por proteção adicional como defesa contra a apreciação cíclica da taxa de câmbio real.

A partir de meados ou fins dos anos 1960, Brasil e Colômbia foram bem-sucedidos no uso das minidesvalorizações como forma de evitar a instabilidade das taxas de câmbio reais. O mesmo ocorreu com o Chile depois de seus traumas dos anos 1970 (a alta inflação na época da Unidade Popular seguida de grandes desequilíbrios macroeconômicos durante a primeira fase do regime ditatorial que a sucedeu), embora não no caso da Argentina, que manteve sua crônica instabilidade da taxa de câmbio real até o início do século XXI.

Contrariamente à visão amplamente difundida sobre a propensão inflacionária da América Latina, é necessário ressaltar que a alta inflação não foi uma característica generalizada da região até os anos 1960. Na realidade, como observou Sheahan (1987), nos anos 1950 e 1960 apenas quatro países – todos

[29] Pelo contrário, de acordo com seus resultados, houve desvalorizações reais a longo prazo no Brasil e na Venezuela. Mais importante ainda, houve desvalorizações discretas da taxa de câmbio real em vários países no início do pós-guerra que tiveram efeitos permanentes (México em 1948, Peru em 1949-1950, Brasil em 1953, Chile em 1956, Colômbia em 1957 e Venezuela em 1961). Esses resultados podem ser um indício de que as taxas de câmbio herdadas da guerra eram significativamente sobrevalorizadas, sendo depois corrigidas.

concentrados no sul do continente (Brasil e os três países do Cone Sul) – apresentaram taxas de inflação mais elevadas do que as do restante do mundo. Um fator importante nas tendências inflacionárias dos países do Cone Sul foi a força de seus movimentos sindicais, sendo depois acompanhados por Bolívia e Paraguai durante as turbulências políticas dos anos 1950. Com exceção do Brasil e do Cone Sul, contudo, os outros países tiveram nos anos 1960 taxas de inflação inferiores às dos países da Ásia (que têm uma reputação de baixa inflação) e 10 países (México, Venezuela, Paraguai, todas as nações centro-americanas, Cuba e República Dominicana) registraram taxas de inflação inferiores à média mundial (4%). Como indicado na Figura 4.7, tanto a taxa

FIGURA 4.7. Inflação na América Latina (mudança percentual anual do IPC)

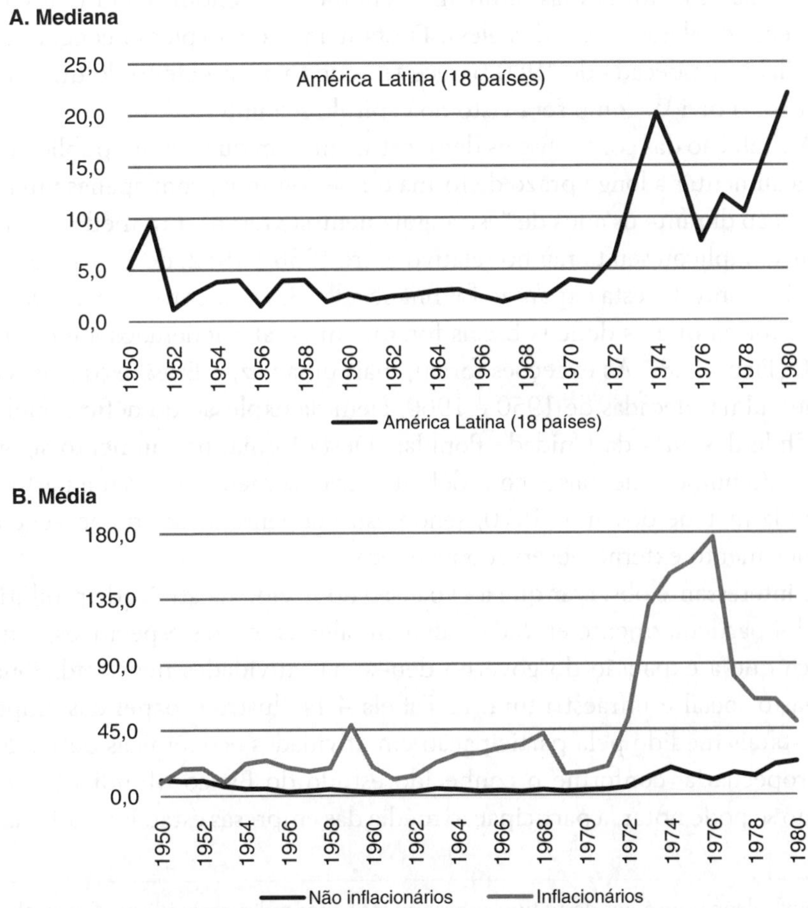

Fonte: FMI, Estatísticas Financeiras Internacionais.

Nota: o grupo de países "inflacionários" compreende Argentina, Brasil, Chile e Uruguai.

de inflação das economias não inflacionárias como a média de inflação latino-americana oscilou entre 2% e 4% entre meados dos anos 1950 e 1971. Mesmo nos países inflacionários, além dos transbordamentos esporádicos, a taxa de inflação tendeu a retornar a percentuais entre 10% e 20%.

A aceleração da inflação nos anos 1970 foi parte de um fenômeno universal. As economias não inflacionárias da América Latina continuaram a ter um comportamento favorável. Com efeito, excluindo Brasil e os países do Cone Sul, a média simples das taxas de inflação dos países da América Latina em 1971-1980 foi de 14,2%, em comparação aos 17,1% que o FMI calculou para os países em desenvolvimento como um todo. Novamente as piores notícias vieram dos países com tradição inflacionária, que inauguraram a era da inflação de três dígitos.[30] Essas elevadíssimas taxas foram associadas a agudas crises políticas (os finais dos governos de Allende no Chile e Isabel Perón no Chile e na Argentina) mas também a fenômenos econômicos (a indexação de preços e salários em todos eles). Desta maneira, a explosão generalizada da inflação na década de 1980 parece ter sido mais um efeito do que causa da crise da dívida, como será visto no capítulo seguinte.

A evolução das contas fiscais demonstra também que o gasto público tendeu a aumentar a longo prazo de forma quase contínua, com apenas uma interrupção durante os anos de "estrangulamento externo". Em média, o gasto público duplicou seu tamanho relativo entre 1950 e 1982, de 12% para 22% do PIB. Contudo, esta expansão foi financiada com aumento na arrecadação, de tal forma que os déficits fiscais foram, em geral, moderados até os anos 1960 (Figura 4.8). As exceções foram, mais uma vez, o Brasil e os países do Cone Sul nas décadas de 1950 e 1960, além da explosão do déficit público no Chile dos anos da Unidade Popular. Desta forma, um aumento significativo do número de países com déficits fiscais somente ocorreu a partir da segunda metade dos anos 1970, sendo estreitamente associado ao auge do financiamento externo observado na época.

É interessante observar que a expansão do Estado na atividade produtiva não foi particularmente elevada, salvo em alguns setores específicos, o que indica que a expansão do governo deu-se nas atividades mais tradicionais de gasto social e infraestrutura. A Tabela 4.11 ilustra o papel das empresas estatais medido pela participação em atividades econômicas outras que a agropecuária, conforme o conhecido estudo do Banco Mundial (1995). Como se pode notar, a participação média das empresas estatais na atividade

[30] Houve alguns episódios deste tipo anteriormente, mas todos esporádicos. Como observamos no capítulo anterior, também houve episódios de alta inflação durante as guerras civis na Colômbia e no México no início do século XX.

FIGURA 4.8. Finanças do setor público, 1950-85

A. Despesas e receitas como percentagem do PIB (médias simples)

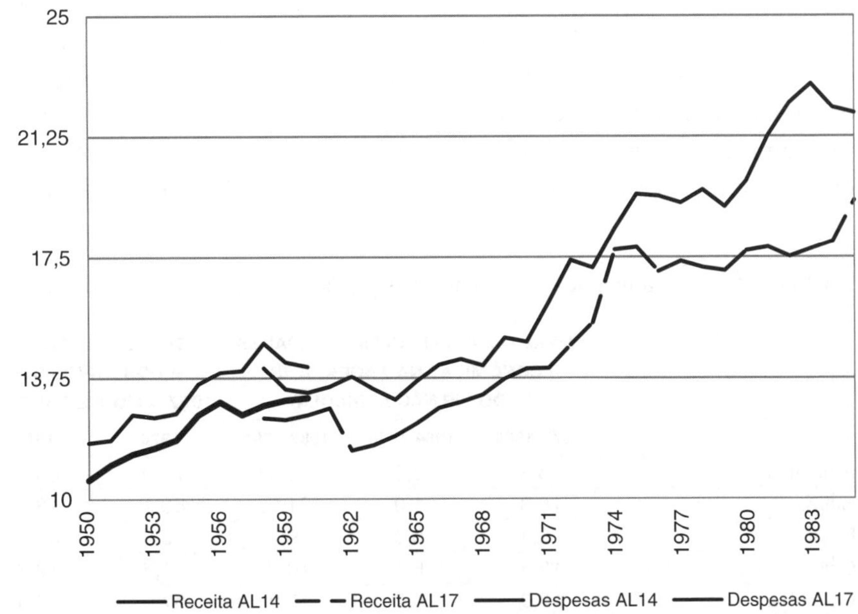

B. Saldo fiscal como porcentagem do PIB (média simples)

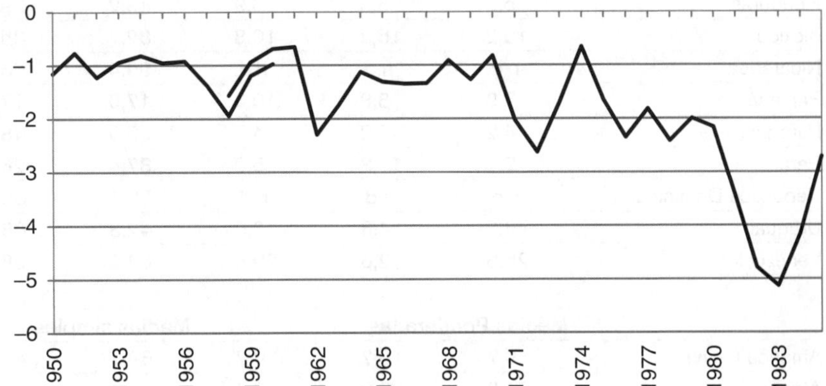

Fonte: OxLAD. AL17 exclui Bolívia e Cuba. AL14 exclui também Nicarágua, Paraguai e Uruguai.

Notas: figuras em médias simples. Os dados de despesas do Brasil referem-se a despesas e déficit primários.

econômica foi de 10% ao final do período coberto neste capítulo, percentual inferior ao do restante do mundo em desenvolvimento. Esse dado confirma a avaliação que fizemos previamente neste capítulo: diferentemente dos estereótipos muito difundidos, a opção da América Latina depois da Segunda Guerra Mundial foi por menos e não por mais Estado. A grande exceção foi, como já assinalamos, a decisão de controlar mais diretamente os recursos minerais, incluídos os hidrocarbonetos. Por isso, as participações mais altas das empresas públicas na atividade econômica foram observadas em geral em países com substanciais setores de petróleo e mineração.

TABELA 4.11. Participação das empresas públicas na atividade econômica

	EMPRESAS PÚBLICAS EM ATIVIDADES ECONÔMICAS NÃO AGRÍCOLAS (% DO PIB NÃO AGRÍCOLA)			BANCOS PÚBLICOS: % DOS ATIVOS DOS DEZ MAIORES BANCOS	
	1979-1981	1984-1986	1989-1991	1970	1985
Argentina	5,4	5,2	3,9	71,9	60,5
Bolívia	16,3	21,0	21,7	53,1	18,5
Brasil	6,4	6,6	9,4	70,8	31,7
Chile	12,8	16,9	10,9	91,5	19,7
Colômbia	7,0	14,7	10,9	57,7	53,9
Costa Rica	5,9	11,4	9,4	100,0	90,9
Equador	n.d.	11	12,1	100,0	40,6
El Salvador	n.d.	n.d.	n.d.	100,0	26,4
Guatemala	n.d.	n.d.	n.d.	32,1	22,2
Honduras	5,3	6,3	6,9	49,2	29,9
México	10,2	15,3	10,8	82,7	35,6
Nicarágua	n.d.	n.d.	n.d.	90,4	63,4
Panamá	7,9	8,8	10,0	17,9	17,1
Paraguai	4,2	7,3	4,8	55,0	48,0
Peru	7,9	11,3	5,9	87,4	26,5
República Dominicana	n.d.	n.d.	n.d.	70,1	38,9
Uruguai	6,2	4,8	2,5	42,3	68,8
Venezuela	26,8	22,6	29,6	82,9	58,0
	Médias Ponderadas:			**Médias simples:**	
América Latina	9,7	10,7	9,7	69,7	41,7
África	21,3	23,0	20,4		
Ásia	13,0	15,1	14,0		
Total economias emergentes	12,1	13,8	12,5		
Países socialistas				100,0	61,8
Todos os países (92)				58,9	41,6

Fonte: empresas públicas de acordo com Banco Mundial (1995); bancos segundo La Porta *et al.* (2002).

A outra grande exceção foi o setor financeiro (Tabela 4.11), pois a América Latina possuía em 1970 uma participação estatal mais elevada no sistema bancário do que a média dos países não socialistas. Em alguns casos (Argentina, Brasil e Uruguai), essa característica remonta à era de desenvolvimento primário-exportador, segundo vimos no capítulo anterior. Nos outros, ainda que houvesse precedentes, a tendência acentuou-se durante este período. Costa Rica, por exemplo, nacionalizou o setor financeiro logo cedo (1948), enquanto outros países o fariam posteriormente, como parte de guinadas políticas à esquerda. Contudo, a criação de bancos de desenvolvimento, comerciais e de outras entidades financeiras (empresas de seguros) públicas foi uma tendência geral, da mesma forma que o direcionamento do crédito para setores específicos e o controle das taxas de juros.

Em que medida isso prejudicou o desenvolvimento financeiro?[31] Não é fácil responder a essa pergunta, porque a maior parte dos estudos internacionais comparativos cobre períodos históricos mais recentes. De qualquer forma, a evidência que será apresentada no próximo capítulo indica que os níveis de desenvolvimento financeiro da maior parte dos países da América Latina em 1980 eram comparáveis aos de outros países de nível similar de desenvolvimento. Muito mais importante foi o impacto que a maior tendência à inflação do Brasil e Cone Sul teve sobre o desenvolvimento financeiro. Esse fenômeno terminou minando a liderança da Argentina nessa área e, em menor medida, a do Brasil, ao mesmo tempo que os países com menor propensão inflacionária tiveram um crescente desenvolvimento financeiro depois da Segunda Guerra Mundial (Goldsmith, 1973). A invenção da indexação financeira pelo Brasil em meados dos anos 1960 e sua extensão para outros países, representou, como no caso da taxa de câmbio, uma forma de contrabalançar o efeito dos altos níveis de inflação.

Os problemas macroeconômicos mais sérios enfrentados durante a etapa de industrialização dirigida pelo Estado foram os ciclos de crise do balanço de pagamentos, durante os anos de estrangulamento externo entre meados das décadas de 1950 e 1960, e aqueles resultantes do primeiro choque do petróleo de 1973. Os déficits fiscais e a inflação tornaram-se um problema recorrente no Brasil e nos países do Cone Sul, mas eles não se espalharam para o restante da região até o final do período de industrialização dirigida pelo Estado. No caso dos déficits públicos, eles foram o resultado do primeiro *boom* do financiamento externo privado de meados do século XX, enquanto a inflação que atingiu os países da região foi parte de um fenômeno mundial.

[31] Esta é hipótese defendida por Haber (2006).

Um balanço econômico geral

Como interpretar as flutuações do desempenho latino-americano durante a etapa de industrialização dirigida pelo Estado? Pode-se entender que o fracasso dos países do Cone Sul, que se distanciaram dos países desenvolvidos durante este período, foi o prenúncio da crise que enfrentariam os outros países a partir dos anos 1980? Ou podemos sustentar, pelo contrário, que se não tivesse havido a crise financeira, o modelo da industrialização dirigida pelo Estado poderia ter sido reorientado para permitir a continuação de um rápido crescimento econômico? Como entender, mais amplamente, que a história latino-americana está repleta, como observamos no Capítulo 1, de experiências de "convergências incompletas", ou seja, de episódios de rápido crescimento seguidos de retrocessos relativos?

O que pode ser extraído da análise anterior é que as formas particulares adotadas pelo processo de mudança estrutural e industrialização permitiram um significativo grau de aprendizagem tecnológica e, sobretudo, alcançar as mais altas taxas de crescimento do PIB e da produtividade na história latino-americana. Mas, como observado, esse processo também se caracterizou por retrocessos na exportação de produtos tradicionais e por um limitado desenvolvimento dos sistemas nacionais de inovação, que na maioria dos casos bloqueou o acesso a mercados externos mais dinâmicos e inibiu um processo de maior transformação estrutural. Os arranjos sociais, políticos e distributivos que convergiram em favor da expansão do mercado interno enfrentaram crescentes contradições diante da incapacidade do processo de industrialização continuar se aprofundando. Uma das razões para isso foi a oposição crescente à industrialização por parte dos setores exportadores tradicionais; outra razão foram os confrontos com a classe trabalhadora que foram desencadeados com esse processo, especialmente nas que foram inicialmente as economias mais avançadas: as do Cone Sul. A resistência a uma integração regional mais profunda que incluísse importações competitivas foi outro obstáculo. É possível dizer, inclusive, que com a notável exceção do Brasil, a coalizão industrialista nunca alcançou a força suficiente para aprofundar o processo de industrialização, em contraste com o impulso dinâmico da industrialização que estava ocorrendo nas economias mais bem-sucedidas do Leste Asiático. Esse quadro foi complementado pela já notada volatilidade estrutural do setor exportador ainda dependente dos produtos primários e que expunha o sistema a crises frequentes, ao que somou a volatilidade financeira associada ao retorno aos mercados financeiros internacionais a partir dos anos 1970. A região possuía, naturalmente, uma longa história nesses tipos de flutuações.

A Argentina foi um caso extremo da dificuldade de alcançar um equilíbrio estável em suas estratégias de desenvolvimento, fazendo do conflito político-institucional uma variável a mais que contribuía para a instabilidade econômica. Tal fato obviamente tornou mais difícil implementar políticas que buscassem criar um ambiente mais favorável para a inovação e a mudança estrutural necessárias para a redução da distância frente aos líderes da economia mundial. O Brasil oferece um claro contraste a esse respeito, uma vez que mesmo sob um regime político autoritário e um contexto de elevada desigualdade social, houve uma evidente coesão entre as elites dominantes em favor de um projeto de desenvolvimento nacional com políticas produtivas, científicas e tecnológicas ativas, que permitiram um expressivo processo de acumulação e transformação estrutural.

A pergunta sobre o que teria acontecido se o enorme choque externo do início de 1980 não tivesse ocorrido é de difícil resposta. É possível sustentar que a mudança de trajetória do desenvolvimento latino-americano que levou à crise da dívida bloqueou a transição para um modelo de industrialização mais equilibrado entre o mercado interno e o externo, como o que já estava emergindo e que poderia ter evoluído de forma mais afinada com os modelos que se mostraram mais bem-sucedidos no Leste Asiático.

Mas também houve outras mudanças consideráveis que não devem ser deixadas de lado. Em particular, na década de 1970 amplas transformações começaram a ocorrer no próprio mundo industrializado que foram sentidas em muitos países como uma verdadeira crise. O esgotamento de muitos dos elementos dinâmicos da idade de ouro do capitalismo e o surgimento de novos paradigmas tecnológicos deram origem a grandes mudanças econômicas e sociais e contribuíram para explicar a nova onda de globalização. Desta maneira, os países latino-americanos não apenas tiveram de enfrentar as dificuldades do esgotamento, em graus variados, de seu já antigo modelo industrial e de uma nova crise financeira, mas também os desafios de novas mudanças tecnológicas. Enquanto boa parte da aprendizagem dos países da região havia consistido em apropriar-se das tecnologias da industrialização fordista, as novas tecnologias desencadearam novos desafios, como os lançados simultaneamente pelo surgimento dos grandes sucessos da industrialização do Leste Asiático e pela segunda globalização.

É possível, portanto, argumentar que no final do período que analisamos (e, no caso dos países do Cone Sul, mesmo antes), a América Latina havia conseguido convergir até onde lhe era possível, dada sua escassa capacidade de geração de novas tecnologias. O que se necessitava não era meramente a abertura para a economia mundial e a retração do Estado, mas antes um salto em matéria de desenvolvimento tecnológico, mediante um avanço substancial dos sistemas nacionais de inovação, apoiados em um esforço paralelo na área educacional. Ao final, isso não foi feito, e novamente a crise da dívida limitou as opções para tornar essa opção viável. Essa foi a razão porque, como veremos, no próximo capítulo, a guinada para uma estratégia mais liberal de desenvolvimento não foi capaz de oferecer uma solução às restrições enfrentadas pela industrialização latino-americana.

Desenvolvimento social

No âmbito social, ainda que houvesse precedentes na era de desenvolvimento primário-exportador, a extensão da educação básica universal, o desenvolvimento de sistemas de saúde modernos, de capacitação de mão de obra e, em menor medida, de sistemas de seguridade social receberam um impulso considerável durante a industrialização dirigida pelo Estado. Conforme visto no Capítulo 1, esse foi o período em que os indicadores de desenvolvimento social melhoraram mais rapidamente em toda a história da região. A Figura 4.9 mostra, com efeito, que os melhores índices de desenvolvimento humano em relação aos países industrializados foram atingidos entre 1940 e 1980, estagnando-se nas duas últimas décadas do século XX. O estudo de Astorga, Bergès e Fitzgerald (2005) chega à mesma conclusão analisando um conjunto algo diferente de indicadores (a taxa de alfabetização como indicador de desenvolvimento educacional). Além disso, como também foi discutido no Capítulo 1, ainda que a dispersão do PIB *per capita* não tenha diminuído, houve convergência considerável nos índices de qualidade de vida dos países da região (Figura 4.9).

A despeito dos temores expressos a respeito, a geração de empregos foi também razoavelmente dinâmica. A força de trabalho não agrícola cresceu a uma taxa muito elevada de 4% ao ano no período 1950-1980, taxa esta superior à dos Estados Unidos no período 1870-1910. Ainda que tenha se refletido em uma informalidade crescente do trabalho nas cidades, a diminuição do emprego na agricultura tradicional foi ainda mais acelerada, o que provocou no conjunto da região uma diminuição do subemprego total (urbano e rural) – de 46% em 1950 para 38% em 1980. O emprego urbano aumentou durante esses anos de 44% para 67%.

García e Tokman (1984) distinguem os três padrões de evolução desses indicadores do mercado de trabalho em distintos países da região (Tabela 4.12).[32] No Cone Sul, em 1950 o emprego urbano era já predominante e o subemprego era bem inferior à média regional, ainda que tenha aumentado até 1980 na Argentina e no Uruguai, como reflexo do reduzido crescimento

[32] Ver também o trabalho anterior da PREALC – Programa Regional de Emprego para América Latina e Caribe (1981) no qual se baseiam estes autores e que classifica alguns países de forma diferente.

FIGURA 4.9. Índices de desenvolvimento humano relativo aos países industrializados, 1900-2000

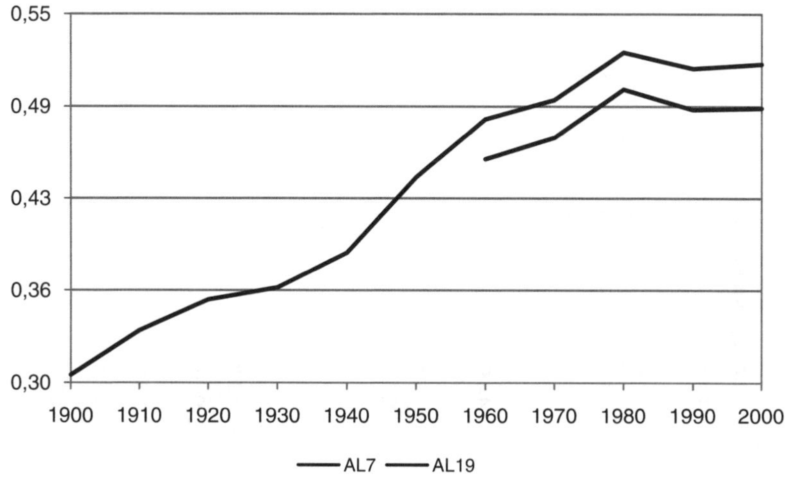

Fonte: ver Capítulo 1.

dessas economias. O segundo grupo de países caracteriza-se pelo aumento acelerado do emprego urbano e pela acentuada redução do subemprego total entre aqueles anos. O grupo inclui as duas maiores economias, da mesma forma que as duas economias andinas com melhor desempenho (Colômbia e Venezuela) e as duas centro-americanas mais desenvolvidas (Costa Rica e Panamá). Os membros desse grupo são, em geral, os mesmos que tiveram o melhor desempenho no período de industrialização dirigida pelo Estado. O terceiro grupo, constituído pelas outras economias andinas e centro-americanas, teve um aumento limitado do emprego urbano, havendo mesmo, em três países, ocorrido um aumento da informalidade total.

A migração rural-urbana em larga escala que caracterizou este período refletiu a geração interna de um excedente de mão de obra que W. Arthur Lewis descreveu como "oferta ilimitada de mão de obra". As exceções foram, obviamente, os países do Cone Sul, que já haviam alcançado níveis de urbanização e formalização do emprego muito elevados.

Os excedentes de mão de obra também tiveram importantes consequências para a migração internacional. Embora alguns poucos países continuassem atraindo migrantes europeus (em particular a Venezuela durante seu prolongado auge do petróleo), as antigas correntes migratórias internacionais perderam força depois da Segunda Guerra Mundial. A parcela de residentes latino-americanos nascidos fora da região sofreu um declínio de longo prazo desde a década de 1960, como resultado da morte de antigos imigrantes e da

TABELA 4.12. Importância relativa do emprego urbano e do subemprego (% do emprego total em cada país)

	EMPREGO NÃO AGRÍCOLA		INFORMAL URBANO		AGRÍCOLA TRADICIONAL		SUBEMPREGO TOTAL*	
	1950	1980	1950	1980	1950	1980	1950	1980
Grupo A								
Argentina	72,0	84,9	15,2	21,4	7,6	6,8	22,8	28,2
Chile	62,9	77,2	22,1	21,7	8,9	7,4	31,0	29,1
Uruguai	77,8	82,3	14,5	19,0	4,7	8,0	19,2	27,0
Grupo B								
México	34,5	61,5	12,9	22,0	44,0	18,4	56,9	40,4
Panamá	46,7	66,4	11,8	14,8	47,0	22,0	58,8	36,8
Costa Rica	42,0	69,5	12,3	15,3	20,4	9,8	32,7	25,1
Venezuela	51,1	79,4	16,4	18,5	22,5	12,6	38,9	31,1
Brasil	39,2	68,1	10,7	16,5	37,6	18,9	48,3	35,4
Colômbia	39,2	64,9	15,3	22,3	33,0	18,7	48,3	41,0
Grupo C								
Guatemala	30,6	42,7	14,0	18,9	48,7	37,8	62,7	56,7
Equador	33,3	54,2	11,7	28,6	39,0	33,4	50,7	62,0
Peru	36,0	57,5	16,9	19,8	39,4	31,8	56,3	51,6
Bolívia	24,1	41,1	15,0	23,2	53,7	50,9	68,7	74,1
El Salvador	32,2	47,5	13,7	18,9	35,0	30,1	48,7	49,0
América Latina	44,1	67,1	13,5	19,4	32,6	18,9	46,1	38,3

Nota: subemprego total inclui o setor informal urbano e agricultura tradicional.
Fonte: García e Tokman (1984).

migração de volta aos países de origem. Ao mesmo tempo, a migração intrarregional aumentou, com Argentina e Venezuela sendo os principais polos de atração, sobretudo para os habitantes dos países vizinhos. Mais importante ainda, iniciou-se na época a emigração para os países industrializados. Entre 1970 e 1980, o total de emigrantes da América Latina e do Caribe registrados nos Estados Unidos aumentou de 600 mil para 3,8 milhões,[33] mas o fluxo foi certamente maior. A proximidade geográfica foi o determinante-chave da importância relativa dessas correntes migratórias.

Os resultados quanto à redução da pobreza e, sobretudo, à distribuição da renda foram ambíguos, mas infelizmente há grandes lacunas nos dados referentes a este tema. A pobreza diminuiu na maioria dos países durante o período de industrialização dirigida pelo Estado. A primeira estimativa global da CEPAL sobre níveis de pobreza, disponível para 1970, indica que 40% dos domicílios latino-americanos eram pobres; esse percentual baixou para 35% em 1980 (ao redor de 40% da população, dado o maior tamanho das famílias pobres), um percentual que apenas foi alcançado novamente um quarto de século mais tarde, em meados da década de 2000 (Capítulo 5). Os cálculos de Londoño e Székely (2000, tabela 2) apresentam uma tendência ainda mais favorável nos anos 1970: uma redução da pobreza moderada de 43,6% em 1970 para 23,7% em 1982, e da pobreza extrema de 19,2% em 1970 para 10,2% em seu ponto mais baixo, em 1981. Esses cálculos podem ter superestimado as tendências favoráveis experimentadas durante esses anos. Baseado em inferências indiretas, Prados de la Escosura (2007) estimou que a maior parte da redução da pobreza obtida ao longo do século XX ocorreu entre 1950 e 1980.[34]

A distribuição da renda continuou sendo muito desigual na maioria dos casos e seguiu padrões opostos.[35] Em direto contraste com seu baixo desempenho econômico, a distribuição melhorou nos países do Cone Sul, em

[33] Estimado com base na CEPAL (2006b) para os países latino-americanos, excluindo Haiti.

[34] Com efeito, de acordo com este autor, a pobreza reduziu-se em seis países (Argentina, Brasil, Chile, Colômbia, Uruguai e México) de 71% em 1913 para 27% em 1990; desta redução, 30% tiveram lugar entre 1950 e 1980. Ver também os cálculos de evolução da pobreza para países individuais de Altimir (2001).

[35] Os comentários a seguir baseiam-se em uma literatura ainda incompleta, cujos principais exemplos são os trabalhos comparativos de Altimir (1996 e 1997), Frankema (2009), Londoño e Székely (2000) e Székely e Montes (2006), cujas avaliações não são necessariamente consistentes entre si, bem como em diversos estudos nacionais, alguns dos quais são citados no texto. A compilação estatística realizada pelo World Institute for Development Economic Research (WIDER) da Universidade das Nações Unidas oferece a melhor síntese de dados sobre as tendências distributivas, mas a qualidade e comparabilidade dos dados, sobretudo os disponíveis antes de 1980, é desigual. Ver um resumo das tendências indicadas por esses dados desde os anos 1950 em Frankema (2009), Tabela 1.1.

parte como continuação de tendências que vinham desde antes. No caso do Uruguai, houve primeiro uma leve queda da desigualdade a partir dos anos 1920, associada à deterioração dos termos de troca e, em menor medida, a mudanças sociais e políticas. Um acentuado declínio da desigualdade ocorreu, porém, entre 1944 e meados da década de 1950, quando a melhoria dos termos de troca que teria conduzido a um aumento da desigualdade foi compensada pelas políticas industrializantes, as câmaras de salários que regularam a contratação do trabalho no setor privado e a expansão do setor público (Bértola, 2005). O caso da Argentina foi similar ao do Uruguai, embora os eventos da década de 1920 sugiram que a redução, se ocorreu de fato, foi menos substancial. Como no caso do Uruguai, há evidências de que a desigualdade declinou significativamente com o desenvolvimento industrial. A desigualdade entre os assalariados reduziu-se (Bértola, 2005) e uma tendência mais geral pode ser identificada a partir da relação entre salários e PIB *per capita*, particularmente entre 1929 e 1950; os níveis de desigualdade então permaneceram estáveis até o advento da liberalização econômica e da ditadura no final da década de 1970. No Chile, a desigualdade continuou crescendo até a década de 1920 (Rodríguez Weber, 2009) e a reversão da tendência deu-se posteriormente, refletindo as mudanças sociais vinculadas ao surgimento de um forte movimento sindical, aliado à derrocada definitiva da primeira globalização. Recordemos que os níveis históricos de desigualdade do Chile parece haver sido sempre mais elevados que os do Rio da Prata.

A falta de dados homogêneos não nos permite ser categóricos acerca do momento em que essas tendências foram revertidas, excetuando o caso uruguaio, em que as estatísticas parecem indicar que houve uma inflexão já em meados da década de 1950, ficando razoavelmente constante até o Golpe de Estado de 1973, quando houve um aumento drástico da desigualdade. Na Argentina e no Chile a reversão da tendência favorável foi mais tardia, talvez apenas em princípios dos anos 1970, e deu-se em circunstâncias políticas e econômicas similares: ditaduras militares cruéis que debilitaram os movimentos sindicais tradicionalmente fortes desta região e abandonaram radicalmente a estratégia de industrialização. Caberia notar ainda que em outro caso de desenvolvimento econômico precoce, o de Cuba, e como reflexo de seu passado escravista, a distribuição da renda permaneceu altamente desigual até que a revolução desencadeou a mudança distributiva mais radical da história latino-americana.

Fora do Cone Sul, os grandes excedentes de mão de obra no campo mantiveram deprimidos os salários rurais e as grandes migrações para as cidades operaram como um mecanismo que também conteve os salários dos trabalhadores urbanos menos qualificados. Por sua vez, a escassez de mão de obra mais qualificada resultante, entre outros fatores, do atraso do desenvolvimento dos sistemas educacionais na maioria dos países, ajudou a elevar as remunerações da mão de obra qualificada. O fato de que o sindicalismo tendeu a concentrar-se nos setores mais formais da economia (o governo e os setores industriais e de serviços mais modernos) contribuiu para a tendência de aumento da desigualdade, ainda que tenha ampliado o número de beneficiados com a industrialização. Houve, assim, um viés em favor dos trabalhadores formais das cidades, dos proprietários de capital e dos grandes proprietários rurais.

À medida que os grandes excedentes de mão de obra foram absorvidos nas cidades e aumentou o número de trabalhadores com maiores níveis de educação, tais pressões adversas deixaram de operar sobre a distribuição da renda. Por isso, vários países tiveram melhores resultados distributivos desde meados dos anos 1960 (Costa Rica e México) ou começo de 1970 (Colômbia e Venezuela). Essa tendência não foi, contudo, generalizada, como mostram as evidências para o Brasil durante a fase final da industrialização dirigida pelo Estado, diante das políticas implementadas pelos sucessivos governos militares. Tal fato parece indicar que, além dos fatores associados à disponibilidade relativa de mão de obra qualificada, o regime político e sua relação com as instituições trabalhistas também tiveram um papel importante, como o tiveram por várias décadas, embora em um sentido positivo, no Cone Sul (Frankema, 2009). O predomínio dos fatores favoráveis resultou em uma redistribuição de renda da América Latina nos anos 1970, que infelizmente não duraria por muito tempo (Londoño e Székely, 2000).

De uma maneira geral, o progresso social limitou-se a uma "classe média" que incluía a população urbana empregada pelo Estado e por empresas privadas grandes e médias e alguns empresários pequenos, mas a magnitude dessa "classe média" variava consideravelmente entre os países ao final do período de industrialização dirigida pelo Estado, de acordo com seu nível de desenvolvimento. A classe média foi a favorecida pelo Estado de bem-estar emergente, cujos benefícios, especialmente no caso da seguridade social (saúde e pensões, em particular, e uns poucos benefícios em caso de desemprego), concentrou-se nos trabalhadores do setor formal da economia. O modelo "bismarckiano" que se desenvolveu, segundo o qual o acesso à seguridade social estava vinculado a um emprego formal, foi o elemento decisivo nesse resultado. Os trabalhadores urbanos que não recebiam esses benefícios e, especialmente, os rurais, beneficiaram-se de esforços mais gerais de expansão dos serviços sociais, especialmente em educação e saúde. O resultado foi um Estado de bem-estar segmentado (Ocampo, 2004: ensaio 3) ou incompleto (Ferreira e Robelino, 2011), para utilizar duas denominações alternativas.

Em matéria de seguridade social, os esquemas pioneiros da primeira onda de direitos sociais introduzidos nos países do Cone Sul, desde a fase anterior de desenvolvimento, receberam um novo impulso como resultado do Relatório Beveridge de 1942 na Grã-Bretanha e de outros esquemas de seguridade social lançados no mundo industrializado. O Brasil também havia desenvolvido cedo tais esquemas, mas com um acesso muito mais limitado. Além disso, como resultado desse momento, vários países viveram o que se pode chamar de uma segunda onda de reformas na seguridade social durante os anos 1940 e 1950 na Colômbia, Costa Rica, no México, Peru e na Venezuela. A mais notável foi a da Costa Rica, cujas reformas desde a década de 1940 a aproximaram da situação do Cone Sul, em um país com menores níveis de desenvolvimento e urbanização. Nos outros países as mudanças chegariam ainda mais tardiamente e de forma ainda mais limitada.[36] Em todos os casos, o sistema foi segmentado quanto aos benefícios oferecidos e fragmentado institucionalmente, com uma estrutura com diferentes esquemas e fundos em que a preferência foi claramente dada aos militares, funcionários públicos e setores trabalhistas com forte organização sindical (Mesa-Lago, 1978).

Uma das tipologias mais conhecidas dos Estados de bem-estar social identifica três modelos básicos de seguridade social: o social-democrata, em que o Estado provê benefícios que tendem a ser universais, homogêneos e não baseados no mercado, financiados por uma carga tributária relativamente alta; o corporativista, em que a força dos diferentes grupos sociais reflete-se em benefícios diferenciados e o acesso é concentrado no chefe de família que possui um emprego estável no setor formal; e o modelo liberal, em que o foco recai sobre os setores mais pobres da sociedade enquanto o restante da sociedade enfrenta os riscos sociais em um esquema baseado no mercado (Esping-Andersen, 1990). O modelo corporativista foi o predominante na América Latina mas, como foi visto, em uma forma altamente segmentada em que o acesso foi vedado aos trabalhos informais, que constituía uma grande parte da força de trabalho na maioria dos países. Na Costa Rica, no Chile e Uruguai, com o passar do tempo o sistema começou a evoluir na direção do primeiro tipo de modelo, mas apenas parcialmente, uma vez que permaneceu altamente segmentado. Cuba adotou um modelo social-democrata após a sua revolução, como parte de seu sistema econômico socialista. No Chile, as reformas realizadas pela ditadura militar eliminaram algumas dessas

[36] O trabalho clássico sobre a origem da seguridade social na América Latina é o de Mesa-Lago (1978). A obra mais recente de Haggard e Kaufman (2008) apresenta uma interessante análise das origens e avanços do Estado de bem-estar na América Latina em uma perspectiva comparada (ver, em particular, o Cap. 2 dessa obra).

características e introduziram certos elementos do modelo liberal. Onde a cobertura desses sistemas foi mais limitada (p. ex., em outros países além de Costa Rica, Cuba e aqueles do Cone Sul), constituíram-se sistemas duais ou abertamente excludentes (Filgueira, 1997).

Nas áreas rurais, os benefícios da modernização rural concentraram-se nas mãos dos grandes proprietários de terra, reproduzindo uma distribuição altamente desigual da renda e da riqueza no campo, cujas raízes históricas eram profundas. Houve várias reformas agrárias, sendo as mais ambiciosas resultantes de grandes mudanças sociais e políticas: México, na década de 1930, Bolívia e a tentativa fracassada da Guatemala na década de 1950, Cuba no começo da década de 1960, Chile e Peru na década de 1960 e início da década de 1970, e Nicarágua nos anos 1980.[37] As três últimas foram revertidas posteriormente. Outros processos, muitos deles induzidos pela Aliança para o Progresso na década de 1960, foram menos ambiciosos. Ainda assim, com a notável exceção de Cuba, mesmo as reformas mais radicais não atingiram a maioria da população camponesa e não eliminaram o dualismo estrutural que caracteriza os setores agrários latino-americanos. A reforma mais antiga, realizada no México, deixou de lado metade da população camponesa e 57% da terra (de Janvry, 1981: cap. 4). A segunda mais antiga, a da Bolívia, deixou de fora 61% do campesinato e 82% da terra, em particular por haver deixado intocada a região leste do país, que posteriormente foi objeto de um intenso desenvolvimento empresarial e é hoje o centro de grandes disputas devido à alta concentração da terra. Em seu melhor momento, as reformas do Chile e Peru apenas atingiram 20% e 32% do campesinato. Nos outros países, as reformas apenas arranharam a estrutura da propriedade da terra, que continuou altamente desigual (Frankema, 2009: cap. 3).

Os pequenos produtores rurais beneficiaram-se com a produção de alimentos para as cidades, e naqueles países que contavam com áreas abertas, com a colonização de novas regiões; esse tipo de colonização foi promovido como parte de programas de reforma agrária, mas, na realidade, foram mais um substituto de uma genuína reforma agrária (Brasil, Colômbia e Venezuela são os principais exemplos). Ainda mais importante, muitos camponeses beneficiaram-se da migração para as cidades onde, a despeito das precárias e mesmo desumanas condições de vida nos bairros mais pobres, alcançaram níveis de independência que lhes haviam sido negados sob as formas coercitivas de mobilização do trabalho típicas de muitas zonas rurais da América Latina do passado. Em alguns casos, tiveram também acesso a melhores serviços de educação, saúde ou água potável.

[37] Para uma análise detalhada da história das reformas agrárias na região, ver Choncol (1994).

O desaparecimento gradual das formas mais servis de relações trabalhistas e sociais, características das zonas rurais, foi, assim, o resultado da urbanização, mas para ela também contribuíram os processos de reforma agrária. A longo prazo, o debilitamento e, em muitos casos, o eventual desaparecimento dessas relações servis devem ser considerados como um dos resultados históricos mais importantes da região em matéria de equidade durante esta etapa de desenvolvimento. Como vimos, entretanto, os resultados positivos ocorreram em meio à perpetuação das agudas desigualdades herdadas do passado e, apesar de algum progresso, da persistência de altos níveis de pobreza na maioria dos países.

CAPÍTULO 5

A REORIENTAÇÃO PARA O MERCADO

A crise da dívida externa na década de 1980 pôs fim a um período de mais de um século durante o qual a América Latina ampliou sua participação na economia mundial. A crise provocou, além disso, uma ruptura radical nas tendências da política econômica predominantes desde os anos 1930. O rápido processo de industrialização já havia sido interrompido em meados de 1970, mas a crise da dívida consolidou essa tendência. Os esforços de abertura do mercado, até então parciais e localizados em umas poucas economias, generalizaram-se a partir de meados da década de 1980. As reformas tiveram, assim, raízes profundas, até que a primeira década do século XXI presenciou uma nova divergência nos padrões de política econômica nos distintos países, devido ao surgimento, em muitos deles, de tendências políticas e sociais que revalorizaram o papel do Estado.

O período que analisamos neste capítulo cobre duas fases diferentes. A primeira, compreendendo os anos 1980, foi de claro retrocesso, tendo sido denominada pela CEPAL, com razão, como a década perdida. A segunda foi de crescimento, mas em meio a acentuadas flutuações com duas crises adicionais: no final do século XX, que também afetou outras economias emergentes, e a Grande Recessão Mundial de 2008-2009, cujo epicentro foram os Estados Unidos. O lento crescimento de 3,3% entre 1990 e 2010 (muito inferior aos 5,5% dos 35 anos anteriores à crise da dívida) foi acompanhado assim por um ciclo econômico muito pronunciado. Por sua vez, a grande desaceleração do crescimento populacional iniciado no período anterior demonstrou ser um fenômeno de longo prazo. A população total cresceu a uma taxa média anual de

1,7% entre 1980 e 2010 – ou seja, 1 ponto percentual abaixo da taxa do período 1950-1980 – mas com tendência de queda, de forma que o índice já se aproximava de 1% no final do período que analisamos. Esse declínio contribuiu para uma taxa de crescimento *per capita* um pouco mais favorável.

Este capítulo analisa as transformações ocorridas nas economias latino-americanas a partir da crise da dívida dos anos 1980. Dada a estreita relação entre os eventos macroeconômicos do final da década de 1970 e a crise, a análise dos primeiros anos complementa as considerações sobre o período anterior. Após examinar a origem e as implicações da crise, discutiremos as reformas de mercado e seu principal resultado: a inserção mais dinâmica na economia mundial. O capítulo conclui com uma avaliação dos resultados em termos de crescimento econômico e desenvolvimento social. O pano de fundo para todos esses processos são as grandes mudanças ocorridas na economia mundial durante a segunda onda de globalização, cujos primeiros sinais já começaram a aparecer no início da década de 1960. Tais mudanças incluíram o acesso a um mercado financeiro internacional altamente volátil e que tem causado crises frequentes em todo o mundo, o robusto crescimento do comércio internacional e, em menor escala, a crescente migração de trabalho entre países.

A crise da dívida e a década perdida

O modelo de industrialização dirigida pelo Estado começou a receber críticas a partir dos anos 1960, tanto da ortodoxia econômica quanto da esquerda política.[1] A ortodoxia a criticou pela falta de disciplina macroeconômica, pelas ineficiências geradas por uma estrutura de proteção tarifária e restrições quantitativas das importações muito elevadas, e genericamente pelo excessivo intervencionismo estatal. A esquerda criticou o modelo pela sua incapacidade em superar a dependência externa e, sobretudo, transformar as estruturas sociais desiguais e dependentes herdadas do passado. Embora sem compartilhar necessariamente os pontos de vista da esquerda política, Hirschman (1971: 123) expressou de forma brilhante essa ideia: "Esperava-se que a industrialização mudaria a ordem social, e tudo o que fez foi produzir manufaturas." Os conflitos sociais surgiram inicialmente nos países do Cone Sul, que tinham sido os primeiros a viver grandes transformações sociais e a desaceleração do crescimento. As oportunidades que os períodos de crescimento ofereceram para a elevação do bem-estar e dos direitos sociais foram aproveitadas por movimentos sociais e políticos, alguns de inclinação

[1] Ver, por exemplo, as resenhas do debate realizadas em distintos momentos por Hirschman (1971), Fishlow (1988) e Love (1994).

socialista, outros de corte populista. Entretanto, como as economias foram afetadas por choques externos e crises do balanço de pagamentos, os ajustes realizados geraram descontentamento e oposição da parte seja de setores populares que reivindicavam melhorias nas condições sociais, seja de elites, que viam suas margens de lucro ameaçadas pela crescente regulação governamental. A reação autoritária não tardou.

Fishlow (1985: 165) sintetizou com clareza a conexão entre conflito social e a transição nas economias de mercado em meio à onda de regimes militares autoritários no sul do continente: "Os instintos militares são intervencionistas. Mas os líderes militares podem racionalizar convenientemente a repressão política em nome da flexibilidade necessária de preços e salários. O objetivo não é uma adaptação a uma determinada estrutura econômica, mas a reconstrução radical da sociedade civil." Desta maneira, a reorientação para economias de mercado surgiu inicialmente de uma forma defensiva, como uma reação frente ao que se via como uma expansão do mundo socialista. Assim, o padrão latino-americano diferencia-se dos países industrializados, onde a transformação, que tinha começado após a eleição de Margaret Thatcher na Grã-Bretanha em 1979 e de Ronald Reagan nos Estados Unidos em 1981, foi claramente ofensiva: um reflexo da confiança de que a empresa privada podia viver sem o manto protetor do Estado, e inclusive da convicção em círculos empresariais de que a intervenção estatal havia se convertido em um obstáculo para seu desenvolvimento. A atitude ofensiva chegaria à América Latina mais tarde, especialmente na última década do século XX.

Fora do Cone Sul, o crescente conflito social não teve qualquer relação direta com a transição para economias de mercado. Na América Central, que se tornou o epicentro dos conflitos nos anos 1980, os problemas ocorreram primariamente em ambientes rurais e resultaram da concentração da terra e, talvez, do modelo primário-exportador, em vez de sua peculiar combinação com uma frágil industrialização dirigida pelo Estado. A longa história de conflito interno na Colômbia vinculou-se também, na sua origem, a problemas rurais, mas a nova fase vivida a partir de 1980 teve outra dimensão: o tráfico de drogas, que viria a financiar todas as formas de violência – a própria, a paramilitar e a guerrilheira (pelo menos, nesse último caso, da maior das organizações guerrilheiras). A violência relacionada com o tráfico de drogas iria também envolver o México e a América Central na primeira década do século XXI.

Como visto no capítulo anterior, a indisciplina macroeconômica foi menos generalizada do que frequentemente afirmado, pois até meados da década pelo menos ela foi um problema mais do Brasil e do Cone Sul do que do conjunto da região. Contudo, a tendência para o desequilíbrio externo, que havia sido generalizado desde longa data, tornou-se mais intensa ao final da fase de industrialização dirigida pelo Estado em quase todos os países da região. Tal fato foi o resultado do comportamento da balança comercial e de uma demanda crescente de recursos para investimento (duas faces do mesmo problema, como nos ensina a teoria econômica). Esses desequilíbrios foram enfrentados com o recurso cada vez maior ao financiamento externo, o que se tornou a espada de Dâmocles do modelo, dada a volatilidade associada a esse tipo de financiamento. A Figura 5.1 retrata a primeira dessas tendências. Como se pode observar, até quando o processo de industrialização já estava bem avançado o crescimento foi acompanhado por pequenos saldos comerciais (gerados, como visto anteriormente, por intervenções maciças no balanço de pagamentos). É possível até dizer que o pequeno déficit registrado em 1967-74 não foi de fato um problema, dado o notável crescimento observado nesses anos. Mostrou-se impossível, porém, sustentar esse crescimento no período entre 1974 e 1980 (com taxas não muito diferentes das registradas antes de 1967) sem dar origem a um déficit comercial cada vez maior.

O crescimento esteve associado também com maiores requisitos de investimentos que se tornaram um obstáculo para países com taxas de poupança cronicamente baixas. A taxa de investimento oscilou entre 19% e 22% até meados da década de 1970, chegando a seu ponto mais baixo em 1958-67, anos que a CEPAL chamou de "estrangulamento externo" (Capítulo 4). O investimento subiu para 25% na fase final desta etapa de desenvolvimento (Tabela 5.1). Esse resultado indica que o maior financiamento externo

FIGURA 5.1. Crescimento econômico e saldo da balança comercial.

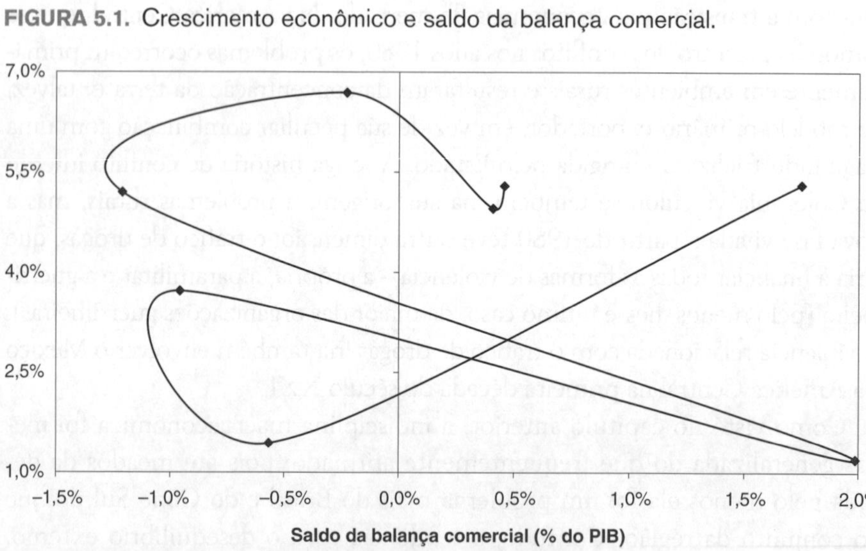

Fonte: estimativas dos autores baseadas nas séries históricas da CEPAL.

TABELA 5.1. Formação bruta de capital fixo (% do PIB)

	1950-1957	1958-1967	1968-1974	1975-1980	1981-1990	1991-1997	1998-2003	2004-2008	2008-2010
Média simples, % do PIB									
Países grandes	23,9%	20,1%	21,6%	24,3%	19,1%	19,6%	18,3%	21,5%	23,3%
Países pequenos	14,2%	15,7%	18,1%	21,5%	17,0%	19,2%	20,0%	19,8%	19,1%
América Latina	19,1%	17,6%	19,5%	22,6%	17,8%	19,4%	19,4%	20,5%	20,8%
Média ponderada, % do PIB									
Países grandes	21,0%	19,5%	22,2%	25,1%	18,9%	18,2%	18,0%	19,9%	20,9%
Países pequenos	15,8%	16,8%	17,7%	22,2%	16,9%	18,6%	19,3%	19,1%	18,7%
América Latina	20,7%	19,1%	21,9%	24,9%	18,8%	18,2%	18,1%	19,8%	20,7%

Fonte: séries históricas de la CEPAL a preços constantes. Os dados da Costa Rica estão disponíveis a partir de 1951, os de El Salvador a partir de 1962, os da Nicarágua a partir de 1960 e do Uruguai a partir de 1955. As médias se referem a todos os países para os quais há informações disponíveis.

durante os anos 1970 refletiu em maiores taxas de investimento (que sem dúvida incluiu alguns elefantes brancos em alguns países), em claro contraste com períodos subsequentes, quando os altos níveis de financiamento externo levaram a um aumento nos níveis de consumo.

A industrialização dirigida pelo Estado enfrentou também outras restrições: aquelas associadas à tendência de sobrecarregar o Estado com responsabilidades fiscais sem lhe dar os recursos necessários para cumpri-las. Como sustentado por FitzGerald (1978), essa tendência se manifestou sob três formas principais: i) um aumento do gasto público como proporção do PIB, mas com uma proporção menor destinada a programas de bem-estar social, em comparação com os países industrializados; ii) uma mudança na composição da estrutura tributária com aumento do peso dos impostos sobre os salários e impostos indiretos, e redução relativa dos impostos sobre a propriedade e a renda; e, como resultado, iii) uma crescente necessidade de endividamento para financiar as transferências ao setor privado, em vez daquelas relacionadas com políticas sociais redistributivas. Esses problemas tornaram-se particularmente evidentes na segunda metade dos anos 1970, quando o acesso ao financiamento externo provocou um aumento dos déficits fiscais, tornando as contas públicas altamente vulneráveis diante das mudanças desfavoráveis no financiamento externo, que finalmente ocorreram.

No entanto, é improvável que na ausência da crise da dívida alguma economia latino-americana tivesse entrado em colapso apenas pelo peso das ineficiências da industrialização dirigida pelo Estado. Ainda mais importante, não é claro por que não se poderia ter adotado ou aprofundado uma estratégia mais equilibrada, como vinham fazendo os países menores desde meados da década de 1950 e a maioria dos países pequenos e médios a partir da metade dos anos 1960. Como discutido no capítulo anterior, a região já havia começado a aproveitar as oportunidades abertas pelo crescimento no comércio mundial e tinha evoluído para uma combinação de proteção com promoção de exportações. De fato, na literatura dos anos 1970 vários países latino-americanos, particularmente o Brasil, eram apresentados internacionalmente como exemplos de sucesso exportador, ao lado dos tigres asiáticos.

Desta forma, teria sido possível convergir, talvez, para um modelo de desenvolvimento mais parecido de vários países do Leste Asiático, igualmente dirigido pelo Estado, com traços também protecionistas, ainda que com maior ênfase na construção de uma base exportadora sólida e, na maioria dos casos, com uma clara preferência pelo investimento nacional em relação ao estrangeiro. Em todo caso, a escala e a velocidade dos outros acontecimentos encarregaram-se de descartar essa opção. Também notamos no capítulo anterior que essa não era a única trajetória provável. Os países do Cone Sul já haviam iniciado um padrão alternativo, de lento crescimento combinado com ganhos distributivos e crescente turbulência social.

No entanto, independentemente destas tendências de longo prazo, o que resultou fatal para o paradigma anterior foi o ciclo de auge e contração do financiamento externo privado das décadas, que se iniciou lentamente em alguns países em meados da década de 1960, generalizou-se na região ao longo dos anos 1970 e culminou com a crise da dívida externa da década de 1980. Esse ciclo foi a repetição de outros no passado, o último dos quais aconteceu nos anos 1920 e início dos anos 1930. As fontes de financiamento externo foram, contudo, diferentes: os créditos sindicalizados dos bancos internacionais privados tomaram o lugar dos títulos emitidos nos mercados de capital internacionais durante a década de 1920.

Uma característica central dos 25 anos transcorridos após a Segunda Guerra Mundial foi a ausência de grandes volumes de financiamento externo privado e os níveis bastante modestos dos empréstimos oficiais. Como indicado na Figura 5.2, as transferências líquidas de recursos do exterior foram em geral ligeiramente negativas durante as décadas de 1950 e 1960. No contexto de choques externos recorrentes, a carência de meios adequados para financiar os déficits no balanço de pagamentos, inclusive os recursos limitados do FMI, reforçou obviamente a tentação de recorrer a políticas protecionistas como mecanismo de ajuste. Os países que mais cedo obtiveram acesso ao financiamento externo privado (México e Peru em particular), também logo desenvolveram excessivo endividamento.

FIGURA 5.2. Transferência líquida de recursos (% do PIB a preços correntes)

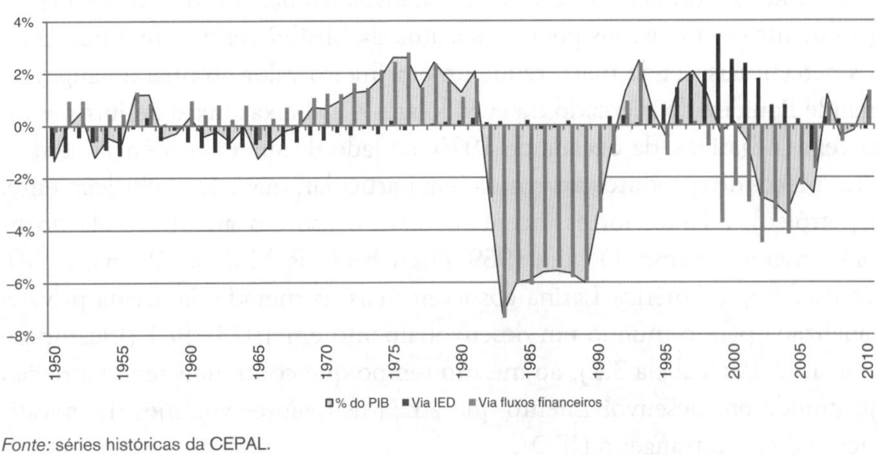

Fonte: séries históricas da CEPAL.

A nova fase de expansão do financiamento externo da América Latina foi parte de um processo mais amplo de reconstrução de um mercado internacional de capitais, que tinha se iniciado na década de 1960 (denominado na época de "mercado de eurodólares"). A característica principal desse processo foi a concorrência entre um crescente número de bancos nacionais transformados em internacionais, que geralmente concediam empréstimos na forma de créditos sindicalizados com taxas de juros variáveis vinculados à taxa LIBOR (*London Interbank Offer Rate*) de três ou seis meses. Essa modalidade de financiamento facilitou a participação de bancos menores com menos experiência internacional, que confiavam quase cegamente nas avaliações de crédito dos grandes bancos que lideravam o processo (e que obtinham altas comissões). Ao vincular a taxa de juros ao mercado interbancário, que era a fonte de financiamento dos bancos envolvidos ativamente no mercado internacional, o risco dos credores representado pelas variações naquelas taxas foi reduzido pela sua transferência aos tomadores. Como veremos, essa transferência de risco se tornou dramaticamente clara a partir do final de 1979 e provou ser desastrosa. Esses bancos atuantes em um ambiente desregulado enfrentaram seus primeiros problemas no final de 1974, devido às grandes perdas das operações de câmbio de alguns bancos, especialmente o Banco Herstatt, da Alemanha Ocidental, e o Franklin National Bank, dos Estados Unidos. A reciclagem dos petrodólares deu um grande impulso a esse mercado nos anos seguintes e refletiu-se no abundante financiamento recebido na segunda metade da década de 1970 (Devlin, 1989: cap. 2).

Em uma estrutura oligopolística, em que os grandes bancos buscam emprestar recursos que os permitam expandir ou, pelo menos, manter sua participação no mercado, o financiamento externo começou a crescer rapidamente, sendo alavancado por recursos adicionais de bancos pequenos geralmente com margens pequenas acima da LIBOR (entre um e dois pontos percentuais, sendo mais frequente o primeiro valor no final do auge). A grande liquidez do mercado de eurodólares e as baixas taxas de juros reais, às vezes negativas, da década de 1970, ao lado de sua coincidência com os altos preços dos produtos primários (em particular, mas não exclusivamente, o petróleo), criaram fortes incentivos para o uso em grande escala do financiamento externo (Devlin, 1989; Ffrench-Davis, Muñoz e Palma, 1998). Com efeito, a América Latina absorveu mais da metade da dívida privada canalizada para o mundo em desenvolvimento em 1973-1981 (Ocampo e Martin, 2003: Tabela 3.2), ao mesmo tempo que continuou sendo a região do mundo em desenvolvimento que atraía os maiores volumes de investimento direto estrangeiro (IED).

A contrapartida da expansão do financiamento foram os crescentes déficits comerciais e fiscais. As instituições financeiras nacionais que intermediavam fundos externos acumularam riscos crescentes, tanto de crédito como cambiais. Esse problema foi associado a uma nova tendência: a liberalização financeira interna. Por esse motivo, a crise foi mais séria nos países do Cone Sul, nos quais as reformas de mercado chegaram mais cedo. A capacidade dos controles cambiais evitarem as fugas de capital quando se iniciou a crise também teve um papel importante. A fuga de capital ocorreu em toda a região, mas ela foi maciça nos casos de Argentina, México e Venezuela, países que não dispunham de controles suficientes sobre os movimentos de capitais.

O peso dos déficits externos e fiscais e das fragilidades dos sistemas financeiros desempenhou um papel decisivo na determinação do efeito relativo que teve a crise dos anos 1980 nos distintos países. Isso indica, por sua vez, que o fator decisivo foi a dinâmica macroeconômica, mais do que as deformações na estrutura produtiva criadas pelo modelo anterior. Esse foi o motivo porque o problema se deu tanto nas economias mais reguladas (p. ex., Brasil) quanto nas mais liberalizadas (as do Cone Sul). De fato, em termos financeiros o problema foi mais grave nessas últimas, onde ocorreram algumas das mais dramáticas crises financeiras da história. Além disso, o fato de que as economias exportadoras da América Latina tiveram dificuldades similares às enfrentadas quando buscavam administrar o ciclo financeiro externo dos anos 1920 e 1930, e que as economias já mais liberalizadas enfrentaram uma situação parecida na década de 1990 (ver adiante), indica que os ciclos de expansão e crise, resultante da instabilidade do financiamento externo, foi um fenômeno geral e não uma peculiaridade da industrialização dirigida pelo Estado.

Foi por esse motivo que os choques externos tiveram um papel central na determinação da crise (CEPAL, 1996; cap. 1). O ponto de inflexão foi a decisão adotada pela *Federal Reserve* dos Estados Unidos de elevar substancialmente a taxa de juros (que passou a ser conhecida como o "choque Volker", em referência ao presidente do *Federal Reserve*) com o objetivo de conter a aceleração inflacionária que o Estados Unidos estavam vivendo. A decisão teve um efeito direto sobre o serviço da dívida, uma vez que, como foi observado, grande parte da dívida externa havia sido contratada a taxas de juros flutuantes. A esse fato se somou uma forte deterioração dos preços reais das matérias-primas. Ambos os choques adversos durariam quase um quarto de século, um fato que geralmente não se dá atenção nas análises e que só se percebe com clareza hoje, com o benefício da passagem do tempo (Figura 5.3).

Com efeito, as taxas reais de juros nos Estados Unidos, que tinham sido muito baixas até os anos 1960, e que se tornaram negativas em meados dos anos 1970, subiram bruscamente no final dessa mesma década e permaneceram altas pelo menos até o final do século. Esse fato é ainda marcante quando as taxas relevantes para a América Latina são comparadas: a taxa de juros efetiva para o endividamento externo da região entre 1975 e 1981 flutuou entre –1% e 2% (estimada como um ponto percentual acima da LIBOR de três meses e com taxas de inflação correntes). Mesmo considerando as subsequentes elevações da taxa (chamada na Figura 5.3 de "ex post rate"),[2] sua média não foi maior do que 4% durante aqueles anos, chegando ao máximo de 6% em 1981-2. Em contraste, Quando os países latino-americanos retornaram ao mercado nos anos 1990 (e a taxa de referência passou a ser definida pelos títulos do Tesouro dos Estados Unidos de 10 anos), a taxa de juros ficou geralmente acima de 10% – quando são adicionadas as margens de risco (*spreads*) correspondentes. Assim, a região não contou com taxas de juros similares às de 1975-1981 até o *boom* financeiro internacional de 2005-2008.

Por sua vez, a queda dos preços dos produtos primários implicou uma ruptura de longo prazo, que duraria até meados da primeira década do século XXI (Ocampo e Parra, 2003 e 2010). No seu ponto mais baixo, entre 1992 e 2001, os preços reais dos produtos primários estavam mais do que 37% abaixo (e em alguns momentos, 40%) do nível médio dos anos 1970, ficando abaixo da média de 1945-1980. A esses dois fatores de longa duração concorreu ainda, no curto prazo, uma recessão no mundo industrializado.

O impacto criado pelas altas taxas de juros internacionais não teve precedentes.[3] A recessão nos países industrializados sim, tinha precedentes, bem como a diminuição abrupta e de longa duração dos termos de troca. No primeiro caso, no entanto, a desaceleração no mundo industrializado em 1982 foi ainda maior que a de 1975, tornando-se assim a pior do pós-guerra – sendo somente superada pela Grande Recessão de 2008-2009. No que se refere aos termos de troca, a última vez que ocorreu queda tão acentuada dos preços dos produtos básicos foi nos anos 1920 e 1930. Portanto, a magnitude

[2] Essa taxa de juros ex post foi calculada como a taxa anual média para o ano em que o empréstimo foi contratado e os próximos 6 anos (com base na hipótese de que um empréstimo amadurece tipicamente em 7 anos) utilizando a LIBOR + 1 como taxa nominal e o índice de preços ao consumidor dos Estados Unidos como deflator.

[3] Pode-se dizer, no entanto, que a deflação que caracterizou as crises internacionais até os anos 1930 produzia uma alta taxa de juros real no curto prazo. No entanto, esse aumento era estritamente de curta duração (três anos em uma grave crise, como a de 1930), e à medida que as taxas de juros nominais se reduziam como resultado da crise, as taxas reais diminuíam rapidamente, chegando mesmo a tornar-se negativas.

FIGURA 5.3. Taxas de juros e preços de produtos básicos reais, 1963-2010.

A. Taxas de juros reais

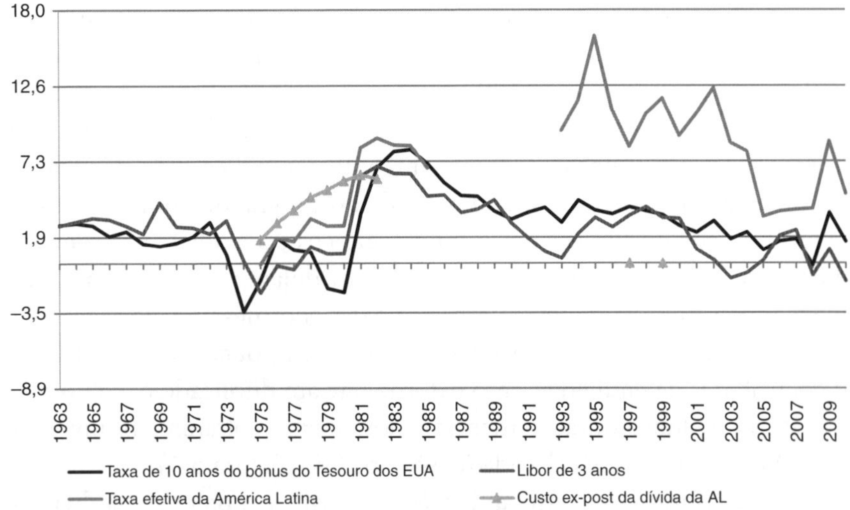

B. Preços reais de produtos básicos não derivados de petróleo (1980=100)

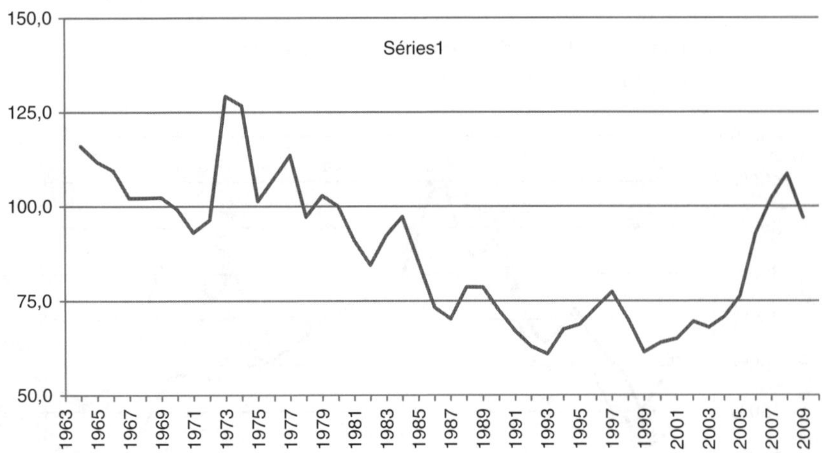

Fontes:

A. Estimado com base nos dados do Global Financial Data, Inc. para as taxas Libor; dados do Federal Reserve dos Estados Unidos para as taxas do Tesouro americano e do Data Stream para a a taxa efetiva da América Latina. Neste último caso, a taxa efetiva é estimada como igual a Libor+2 em 1975-1985 e o rendimento dos bonos latino-americanos segundo o JPMorgan a partir de 1993 (para 1993-1997 foram recalculados com dados de rendimentos dos bônus do Tesouro e o EMBI latino-americano). Em todos os casos se utiliza como deflator o índice de preços ao consumidor dos Estados Unidos.

B. Dados atualizados com base nas fontes indicadas em Ocampo e Parra (2010).

dos riscos *ex post* que a América Latina teve de assumir não foi apenas inesperada, mas também difícil de prever.

A crise da dívida tornou-se explosiva após o grande impacto causado pelo aumento da taxa de juros. Os coeficientes de endividamento externo vinham aumentando de forma sustentada, porém lenta, durante a década de 1970, sendo ainda moderados em 1980 (menos de 30% do PIB e pouco mais de duas vezes as exportações), graças sem dúvida às condições favoráveis que acompanharam a expansão. Houve então uma subida rápida daqueles coeficientes nos anos seguintes, como resultado do grande aumento das taxas de juros, queda dos preços dos produtos básicos e a ainda mais pronunciada queda do PIB latino-americano, medido em dólares. Nesse último caso, a queda foi o resultado da severa recessão e das enormes desvalorizações cambiais desencadeadas pela escassez de divisas. Em pouco mais de cinco anos os coeficientes de endividamento externo haviam duplicado e, como reflexo dos fatores de longa duração mencionados, apenas voltaram aos níveis anteriores à crise na primeira década do século XXI (Figura 5.4).

A situação tornou-se crítica devido à persistência da crise da dívida e às condições adversas, mas também em vista da frágil resposta das políticas internacionais frente à crise da dívida latino-americana (e de algumas outras

FIGURA 5.4. Dinâmica da dívida externa latino-americana (% do PIB e das exportações)

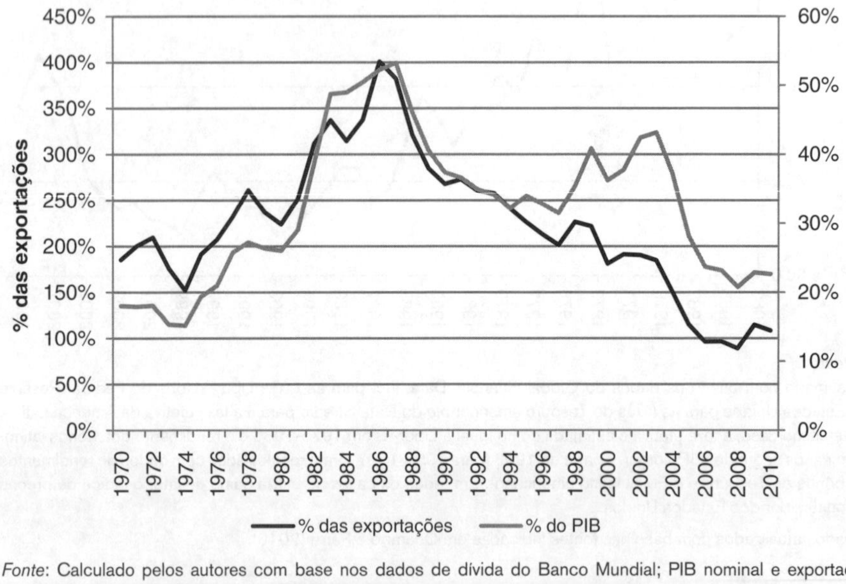

Fonte: Calculado pelos autores com base nos dados de dívida do Banco Mundial; PIB nominal e exportações extraídos das séries históricas da CEPAL. Os dados para o ano de 2010 foram atualizados com base na taxa de crescimento da dívida de acordo com o Banco Mundial.

partes do mundo em desenvolvimento). O efeito combinado da suspensão repentina do financiamento externo por quase uma década e das crescentes obrigações do serviço da dívida foi um choque externo maciço que transformou as transferências líquidas de recursos de valores positivos, e equivalentes de 2% a 3% do PIB, em negativos, em torno de 6% do PIB (Figura 5.2).

Díaz-Alejandro (1988b, p. 310) resumiu os acontecimentos de forma magistral: "O que poderia ter sido uma recessão grave, porém administrável, converteu-se em uma grande crise de desenvolvimento, sem precedentes desde o começo da década dos anos 1930, devido principalmente ao fato de os mercados financeiros internacionais terem desabado e a uma mudança abrupta nas condições e regras dos empréstimos internacionais. As interações não lineares entre esse choque externo insólito e persistente, e políticas internas arriscadas e mal desenhadas, levaram a uma crise de grande profundidade e duração, uma crise que não poderia ter sido produzida nem por choques nem por erros de política econômica isoladamente."

Assim, a inerente instabilidade dos ciclos de financiamento internacional (como vimos no Capítulo 1) foi o elemento decisivo para determinar a sorte tanto da era do desenvolvimento primário-exportador, quanto da industrialização dirigida pelo Estado.

Uma comparação com a década de 1930 ajuda a compreender como foi crítica a transferência negativa de recursos para o exterior durante os anos 1980. Como mostrado na Figura 5.5 A, as oportunidades de aumento da renda real das exportações foram muito maiores no decênio de 1980 do que em 1930. Assim, a grande diferença em relação à Grande Depressão foi a ocorrência de um choque maciço e prolongado na conta de capitais que, no longo prazo, não teve uma resposta adequada, e, como resultado, lançou a região na pior crise de sua história.

Frente ao grande risco de falência dos bancos internacionais e, especialmente, norte-americanos (a dívida latino-americana correspondia a 1805 do capital dos nove maiores bancos norte-americanos), o governo dos Estados Unidos e de outros países industrializados pressionaram o FMI e os bancos multilaterais de desenvolvimento para o resgate, mobilizando recursos para financiamento em maior escala do que haviam feito no passado. Os fundos emprestados, no entanto, foram modestos diante dos efeitos da maciça reversão das transferências de recursos privados e foram acompanhados por condicionantes "estruturais" sem precedentes (sob a forma de reformas de mercado e ajustes fiscais draconianos). Segundo vimos no capítulo anterior, nos anos 1930 a moratória da dívida foi uma solução para a maior parte dos países, como, aliás, tinha sido a resposta comum em todas as crises precedentes de endividamento externo. Ao longo da década de 1980, as "moratórias silenciosas" na forma de atrasos no

FIGURA 5.5. Comparação das crises das décadas de 1930 e 1980

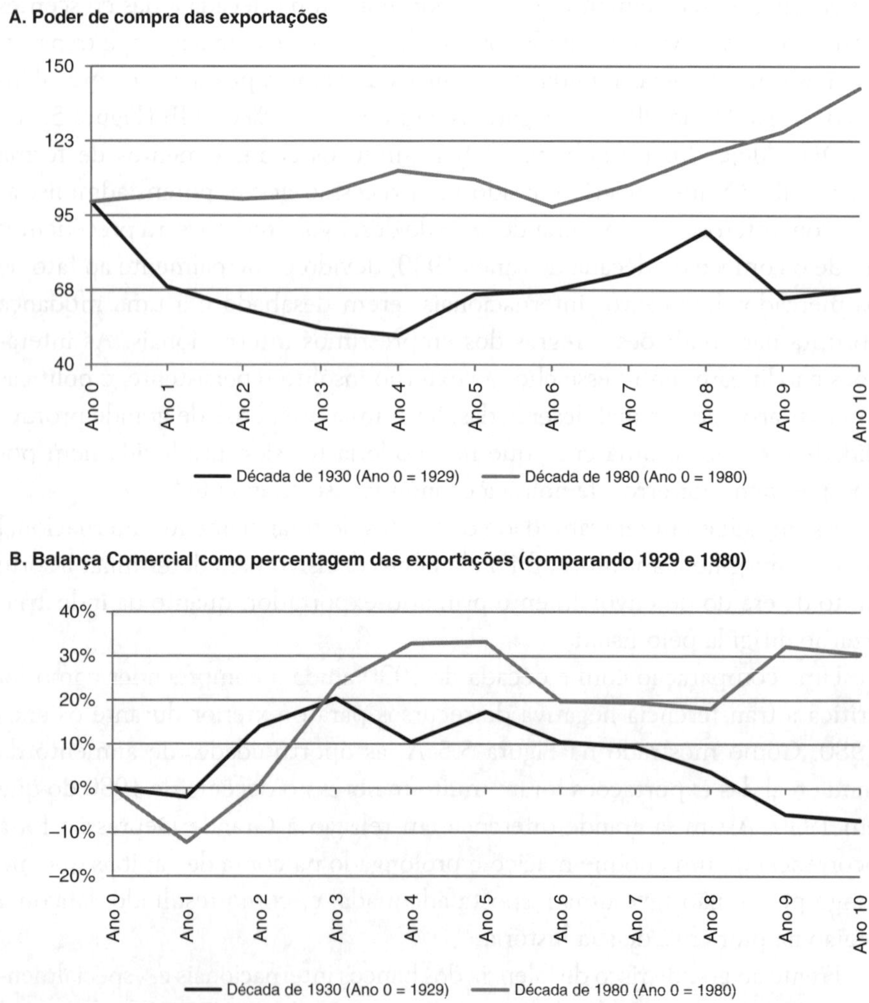

Fonte: Cálculos dos autores com base nos dados da CEPAL (1976) para a década de 1930 e séries históricas da CEPAL para a década de 1980.

pagamento do serviço da dívida privada e bilateral (e, em pouquíssimos casos, multilateral) tornaram-se mais frequentes. Esse desdobramento deveu-se em parte às tensões internas que a prolongada crise começou a provocar em uma região que estava, paralelamente, vivendo um retorno à democracia (Altimir e Devlin, 1993). Não obstante, a grande pressão dos países industrializados e dos organismos multilaterais impediu que os países da América Latina declarassem moratórias abertamente e forçou os países devedores a chegar a acordos de renegociação bastante vantajosos para os bancos credores. O Plano Brady de 1989 abriu o caminho para alguns poucos cancelamentos de dívidas, mas em montantes limitados e demasiadamente tardios para prevenir os estragos causados pela crise da dívida externa.

Como resultado dos fatos anteriores, enquanto em 1930 as economias latino-americanas somente tiveram de aumentar seu superávit comercial no curto prazo, na década de 1980 elas foram forçadas a acumular grandes superávits comerciais durante quase uma década (Figura 5.5 B). O impacto conjunto de tudo isso foi que, embora o impacto inicial da Grande Depressão sobre o PIB *per capita* das economias latino-americanas tenha sido mais severo, a recuperação posterior foi vigorosa e, a partir de 1937, o PIB *per capita* cresceu invariavelmente acima do observado antes da crise. Após a crise de 1980, em contraste, a recuperação não ocorreu antes de 1994, isto é, depois de uma década e meia.

Na evolução da crise da dívida podem ser identificadas três fases diferentes.[4] Até setembro de 1985 ocorreram amplos ajustes macroeconômicos, baseados no suposto inicial de que a crise era apenas temporária (isto é, mais de liquidez do que de solvência) e que o financiamento voluntário retornaria rapidamente.[5] Houve também um eficaz cartel de credores, apoiados pelos governos dos países industrializados, que viam que seus sistemas financeiros estavam sob sério risco. Por outro lado, embora alguns governos tenham adotado posições mais radicais (tal como a decisão de Alan García em 1985 de limitar o serviço da dívida do Peru a 10% das suas receitas de exportação) e tenham sido feitos alguns esforços pouco convincentes para criar alguma forma de associação dos devedores (o Consenso de Cartagena de 1984 foi o exemplo mais conhecido), nunca houve uma ação efetiva para constituir um "cartel de devedores" que, se fosse de fato estabelecido, teria sem dúvida desencadeado uma crise severa no sistema bancário privado internacional, especialmente nos Estados Unidos. As medidas adotadas foram, portanto, muito eficazes para evitar uma crise financeira nos Estados Unidos, mas inteiramente inadequadas para lidar com a crise da dívida da América Latina. Mais ainda, dada a assimetria das negociações, os países latino-americanos terminaram "nacionalizando" grande parte da dívida externa privada. Assim, a América Latina pode ser vista como uma vítima da forma de gerir o que foi também uma crise bancária norte-americana, fato que

[4] Ver, entre vários outros, Devlin (1989), Altimir e Devlin (1993) e French-Davis, Muñoz e Palma (1998). Devlin divide cada uma das duas primeiras fases em dois subperíodos de renegociação da dívida. As condições das distintas fases de negociação são detalhadas no quinto capítulo de sua obra e nos sucessivos números do *Estudo Econômico da América Latina e do Caribe* da CEPAL desses anos.

[5] Cline (1984), quem talvez tenha elaborado a versão mais conhecida dessa tese, argumentou que a crise seria superada assim que as economias industrializadas se recuperassem.

curiosamente não é reconhecido plenamente na literatura existente.[6] A grande ironia foi que, como resultado, os bancos norte-americanos acumulavam lucros enquanto a América Latina era arrastada para a pior crise econômica de sua história (Devlin, 1989).

Em setembro de 1985 iniciou-se uma nova fase com o anúncio do primeiro Plano Baker, que incluiu um ajuste estrutural liderado pelo Banco Mundial, melhores condições financeiras e modestos recursos adicionais. A insuficiência do pacote levou, dois anos mais tarde, a um segundo Plano Baker, que incluiu recompras da dívida, bônus de saída com baixas taxas de juros e trocas de dívida. A fase final teve lugar apenas em março de 1989 (ou seja, sete anos após o início da crise) com o Plano Brady, que incluiu uma modesta redução dos saldos da dívida e foi logo sucedido por um renovado acesso ao financiamento externo privado. O envolvimento dos Estados Unidos nessas duas últimas fases diferiu de sua abordagem na primeira, pois as autoridades buscaram oferecer soluções reais para o que foi então visto claramente como uma crise de solvência, em um momento em que havia sinais de que os países latino-americanos estavam se tornando crescentemente relutantes em continuar seguindo o esquema inicial.

Ainda que o Plano Baker e, especialmente, o Plano Brady tenham finalmente levado a reduções dos coeficientes de endividamento externo (Figura 5.4), a tendência à elevação desses coeficientes já tinha sido revertida pelos grandes superávits comerciais e de conta-corrente, à custa de uma década perdida em termos de crescimento econômico que no total representou uma queda de mais de 8% do PIB *per capita*. A participação da América Latina no PIB mundial, que vinha aumentando no decorrer de mais de um século, caiu 1,5 ponto percentual e sua produção por habitante reduziu-se oito pontos percentuais com relação aos países industrializados – e 22 pontos percentuais em relação à média mundial (Tabela 1.1, no Capítulo 1).

A recessão foi inicialmente muito severa. O PIB da região sofreu queda durante três anos consecutivos, especialmente em 1983, quando se sentiu plenamente o impacto da moratória mexicana de agosto do ano anterior, a qual se considera, em geral, o início da crise da dívida (Figura 5.9). Em 1984-1987 houve uma recuperação moderada, mas as dificuldades ressurgiram no final da década. Poucos países puderam voltar ao crescimento econômico estável na segunda metade da década de 1980; em geral, os que o fizeram foram países com moderados coeficientes de endividamento externo

---

[6] Com efeito, não deixa de ser paradoxal que esta crise não seja registrada nas bases de dados como uma crise bancária dos Estados Unidos, como o foi de fato. Ver, por exemplo, o banco de dados do FMI (Laeven e Valencia 2008).

(Colômbia) ou aqueles que receberam empréstimos externos oficiais relativamente elevados (Chile e Costa Rica). Como se verá adiante, o declínio da renda *per capita* foi acompanhado por uma acentuada redução na participação relativa da indústria manufatureira na atividade econômica.

Os custos sociais da crise foram enormes. A incidência da pobreza aumentou de forma significativa entre 1980 e 1990, de 40,5% para 48,3% da população. A deterioração da distribuição da renda em vários países exacerbou os já altos níveis históricos de desigualdade que caracterizavam a América Latina, revertendo os ganhos obtidos nos anos 1970 em vários países e no conjunto da região. Em geral, houve também queda dos salários reais no setor formal, de forma muito expressiva em alguns casos, e aumento relativo da informalidade do trabalho. O rápido aumento dos indicadores de qualidade de vida que havia caracterizado o período da industrialização dirigida pelo Estado foi substituído por um ritmo muito mais moderado e, inclusive, por deterioração em algumas áreas (ver o Capítulo 1, a Tabela A.4 e adiante).

O enorme ajuste fiscal, cambial e monetário pressionou estruturas econômicas já vulneráveis. A depreciação da taxa de câmbio real, que era necessária para apoiar o ajuste do setor externo, foi acompanhada invariavelmente de aumento da inflação, em proporções que a América Latina não tinha conhecido antes, apesar da história inflacionária de alguns países. A inflação tendeu a acelerar-se nos anos 1970 como parte de um processo internacional e dois países inauguraram a era da inflação de três dígitos como parte de sérias crises políticas (Chile e Argentina). No entanto, as explosões inflacionárias consistiram mais em um efeito do que em uma causa da crise da dívida. Suas manifestações mais eloquentes foram os episódios de hiperinflação sofridos por cinco países entre meados da década de 1980 e início da década de 1990 (Argentina, Bolívia, Brasil, Nicarágua e Peru). Outros três registraram taxas de inflação de três dígitos (México, Uruguai e Venezuela). O Panamá foi o único país (com a única economia dolarizada) que evitou uma inflação superior a 20%. No seu conjunto, como indica a Figura 5.6, a mediana e a média das taxas de inflação aumentaram notavelmente até alcançar em 1990 perto de 40% e mais de 1.000%, respectivamente, antes de começarem a cair nos anos 1990. A crise do setor financeiro foi também devastadora, sobretudo nos países do Cone Sul, onde gerou custos fiscais e quase-fiscais equivalentes a 40% a 50% do PIB.[7]

[7] Ver Laeven e Valencia (2008), que mostram claramente que as crises financeiras dos três países do Cone Sul no início da década de 1980 estão entre aquelas com os maiores custos das últimas três décadas, sendo apenas comparáveis com algumas economias do Leste Asiático durante a crise de 1997.

FIGURA 5.6. A. Inflação na América Latina (IPC, variação percentual anual)

A. Mediana

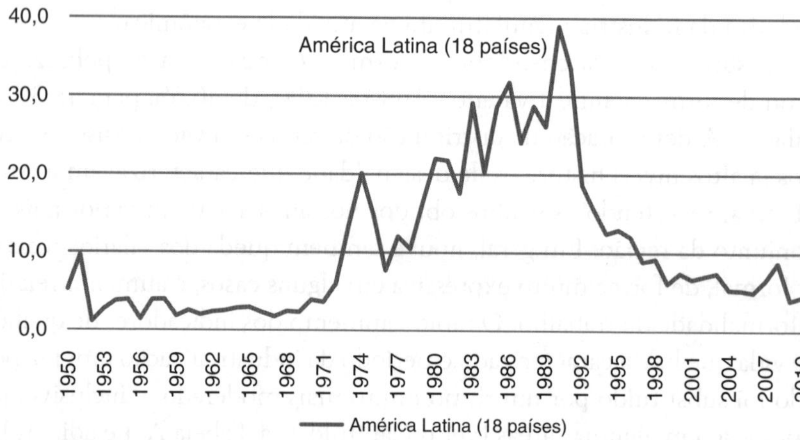

B. Média (variação percentual anual em logaritmos naturais)

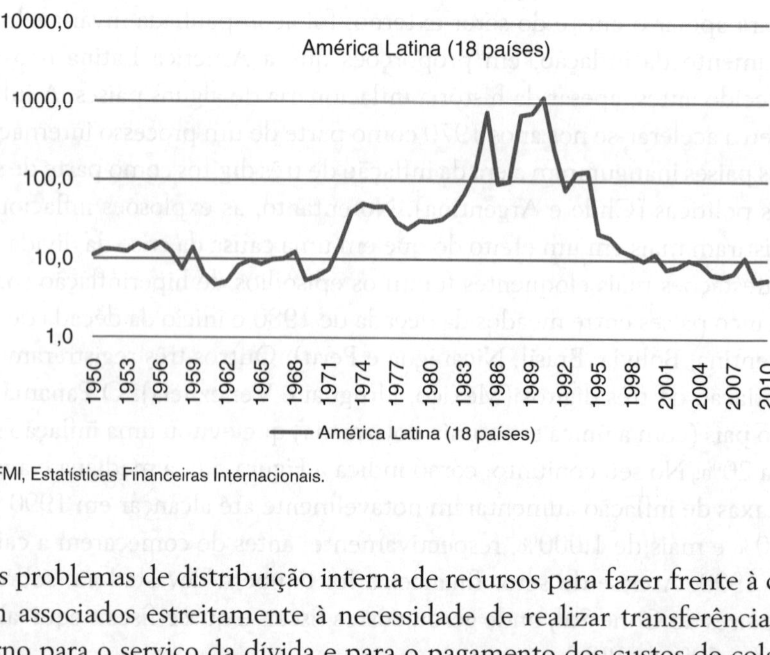

Fonte: FMI, Estatísticas Financeiras Internacionais.

Os problemas de distribuição interna de recursos para fazer frente à crise foram associados estreitamente à necessidade de realizar transferências ao governo para o serviço da dívida e para o pagamento dos custos do colapso dos sistemas financeiros nacionais. Essa transferência pôde ser realizada de maneira mais simples nos países em que o Estado tinha acesso direto às receitas das exportações (basicamente via empresas estatais que exportavam petróleo e minerais) e, portanto, onde os governos beneficiaram-se diretamente da desvalorização. Em outros países, houve um severo "problema de transferência interna" particularmente difícil de administrar – como transferir recursos fiscais ao Estado para o serviço da dívida pública, que se elevou em moeda nacional com as desvalorizações (CEPAL, 1996; Altimir e Devlin, 1993).

O ajuste também implicou uma grande redução do investimento (seis pontos percentuais entre as décadas de 1970 e 1980, conforme a Tabela 5.1) em que pese a aumento da poupança interna. Neste último caso, o problema da transferência interna exigia reduzir a renda real dos assalariados (os setores sociais com maior propensão a consumir) ou, o que era mais comum, obrigá-los a realizar uma poupança forçada devido à inflação. Em um contexto de conflito distributivo crescente, o resultado foi a mencionada explosão inflacionária, assim como os elevados custos sociais do ajuste. Por sua vez, a taxa de investimento seria necessário um quarto de século (até a expansão de 2003-2008) para alcançar novamente os níveis de antes de meados da década de 1970, mas ainda não retornou aos níveis da segunda metade daquela década (Tabela 5.1). Existe, além disso, consenso ao corte forçado de investimentos governamentais em infraestrutura como parte dos programas de ajuste que afetou negativamente o crescimento de longo prazo (Easterly e Servén, 2003).[8]

As ideias e as práticas das reformas de mercado

Uma diferença essencial entre novos e antigos paradigmas foi a relação entre as ideias e a prática. Como vimos no capítulo anterior, no caso da industrialização dirigida pelo Estado, a teoria desenvolvida pela CEPAL surgiu em uma etapa avançada do processo, para dar apoio analítico e racionalizar uma prática que já vinha sendo adotada por duas décadas e, em alguns casos, ainda mais tempo. No novo paradigma, ao contrário, as ideias chegaram primeiro como uma ofensiva intelectual e mesmo abertamente ideológica, que embora tivesse precedentes só ganhou proeminência nos anos 1970. O caso precursor e mais paradigmático foi, obviamente, a ofensiva da Escola de Chicago no Chile durante os anos 1950, cujos resultados se materializariam sob o regime de Pinochet, dando uma marca registrada a um regime que inicialmente não tinha modelo econômico próprio (Valdes, 1995). Alguns textos de difusão, entre os quais se destaca o de Balassa *et al.* (1986), tiveram um papel importante na difusão dessas ideias no plano regional.

[8] Sobre as várias dimensões da transferência interna, incluindo a mencionada transferência fiscal, ver Frenkel e Rozenwurcel (1990).

A partir dos anos 1980, houve também explícito apoio institucional a essas novas políticas no plano internacional por parte do Banco Mundial, que desempenhou um papel central pressionando em favor de "reformas estruturais", bem como do Fundo Monetário Internacional, em aspectos mais específicos do ajuste macroeconômico. Houve também efeitos de demonstração originados no mundo industrializado, sobretudo das correntes ideológicas e políticas em que se baseou a ascensão ao poder de Thatcher e Reagan.

O impacto desses fatores externos também contrasta com a mudança na orientação do paradigma da industrialização dirigida pelo Estado que, embora influenciada por correntes externas do pensamento e práticas de políticas do mundo industrializado, foi claramente um processo endógeno. Assim, enquanto o documento que melhor refletiu a visão do período anterior foi o "manifesto latino-americano" da CEPAL, o que definiu com mais clareza o novo paradigma foi o decálogo do "consenso de Washington" formulado por John Williamson (1990), que sintetizou (mais do que suas próprias ideias) a agenda de reformas que as instituições financeiras internacionais consideravam que os países latino-americanos deveriam adotar. O conceito de "consenso de Washington" logo tornou-se virtualmente um sinônimo de reformas de mercado. O eixo tinha se deslocado definitivamente para o pensamento econômico elaborado nas economias industrializadas e, especialmente, dos Estados Unidos.

O mapa regional demonstra, de qualquer forma, a diversidade das respostas nacionais, ainda durante os anos mais ativos das reformas. Stallings e Pérez (2000), que analisaram com detalhe a experiência de oito países da região (nove se a Jamaica for incluída), distinguem entre reformadores "agressivos" (Argentina, Bolívia, Chile e Peru) e "cautelosos" (Brasil, Costa Rica, Colômbia e México). O primeiro grupo caracterizou-se por ter realizado amplas reformas em um curto espaço de tempo e o segundo realizou tais reformas ao longo de vários anos e em um ritmo desigual em distintas áreas. De acordo com a classificação, talvez a maioria dos países da América Latina deva ser catalogada no segundo grupo. De fato, em muitos casos o conceito de "neoliberal" utilizado por vários autores não é sempre o mais apropriado para descrever as reformas, dado que elas tiveram graus de intervenção estatal que são opostas às ideias do pensamento econômico mais ortodoxo. Por isso preferimos usar aqui o termo mais genérico "reformas de mercado".[9]

[9] O termo "liberal", além do mais, é utilizado em sentidos muito diferentes em distintos países. No léxico anglo-saxão, por exemplo, o termo é mais o sinônimo de intervenção do Estado, e é nesse sentido que tem sido utilizado por algumas correntes liberais na América Latina. Por isso, alguns preferem usar o termo "neoconservador" para referirem-se às reformas.

Além do mais, essa diversidade indica que o processo de transformação não pode ser entendido simplesmente como uma imposição externa: foi realmente o produto de decisões nacionais que, além disso (diferentemente dos primeiros experimentos do Cone Sul, esses sim mais claramente neoliberais), foram adotadas por regimes políticos democráticos. De fato, e talvez pela primeira vez na história latino-americana, pelo menos como fenômeno regional, o liberalismo econômico associou-se ao liberalismo político.

As reformas de mercado, orientadas para liberalizar os mercados e reduzir o alcance do setor público da economia, coincidiram com as políticas de estabilização macroeconômica adotadas para corrigir os déficits externos e fiscais, e para controlar a explosão inflacionária que a crise da dívida havia gerado. Essa coincidência trouxe uma grande confusão na análise dos processos de reformas. Os reformadores mais agressivos introduziram as medidas mais importantes de liberalização com os planos de estabilização macroeconômica (Chile em meados dos anos 1970, Bolívia em meados dos 1980 e Argentina e Peru no começo dos anos 1990), mas esse padrão estava muito longe de ser geral. É necessário distinguir esses dois tipos de políticas uma vez que não há uma relação unívoca entre elas; é possível, em outras palavras, alcançar a estabilidade macroeconômica com graus limitados de liberalização, enquanto as economias liberalizadas podem conviver com grandes desequilíbrios macroeconômicos.

A cronologia e a diversidade dos processos de reforma podem ser visualizadas com os índices de reformas estruturais elaborados por Morley *et al.* (1999). Esse estudo sugere que houve duas fases de reformas. A primeira teve lugar nos anos 1970, foi gradual, muito desigual em distintos países e perdeu terreno na primeira fase da crise da dívida. A segunda fase, que também tem sido medida por Lora (2001), foi, pelo contrário, acelerada e muito mais generalizada, razão pela qual a dispersão dos níveis de liberalização econômica na região reduziu-se, especialmente na primeira metade da década de 1990. Ambos os estudos mostram, além disso, que as reformas mais amplas e generalizadas aconteceram nas esferas comercial e financeira. Por outro lado, como será discutido mais tarde, houve menos uniformidade em termos de privatizações e reformas do mercado de trabalho muito mais limitadas.

A natureza das mudanças foi, além do mais, bastante diversa nas duas fases das reformas, o que pode ser ilustrado com as reformas do comércio externo, área em que houve atividade expressiva em ambas as fases. Durante a primeira, e com a notável exceção do Chile, o objetivo foi em grande parte racionalizar o complicado regime de proteção tarifária e não tarifária herdado da etapa de industrialização dirigida pelo Estado. Já a segunda fase passou por uma redução rápida e radical do nível e dispersão das tarifas e a virtual eliminação dos controles quantitativos das importações. Nos países que possuíam um sistema de elevados subsídios às exportações, o processo incluiu também a sua redução. Além disso, em uma guinada irônica da história, durante a segunda fase das reformas a abertura comercial foi rápida (no espaço de um a três anos nos diferentes países), levando a abertura comercial chilena dos anos 1970, que na época foi considerada extremamente acelerada, a ser considerada "gradual" para os padrões latino-americanos posteriores.

As diferenças entre um e outro período refletem também visões conflitantes. No primeiro período, prevaleceu uma visão moderada e gradualista do processo de abertura comercial, de acordo com a qual era conveniente estimular inicialmente o dinamismo exportador, a fim de evitar os efeitos recessivos e adversos sobre o balanço de pagamentos da abertura das importações, e para que o sistema produtivo tivesse tempo suficiente para adaptar-se às novas políticas. Durante o segundo período, por outro lado, acabou predominando a visão de que o ritmo do processo era garantia de que não seria posteriormente revertido. O gradualismo ficou assim reduzido a alguns setores específicos, em especial a certos setores agropecuários sensíveis e à indústria automobilística, neste último caso no marco dos processos de integração sul-americanos.

Tanto em termos de disciplina macroeconômica quanto de liberalização dos mercados, as propostas de reforma variaram ao longo do tempo. No terreno macroeconômico, a ideia que se popularizou nos anos 1970 e especialmente na década de 1980 foi a de garantir os preços corretos (*get the prices right*). A expressão se referia, em particular, a fixar a taxa de câmbio em um nível de equilíbrio e deixar que as taxas de juros refletissem as forças de mercado. A expressão também foi aplicada para referir-se à necessidade de não discriminar contra os produtos agrícolas na regulação dos preços por parte do Estado e fixar tarifas públicas que compensassem seus custos, para evitar perdas às empresas públicas que em geral ofereciam tais serviços. Mais tarde, a ênfase deslocou-se para a manutenção de baixos níveis de inflação sob o comando de autoridades monetárias autônomas. Em muitos planos anti-inflacionários, contudo, o objetivo de reduzir o crescimento dos preços foi alcançado usando a taxa de câmbio como "âncora" dos preços, seja administrando ou abertamente congelando a taxa de câmbio, com o que se provocava uma evidente sobrevalorização das moedas nacionais, em clara contradição com o objetivo de garantir os "preços corretos" e, portanto, de corrigir o "viés antiexportador" e o "viés antiagricultura" das taxas de câmbio sobrevalorizadas.

A baixa inflação exigia também a necessidade de manter as finanças públicas sadias, tarefa que se revelou mais difícil de realizar. Na década de 1980 esse objetivo foi entendido como a necessidade de reduzir o gasto público e, portanto, de reordenar as prioridades governamentais. Os ajustes fiscais foram, com efeito, enormes: o gasto público dos governos nacionais caiu em média pouco mais de cinco pontos percentuais do PIB ao longo da década, ou pouco mais do que a quarta parte do gasto do governo (Figura 5.7). A tarefa de sanear as finanças públicas também foi associada à de melhorar a

FIGURA 5.7. Finanças públicas

A. Receitas e despesas do governo central (% do PIB, médias simples)

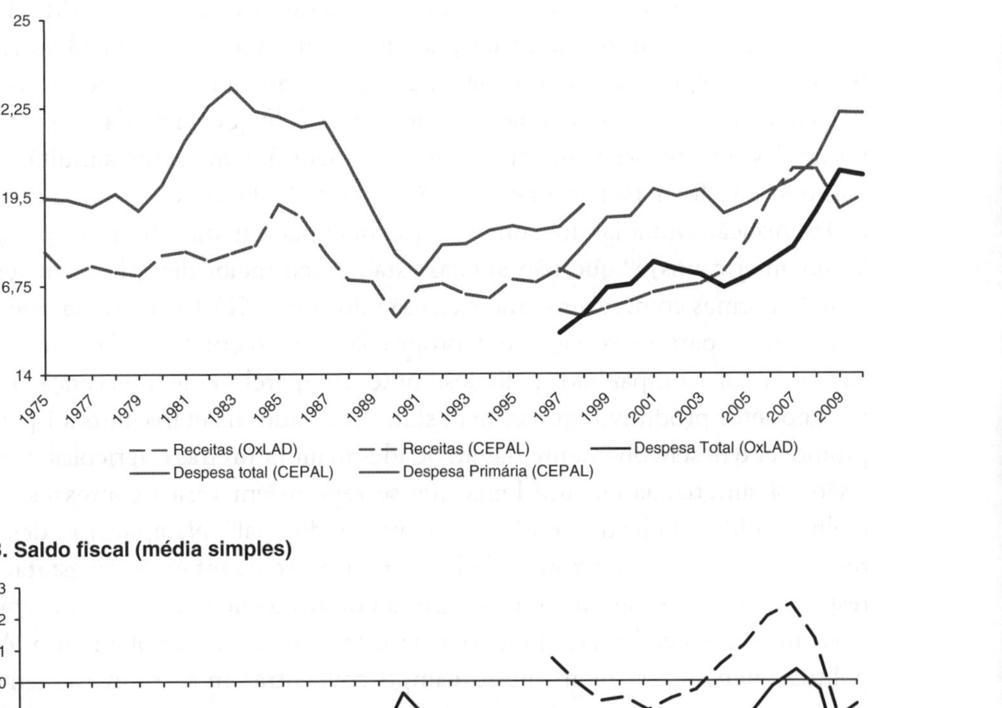

B. Saldo fiscal (média simples)

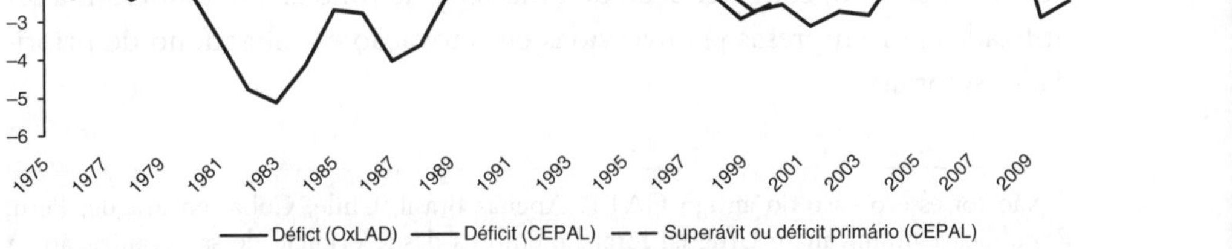

Fonte: OxLAD e CEPAL. Os dados de OxLAD excluem Bolívia e Cuba; os dados do Brasil referem-se a despesas primárias. Os dados da CEPAL excluem Cuba, El Salvador, Guatemala, Paraguai e Panamá.

estrutura tributária, o que, na prática, foi interpretado durante muito tempo como aumentar os impostos sobre o valor adicionado e reduzir a tributação direta. A partir do final dos anos 1990, essa visão refletiu-se também na formulação de metas fiscais explícitas de vários tipos (superávit primário ou equilíbrio orçamentário, mas também restrições ao aumento do gasto público), como parte de um conjunto mais amplo de regras de responsabilidade fiscal, que abarcavam as autoridades fiscais regionais e locais em sistemas federais ou descentralizados.

Como notado anteriormente, desde cedo a agenda de reformas incluiu a liberalização comercial e a consequente integração à economia mundial com base nas vantagens comparativas, bem como a abertura ao investimento estrangeiro direto, com algumas poucas exceções (a mais importante sendo a indústria petrolífera do México). O objetivo de fixar tarifas reduzidas foi alcançado, assim, em muito maior grau do que na etapa do desenvolvimento primário-exportador. Foi iniciada, além do mais, uma onda de acordos de livre comércio sob a liderança do México e Chile que na verdade se afastavam das concepções mais ortodoxas (ver adiante). Um evento simultâneo e importante foi a assinatura em 1993 do Tratado de Marrakesh que criou a Organização Mundial do Comércio (da qual participaram todos os países latino-americanos),[10] que não apenas estabeleceu maior disciplina em termos de normas comerciais como extensão do antigo GATT, como também criou regras para os serviços e a propriedade intelectual. A liberalização comercial foi acompanhada pelo desmonte dos aparelhos de intervenção estatal no setor produtivo, que tinham sido concebidos na etapa anterior para promover o desenvolvimento das atividades manufatureiras e agrícolas. Essa visão foi sintetizada em um lema que se repetiu em vários contextos: "a melhor política industrial é não ter política industrial". Na aplicação desse preceito, entretanto, deixou-se de lado um aspecto da intervenção estatal a respeito do qual existe maior consenso: a política tecnológica. Essa foi uma área em que pouco havia sido feito na fase anterior do desenvolvimento. As políticas que se realizaram nesse campo concentraram-se primariamente no desenho de esquemas de apoio à demanda de recursos para pesquisa e desenvolvimento, com a criação de uma série de fundos que tenderam a ser utilizados por empresas já envolvidas em inovação e o abandono de prioridades setoriais.

[10] Não foi esse o caso do antigo GATT. Apenas Brasil, Chile, Cuba, Nicarágua, Peru, República Dominicana e Uruguai foram membros desde o início dessa organização. A Argentina integrou-se em 1967, Colômbia em 1981 e México em 1986. Os outros países entraram somente pouco antes da criação da OMC ou quando o novo acordo foi assinado.

A abertura comercial promoveu a eliminação da maior parte dos controles cambiais e a liberalização dos mercados financeiros domésticos. Nesse último caso, as mudanças incluíram a flexibilização das taxas de juros, a eliminação da maioria das formas de crédito dirigido estabelecidas durante o período anterior e a redução e simplificação das reservas impostas aos bancos. A privatização de um amplo conjunto de empresas públicas foi o terceiro elemento desta agenda de reformas estruturais, bem como a abertura dos setores de serviços públicos ao investimento privado, embora nesse caso o processo fosse mais gradual e incompleto, dado que vários países preservaram empresas estatais em vários setores (ver adiante). A desregulamentação mais geral das atividades privadas (que incluiu, por exemplo, a eliminação de controles de preços, a simplificação de trâmites e a redução de barreiras à entrada) figurou também na agenda, apesar de se ter reconhecido a necessidade regular os serviços públicos privatizados, corrigir as práticas monopolistas em todos os setores e fortalecer a regulação e supervisão financeira (referida como regulação e supervisão prudencial) para evitar a acumulação de riscos excessivos que pudessem ameaçar poupadores e a própria estabilidade dos sistemas financeiros nacionais (estabilidade sistêmica). A nova agenda regulatória foi implementada, no entanto, de forma lenta e irregular, e, no caso da regulação e supervisão financeira, somente após a ocorrência de grandes crises financeiras nacionais.

Os temas sociais não figuraram de forma proeminente na agenda inicial de reformas de mercado. A única referência aos gastos em educação e saúde no decálogo original de Williamson, por exemplo, foi como prioridades gerais de gasto público. Nas propostas de reforma do setor social defendidas pelo Banco Mundial desde os anos 1980 figuravam, no entanto, três ideias que tiveram ampla difusão: descentralização, ênfase do gasto público social nos mais pobres e abertura de espaço para a participação dos agentes privados na oferta de serviços sociais.[11] O primeiro objetivo era parte de uma agenda de reformas políticas e, por isso, dificilmente poderia ser considerado como parte das reformas de mercado. No plano do desenvolvimento social houve, de qualquer modo, um reconhecimento do papel essencial do Estado e inclusive um chamado à prioridade de sua ação nessa área. Um tema que vinculava tal agenda com a de equilíbrio fiscal era o regime de pensões. Nesse assunto, a introdução de um sistema de poupança individual no Chile no começo da década de 1980, com vistas a substituir o antigo regime previdenciário de repartição, difundiu-se na região e até além (especialmente em

[11] Para um balanço das principias ideias sobre política social, comparando com as visões da fase anterior, ver Filgueira *et al.* (2006).

alguns países da Europa Central e Oriental), mas não todos os reformadores seguiram essa tendência.

A onda de reformas coincidiu também com a reemergência de linhas alternativas de pensamento, que influenciaram as modalidades adotadas pelas reformas. A esse respeito, o documento da CEPAL sobre "*Transformação Productiva com Equidad*" (CEPAL, 1990) foi um marco, ao qual se juntaram muitas contribuições adicionais nos anos seguintes (Rodríguez, 2006). Fora da CEPAL, a renovação do pensamento heterodoxo veio a denominar-se "neoestruturalismo" (ver, por exemplo, a coletânea de Sunkel 1991). As novas propostas giraram em torno de quatro temas principais: a) a conveniência de manter políticas macroeconômicas mais ativas, de caráter anticíclico, para evitar sobretudo os desequilíbrios criados na fase de auge dos ciclos de financiamento externo, bem como ampliar o espaço para as políticas anticíclicas durante a fase descendente; b) a conveniência de combinar a abertura externa com o regionalismo aberto; c) políticas produtivas e tecnológicas ativas, desenhadas agora para economias abertas e que promovessem a inovação e a competitividade sistêmica; e d) posicionar a equidade no centro do desenvolvimento (ver especialmente Ffrench-Davis, 2005 e Ocampo, 2004a). Com o tempo, vários desses objetivos viriam a ocupar um lugar destacado na agenda das instituições que promoveram as reformas, em particular o Banco Mundial. Tal foi o caso do papel das políticas sociais e das políticas tecnológicas, bem como, depois da crise financeira internacional de 2007-2008, o papel das políticas macroeconômicas anticíclicas, que o Fundo Monetário Internacional também acolheu como princípio. O Chile foi o único país latino-americano que adotou uma regra fiscal claramente anticíclica antes daquela crise, em 2001.

A diversidade e influência de algumas visões alternativas ficaram evidentes tanto em termos da gestão macroeconômica como na abrangência e ritmo de algumas reformas estruturais. Na área macroeconômica, as principias inovações foram os experimentos de ajuste anti-inflacionário de corte heterodoxo na Argentina, no Brasil e México ao final dos anos 1980 (dos quais apenas o último foi bem-sucedido no longo prazo), assim como as exigências de depósitos sobre as entradas de capital introduzidos pelo Chile em 1991 e Colômbia em 1993. Em vários países houve, além disso, uma rejeição inicial às formas mais radicais de liberalização econômica. Em alguns deles surgiu uma aberta oposição política à privatização de empresas públicas (Costa Rica e Uruguai), e em outros o processo avançou mantendo várias dessas empresas na órbita pública, particularmente nos setores de utilidade pública, produção petrolífera, mineração e inclusive, no caso mexicano, conservando como norma constitucional a nacionalização do setor petrolífero. Também no setor financeiro sobreviveram muitos bancos de desenvolvimento e bancos estatais de varejo. De fato, apenas três países foram realmente radicais em matéria de privatizações (Argentina, Bolívia e Peru). É paradigmático que inclusive o campeão pioneiro das reformas, o Chile, tenha preservado suas empresas públicas na produção de cobre e petróleo (essa última atuando em grande medida na exploração de petróleo em outros países), além de seu banco de desenvolvimento e um banco estatal de varejo. De fato, somente três países adotaram uma abordagem realmente radical da privatização: Argentina, Bolívia e Peru. É paradigmático que mesmo o campeão das primeiras reformas – o Chile – manteve suas empresas estatais de cobre e petróleo, assim como seu banco de desenvolvimento e um banco de varejo. Como resultado dessas tendências, a despeito da privatização de muitas empresas, a participação das empresas públicas no PIB não agropecuário praticamente não se reduziu na região até a década de 1990; a participação do setor público no setor financeiro de fato reduziu-se, mas se manteve em níveis elevados em vários países (ver a Tabela 4.10, no Capítulo 4).

Muitas das reformas estruturais da década de 1980 foram na verdade mais o efeito colateral de políticas de curto prazo, com o fim de lidar com a crise, do que uma clara estratégia de longo prazo. Assim, a crise macroeconômica serviu como alavanca para superar a oposição política às reformas estruturais.

Além disso, houve elementos relativamente comuns na região que, de certo modo, eram contrários às visões mais neoliberais. Os casos mais destacados foram o gasto público social e as reformas do mercado de trabalho. No primeiro caso, o gasto social teve um comportamento mais favorável do que o do gasto público total durante a década perdida (embora com diferenças consideráveis entre os países) e, a partir da década de 1990, um aumento nos gastos sociais condicionou o gasto público total na mesma direção. Para manter o déficit fiscal em níveis moderados, essa expansão do gasto foi acompanhada por um aumento nos níveis de tributação (Figura 5.7). No segundo caso, a desregulamentação dos mercados de trabalho foi limitada durante a fase mais ativa das reformas, embora vários países reintroduzissem uma regulação mais estrita do mercado de trabalho no começo do século XXI (Murillo *et al.*, 2011). Ambos os movimentos foram um importante reflexo da coincidência das reformas econômicas com o ressurgimento da democracia na região.

Outro elemento claramente político foi o apoio à integração econômica regional, que estava em contraste direto com as visões ortodoxas que defendiam a abertura comercial unilateral. Os momentos marcantes desse processo foram a criação do MERCOSUL em 1991 e a revitalização simultânea da Comunidade Andina e do Mercado Comum Centro-Americano, que haviam sofrido um virtual colapso no início dos anos 1980. A abertura comercial seguiu, nesse sentido, o caminho do "regionalismo aberto", de acordo com o termo cunhado pela CEPAL (1994). México e Chile, as duas economias que estavam fora dos acordos formais de integração, lideraram a celebração de acordos de livre comércio com países da região, mas promoveram uma neo-ortodoxia em matéria de liberalização comercial, assinando também tratados de livre comércio com países industrializados, um processo que nas visões ortodoxas tradicionais geraria distorções no comércio.

A assinatura de acordos comerciais desse tipo iniciou-se com o Tratado de Livre Comércio da América do Norte em 1993 (TLCAN ou NAFTA, nas siglas em português e em inglês). Seu caráter peculiar foi a inclusão de muitas áreas novas nos acordos, que além de aprofundar aquelas que já eram parte da OMC (serviços e propriedade intelectual) incorporaram normas de investimento e regras sobre compras governamentais. O fracasso, nunca declarado, das negociações para criação de uma zona de livre comércio das Américas, iniciadas na Primeira Cúpula das Américas em Miami em 1994, levou a uma profunda divisão dos países entre os que terminaram negociando bilateralmente (ou, no caso da América Central e da República Dominicana, multilateralmente) acordos de livre comércio com os Estados Unidos e aqueles que se negaram a fazê-lo (os membros do MERCOSUL e alguns países andinos). A divisão acabou por desencadear uma profunda crise na Comunidade Andina em meados da primeira década do século XXI. As negociações com a União Europeia desenrolaram-se por sua vez de forma lenta (somente México e Chile conseguiram concluí-las) e, mais recentemente, foram celebrados acordos com alguns países asiáticos.

A diversidade ampliou-se ainda mais no começo do século XXI, em grande medida como reflexo da vitória de movimentos políticos de esquerda que se consideravam aberta ou moderadamente contrária às reformas de mercado. A "meia década perdida" associada com a crise do Leste Asiático em 1997 foi o ponto de inflexão. A partir de então, não apenas a América Latina mas o mundo inteiro, incluindo as próprias agências financeiras internacionais, adotaram um maior pragmatismo e introduziram novos temas na agenda, especialmente os relativos à equidade e ao desenvolvimento institucional. O tom messiânico com que as reformas foram anunciadas (Balassa *et al.*, 1986; Edwards, 1995) e as suas primeiras avaliações excessivamente positivas, que coincidiram curiosamente com o momento em que se iniciava a meia década perdida (Banco Mundial, 1997; BID, 1997), foram sucedidas por um espírito mais crítico e por visões muito mais matizadas.[12] No entanto, muito poucas medidas de liberalização adotadas sob a égide do Consenso de Washington foram revertidas, mesmo em países que retornaram a esquemas mais dirigistas da gestão econômica durante a presente década.

Na verdade, há grande heterogeneidade nos governos de esquerda que chegaram ao poder durante a primeira metade do século XXI (e o governo da Venezuela, que assume em 1998).[13] Alguns combinam uma abordagem relativamente ortodoxa com políticas sociais e, especialmente, voltadas ao trabalho mais ativas, no caso dessas últimas com grandes aumentos do salário mínimo, apoio ao sindicalismo e inclusive o retorno a negociações salariais tripartites (Argentina, Brasil e Uruguai). Outros governos de esquerda têm sido mais estatizantes (seja em termos de controle da propriedade privada ou de estrita regulação e tributação), sobretudo nos setores de hidrocarbonetos (Bolívia, Equador e Venezuela). Seja como for, mesmo no caso do país que tem adotado a orientação mais agressiva na expansão do papel do Estado (Venezuela), as nacionalizações têm sido mais lentas e limitadas (só começando em 2009, além das nacionalizações mais estratégicas realizadas em 2007) do que as dos modelos socialistas (e mesmo desenvolvimentistas) do passado. Bolívia e Venezuela introduziram também programas de reforma agrária. Venezuela e, em menor medida, Argentina são os únicos que divergem em um grau significativo da ortodoxia macroeconômica.

Em geral, os movimentos de esquerda (exceto, parcialmente, os do Equador e Venezuela) não têm revertido seus programas de liberalização comercial, e no Brasil têm sido adotadas complementarmente políticas industriais ativas. A área em que a esquerda tem se mostrado mais claramente em acordo é em sua enfática rejeição dos tratados de livre comércio e seu apoio à integração regional. Há brechas, porém, nesse consenso, como ilustrado pelos conflitos do comércio bilateral entre Argentina e Brasil e pela decisão da Venezuela de retirar-se da Comunidade Andina e promover várias iniciativas de cooperação (muitas delas bilaterais) dentro da estrutura da Alternativa Bolivariana para os Povos de Nossa América (ALBA).

---

[12] Ver, em particular, Kuczynski e Williamson (2003) e Banco Mundial (2006), bem como a revisão do debate sobre o Consenso de Washington de Birdsall, de la Torre e Valencia Caicedo (2011).

[13] Para diferentes abordagens sobre esse tópico, ver especialmente Levitsky e Roberts (2011) e Tussie (2009). Como observado por Levitsky e Roberts, em termos políticos tem havido uma evidente divisão entre países que aceitam a forma em que operam as democracias liberais (Argentina, Brasil e Uruguai) e aqueles que buscam reformular suas instituições políticas, que são na maioria governos em que há maior concentração do poder (Venezuela e, em menor grau, Bolívia e Equador).

Uma análise do processo de reformas indica que o esforço de abertura externa tem sido talvez o aspecto mais amplamente adotado e persistente. Essa é também a área em que o processo de reformas mais claramente se cruza com as mudanças associadas à segunda globalização. Por esse motivo, o tema merece ser examinado com mais atenção.

A crescente integração à economia mundial

A abertura externa provocou mudanças substanciais na inserção externa das economias latino-americanas. Como resultado disso, os níveis de abertura são hoje muito mais elevados do que no passado, as estruturas de exportação de bens e serviços foram alteradas (embora continuem existindo padrões diferentes em distintos países e sub-regiões) e as indústrias de transformação e setores agropecuários afetados pela abertura passaram por um forte processo de reestruturação, que em vários casos têm levado ao desaparecimento de empresas e ramos produtivos. Os mercados intrarregionais aumentaram seu peso relativo, embora sujeitos a acentuadas flutuações cíclicas. As empresas multinacionais têm, além disso, uma presença muito maior do que no passado, e as empresas latino-americanas de maior sucesso tornaram-se regionais, com algumas delas passando a participar das ligas mundiais (as chamadas "translatinas").

Em termos agregados, o resultado mais importante dos processos de liberalização comercial foi o aumento dos coeficientes de abertura externa, que começam a crescer a partir de meados dos anos 1960 e apresentam uma tendência mais acentuada de elevação a partir de meados dos 1970. Os cálculos reproduzidos na Figura 5.8 excluem a Venezuela, cujas exportações têm desde os anos 1970 dependentes dos acordos do petróleo patrocinados pela OPEP. O aumento do coeficiente de exportações só foi interrompido com a grande recessão mundial de 2008-2009, mas as importações têm exibido um comportamento cíclico pronunciado, com grandes aumentos durante os períodos de auge e redução ou estagnação nas três grandes crises do período: a década perdida dos anos 1980, a meia década perdida do final do século XX e começo do XXI (período a que também nos referimos como crise do fim do século) e a recente grande recessão. No capítulo anterior, a Figura 4.2 mostra que o grau de abertura das exportações alcançado na virada do século foi comparável ao dos anos 1928-1929 e tem superado consistentemente tal nível durante a primeira década do século XXI. Desta forma, as economias da América Latina podem ser descritas hoje como mais abertas ao comércio do que em qualquer outra época de sua história.

Esse padrão pode ser constatado na maior parte da região (Tabela 5.1). As exceções mais importantes são Venezuela entre os países maiores (no caso do coeficiente de exportações, embora não para no de importações), e três países pequenos (Honduras, Panamá e República Dominicana), que já possuíam elevados coeficientes de abertura em meados dos anos 1970. O crescimento do coeficiente de abertura foi, no entanto, desigual, com Chile e México, entre os países de maior tamanho, e Costa Rica, Honduras e Paraguai, entre os menores, exibindo os maiores aumentos no indicador.

FIGURA 5.8. Coeficientes de abertura externa (% do PIB em dólares de 2000)

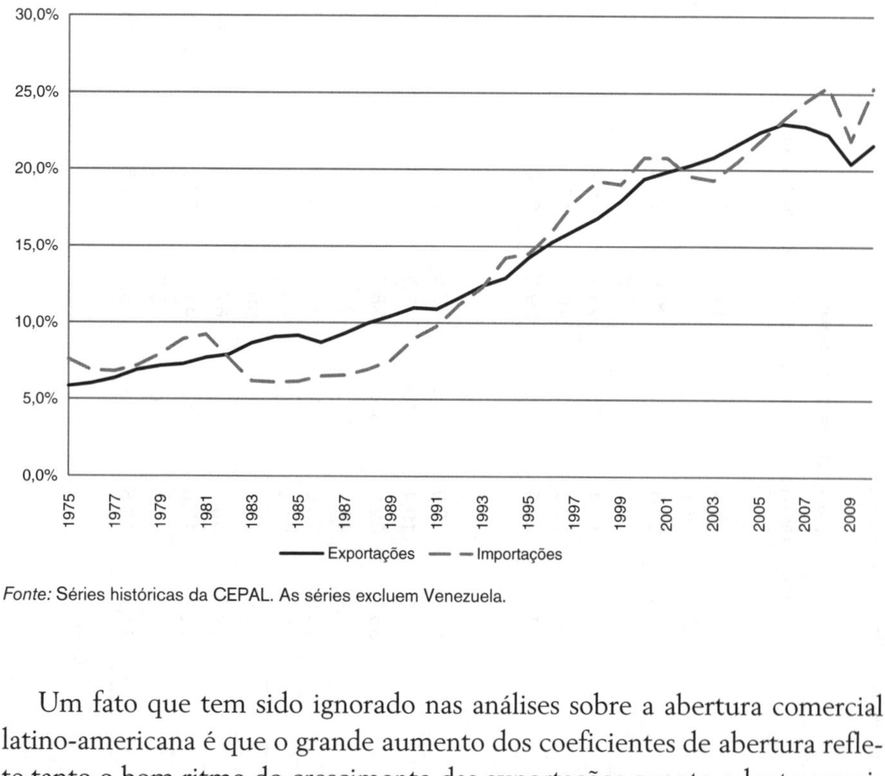

Fonte: Séries históricas da CEPAL. As séries excluem Venezuela.

Um fato que tem sido ignorado nas análises sobre a abertura comercial latino-americana é que o grande aumento dos coeficientes de abertura reflete tanto o bom ritmo do crescimento das exportações quanto o lento crescimento econômico posterior a 1980, um tema que será discutido com maior profundidade na seção seguinte. De fato, como foi assinalado no capítulo anterior, o crescimento das exportações havia se acelerado desde meados da década de 1960 e mesmo antes em várias das economias menores, quando o modelo básico de desenvolvimento para dentro foi substituído por um "modelo misto" que combinava substituição de importações com promoção de exportações e integração regional. Tal aceleração é percebida em termos agregados na Tabela 5.3, que mostra que a taxa real de crescimento das

TABELA 5.2. Abertura comercial (% do PIB a dólares de 2000)

	COEFICIENTE DE EXPORTAÇÃO					COEFICIENTE DE IMPORTAÇÃO				
	1975-1980	1981-1990	1991-1997	1998-1902	2003-2008	1975-1980	1981-1990	1991-1997	1998-1902	2003-2008
Países grandes e médios										
Argentina	4,5	6,0	8,0	11,5	14,2	3,9	3,8	9,1	10,4	10,6
Brasil	4,1	6,1	7,7	10,0	14,5	6,3	4,3	8,1	11,1	12,5
Chile	17,5	23,3	26,4	30,9	35,5	18,4	17,7	23,9	28,7	38,3
Colômbia	8,8	9,5	14,3	16,8	17,0	9,1	10,0	14,2	16,3	20,3
México	6,1	10,4	17,1	26,7	28,9	6,2	7,4	16,1	27,7	31,4
Peru	10,2	10,0	11,8	16,0	19,7	10,4	10,1	16,5	18,8	20,6
Venezuela	19,2	20,0	24,6	29,2	23,0	18,5	13,3	13,4	17,5	20,7
Países pequenos										
Bolívia	11,1	9,9	14,9	17,5	24,9	21,6	18,8	23,3	25,5	33,0
Costa Rica	16,6	19,4	31,4	46,5	51,8	24,9	20,1	35,6	47,3	52,3
Equador	35,7	32,5	35,1	38,7	46,1	30,1	22,0	28,8	37,1	49,8
El Salvador	14,4	14,4	17,0	26,4	29,9	16,2	17,2	25,9	40,5	49,5
Guatemala	13,3	13,0	18,7	25,7	30,6	22,8	17,4	24,6	38,5	47,2
Honduras	27,1	31,4	28,9	50,6	65,0	30,7	29,3	35,4	61,0	78,4
Nicarágua	37,5	22,6	19,5	30,1	45,0	23,2	27,3	35,4	54,7	63,8
Panamá	39,9	58,0	77,4	67,6	67,4	44,5	57,5	81,4	71,9	65,3
Paraguai	11,6	17,6	46,2	41,2	52,2	16,9	22,4	53,6	46,1	52,8
República Dominicana	15,6	16,6	30,7	35,9	33,5	19,1	16,2	33,1	44,0	35,3
Uruguai	11,2	12,5	15,6	16,9	21,5	16,6	19,4	31,4	46,5	51,8

Fonte: estimativas baseadas nas séries históricas da CEPAL.

exportações de bens e serviços da região foi de 8,6% em 1974-1980, excluindo a Venezuela. O crescimento de 1974-1980 é viesado pelo grande aumento das exportações de petróleo mexicanas, mas ainda assim a taxa anual de crescimento das exportações da região (excluindo Venezuela) foi maior do que 6% desde os anos 1960, declinando de forma acentuada somente durante a década perdida.

As taxas de crescimento das exportações de 1990-1997 e 2003-2008 foram, em todo caso, superiores às alcançadas antes da década perdida. No entanto, o crescimento das exportações sofreu uma desaceleração durante a crise no final do século que refletiu, como se verá a seguir, o comportamento do comércio intrarregional. Isso indica que a redução do viés antiexportador do regime de proteção teve um efeito apenas marginalmente superior sobre as exportações do que a maior "neutralidade de incentivos" adotada pelo modelo misto, sendo claramente inferior em termos de estímulo a um crescimento econômico dinâmico. Tal fato reforça, portanto, a observação feita antes, de que o grande aumento dos coeficientes de abertura na região até o início do século XXI foi o reflexo tanto – se não mais – do baixo crescimento econômico quanto da expansão das exportações.

A expansão das exportações foi acompanhada por uma mudança notável na sua estrutura, como parte de um processo generalizado no mundo em desenvolvimento.[14] As razões subjacentes a essa mudança em escala global incluem: a contínua acumulação de capacidades produtivas e tecnológicas, especialmente no Leste Asiático; a fragmentação das cadeias produtivas (ou cadeias de valor) que permite distribuir a produção de um mesmo bem entre distintas localidades, inclusive a sua montagem final; o grande incentivo gerado nesse contexto pela existência de elevados diferenciais de salários, que tornam rentável deslocar as fases do processo produtivo mais intensivas em mão de obra de média e baixa qualificação para os países em desenvolvimento; e o crescimento do comércio de serviços, facilitado em alguns casos pela revolução das tecnologias de informação e das comunicações. As empresas multinacionais têm sido um dos agentes mais importantes em tal processo, tanto pelo seu controle das cadeias de valor como pela sua ativa participação na internacionalização dos serviços, o que também se relaciona com sua presença comercial em outros países.

Em termos gerais, os produtos primários e as manufaturas baseadas no processamento de recursos naturais tenderam a perder participação nas exportações dos países em desenvolvimento, ao mesmo tempo em que aumentou a participação das manufaturas, tanto de baixa como de média

[14] Ver Lall (2001: cap. 4); Akyüz (2003: cap. I) e Ocampo e Vos (2008: cap. III).

TABELA 5.3. Crescimento real das exportações de bens e serviços (taxa anual de crescimento em dólares de 2000)

	1960-1967	1967-1974	1974-1980	1980-1990	1990-1997	1997-2003	2003-2008	2008-2010
Médias ponderadas								
Excluindo Venezuela	4,6%	6,0%	8,6%	5,5%	9,5%	6,2%	6,5%	0,8%
Total América Latina (18 países)	4,1%	3,9%	5,5%	5,2%	9,0%	5,4%	6,2%	0,3%
Países grandes e médios (7)	3,7%	3,2%	5,6%	5,7%	9,0%	5,5%	5,9%	0,3%
Países pequenos (11)	6,7%	7,7%	5,2%	2,7%	9,4%	4,7%	7,8%	-0,2%
Médias simples								
Excluindo Venezuela	6,1%	6,1%	6,2%	3,9%	8,7%	5,6%	7,9%	0,3%
Total América Latina (18 países)	5,9%	5,7%	5,6%	3,9%	8,5%	5,1%	7,5%	-0,4%
Países grandes e médios (7)	3,8%	3,7%	7,0%	4,6%	8,1%	4,8%	6,4%	-1,4%
Países pequenos (11)	7,3%	7,0%	4,6%	3,4%	8,8%	5,3%	8,3%	0,3%

Fonte: estimativas baseadas nas séries históricas da CEPAL.

tecnologia, mas especialmente de alta tecnologia. No caso das operações de montagem, a atividade produtiva realizada possui um conteúdo tecnológico simples, mesmo que os produtos sejam de média ou alta tecnologia (p. ex., a montagem no setor automobilístico e de equipamentos de informática, respectivamente).

A fragmentação do processo produtivo envolve também uma elevada importação de partes e peças. Quando a atividade é realizada em zonas francas e com incentivos fiscais de vários tipos (incluindo sobre o imposto da renda), o processo produtivo assume muitas vezes o caráter de um verdadeiro "enclave". Esses enclaves podem ser muito sofisticados em termos dos bens que produzem – ou montam –, mas isso não deixa de caracterizá-los como tais.

Outra característica do comércio internacional nas últimas décadas foram os crescentes fluxos comerciais entre países em desenvolvimento, geralmente intrarregionais, mas também inter-regionais. Nesse último caso, na América Latina destaca-se o comércio com a China e, em menor medida, com outros países do Leste Asiático. Como veremos, esses dois tipos de comércio "Sul-Sul" (intra e inter-regional) tiveram efeitos radicalmente diferentes sobre a estrutura exportadora latino-americana. A partir de 2004, tal processo foi acompanhado, além do mais, pelo aumento dos preços das matérias-primas, ocasionado sobretudo pela expansão da economia chinesa, que teve um efeito muito mais amplo nas zonas do mundo em desenvolvimento cuja estrutura produtiva tem uma participação significativa dos recursos naturais.

A América Latina foi parte deste padrão geral de transformação das estruturas exportadoras do mundo em desenvolvimento. Como pode ser observado na Tabela 5.4, a importância dos produtos primários diminuiu e a participação dos produtos manufaturados de média e alta tecnologia cresceu entre 1990 e 1997, embora a um menor ritmo durante a crise do final do século. Entre 2003 e 2008, no entanto, a mudança operou em sentido inverso, com a maior participação dos produtos primários e manufaturas baseadas em recursos naturais, tendência que sem dúvida se deve, pelo menos em parte, aos altos preços das matérias-primas. Essa "reprimarização" da estrutura exportadora regional contrasta com a contínua diversificação das estruturas exportadoras dos países asiáticos.

Tal processo tem se manifestado de forma desigual nas distintas partes da região, dando origem a dois padrões básicos de especialização, que se reproduzem aproximadamente uma divisão regional "Norte-Sul" (CEPAL, 2001; Ocampo e Martin, 2004 e Ocampo, 2004a: cap. 1). O padrão do "norte" caracteriza-se por uma significativa diversificação de exportações de produtos manufaturados com elevado conteúdo de insumos importados (na

TABELA 5.4. Composição das exportações da América Latina, 1990-2008

	1990	1997	2003	2008
Produtos básicos	51,1%	31,8%	30,1%	38,0%
Manufaturas baseadas em recursos naturais	19,7%	17,4%	15,7%	19,1%
Agrícolas	9,2%	8,7%	8,5%	7,9%
Outras	10,5%	8,7%	7,2%	11,2%
Subtotal produtos baseados em recursos naturais	70,8%	49,1%	45,9%	57,1%
Manufaturas de baixa tecnologia	9,6%	12,5%	12,0%	7,6%
Têxteis, confecções e calçados	5,2%	6,4%	5,6%	3,0%
Outros produtos	4,4%	6,1%	6,3%	4,6%
Manufaturas de média tecnologia	15,8%	24,6%	25,4%	20,9%
Indústria automotiva	4,2%	9,2%	9,5%	7,6%
Indústrias de processamento	6,1%	5,3%	5,1%	5,7%
Indústrias de máquinas e equipamentos	5,6%	10,1%	10,7%	7,7%
Manufaturas de alta tecnologia	2,6%	10,8%	14,8%	11,4%
Eletrônica e elétrica	1,5%	9,4%	12,5%	9,4%
Outras	1,0%	1,5%	2,3%	2,0%
Subtotal produtos de média e alta tecnologia	18,4%	35,5%	40,2%	32,3%
Outras	1,2%	2,9%	2,0%	3,0%

Fonte: estimativas baseadas nos dados da ONU-COMTRADE.

sua forma extrema, a *maquila*), voltados principalmente para o mercado dos Estados Unidos. Esse padrão combina-se nas economias centro-americanas com uma exportação crescente de serviços de turismo e, em várias delas, com uma participação também expressiva de bens primários e de manufaturas baseadas em recursos naturais. O padrão do "sul" sofreu, por sua vez, menos transformações nas últimas décadas, caracterizando-se por uma combinação de exportações extrarregionais de produtos primários e manufaturas baseadas em recursos naturais (muitas delas também intensivas em capital), com um comércio intrarregional muito mais diversificado, no qual há uma presença grande de manufaturas de maior conteúdo tecnológico. O Brasil é um caso intermediário, já que possuía um padrão muito mais diversificado do que outros países da América do Sul antes da abertura,[15] que incluía algumas manufaturas e serviços de alta densidade tecnológica, mas que passou

[15] Na verdade, em 1990 as estruturas exportadoras do Brasil e do México não eram tão diferentes de acordo com essa classificação, a não ser pela maior participação das manufaturas baseadas em recursos naturais no primeiro caso e dos serviços de turismo no segundo.

por mudanças lentas a partir daquele momento. Além desses dois padrões básicos de especialização, é possível discernir um terceiro, que caracteriza o Panamá e as economias caribenhas (República Dominicana e Cuba, não incluídas na tabela), onde predominam as exportações de serviços.

A Tabela 5.5 apresenta os padrões dos países individuais, incluindo as exportações de serviços. A análise desses dados esclarece alguns aspectos importantes dos quadros gerais traçados anteriormente. Concentrando-nos primeiro na exportação de bens, a mudança mais comum tem sido a diversificação para manufaturas intensivas em recursos naturais, muito importante na metade dos países da região Sul: Chile e Peru, na América do Sul, e El Salvador e Honduras, na América Central, são os exemplos mais destacados dessa tendência. A seguir em importância vêm as manufaturas de média tecnologia, cujo conteúdo específico varia, no entanto, de país para país: México, Colômbia, Argentina e Costa Rica são os exemplos que mais chamam a atenção neste caso. Por outro lado, a diversificação para produtos de baixa tecnologia não foi frequente; em vez disso, observa-se uma perda de importância das exportações de têxteis e confecções em um amplo grupo de países. As maiores exceções são El Salvador e Guatemala, onde essas exportações adquiriram uma importância significativa. Finalmente, apenas México e Costa Rica ampliaram de maneira substancial a exportação de produtos de alta tecnologia, embora em ambos os casos com um alto conteúdo de montagem.

A Tabela 5.5 também mostra a heterogeneidade tanto da região da América do Sul quanto da América Central. Na primeira região, Argentina, Colômbia e Uruguai têm, depois do Brasil, a estrutura exportadora mais diversificada, enquanto os outros países aproximam-se à tipologia mais pura do modelo "Sul". Em quatro deles as exportações de produtos primários continuam representando mais da metade das exportações (Bolívia, Equador, Paraguai e Venezuela); já no Chile e Peru o que mais se destaca, como já foi notado, é o crescente peso relativo das manufaturas baseadas em recursos naturais. Na América Central, a diversidade é ainda maior: Costa Rica e El Salvador apresentam nesse caso a maior diversificação, enquanto ocorre o contrário com a Nicarágua. É interessante notar que os países que tiveram um maior desenvolvimento industrial na etapa da industrialização dirigida pelo Estado são aqueles que possuem em geral uma estrutura exportadora mais diversificada. Esse é o caso de Brasil e México, seguidos por Argentina e Colômbia, entre os países maiores, e El Salvador e Guatemala entre os menores. A Costa Rica é o país com maior diversificação. A diversificação para atividades além dos recursos naturais é, no entanto, mais exceção do que regra. Em 2008, apenas um pequeno grupo de países (México, Costa Rica,

TABELA 5.5. Composição das exportações de bens e serviços por país, 1990 e 2008

	MÉXICO		COSTA RICA		EL SALVADOR		GUATEMALA	
	1990	2008	1990	2008	1990	2008	1990	2008
Produtos básicos	37,4%	18,8%	41,2%	17,3%	29,9%	7,1%	44,5%	25,4%
Manufaturas baseadas em recursos naturais	8,3%	7,6%	7,5%	10,9%	5,7%	14,7%	15,9%	19,9%
Manufaturas de baixa tecnologia	5,4%	9,4%	9,0%	9,9%	12,1%	44,4%	7,3%	22,5%
Manufaturas de média tecnologia	21,3%	32,1%	4,3%	12,3%	4,9%	8,7%	4,8%	9,8%
Manufaturas de alta tecnologia	3,4%	24,5%	2,2%	19,4%	2,6%	5,0%	3,9%	2,7%
Outros produtos	0,6%	1,6%	6,3%	0,4%	0,2%	1,4%	0,1%	0,3%
Total produtos	76,5%	94,1%	70,5%	70,1%	55,4%	81,4%	76,6%	80,5%
Serviços								
Transporte	2,6%	0,0%	4,6%	2,7%	10,7%	6,3%	1,5%	2,7%
Viagens	16,0%	4,4%	13,8%	16,5%	10,3%	7,6%	7,8%	11,1%
Outros	4,9%	1,6%	11,1%	10,7%	23,6%	4,8%	14,2%	5,7%
Total serviços	23,5%	5,9%	29,5%	29,9%	44,6%	18,6%	23,4%	19,5%
	ARGENTINA		**BOLÍVIA**		**CHILE**		**COLÔMBIA**	
	1990	**2008**	**1990**	**2008**	**1990**	**2008**	**1990**	**2008**
Produtos básicos	38,5%	37,0%	48,4%	58,8%	52,6%	41,8%	52,5%	47,4%
Manufaturas baseadas em recursos naturais	24,4%	21,8%	34,8%	28,2%	21,2%	36,1%	10,5%	15,3%
Manufaturas de baixa tecnologia	10,0%	3,7%	2,9%	3,2%	1,9%	1,4%	10,8%	10,9%
Manufaturas de média tecnologia	8,8%	17,4%	0,1%	1,0%	2,4%	4,3%	5,1%	11,4%
Manufaturas de alta tecnologia	1,5%	2,4%	0,0%	0,0%	0,5%	0,4%	0,4%	2,1%
Outros produtos	0,3%	3,0%	0,1%	1,9%	3,5%	2,3%	1,7%	3,2%
Total produtos	83,5%	85,2%	86,3%	93,2%	82,2%	86,3%	80,9%	90,3%
Serviços								
Transporte	7,8%	2,2%	4,4%	0,9%	6,9%	8,3%	5,8%	3,0%
Viagens	6,1%	5,7%	5,4%	3,7%	5,1%	2,1%	4,9%	4,4%
Outros	2,6%	6,8%	3,8%	2,2%	5,8%	3,3%	8,5%	2,3%
Total serviços	16,5%	14,8%	13,7%	6,8%	17,8%	13,7%	19,1%	9,7%

TABELA 5.5. Composição das exportações de bens e serviços por país, 1990 e 2008 (*Continuação*)

HONDURAS		NICARÁGUA		PANAMÁ		REPÚBLICA DOMINICANA		BRASIL	
1990	2008	1990	2007	1990	2008	1997	2008	1990	2008
65,5%	32,9%	62,8%	47,1%	13,7%	12,8%	3,0%	4,9%	21,6%	26,1%
9,8%	18,6%	13,5%	17,3%	5,2%	2,0%	3,7%	9,7%	26,7%	25,0%
3,7%	6,4%	3,1%	2,1%	2,7%	0,9%	10,0%	18,8%	13,1%	6,0%
0,9%	10,9%	1,8%	3,6%	1,0%	0,2%	6,6%	14,0%	22,9%	20,7%
0,1%	0,9%	0,1%	0,6%	0,7%	0,3%	0,1%	5,6%	3,9%	6,0%
0,2%	3,3%	3,7%	4,2%	0,6%	0,3%	46,9%	0,0%	1,2%	2,7%
80,2%	72,9%	85,0%	75,0%	23,8%	16,4%	70,2%	53,0%	89,3%	86,6%
6,1%	1,3%	1,7%	2,8%	41,0%	44,4%	0,7%	3,5%	3,8%	2,4%
4,2%	19,1%	3,1%	17,3%	12,0%	20,2%	25,5%	39,8%	3,9%	2,5%
9,5%	6,7%	10,3%	4,9%	23,2%	18,9%	3,5%	3,8%	2,9%	8,5%
19,8%	27,1%	15,0%	25,0%	76,2%	83,6%	29,8%	47,0%	10,7%	13,4%

EQUADOR		PARAGUAI		PERU		URUGUAI		VENEZUELA	
1990	2008	1990	2008	1990	2008	1990	2008	1990	2008
74,3%	72,4%	58,9%	59,3%	37,3%	26,1%	40,8%	39,7%	81,4%	92,6%
7,6%	14,5%	6,0%	14,8%	29,1%	37,4%	10,0%	15,3%	4,0%	1,3%
0,9%	2,0%	3,8%	3,1%	11,8%	7,6%	19,7%	9,3%	3,7%	0,7%
0,4%	3,7%	0,8%	1,4%	2,1%	2,0%	6,7%	6,0%	4,4%	2,6%
0,2%	0,4%	0,0%	0,7%	0,3%	0,2%	0,5%	1,4%	0,2%	0,1%
0,1%	0,4%	0,1%	0,0%	0,0%	16,2%	0,8%	1,1%	0,2%	0,2%
83,5%	93,4%	69,6%	79,4%	80,6%	89,5%	78,6%	72,9%	93,8%	97,5%
7,4%	1,8%	5,4%	3,5%	0,0%	2,4%	7,8%	8,2%	2,4%	0,9%
5,8%	3,7%	6,2%	2,0%	-1,7%	5,7%	11,0%	12,9%	2,6%	1,1%
3,3%	1,0%	18,8%	15,1%	21,1%	2,4%	2,7%	6,0%	1,2%	0,6%
16,5%	6,6%	30,4%	20,6%	19,4%	10,5%	21,4%	27,1%	6,2%	2,5%

Fonte: estimativas próprias baseadas em dados da ONU-COMTRADE e CEPAL.

El Salvador e República Dominicana) possuía uma estrutura exportadora na qual os recursos naturais e as manufaturas associadas a eles representavam menos da metade das exportações de bens.

O desempenho da exportação de serviços tem sido menos robusto e, na verdade, a região perdeu participação no comércio mundial de serviços nas duas últimas décadas (ver CEPAL, 2007b: cap. III). Os padrões nacionais são, no entanto, muito diversos. Há três economias que pertencem ao terceiro tipo de especialização com predomínio dos serviços: Panamá, que exporta serviços de transporte e financeiros; Cuba e República Dominicana, com serviços de turismo. Em quase todas as economias centro-americanas houve também um substancial crescimento das exportações de turismo. Brasil e, em menor medida, Argentina e Uruguai destacam-se pelas exportações de serviços com maior conteúdo tecnológico (incluídas em "outros serviços"). Outras duas economias sul-americanas possuem uma participação expressiva da exportação de serviços: Paraguai (energia elétrica) e Chile (serviços de transporte, em grande medida como subproduto de suas exportações de produtos agropecuários de alto valor adicionado). México e os países andinos são os de pior desempenho em termos de articulação com o crescente comércio mundial de serviços, embora no caso mexicano as exportações de turismo tenham alcançado uma participação substancial a partir do início do período. Uma interessante atividade, que não é discutida aqui, é a das indústrias culturais (música, cinema, televisão), em alguns dos países da região têm se destacado.

O comércio intrarregional deu uma contribuição significativa à expansão das exportações de manufaturas, mas também tem sido um fator de instabilidade na América do Sul. Embora o comércio intrarregional tenha elevado sua participação nas exportações de bens da região entre 1990 e 1997, a participação relativa do MERCOSUL e da Comunidade Andina declinou durante as crises no final do século e novamente durante a grande recessão mundial de 2008-9, tendo se mantido abaixo do alcançado em 1997 nos dois grupos países (Tabela 5.6). Por outro lado, o comércio intrarregional expandiu-se de forma contínua no Mercado Comum Centro-Americano (Tabela 5.6). O maior conteúdo de manufaturas no comércio intrarregional, especialmente aquelas de média e alta tecnologia, já se havia consolidado a partir das décadas de 1970 e era muito pronunciado em 1990, especialmente na Comunidade Andina e no Mercado Comum Centro-Americano, confirmando as vantagens do comércio intrarregional em termos do aprofundamento do processo de industrialização, especialmente nas economias de menor tamanho. Esse padrão tornou-se mais nítido na Comunidade Andina e no MERCOSUL durante os anos 1990, mas não no Mercado Comum

Centro-Americano, como reflexo, nesse último caso, das exportações de alta tecnologia da Costa Rica. Durante o *boom* dos anos 1990, as três áreas de integração também ampliaram o mercado para exportações de manufaturas intensivas em recursos naturais e de baixo conteúdo tecnológico, exceto, nesse último caso, na América Central, onde já era alto. O retrocesso relativo do comércio intrarregional durante a crise no fim de século representou, por isso, um golpe nas exportações de manufaturas nas duas áreas de integração sul-americanas.

No comércio inter-regional com outras áreas do mundo em desenvolvimento destaca-se, como notado antes, aquele realizado entre a América Latina e a China, regiões que também são concorrentes em outros mercados, especialmente no norte-americano (Gallanger e Porzecanski, 2010). O comércio com a China teve impactos muito diversos sobre a região. O efeito mais positivo foi a oportunidade criada pelo gigante asiático para as exportações intensivas em recursos naturais da América do Sul, embora concentradas em poucos produtos: soja, petróleo, cobre e seus derivados e minério e resíduos de ferro. Por outro lado, a China tem aumentando de forma substancial suas exportações para a América Latina, compostas essencialmente de manufaturas, gerando na região um elevado déficit comercial com o gigante asiático. Esse é, em particular, o caso dos países que não têm uma exportação expressiva de produtos primários, entre os quais se destaca o México. A China representa também uma concorrência crescente para as exportações de manufaturas da região, principalmente as mexicanas. Os benefícios para as economias latino-americanas foram, assim, ambíguos, e o comércio com a China contribuiu para a reprimarização das estruturas de produção e exportação.

O efeito indireto mais importante da China foi seu impacto positivo sobre os preços dos produtos primários, particularmente a partir de 2004, em meio à expansão econômica mundial. A inflexão veio em meados de 2008 e intensificou-se com a grande recessão. A rápida recuperação da China, no entanto, impulsionou esses preços novamente. No caso dos produtos agrícolas, a expansão ocorrida a partir de 2004 foi na verdade mais uma recuperação (e apenas parcial no caso dos produtos de agricultura tropical) em relação à acentuada queda que tinham sofrido os preços reais desses produtos durante as duas décadas precedentes. Desta forma, a expansão foi muito mais relacionada aos produtos de energia e minerais do que aos produtos agrícolas. Os grandes ganhadores foram então aqueles países em que as exportações do primeiro grupo têm um peso maior: Venezuela e Chile, seguidos por Peru, Bolívia, Equador e Colômbia (Ocampo, 2007). O crescente mercado de biocombustíveis estabeleceu, contudo, uma conexão direta entre os mercados de ambos os grupos de produtos.

A especialização comercial e os fluxos de investimento direto estrangeiro (IED) têm sido estreitamente vinculados. O padrão de especialização do "norte" atraiu empresas transnacionais que participavam ativamente nos sistemas internacionais de produção integrada, enquanto na América do Sul o investimento concentrou-se nos serviços e nos recursos naturais. Como parte desse processo, houve uma clara mudança na origem dos capitais, destacando-se a grande expansão das transnacionais espanholas na região. Ao mesmo tempo, esse fenômeno foi acompanhado pela transformação de algumas grandes empresas latino-americanas em membros do clube das transnacionais – as chamadas "translatinas". As maiores delas são oriundas do Brasil e México, algumas das quais atuando ativamente nos mercados globais, mas há também um grupo de "translatinas" de menor tamanho e origem mais diversificada que atua de forma intensa nos mercados intrarregionais.

O IDE teve um aumento excepcional nos anos 1990 e alcançou seu maior nível, em termos de transferência líquida de recursos, entre meados daquela década e os primeiros anos do século XXI (Figura 5.2). Durante esse auge, uma parte expressiva do investimento foi canalizada para aquisição de empresas existentes, tanto de empresas estatais, que assim se privatizavam, quanto também, e de forma crescente, de empresas privadas, dentro do processo mundial de fusões e aquisições. Tal fato implicou que a contribuição do IDE à acumulação de ativos produtivos fixos foi menos notável do que indicam os fluxos financeiros correspondentes. Embora os volumes tivessem se mantido elevados (2,8% do PIB latino-americano durante a expansão de 2004-2008), as crescentes saídas de capital na conta de remessas de lucros das empresas e crescentes investimentos de empresas (e empresários) latino-americanos no exterior (0,9% e 1,7% do PIB no mesmo período) diminuíram de modo acentuado a transferência líquida de recursos do IDE na primeira década do século XXI.

A migração de mão de obra para os países industriais, sobretudo os Estados Unidos, é outra característica proeminente das novas formas de integração à economia mundial. A corrente migratória de trabalhadores latino-americanos para os Estados Unidos, que se acelerou ao final do período da industrialização dirigida pelo Estado, tornou-se uma torrente nos anos seguintes, induzida tanto por fatores de expulsão (a crise da dívida dos anos 1980 e as guerras civis na América Central) como de atração. Como resultado, o número de imigrantes de origem latino-americana e caribenha que vivem nos Estados Unidos aumentou de 3,8 milhões em 1980 para 7,4 milhões em 1990 e 14,4 milhões em 2000, chegando a 18,6 milhões em 2008; a essa cifra podem ser adicionados outros 40% ou mais de imigrantes sem documentos.[16] Também têm havido imigrações para outros destinos, sobretudo Europa Ocidental (com Espanha, um pais historicamente de emigrantes para América Latina, transformada no destino mais importante), Canadá e Japão. O número de emigrantes latino-americanos e caribenhos para a Espanha aumentou de 0,4 para 2,4 milhões na primeira década do século XXI, enquanto outros destinos fora da região somaram mais 2 milhões. A década de 1990 viveu também a retomada de fluxos moderados de migração intrarregional. Costa Rica e, em menor medida, Chile converteram-se em polos de atração de imigrantes e a Argentina continuou nesse papel. Por outro lado, a migração colombiana para a Venezuela, o fluxo migratório mais importante na região andina, praticamente foi interrompido durante a crise da dívida e não foi retomado a partir de então.

Uma consequência importante desses fatos foi o rápido aumento das remessas monetárias como fonte de divisas para a América Latina. Tais remessas aumentaram de aproximadamente 0,3% do PIB da América Latina no começo dos anos 1980 para cerca de 2% antes da grande recessão de 2008-2009. Os valores relativos são muito maiores nas economias pequenas, especialmente na América Central, República Dominicana e Equador. A grande recessão, ao debilitar pelo menos temporariamente os fatores de atração, ocasionou uma ruptura nessa tendência que se manifestou nos próprios fluxos migratórios e na queda de 15% das remessas em 2009, o que ainda não foi revertido plenamente.

Comportamento macroeconômico

Embora com alguns retrocessos posteriores em países específicos, o resultado econômico mais importante da década de 1990 foi o aumento da confiança nas autoridades macroeconômicas que se seguiu à diminuição das taxas de inflação e à melhoria da situação fiscal. Tendo em vista a longa história inflacionária de algumas economias sul-americanas, a explosão inflacionária generalizada durante a década perdida e os grandes desequilíbrios fiscais que caracterizaram as economias latino-americanas no final da década de 1970 e início de 1980, o sucesso na estabilização de preços e na situação fiscal é sem

[16] Ver CEPAL (2006b) e Canales (2011). Os dados referem-se apenas aos países incluídos no estudo (e, portanto, excluem o Haiti). As estimativas de imigração para a Espanha e outros países de destino são baseadas em dados da Divisão de População da CEPAL. Para uma análise detalhada dos fluxos migratórios do ponto de vista dos países de origem e receptores, ver Martínez Pizarro (2011). De acordo com o Centre Hispânico Pew, 28% de todos os migrantes para os Estados Unidos não foram registrados em 2010 (ver http://www.pewhispanic.org/).

dúvida notável. No plano da política macroeconômica, ambos os objetivos – inflação baixa e consistência fiscal – são hoje aceitos de forma virtualmente generalizada, mesmo por parte de movimentos políticos que no passado subestimaram seu valor. A importância dada ao controle da inflação também se refletiu no maior poder e na autonomia dos bancos centrais em vários países.

O avanço da luta contra a inflação foi o resultado mais uniforme e consistente. Mesmo no começo dos anos 1990 a inflação de um dígito era uma situação excepcional, estando ainda para acontecer a última hiperinflação do ciclo iniciado em meados dos anos 1980 – a de 1993-1994 no Brasil. No entanto, a inflação começou a reduzir-se de forma sistemática a partir do início dos anos 1990 e, a partir de 1997 – e, especialmente, de 2001 em diante – a taxa de inflação de um dígito transformou-se em regra na região. As exceções mais importantes são a Venezuela e, de forma temporária, países que enfrentaram fortes ajustes durante a "meia década perdida" (Argentina, Brasil e Uruguai). Em 2008, a onda de inflação mundial dos alimentos afetou negativamente vários países latino-americanos. De toda forma, a taxa média de inflação durante a primeira década do século XXI manteve-se entre 6% e 10%, um nível mais alto do que nos países industrializados.

Por sua vez, os déficits dos governos foram reduzidos significativamente na segunda metade dos anos 1980 e flutuaram, a partir daquele momento, entre 1% e 3% do PIB, com um comportamento cíclico: mais baixos durante os auges (entre 1% e 2% do PIB durante os anos 1990 e em torno de 1% em 2004-2008) e mais altos no início das crises (ao redor de 3% no início da crise no fim do século e em 2009). Todavia, os avanços nessa área foram menos duradouros e generalizados do que em matéria de inflação. Em particular, quase todos os países tiveram episódios de déficits superiores a 3%, notadamente durante as crises. Outros apresentaram déficits acima de 3%, como Bolívia entre 1998 e 2005, e Colômbia entre 1996 e 2006. Alguns passaram por crises de endividamento (sobretudo Argentina e Equador) no começo do século XXI, com os seus níveis da dívida pública mantendo-se acima de 60% do PIB até o auge recente, quando tiveram uma redução relativamente generalizada até chegar em torno de 30% do PIB ou menos a partir de 2007.

É importante notar, porém, que esses resultados têm sido acompanhados pela elevação do gasto público e, como se verá na seção seguinte, pelo aumento do gasto público social em particular. A despesa primária (excluído o pagamento de juros sobre a dívida) dos governos aumentou de uma média de 13% do PIB no início da década de 1990 para 19% em 2008 e acima de 20% em 2010. Em uma perspectiva de longo prazo, esse aumento pode ser visto como uma reversão da grande contração do gasto público ocorrida durante a década perdida, de tal forma que o gasto público total como proporção da atividade econômica não é muito diferente hoje do que era antes da crise da dívida (Figura 5.7). Além do mais, o aumento foi relativamente generalizado e exigiu, portanto, uma elevação das receitas do governo. As comparações com a OCDE mostram que a estrutura das receitas públicas continuou dependendo muito mais de impostos indiretos do que no mundo industrializado (especialmente do imposto sobre o valor adicionado) e de receitas geradas pelos recursos naturais, enquanto as receitas dos impostos diretos (sobre renda e propriedade) e as contribuições da previdência social são significativamente mais baixas (Santiso e Zoido 2011).

Esses resultados contrastam com o ocorrido em termos de crescimento econômico, que tem se diferenciado dos padrões típicos da etapa da industrialização dirigida pelo Estado de duas formas importantes: um ciclo econômico muito mais pronunciado e um crescimento mais lento no longo prazo (Figura 5.9 e Tabela 1.5). A maior estabilidade de preços e fiscal coincidiu, portanto, com maior *instabilidade* na produção. Tal resultado reflete a maior vulnerabilidade externa das economias latino-americanas em relação ao que foi o padrão típico da fase histórica anterior. Por sua vez, a segunda dessas características indica que – com a exceção de alguns países e da expansão regional mais ampla na década de 2000 – não se materializou a expectativa dos reformadores de que a abertura externa e os progressos na gestão macroeconômica se refletiriam em um crescimento econômico vigoroso.

FIGURA 5.9. Ciclo econômico latino-americano, taxa de crescimento do PIB, 1951-2010

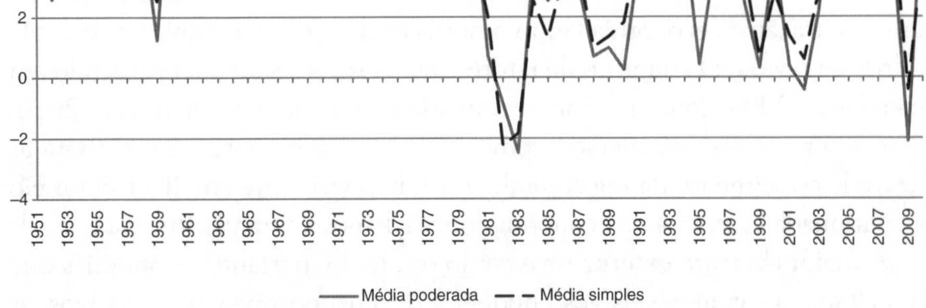

Fonte: Séries históricas da CEPAL e Estudio Económico de América Latina. As séries não incluem Cuba.

A partir de 1990 ocorreram dois grandes ciclos e, no momento da redação deste livro, a região estava em meio a um terceiro. A fase ascendente do primeiro desses ciclos foi iniciada graças ao renovado acesso aos mercados internacionais de capitais em meados dos anos 1990. A transferência líquida de recursos através da conta de capitais, que tinha sido negativa com a crise da dívida, voltou a ser novamente positiva (Figura 5.2). Apesar do tropeço temporário que representou a crise do México em fins de 1994, a abundância de financiamento externo continuou dando suporte ao crescimento econômico, até que a crise das economias emergentes, iniciada no Leste Asiático em 1997 e depois estendida à Rússia e maior parte do mundo em desenvolvimento em 1998, provocou uma brusca e acentuada interrupção do financiamento externo, com a exceção dos fluxos de investimento estrangeiro direto. O efeito regional foi uma grande desaceleração ou aberta recessão em um amplo conjunto de economias, especialmente na América do Sul, e uma nova meia década perdida em termos de desenvolvimento econômico.

O segundo ciclo caracterizou-se por uma expansão extraordinária entre 2004 e 2007, de fato a mais importante vivida pelas economias latino-americanas desde a expansão ocorrida em 1967-1974. Esse fato é ainda mais importante quando se observa a média não ponderada das taxas nacionais de crescimento, que indica que a fase recente de rápido crescimento foi menos dependente das grandes economias da região do que antes. A expansão baseou-se, desta vez, não apenas em um novo auge do financiamento externo, mas também na sua combinação (não usual) com uma bonança excepcional dos preços dos produtos primários e altos níveis de remessas de trabalhadores migrantes. O conjunto de fatores favoráveis perdeu força a partir de 2007 (remessas) e meados de 2008 (final do crescimento do preço dos produtos primários) e transformou-se em um choque externo negativo, como parte da crise financeira internacional de setembro de 2008 e da Grande Recessão mundial subsequente. Já no início desse último ano várias economias da região tinham sofrido uma desaceleração substancial e, no último trimestre, todas entraram em franca desaceleração ou clara recessão. O efeito geral foi uma contração da economia latino-americana de 2,1% em 2009, a pior desde a crise da dívida. O conjunto de fatores adversos começou a ser revertido em meados de 2009, com uma forte retomada do crescimento de 6% em 2010. Esse ano pode ser considerado como o início de uma nova fase, embora as taxas de crescimento da região tenham caído novamente em 2011 em meio à continuada incerteza da economia mundial após a Grande Recessão.

A maior abertura externa teve como resultado, portanto, economias que são altamente vulneráveis aos choques externos, positivos ou negativos. A política macroeconômica tem contribuído para intensificar os movimentos cíclicos. As políticas fiscais, e em especial as políticas monetárias e creditícias, têm tendido a ser pró-cíclicas na maioria das economias da região. As fases de choques externos favoráveis tendem a ser acompanhadas por um aumento rápido do gasto público, bem como pela elevação do financiamento interno, redução das taxas de juros e uma tendência à apreciação das moedas. Por outro lado, os choques externos desfavoráveis tendem a provocar desaceleração do gasto público, redução do financiamento e depreciação cambial, ao lado de, até a crise do final do século XX, um aumento das taxas de juros. Como será visto adiante, esses comportamentos como um todo não apenas tendem a transmitir internamente os ciclos externos para a economia doméstica, mas também a criar uma propensão a crises financeiras nacionais após períodos de expansão do financiamento externo e interno.

Em anos recentes houve algum progresso na introdução de políticas anticíclicas, mas a transição continua incompleta. Durante a expansão de 2004-2008, em particular, houve menor aumento do endividamento externo e maior acumulação de reservas internacionais, assim como, em alguns poucos casos (o mais importante sendo o exemplo já mencionado do Chile), uma gestão fiscal anticíclica. No entanto, as políticas macroeconômicas continuaram fundamentalmente pró-cíclicas (Ocampo, 2007; BID, 2008). Durante a Grande Recessão de 2008-2009, a política macroeconômica adotou um padrão anticíclico mais claro, sobretudo na política monetária e creditícia e, em vários países, também no plano fiscal.

Outro efeito do comportamento cíclico foi a instabilidade da taxa de câmbio real. O problema foi muito mais acentuado nas economias sul-americanas e reflete não apenas os choques mais intensos que sofreram essas economias, o resultado da volatilidade dos fluxos de capital e a alta dependência de exportações intensivas em recursos naturais, mas também a preferência por taxas de câmbio mais flexíveis. O resultado é que os setores que competiam com importações enfrentaram o efeito duplo de abertura externa e valorização das moedas durante a expansão de 1990-1997, tornando mais difícil a transição para um novo modelo de desenvolvimento. Por sua vez, a maior instabilidade das taxas de câmbio reais tem tornado mais difícil o surgimento de setores exportadores que não contam com vantagens comparativas estáticas associadas aos recursos naturais.

Os menores níveis de inflação e a retomada do crescimento econômico nos anos 1990 facilitaram a continuidade do aprofundamento financeiro, medido pelo crédito que o sistema financeiro oferta para o setor privado e, mais recentemente, pela capitalização no mercado acionário (Tabela 5.6). Como se pode observar, os níveis de desenvolvimento financeiro prevalecentes em 1980 encontravam-se em torno da média dos países de renda

TABELA 5.6. Exportações intrarregionais como % das exportações totais

	MERCOSUL				COMUNIDADE ANDINA				MERCADO COMUM CENTRO-AMERICANO			
	1990	**1997**	**2003**	**2008**	**1990**	**1997**	**2003**	**2008**	**1990**	**1997**	**2003**	**2008**
Produtos Primários	13,4	22,9	18,8	17,8	12,2	11,5	13,3	12,9	5,4	6,1	11,8	13,9
Produtos Industrializados	20,1	44,0	31,2	39,8	27,7	42,6	43,7	51,5	55,5	50,7	48,7	48,4
Baseados em recursos naturais	16,2	29,7	21,2	25,8	17,9	32,4	39,0	38,4	44,4	50,2	63,5	63,7
De baixa tecnologia	15,7	38,5	28,9	43,4	35,5	51,9	42,9	71,3	50,6	42,4	57,8	50,5
De média tecnologia	27,4	59,6	45,4	51,5	42,2	67,9	49,6	61,9	78,5	67,8	55,0	54,5
De alta tecnologia	25,8	48,8	26,9	41,8	70,5	84,7	69,1	65,8	86,5	45,6	22,0	19,2
Outras Transações	8,2	9,4	5,9	5,3	32,2	10,8	7,5	5,6	14,1	32,1	33,5	58,4
Total	17,7	36,0	26,2	29,8	16,1	23,7	21,9	21,1	23,2	28,5	37,0	39,3

média baixa e média alta, aos quais pertencem quase todos os países latino-americanos. Após o retrocesso ocorrido na década perdida, esses países reiniciaram a trajetória ascendente e mantiveram-se no intervalo mencionado antes, porém aproximando-se nos melhores momentos à média do grupo de renda média alta na primeira década do século XXI.

Como no passado, há grandes diferenças no desenvolvimento financeiro dos distintos países, embora essas diferenças tenham hoje outras características. A Argentina já não figura como líder, nem a Venezuela, que ocupou a dianteira em 1980. A liderança indiscutível agora é ocupada por Chile e, em menor grau, Brasil. A eles poderia se somar o Panamá, excluído da tabela por ser estritamente um centro financeiro internacional, Honduras em termos de empréstimos e Peru em matéria de capitalização no mercado de ações. A liberalização financeira tem contribuído, sem dúvida, para tal resultado, mas cabe ressaltar que um dos países com maior desenvolvimento financeiro (Brasil) continua tendo uma grande presença de instituições financeiras governamentais, que também permanecem sendo importantes em muitos outros países. Durante a recessão de 2008-2009, o uso das instituições financeiras públicas como instrumentos para a reativação das economias foi um aspecto importante das políticas anticíclicas de vários países da região e do mundo em desenvolvimento em geral.

Como mencionado antes, o avanço do desenvolvimento financeiro ocorreu em meio a uma evidente deficiência na regulamentação prudencial. Esse fato, em um contexto de ciclos pronunciados no financiamento externo e de sua transmissão para as economias nacionais, traduziu-se em uma grande sucessão de crises financeiras sistêmicas, como já havia acontecido durante a crise da dívida dos anos 1980. Por essa razão, dois terços dos países da região (12 dos 18 países, excluindo Cuba) passaram por crises financeiras na década de 1990 e início da primeira década do século XXI (Laeven e Valencia, 2008). As crises absorveram elevados recursos fiscais e quase-fiscais, afetando o próprio funcionamento dos sistemas financeiros. No entanto, graças ao fortalecimento da regulação prudencial após as sucessivas crises e aos avanços nas políticas anticíclicas, a crise de 2008-2009 foi a primeira nas últimas décadas em que não houve qualquer crise financeira nacional. Tal resultado contrasta com o que aconteceu nos países industrializados e com a própria história econômica da América Latina após os períodos de auge nas entradas de capital externo (Capítulo 1).

O fato de que o crescimento econômico tem sido menor desde 1990 do que o do período de industrialização dirigida pelo Estado é também ilustrado na Figura 5.9. A taxa de crescimento média da América Latina entre 1990 e 2008, período que pode ser considerado representativo da fase das reformas econômicas, foi de 3,4% ao ano, mais de dois pontos percentuais abaixo da taxa de 5,5% característica do período 1950-80. A inclusão de 2009 e 2010 levaria a uma queda da taxa do primeiro período para 3,2%. O retrato oferecido pela Figura 5.10 é ainda mais eloquente. A figura compara o crescimento do PIB por trabalhador em distintos países latino-americanos em ambos os períodos, o que é uma boa aproximação da produtividade média do trabalho das economias.[17] A comparação é muito mais apropriada do que a do PIB per capita, visto que as tendências demográficas tenderam a reduzir tal indicador durante a fase de industrialização dirigida pelo Estado, devido à crescente taxa de dependência demográfica que caracterizou muitas economias nos anos 1950 e 1960, enquanto o "bônus demográfico" (ou seja, o declínio na taxa de dependência) coincidiu com o período de reformas e reforçou o crescimento do PIB *per capita*.

FIGURA 5.10. Produtividade do trabalho, 1990-2010 *vs.* 1950-1980.

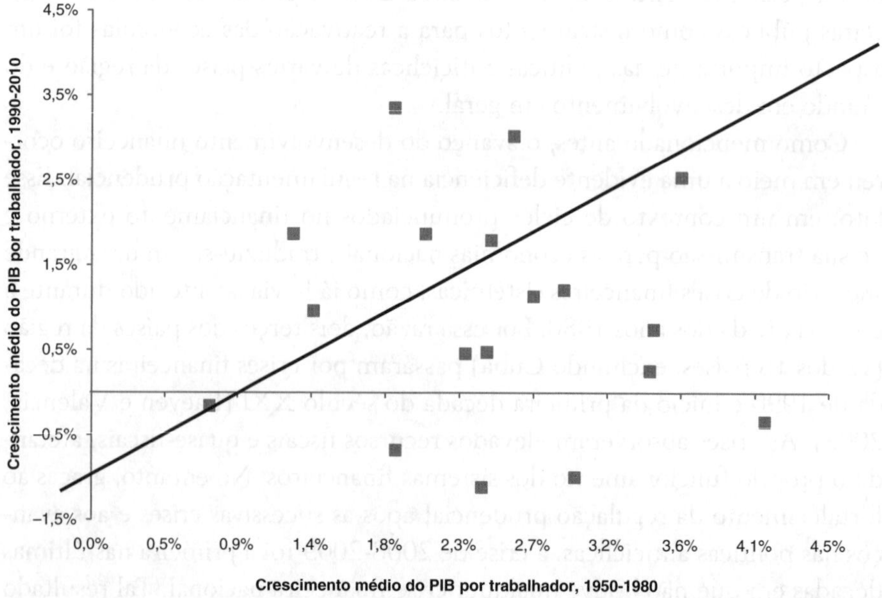

Fonte: Séries históricas da CEPAL. População economicamente ativa de 1950-1980 de acordo com a OIT e de 1990-2008 segundo a CEPAL.

[17] Estritamente falando, a medida utilizada refere-se a uma produtividade não ajustada por mudanças nas taxas de desemprego aberto, mas ainda assim capta melhor o grau de utilização da força de trabalho.

Na Figura 5.10, acima da linha diagonal, encontram-se os países cuja produtividade do trabalho cresceu mais rapidamente durante o período das reformas do que na fase de industrialização dirigida pelo Estado. Abaixo da linha estão os países que cresceram mais lentamente no primeiro período. Como pode ser notado, o primeiro grupo somente inclui Chile e República Dominicana, as duas economias mais dinâmicas das últimas duas décadas, e Uruguai e El Salvador, que cresceram lentamente em ambos os períodos; a Argentina encontra-se próxima à linha, mas sua situação é muito similar à do Uruguai, com taxas de crescimento não muito altas nos dois períodos. Os outros países (13 no total) apresentam taxas de crescimento muito inferiores durante a fase das reformas em relação à de maior intervencionismo estatal. Entre os de pior desempenho nesse grupo estão as maiores economias da região, México e Brasil, assim como Equador, Paraguai e Venezuela. Também em uma situação muita desvantajosa encontram-se Bolívia, Colômbia e Honduras.

Os diversos estudos existentes sobre a evolução da produtividade total dos fatores corroboram essa avaliação. Embora com diversas metodologias de cálculo, tais estudos indicam um crescimento muito baixo, e mesmo um contínuo retrocesso da produtividade após 1990, em comparação ao crescimento positivo durante a fase de industrialização dirigida pelo Estado (BID, 2010; Aravena *et al.*, 2010; Palma, 2011). A Figura 4.6 (Capítulo 4) resume as estimativas recentes de um estudo do BID (2010): após o aumento registrado até meados dos anos 1970, a produtividade total dos fatores recuou acentuadamente durante a crise da dívida, tendo o seu crescimento sido baixo ou negativo entre 1990 e 2005 (o último ano estimado no estudo). A ampliação do hiato de produtividade com os Estados Unidos ocorreu exclusivamente após 1980 e continuou durante a fase das reformas econômicas. Os dados nacionais do estudo do BID indicam que apenas Chile e República Dominicana tiveram aumentos significativos de produtividade em 1990-2005, superiores aos obtidos entre 1960-1974.

As razões do comportamento deficiente da produtividade tem sido objeto de amplo debate. O primeiro ponto a destacar é que os indicadores agregados de produtividade captam a grande assimetria existente entre sua evolução positiva em um grupo de empresas e setores de sucesso e o aumento simultâneo da subutilização dos recursos produtivos, especialmente da mão de obra. A produtividade aumentou efetivamente em empresas e setores dinâmicos (agroindustriais, mineração, serviços modernos de telecomunicações, financeiros e de transportes). A crescente integração à economia mundial, o investimento direto estrangeiro e as privatizações desempenharam um papel importante nesse resultado. Mas ao mesmo tempo aumentou a informalidade do trabalho, reduzindo em particular a produtividade do setor de serviços, onde se refugiam os trabalhadores subempregados. Como resultado, existem hoje na América Latina mais empresas de nível mundial, muitas delas multinacionais (ou translatinas), mas também um crescente número de empresas pequenas e microempresas de baixa produtividade. Em outras palavras, aumentou o dualismo ou a heterogeneidade produtiva dos setores e agentes produtivos no interior de cada economia (a heterogeneidade estrutural, na terminologia tradicional da CEPAL). A ideia de que o aumento da produtividade dos setores internacionalizados se difundiria para o resto da economia, acelerando o crescimento econômico, não foi confirmada; pelo contrário, houve maior dispersão nos níveis de produtividade de diferentes setores e empresas no interior das economias.

A forma como avançou o processo de liberalização durante os anos mais ativos da reforma contribuiu, sem dúvida, para tal resultado. A tendência dominante em nível microeconômico foi a de que as empresas adotassem estratégias "defensivas" de adaptação frente ao novo ambiente (ou seja, reestruturações organizacionais, produtivas e de comercialização com baixos investimentos), em lugar de estratégias "ofensivas" (em que se combinam reestruturações com aumentos substanciais de investimento em novos equipamentos e tecnologia, assim como alianças estratégicas). O resultado foi que o processo schumpeteriano de "destruição criadora" desencadeado parece ter contido mais elementos destrutivos do que criativos, pois mão de obra, capital, capacitação tecnológica e, às vezes, terra, liberados pelos setores e empresas afetados pela reestruturação produtiva, não foram absorvidos suficientemente pelos setores em expansão. A crescente integração à economia mundial facilitou a aquisição de equipamentos e produtos intermediários importados. Tal fato contribuiu para que muitas empresas aumentassem a sua produtividade, à custa da destruição das cadeias produtivas preexistentes. Assim, o predomínio dos processos defensivos de reestruturação fez com que a taxa de investimento média se mantivesse em níveis muito baixos durante a fase de expansão de 1990-1997 e não se recuperasse até o boom de 2004-2008 – e mesmo então, como vimos, ainda abaixo dos seus níveis mais altos dos anos 1975-1980 (Tabela 5.1).

O processo de reestruturação produtiva iniciado no período foi também marcado por uma desindustrialização prematura, isto é, a redução da participação das manufaturas na produção e no emprego, com valores do PIB *per capita* mais baixos do que quando a desindustrialização ocorreu nos países industrializados (Palma, 2005). No capítulo anterior, a Figura 4.4 indica, por sua vez, que a produção industrial ficou estagnada durante a década perdida (como resultado da expansão em alguns países e do retrocesso em

TABELA 5.7. Indicadores de desenvolvimento financeiro (% do PIB)

	CRÉDITO AO SETOR PRIVADO									CAPITAL EM AÇÕES			
	1965	**1970**	**1975**	**1980**	**1985**	**1990**	**1997**	**2003**	**2008**	**1990**	**1997**	**2003**	**2008**
Argentina	10,5%	19,9%	15,4%	18,7%	12,7%	12,9%	20,4%	11,9%	14,0%	2,7%	17,8%	55,6%	30,4%
Bolívia	6,1%	7,8%	10,3%	14,4%	4,9%	19,9%	52,3%	46,9%	33,1%		2,8%	17,2%	15,3%
Brasil				25,7%	22,2%	24,0%	40,7%	28,2%	54,5%	6,7%	27,2%	32,6%	113,4%
Chile	9,0%	7,0%	4,7%	30,7%	53,2%	46,9%	61,5%	73,3%	86,5%	36,8%	83,6%	90,9%	132,5%
Colômbia	17,9%	21,0%	26,7%	25,2%	32,9%		34,4%	24,9%	43,0%	3,2%	17,2%	15,2%	56,1%
Costa Rica	28,1%	23,6%	25,9%	26,5%	17,8%	14,6%	12,9%	28,4%	44,2%		6,3%	13,8%	8,1%
Equador	16,4%	17,0%	16,1%	16,9%	26,0%	12,9%	27,0%	18,8%	26,1%		8,6%	6,9%	10,2%
El Salvador	19,1%	19,6%	24,0%	24,4%	37,0%	23,2%	37,7%	42,1%	41,0%		4,3%	12,1%	37,3%
Guatemala	12,3%	12,6%	11,6%	14,7%	18,1%	12,5%	17,8%	22,5%	34,9%				
Honduras	11,9%	22,3%	28,8%	28,3%	31,4%	29,4%	34,4%	35,3%	54,6%				
México	25,0%	30,4%	29,2%	15,7%	11,0%	14,5%	20,7%	15,3%	23,5%	10,5%	32,8%	17,8%	51,5%
Panamá	14,2%	27,7%	59,8%	47,9%	45,7%	37,8%	67,6%	77,6%	80,6%		17,6%	23,5%	28,9%
Paraguai	8,0%	19,0%	17,2%	17,8%	13,5%	13,2%	29,0%	19,8%	18,1%		4,4%	3,3%	
Peru	17,2%	15,7%	18,4%	9,4%	12,6%	4,8%	21,7%	21,3%	19,8%	3,3%	25,3%	24,1%	109,8%
República Dominicana	7,2%	11,1%	23,9%	27,5%	24,7%	23,8%	20,4%	28,2%	19,3%				
Uruguai	14,6%	7,0%	10,3%	28,7%	34,2%	25,0%	25,2%	56,8%	22,6%		1,1%		0,7%
Venezuela	24,8%	26,5%	34,9%	50,8%	49,1%	23,1%	10,3%	8,7%	26,6%	10,3%	14,4%	4,7%	
Médias simples:													
América Latina	15,1%	18,0%	22,3%	24,9%	26,3%	21,1%	31,4%	32,9%	37,8%	10,5%	18,8%	24,4%	49,5%
Países de renda media-baixa	13,9%	15,7%	16,7%	22,6%	23,3%	24,7%	29,9%	28,2%	37,7%	12,7%	18,9%	21,1%	60,4%
Países de renda média-alta	19,2%	23,2%	27,2%	31,1%	34,4%	32,0%	33,7%	36,0%	50,3%	29,2%	31,9%	32,7%	73,8%

Fonte: Beck e Demirgüç-Kunt (2009).

outros) e posteriormente cresceu de forma muito lenta nas duas décadas seguintes (o que pode ser visto comparando as taxas de crescimento com as da Tabela 4.6). Entre os setores industriais que tiveram melhor desempenho destacam-se a *maquila*, algumas indústrias processadoras de recursos naturais, a indústria automobilística (favorecida, no caso do México, pelo acesso ao mercado dos Estados Unidos e, na América do Sul, por mecanismos especiais de proteção no contexto dos processos de integração) e setores orientados ao mercado interno durante os períodos de auge da demanda (tais como as indústrias de construção civil, bebidas e processamento de alimentos). Os setores mais afetados foram as indústrias mais tradicionais intensivas em mão de obra (vestuário, calçado, manufaturas de couro, móveis etc.), com exceção das indústrias vinculadas à *maquila*.

A indústria de transformação da América Latina também se atrasou em relação à fronteira tecnológica mundial. O fenômeno ocorreu não apenas nos setores intensivos em mão de obra e em engenharia, mas também naqueles intensivos em recursos naturais, como se deduz da comparação dos níveis de produtividade latino-americanos com os dos Estados Unidos. O atraso se deu em um contexto de escassa capacidade de geração de novas tecnologias, não apenas em comparação com as economias industrializadas mais diversificadas e as asiáticas, mas também com relação às economias desenvolvidas intensivas em recursos naturais, como é possível constatar por meio de vários indicadores, tais como a menor participação das indústrias intensivas em engenharia, o escasso número de patentes e os níveis muito limitados de investimentos em pesquisa e desenvolvimento (CEPAL, 2007a; Cimoli e Porcile, 2011). O atraso dos sistemas nacionais de inovação característico da fase anterior de desenvolvimento continuou, portanto, sendo muito acentuado, dando sinais inclusive de ter se deteriorado ainda mais.

A agricultura resistiu melhor à década perdida, mas sua taxa de crescimento, tanto nesta década como posteriormente, foi inferior ao que era típico antes da crise da dívida: 2,9% ao ano em 1990-2008 diante dos 3,5% ao ano em 1950-1974. Desta forma, a eliminação do suposto "viés antiagricultura" do regime comercial anterior não teve os efeitos positivos que esperavam os defensores das reformas de mercado, mesmo nos casos em que a redução substancial (ou a eliminação) da discriminação contra os setores exportadores coincidiu com um aumento da proteção à agricultura frente à concorrência das importações em vários países (Anderson e Valdés, 2008). O enfraquecimento dos mecanismos tecnológicos, financeiros e de comercialização de apoio ao setor agrícola, como consequência da reestruturação das instituições do Estado durante as reformas, em muitos casos (ou talvez na maioria) predominou sobre os benefícios da eliminação do viés antiagricultura no âmbito comercial. Por sua vez, as periódicas valorizações da taxa de câmbio atuaram, como no período anterior, como uma discriminação contra a agricultura.

O comportamento agregado da produção agropecuária reflete, no entanto, experiências muito diversas. A agricultura cresceu mais intensamente nas décadas recentes na Bolívia, no Chile, Paraguai, Peru e Uruguai do que na fase da industrialização dirigida pelo Estado. O inverso aconteceu na Colômbia, Guatemala, no México e na Venezuela, enquanto cresceu de forma muito similar nos dois períodos no Brasil (comparem-se as taxas da Tabela 5.8 com as da Tabela 4.6). Algumas das atividades mais dinâmicas neste setor seguiram tendências de longo prazo que não foram afetadas pelas reformas. Os maiores exemplos nesse sentido têm sido o vigoroso desempenho da produção de soja em várias economias sul-americanas e da produção avícola em um conjunto mais amplo de países.

TABELA 5.8. Dinamismo dos setores produtivos (taxas anuais de crescimento)

	SETOR AGROPECUÁRIO		INDÚSTRIA MANUFATUREIRA		SERVIÇOS DINÂMICOS*	
	1980-1990	1990-2008	1980-1990	1990-2008	1980-1990	1990-2008
Argentina	1,3	2,8	-2,1	3,3	0,0	5,1
Bolívia	1,7	3,0	-0,7	3,8	0,6	4,7
Brasil	2,5	3,8	-0,2	2,2	3,7	3,0
Chile	6,0	5,0	2,6	3,9	2,5	6,1
Colômbia	3,0	2,2	2,9	2,2	3,5	4,2
Costa Rica	3,1	3,7	2,2	5,3	4,1	6,8
Cuba	...	-2,3	...	0,3	...	2,2
Equador	4,2	4,4	3,0	0,4	2,9	4,2
El Salvador	-1,4	2,3	-0,9	4,1	...	3,5
Guatemala	1,3	2,9	-0,1	2,7	2,6	6,4
Honduras	2,7	3,1	3,0	4,5	5,1	7,2
México	1,2	2,0	2,0	2,9	3,4	4,3
Nicarágua	-0,7	3,7	-2,8	4,2	-1,2	4,3
Panamá	2,9	3,8	0,7	1,9	2,1	6,7
Paraguai	4,0	4,3	2,2	1,1	4,3	3,5
Peru	2,2	4,6	-1,9	4,8	0,6	5,2
República Dominicana	0,4	2,7	2,1	4,9	4,5	7,0
Uruguai	-0,2	2,9	-1,0	2,0	2,8	3,2
Venezuela	2,0	2,5	1,9	1,9	2,3	3,8
América Latina	2,3	2,9	0,1	2,7	3,1	4,1

*Transporte, comunicações e serviços financeiros.

Fonte: séries históricas da CEPAL a preços de 1990 e 2000 respectivamente.

No geral, os setores mais dinâmicos foram os serviços modernos, isto é, de utilidade pública, transporte, financeiros e serviços empresariais (Tabela 5.7). Esses setores continuaram crescendo durante a crise da dívida e foram os que mais cresceram a partir de 1990. Em conjunto, a sua participação no PIB latino-americano aumentou quase oito pontos percentuais desde 1980. Uma diferença notável desses setores com relação à fase de industrialização dirigida pelo Estado é sua maior dependência com relação a empresas privadas, muitas delas multinacionais. Em geral, a mineração cresceu também de forma rápida naqueles países abundantes em recursos naturais, mas as atividades extrativas têm aumentado mais rapidamente do que as que geram maior valor adicionado. Como no caso dos serviços modernos, a mineração foi favorecida por reformas institucionais destinadas a abrir maior espaço para a participação privada e o investimento estrangeiro direto. No caso dos recursos minerais, assim como da propriedade intelectual, uma dos objetivos das reformas foi promover maior proteção dos direitos de propriedade em geral.

O desempenho do setor exportador não parece ter contribuído para acelerar o crescimento econômico na região. Um fato ressaltado pela CEPAL (2001a) e, mais recentemente, por Palma (2009 e 2011) é que a participação nos mercados mundiais aumentou em ramos exportadores em que os mercados são relativamente pouco dinâmicos, em contraste direto com os padrões do Leste Asiático. Hausmann (2011) também nota que as atividades em que a América Latina especializou-se oferecem menos possibilidades de dar origem a novas atividades produtivas e melhorias na qualidade dos produtos – dois elementos considerados essenciais para um rápido crescimento econômico. Nos termos usados por Hausmann, a região tendeu a especializar-se em uma parte do "espaço de produtos" que oferece menores oportunidades de mudança tecnológica.

Como discutido na seção anterior, muitos dos setores exportadores de maior sucesso, sobretudo no caso das manufaturas, tendem a ter um grande número de componentes importados e, no caso extremo da *maquila*, contêm apenas uma baixa proporção de valor adicionado nacional. Essa situação significa que podem existir notáveis diferenças entre o aumento das exportações de manufaturas, calculadas pelo seu valor bruto, e do PIB (ou seja, do *valor adicionado*) da indústria manufatureira. Como demonstrado por Akyüz (2003: cap. I, especialmente tabela 1.5), o aumento da participação da América Latina no comércio mundial de manufaturas coincidiu durante as últimas décadas do século XX com uma *redução* da participação da América Latina no valor adicionado da indústria manufatureira mundial. O mesmo resultado é extraído dos dados do Banco Mundial: a participação da América Latina no valor adicionado das manufaturas no mundo caiu de

7,2% em 1980 para 6,2% em 2007. A redução foi ainda mais acentuada com relação à produção dos países em desenvolvimento (ou seja, excluindo os países de renda alta da OECD), uma vez que caiu de 31,2% para 18% no mesmo período.[18] O contraste é particularmente visível no caso do México. Nesse país, a grande expansão das exportações de manufaturas após 1980, e especialmente após a assinatura do NAFTA, coincidiu com um lento crescimento da produção (valor adicionado) das manufaturas: 3% em 1994-2008 (segundo os dados da CEPAL usados para elaborar a Tabela 5.7), que foi apenas um pouco superior ao aumento anual de 2,2% no período de 1980-1994, mas muito inferior ao aumento de 8% ao ano registrado na Tabela 4.6 para o período 1950-1974.

A forma como esses distintos fatores combinaram-se nos diferentes países foi bastante variada, contribuindo para explicar a baixa correlação entre crescimento do PIB e exportações nos países da região no período 1990-2008 (Figura 5.11). O alto índice exportador do México, por exemplo, produziu uma taxa de crescimento do PIB muito inferior à de Costa Rica e Chile. Tal discrepância parece indicar que prevaleceu no México a combinação dos limitados encadeamentos produtivos internos com os efeitos destrutivos da abertura (p. ex., a desarticulação das cadeias produtivas pré-existentes), enquanto o desenvolvimento das novas indústrias exportadoras da Costa Rica teve um efeito líquido positivo substancial de criação de capacidades produtivas. No caso do Chile, os efeitos destrutivos da abertura ocorreram antes, na década de 1970. A destruição de capacidades produtivas causada pela abertura às importações parece ter sido mais significativa nos países de maior tamanho, o que possivelmente contribuiu para explicar o lento crescimento de Brasil, Colômbia, México e Venezuela com relação ao padrão regional.

O contraste entre o sucesso relativo da internacionalização das economias da América Latina e as baixas taxas de crescimento econômico é, sem dúvida, um dos efeitos paradoxais das reformas de mercado. Esse fato abriu espaço para reintroduzir-se na agenda o tema das políticas industriais, do desenvolvimento produtivo e da competitividade em geral, e sua relação com os processos de desenvolvimento tecnológico, agora obviamente no contexto das economias abertas de hoje. Entre as instituições internacionais, coube à CEPAL o mérito de ter mantido o foco sobre esse tema em momentos em que os reformadores sustentavam, como foi observado, que a "melhor política industrial é não ter política industrial" (ver CEPAL, 1990, 2000 e 2008).

---

[18] Esses dados foram calculados com base nos indicadores de desenvolvimento mundial do Banco Mundial.

FIGURA 5.11. Relação entre crescimento das exportações e do PIB, 1990-2010

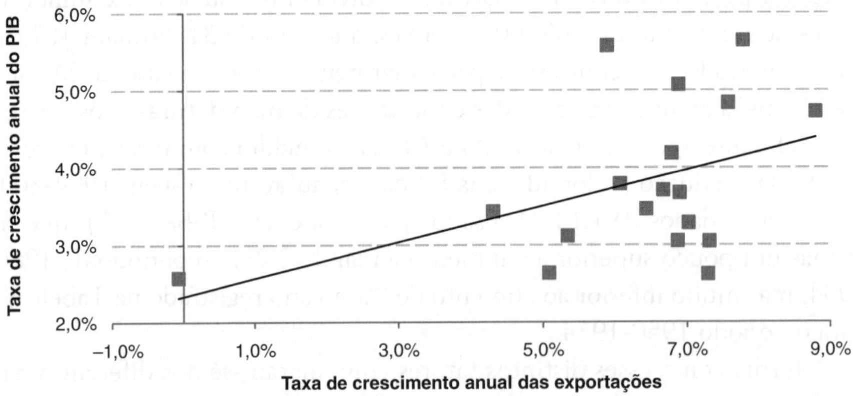

Desde a década de 1990 tem havido progresso em algumas políticas "horizontais" (não seletivas), tais como zonas de livre comércio, apoio a micro, pequenas e médias empresas, difusão de tecnologia de informação e desenho de fundos pesquisa e desenvolvimento. Além disso, tem havido suporte a algumas cadeias produtivas e *clusters* de produção locais. Todas essas políticas fazem parte de uma estratégia de promoção da "competitividade" (um termo que não carrega consigo as conotações negativas associadas com o conceito de "política industrial") e se dedicam primariamente a apoiar as atividades existentes antes do que diversificar a base produtiva. Algumas das velhas políticas setoriais ainda sobreviveram, tais como as que dão apoio à indústria automobilística em alguns países e à indústria florestal em outros. Em alguns casos, o suporte ao investimento de firmas individuais tem tido um papel importante, tal como, por exemplo, na entrada da INTEL na Costa Rica, de empresas de mineração no Peru e de papel e celulose no Uruguai (Peres, 2012).

Já no início do século XXI houve um retorno mais generalizado às políticas setoriais na Argentina, Brasil, México e, depois, Chile e Colômbia. Contudo, somente após o lançamento da Política de Desenvolvimento Produtivo (PPD) em 2008 e a implementação simultânea de uma política voltada a construir nova capacidade produtiva em associação com as descobertas de petróleo, é que se pode afirmar que houve um retorno a uma política industrial e, mais genericamente, a estratégia de desenvolvimento mais ambiciosa na região. Nos outros países, as políticas nessa área têm se limitado a incentivos fracos e complexos às empresas, não tendo desencadeado a resposta que obtiveram a proteção e outros estímulos durante a fase anterior de desenvolvimento.

As novas propostas de desenvolvimento produtivo têm dado maior importância a políticas científicas e tecnológicas, uma área que foi largamente negligenciada durante o período de industrialização dirigida pelo Estado. A época das reformas de mercado também trouxe mudanças nas políticas para essa área. Nos anos 1990, a maioria dos países começou a abandonar as políticas de oferta próprias da fase anterior do desenvolvimento e a adotar um modelo orientado a responder às demandas do setor produtivo. Os principais instrumentos de tipo "horizontal" – e, portanto, com um efeito teoricamente neutro em termos de seus impactos sobre os distintos setores produtivos –consistiram em fundos, consultoria e sistemas de informação para empreendimentos inovadores, ou mecanismos de controle de qualidade e certificação, especialmente para produtos de exportação. Também se deu ênfase à defesa da propriedade intelectual como meio de atração de IDE, que foi visto como veículo de progresso técnico. A liberalização comercial e a sobrevalorização cambial, por outro lado, favoreceram a introdução de tecnologia incorporada em bens de capital mais baratos.

Tais políticas contribuíram para acentuar a já mencionada heterogeneidade das estruturas produtivas, dado que a própria lógica das políticas e as formas de gestão baseadas em desempenho, incentivos por resultados e financiamento conjunto, levaram a que os beneficiários das políticas fossem empreendimentos que já possuíam capacidade de inovação. Além disso, os recursos disponíveis para inovação e desenvolvimento continuaram a ser escassos (0,54% do PIB em 1998-2002, 0,57% em 2002-2006 e 0,63% em 2007) (CEPAL, 2010, tabela III.9). Entre os países latino-americanos, somente o Brasil conseguiu, na virada do século, chegar a 1% do PIB em investimento em pesquisa e desenvolvimento, enquanto a maioria dos países situava-se muito abaixo da média regional. Essa média é apenas uma fração (quarta ou quinta parte) da taxa dos países que investem substancialmente em desenvolvimento tecnológico (Finlândia, Estados Unidos, Coreia do Sul) e a metade da taxa da China ou da Espanha. Além do mais, na América Latina o esforço é sustentado muito mais pelos aportes do Estado (mais da metade), enquanto nos países líderes em matéria de inovação o esforço depende principalmente dos investimentos do setor privado. O atraso latino-americano em P&D também se reflete em uma defasagem ainda maior em outros indicadores, tais como no número de cientistas e publicações científicas por milhão de habitantes, ou na participação das patentes registradas em termos mundiais (CEPAL, 2008: tabela III.1).[19]

De toda forma, ao mesmo tempo que esse modelo dominante funcional era estabelecido, vários países avançaram no desenvolvimento de abordagens

[19] Para uma discussão mais detalhada do tema, ver CEPAL (2008: caps III e IV) e CEPAL (2010: cap. III).

mais sistêmicas da inovação. Na década de 1990, Colômbia e Costa Rica desenvolveram sistemas de inovação mais integrados, que buscavam uma maior interação entre políticas de oferta e demanda e a participação de distintos setores e regiões. Na Colômbia esses esforços declinaram no final dos anos 1990, mas foram retomados uma década mais tarde. Na Argentina, no Brasil e no México expandiram-se os fundos setoriais que tiveram um papel importante na combinação de políticas setoriais com o desenvolvimento de diversos instrumentos voltados a identificar as necessidades da demanda e a incentivar a participação do setor privado nos investimentos em pesquisa e desenvolvimento. Enquanto o modelo da Argentina e do México foi mais orientado por uma perspectiva de demanda, o Brasil adotou um modelo sistêmico mais parecido com o utilizado pela Colômbia e contou, como já foi dito, com recursos muito mais significativos.

Os efeitos sociais das transformações econômicas

Os efeitos sociais da década perdida foram devastadores no que diz respeito aos níveis de pobreza. Para o conjunto da América Latina, a pobreza aumentou de 40,5% para 48,3%, com a taxa de pobreza urbana chegando a quase 12% e com um aumento adicional na taxa já elevada das zonas rurais (Figura 5.12). A principal causa desse resultado foi a deterioração nos salários reais dos trabalhadores e o colapso do emprego formal, induzido pela profunda recessão e inflação. De forma geral, a distribuição da renda piorou, com a deterioração concentrando-se na fase mais aguda da crise (Tabela 5.9).

Os ajustes fiscais realizados durante a década perdida terminaram também por comprimir drasticamente o gasto público social, embora com menos intensidade do que a redução do gasto público total. O gasto social tendeu a reduzir-se como proporção do PIB nestes anos, o que foi reforçado pela própria contração do PIB *per capita*. O resultado líquido foi uma queda de 9% do gasto social per capita em 1982-1989 em relação ao começo da década. Os gastos com previdência social foram os mais protegidos (Cominetti e Ruiz, 1998). Novamente, esses dados refletem um conjunto heterogêneo de experiências de países que continuaram tendo crescimento de seus gastos sociais por toda a década de 1980 até outros que sofreram verdadeiro colapso nessas despesas.[20] A despeito dos cortes realizados em alguns casos,

[20] Com base nos dados de Cominetti e Ruiz (1998), Brasil, Colômbia, Costa Rica, Honduras, Panamá e Uruguai podem ser classificados como parte do primeiro grupo, enquanto Guatemala, El Salvador, Nicarágua, Peru, República Dominicana e Venezuela podem ser incluídos no segundo grupo. Nos outros países, o gasto social caiu inicialmente e depois recuperou-se.

FIGURA 5.12. Incidência da pobreza

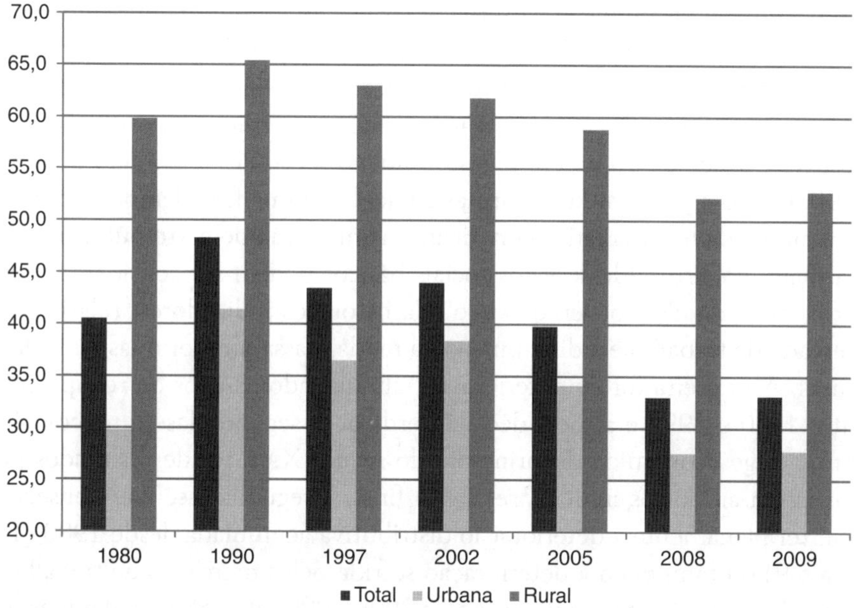

Fonte: CEPAL.

TABELA 5.9. Distribuição da renda na América Latina (coeficiente de Gini)

	1980	1986	1992	1998	2002	2008
Argentina	39,8	42,7	45,0	50,2	53,3	46,3
Brasil	57,4	58,0	60,1	59,2	58,3	54,2
Chile	52,9	56,1	54,7	55,5	54,8	51,8
Paraguai	53,3	55,8	52,7	57,1	56,6	51,9
Uruguai	40,2	41,2	42,1	44,0	45,4	44,5
Bolívia		57,2	58,2	57,8	60,1	57,2
Colômbia	60,0	58,2	56,4	58,8	55,6	55,6
Equador			49,9	51,1	56,5	53,4
Peru		52,9	47,4	52,6	51,4	48,0
Venezuela	42,3	44,6	41,3	47,2	47,5	43,5
Costa Rica		44,0	44,6	45,9	49,8	48,7
El Salvador			52,7	53,4	52,3	46,9
Guatemala		56,2	58,2	56,0	54,5	53,6
Honduras			51,5	51,9	55,5	55,3
Nicarágua			56,3	53,8	50,2	52,3
Panamá	48,0	51,8	55,5	55,4	56,4	54,8
México		48,0	54,1	54,7	53,8	50,5
República Dominicana		50,9	53,1	50,5	49,0	48,3
Média						
Todos	49,2	51,3	51,9	53,1	53,4	50,9
Países com dados para 1986		51,3	51,7	53,2	53,3	50,6
Países com dados para 1980	49,2	51,0	51,0	53,4	53,5	50,3

Fonte: Gasparini *et al.* (2011).

educação, saúde e outros indicadores sociais continuaram a melhorar. Entretanto, os sistemas públicos de serviços sociais foram duramente afetados, o que levou à deterioração do capital humano e da qualidade desses serviços.

A história posterior sob as reformas econômicas apresenta grandes contrastes na evolução das distintas variáveis. Como veremos, a evolução mais positiva é a que ocorreu com o gasto público social desde o início dos anos 1990. Como o processo de reformas coincidiu com a fase democrática mais prolongada da história latino-americana, a ampliação do gasto público social e a maior cobertura de serviços sociais básicos podem ser consideradas um verdadeiro "dividendo democrático". Já os outros indicadores, relativos ao mercado de trabalho e à distribuição da renda, passaram por duas fases diferentes. A primeira foi de deterioração, abrangendo os anos de recuperação entre 1990 e 1997 e a meia década perdida. A segunda fase, que coincide com o auge econômico do princípio do século XXI, foi de resultados positivos em ambos os indicadores.[21] Ao final, a segunda fase não conseguiu reverter plenamente a deterioração distributiva acumulada desde 1980 (Tabela 5.9) ou tampouco a deterioração sofrida pelos mercados de trabalho a partir de 1990. A Grande Recessão de 2008-2009 interrompeu algumas das tendências positivas dos anos de auge, mas em geral o impacto parece ter sido moderado.

Graças ao *boom* antes da Grande Recessão, os níveis de pobreza, que haviam diminuído a um ritmo muito lento desde 1990, caíram mais de 10% entre 2002 e 2008. Somente em 2004 é que houve redução da pobreza para níveis menores do que os de 1980, o que indica que em termos de redução da pobreza não foi somente uma década, mas um quarto de século perdido! Mais ainda, o número absoluto de indivíduos pobres manteve-se em torno de 200 milhões de pessoas durante os anos 1990 e aumentou para 220 milhões durante a meia década perdida, antes de diminuir em cerca de 40 milhões durante a expansão do início do século XXI. A distribuição das pessoas pobres mudou significativamente ao longo dessas décadas. Embora a incidência da pobreza e da indigência tenha continuado mais alta nas zonas rurais, em números absolutos houve uma tendência à "urbanização" da pobreza.

Ainda que o auge ocorrido de 2004-2008 tenha conseguido reverter as tendências distributivas do primeiro período, o mesmo não aconteceu com os indicadores do mercado de trabalho. Essa situação foi agravada pela alta volatilidade do crescimento econômico, que reforçou a insegurança econômica

[21] A literatura sobre esses temas é ampla. Sobre os anos 1990, ver CEPAL (2001), Berhman *et al.* (2001) e Székely (2001). Sobre a melhoria recente na distribuição, Cornia (2010), Gasparini e Lustig (2011) e a compilação de López-Calva e Lustig (2010).

enfrentada pelos latino-americanos. A tendência na questão social pode ser resumida como de maior precarização do trabalho e insegurança econômica. Essa última situação reflete-se tanto no risco de perda do emprego, para os trabalhadores assalariados, quanto de perda da renda, para os trabalhadores do setor informal.

É importante ressaltar que estas mudanças ocorreram em meio à consolidação da transição demográfica e urbanização. O declínio do crescimento demográfico que tinha se iniciado em meados da década de 1960 refletiu-se em crescimento de 1,7% ao ano da população total entre 1980 e 2010 (que consistia em um ponto percentual menor do que em 1950-1980), mas em tendência de queda, de tal forma que ao final da primeira década do século XXI o crescimento demográfico encontra-se apenas ligeiramente superior a 1% ao ano. A desaceleração do crescimento demográfico foi generalizada, ainda que maior naqueles países que haviam passado pela explosão demográfica no período anterior e com certo atraso em vários países centro-americanos (Guatemala, Honduras e Nicarágua), na Bolívia, no Paraguai e na Costa Rica, cuja população foi inflada pela entrada de imigrantes de países da região, como é possível ver em uma comparação dos dados da Tabela 5.10 com os da Tabela 4.9). Por outro lado, o processo de urbanização consolidou-se de tal forma que a taxa de urbanização já é superior a 50% em todos os países e alcança quase 75% da população total da região em seu conjunto – com uma tendência dessa taxa ser mais alta nas economias maiores como parte de padrão que já era perceptível na fase anterior de desenvolvimento.

A oferta de trabalho se expandiu rapidamente desde os anos 1970, devido ao impacto duplo do crescimento ainda alto da população em idade de trabalhar e da maior participação do trabalho feminino, facilitada nesse último caso pelos efeitos positivos da menor dependência demográfica. Esse efeito dual continuou atuante até o final do século XX. Segundo o CELADE (2006: tabela 11), o crescimento anual da oferta de trabalho foi de 3,1% ainda na última década do século, uma taxa não muito diferente dos 3,3% estimados pela mesma entidade para o período 1970-1990. Durante a primeira década do século XXI, no entanto, como a transição demográfica estava ao seu final e o aumento da participação do trabalho feminino tinha perdido força, houve uma redução na taxa de crescimento da oferta de trabalho para 2,2% ao ano.

A menor dependência demográfica e o crescimento mais rápido da população economicamente ativa em relação à população total, ocorridos durante a longa fase de transição demográfica vivida pela América Latina nas últimas décadas, geraram o que tem sido chamado por uma ampla literatura de "bônus demográfico". Contudo, os benefícios desse "bônus" não são

TABELA 5.10. Taxas de crescimento da população e taxas de urbanização

	POPULAÇÃO TOTAL		TAXA DE CRESCIMENTO DA POPULAÇÃO	TAXA DE URBANIZAÇÃO	
	1980	2010	1980-2010	1980	2010
América Latina (7 países)	349.009	572.479	1,7%	57,0	72,7
América Latina (19 países)					
Países grandes					
Brasil	121.672	199.992	1,7%	67,1	85,0
México	69.325	110.056	1,6%	66,3	78,0
Cone Sul					
Argentina	28.094	40.519	1,2%	82,9	93,1
Chile	11.174	17.094	1,4%	79,0	87,5
Uruguai	2.914	3.363	0,5%	85,1	92,4
Andinos					
Colômbia	28.356	47.859	1,8%	64,3	78,5
Peru	17.325	28.861	1,7%	64,2	73,4
Venezuela	15.091	28.807	2,2%	79,0	93,6
América Central					
Costa Rica	2.347	4.695	2,3%	42,9	66,0
El Salvador	4.586	7.453	1,6%	44,1	60,3
Guatemala	7.013	14.362	2,4%	33,0	57,2
Honduras	3.634	7.614	2,5%	34,9	50,5
Nicarágua	3.257	5.825	2,0%	50,1	58,3
Outros					
Bolívia	5.355	10.426	2,2%	45,5	66,4
Cuba	9.823	11.236	0,4%	68,2	77,4
Equador	7.961	14.200	1,9%	47,0	65,0
Panamá	1.949	3.497	2,0%	49,8	68,7
Paraguai	3.198	6.451	2,4%	41,6	61,4
República Dominicana	5.935	10.169	1,8%	37,3	68,6

Fonte: séries históricas da CEPAL.

automáticos, dado que a economia deve criar emprego suficiente para que se torne efetivo. Por esse motivo, o bônus foi desperdiçado durante as duas últimas décadas do século XX, ainda que tenha ajudado a diminuir os níveis de pobreza. De fato, de acordo com Ros (2009) a diminuição da taxa de dependência familiar é o fator que mais ajuda a explicar o comportamento da pobreza nos diferentes países latino-americanos no período 1990-2006. Os efeitos positivos desse "bônus demográfico" também foram sentidos na década de 2000, visto que aumento do PIB *per capita* em 2003-2008 foi similar ao de 1967-1974 (em torno de 4% ao ano), apesar do crescimento do PIB total continuar sendo inferior ao daquele período.

TABELA 5.11. Indicadores do mercado de trabalho

	TAXA DE DESEMPREGO				TAXA DE OCUPAÇÃO				INFORMALIDADE			
	1990	**1997**	**2002**	**2008**	**1990**	**1997**	**2002**	**2008**	**1990**	**1997**	**2002**	**2008**
América do Sul	**6,4**	**8,2**	**13,8**	**8,1**	**53,9**	**52,5**	**50,0**	**54,3**	**42,2**	**45,9**	**47,5**	**41,6**
Argentina	7,4	14,9	19,7	7,9	37,6	38,4	45,9	54,2	44,4	41,3	42,4	39,0
Bolívia	7,3	4,4	8,7	7,0	47,6	50,2	53,0	52,7	62,8	65,6	66,7	62,7
Brasil	4,3	5,7	11,7	7,9	58,9	55,2	48,7	52,5	49,3	46,7	46,2	40,2
Chile	7,8	6,1	9,8	7,8	48,5	50,9	48,4	51,7	38,9	34,3	31,8	30,0
Colômbia	10,5	12,4	17,6	11,5	52,2	52,5	53,4	55,3	27,3	30,7	39,3	39,8
Equador	6,1	9,3	8,6	6,9	45,8	52,0	52,9	56,0	54,5	54,0	56,4	56,9
Paraguai	6,6	7,1	14,7	7,4	...	...	54,6	58,2	55,3	62,9	61,7	55,7
Peru	8,3	9,2	9,4	8,4	56,2	...	62,0	62,4	...	61,9	63,3	59,0
Uruguai	8,5	11,5	17,0	7,9	52,2	51,1	49,1	57,7	36,8	42,4	45,7	42,7
Venezuela	10,4	11,4	15,8	7,4	52,5	56,5	57,8	59,9	39,1	48,1	56,5	49,8
México e América Central	**5,1**	**5,4**	**4,7**	**5,3**	**50,9**	**54,7**	**54,8**	**57,0**	**42,5**	**43,9**	**48,9**	**43,9**
Costa Rica	5,4	5,9	6,8	4,8	50,6	50,6	51,8	53,9	36,9	39,5	40,3	36,9
El Salvador	10,0	7,5	6,2	5,5	...	47,1	48,0	59,0	51,0	52,5	54,4	56,4
Guatemala	6,3	5,1	5,4	4,4	...	...	...	...	54,6	64,4	57,7	56,1
Honduras	7,8	5,8	6,1	4,1	...	50,6	49,7	49,4	53,3	54,3	56,7	42,9
México	2,7	3,7	3,9	4,9	50,4	56,7	55,5	57,5	43,6	44,0	47,1	43,3
Nicarágua	7,6	14,3	11,6	8,0	...	...	49,5	50,1	49,3	60,7	59,8	57,6
Panamá	20,0	15,5	16,5	6,5	47,1	52,0	54,1	60,3	32,3	33,5	38,4	35,6
República Dominicana	19,6	15,9	16,1	14,1	44,2	44,2	46,2	47,7	...	...	54,3	49,9
América Latina	**6,0**	**7,5**	**10,5**	**7,2**	**53,3**	**53,0**	**51,2**	**55,2**	**42,3**	**45,3**	**47,9**	**42,3**

Nota: Os dados anuais referem-se aos anos mais próximos.

Fonte: CEPAL, Divisão de Desenvolvimento Econômico para Desemprego e Ocupação; Panorama Social para Informalidade.

O fraco desempenho do mercado de trabalho até o início da primeira década do século XXI teve um impacto devastador. O fenômeno foi o resultado de fatores econômicos, em particular do lento crescimento tratado na seção anterior e dos efeitos que tiveram as reformas econômicas sobre a geração de emprego. Os dados mostram que na década de 1990 a taxa de crescimento do emprego foi inferior à da segunda metade dos 1980; o desemprego cresceu, o emprego proliferou no setor informal e a alta dos salários reais favoreceu mais do que nunca os trabalhadores qualificados (Stallings e Weller, 2001). Vale notar que esse fenômeno manifestou-se ainda durante os anos de crescimento econômico da década de 1990 (até 1997), dando a dimensão do impacto negativo líquido das reformas econômicas sobre a criação de emprego. As tendências adversas tornaram-se mais agudas durante a meia década perdida de 1998-2002. Em um contexto de expansão contínua da participação do trabalho feminino (a taxa de participação masculina manteve-se estável, ao redor de 74%, enquanto a feminina aumentou 8%, de 38,4% em 1991 para 46,5% em 2002), o resultado foi uma explosão da taxa de desemprego e da informalidade do trabalho (Tabela 5.10).

A deterioração do trabalho durante a fase inicial das reformas concentrou-se na América do Sul, refletindo o impacto decisivo dos distintos padrões de inserção internacional das economias latino-americanas analisados anteriormente. Como pode ser observado na Tabela 5.11, a diminuição da taxa de ocupação e o aumento no desemprego na América do Sul coincidiram com uma melhora de ambos os indicadores no México e na América Central. O contraste entre os padrões do "norte" e do "sul" foi particularmente evidente no setor manufatureiro. Nos países do "norte", o emprego no setor manufatureiro aumentou a uma taxa média anual de 4,3% e representou 13% de todos os postos de trabalho gerados; por outro lado, nos países do "sul" o emprego naquele setor contraiu-se 0,1% ao ano (Stallings e Weller, 2001). A indústria *maquiladora* explica uma grande parte desse resultado, dada sua importância no crescimento do setor manufatureiro do norte da região durante os anos 1990. Em 1999, o emprego nas *maquiladoras* já representava entre 10% e 40% do total do emprego no setor manufatureiro dos países do norte (em alguns, particularmente no México e na República Dominicana, já era importante desde o começo daquela década).

A deterioração do trabalho durante a meia década perdida foi sentida por igual em ambas sub-regiões, mas tendeu a assumir a forma de desemprego aberto na América do Sul enquanto no México e na América Central manifestou-se primariamente via expansão do setor informal.

Em claro contraste com as tendências que haviam predominado até o início do século XXI, a expansão da economia latino-americana entre 2004 e 2008 teve um impacto muito mais positivo na América do Sul, tanto em termos de desemprego aberto quanto de informalidade. As quedas mais pronunciadas na taxa de desemprego deram-se, com efeito, em cinco países sul-americanos (Argentina, Colômbia, Paraguai, Uruguai e Venezuela) e no Panamá, países que haviam registrado taxas mais altas no passado. Uma causa central deste padrão foi, naturalmente, o crescimento dos preços de produtos básicos, que favoreceu o padrão de especialização do "sul". A recessão iniciada em fins de 2008 interrompeu essas tendências positivas, mas seu impacto foi muito menor do que nas duas crises anteriores.

Apesar de seus efeitos positivos, a expansão de 2004-2008 não foi capaz de reverter a grande deterioração da qualidade dos postos de trabalho acumulada entre 1990 e início do século XXI. Ainda em 2008 a taxa de desemprego e a informalidade do trabalho permaneciam acima dos níveis de 1990. Esse resultado pode ser visto na Tabela 5.12, que compara as tendências de quatro variáveis indicativas das condições do mercado de trabalho desde 1990. Como se pode notar, apenas o Chile teve uma melhoria sistemática em todos os indicadores. Nos outros países houve uma deterioração a longo prazo de um ou mais desses indicadores. Dada a alta dependência existente entre emprego formal e acesso à previdência social, um dos efeitos negativos das tendências do mercado de trabalho foi o retrocesso quanto à cobertura da previdência social em mais da metade dos países para os quais existem informações. Os dados reforçam a afirmação de Tokman (2011) de que nessas décadas houve expansão da economia informal, uma categoria que abrange tanto trabalhadores informais como assalariados do setor formal em condições precárias do trabalho (sem acesso à previdência social[22] ou sem contrato de trabalho). De acordo com suas estimativas (Tokman, 2011), a economia informal expandiu-se de 58,8% para 64,0% do emprego urbano entre 1990 e 2008.[23]

As tendências distributivas negativas que caracterizaram os anos 1990 e a meia década perdida também sugerem a existência de um padrão norte-sul, podendo refletir, assim, a forma como os padrões de especialização afetaram os mercados de trabalho. Na Tabela 5.9 vê-se que a situação deteriorou-se muito mais na América do Sul entre 1990 e início do século XXI. Ainda assim, o fenômeno não foi generalizado: Argentina, Equador e Venezuela sofreram grande piora na distribuição de renda, na Bolívia e no Uruguai ela foi moderada, enquanto no Brasil houve uma pequena melhoria. No norte

[22] Sobre a cobertura da previdência social, ver também Uthoff (2011).

[23] Para o período 1990-2005, García (2007) estima que o emprego informal correspondeu a mais de 55% do aumento do emprego total na América Latina.

TABELA 5.12. Mudanças nas condições do mercado de trabalho na América Latina, 1990-2007*

	DESEMPREGO ABERTO	INFORMALIDADE	REMUNERAÇÃO	COBERTURA DA SEGURIDADE SOCIAL
Argentina	0,5	−4,5	3,0	n.d.
Bolívia	−0,6	−0,3	−0,7	−4,2
Brasil	3,6	−9,1	0,1	−0,7
Chile	0,0	−8,9	2,1	−0,8
Colômbia	1,0	−0,5	0,9	nd
Costa Rica	−0,6	0,2	0,7	0,4
Equador	0,8	2,9	1,0	−6,0
El Salvador	−4,5	5,4	−0,1	3,6
Guatemala	−0,2	3,5	0,1	2,8
Honduras	−3,7	−9,4	−0,2	nd
México	2,2	0,1	−0,5	−18,9
Nicarágua	0,4	9,1	−0,7	−7,9
Panamá	−13,5	3,6	0,3	−4,7
Paraguai	0,8	1,2	0,7	3,0
Peru	0,1	−1,8	0,1	12,2
R. Dominicana	−4,3	−4,2	0,6	nd
Uruguai	−0,6	6,0	−0,2	4,4
Venezuela	−3,1	10,7	−0,6	3,8

Fonte: CEPAL, Panorama Social, Anexos Estatísticos.

* A variação é calculada como a diferença entre o último e o primeiro ano de cada país. Os anos para cada país variam de acordo com a disponibilidade de dados.

da região, a piora na distribuição começou a reverter-se no México a partir de meados dos anos 1990 e coincidiu com os melhores resultados distributivos em alguns países centro-americanos. Mas nem mesmo os indicadores no norte foram uniformemente positivos, como ilustrado pela deterioração distributiva da Costa Rica e Honduras.

É interessante ressaltar que alguns países (Argentina, Costa Rica e Uruguai, em particular) com uma melhor distribuição de renda sofreram deterioração nas duas últimas décadas, enquanto outros (notavelmente o Brasil, mas também Chile e vários países centro-americanos) com distribuição mais desigual tiveram melhora. Houve, desta forma, certa convergência regional para níveis intermediários de desigualdade. Além disso, apesar dos bons resultados recentes, a América Latina continua sendo, com a África Subsaariana, a região mais desigual do mundo; de fato, os níveis médios de desigualdade continuam um pouco maiores do que eram em 1980 nos países com informação disponível.

Os efeitos das reformas estruturais sobre a distribuição da renda foram objeto de muito debate. As reformas produziram, sem dúvida, perdedores e ganhadores, mas seu impacto distributivo líquido foi positivo em alguns países e negativo em outros (ver, por exemplo, Ganuza *et al.*, 2002), como aconteceu com outras áreas das reformas, sem que haja consenso sobre o assunto.[24] O efeito mais generalizado foi o aumento no hiato salarial entre trabalhadores qualificados e não qualificados nos anos 1990, com a importante exceção do Brasil. Vários autores apoiam a tese de Morley (2001) de que a liberalização comercial foi o fator que mais contribuiu para ampliar a diferença das remunerações. Entre os fatores que contribuíram para este resultado encontram-se a redução nas tarifas sobre bens de capital, a complementaridade entre investimento em máquinas e equipamentos e demanda de mão de obra qualificada e, finalmente, a apreciação das moedas (que barateou equipamentos e aumentou os custos da mão de obra em dólares, com impacto negativo sobre setores mais intensivos em trabalho). Por outro lado, a geração de emprego nos setores exportadores foi insuficiente para compensar a destruição de postos de trabalho nos segmentos que antes estavam protegidos e que tiveram de aumentar a produtividade cortando, ao menos inicialmente, seus custos do trabalho. A criação dos novos postos de trabalho tendeu, além disso, a oferecer menores salários e menos estabilidade no emprego (Lora, 2011). No entanto, outros autores sustentam que o aumento na diferença de remunerações deveu-se mais ao viés tecnológico (maior demanda de mão de obra qualificada associada às novas tecnologias) que aos efeitos das reformas econômicas, o que explicaria por que tal tendência é relativamente generalizada em todo o mundo.

A recente diminuição na desigualdade foi analisada por Cornia (2010), Gasparini *et al.* (2009), Gasparini, Cruces e Tornarolli (2011) e Gasparini e Lustig (2011), entre outros. Para ela parecem ter contribuído tanto efeitos conjunturais quanto estruturais, bem como da política social e mesmo da política pura e simples. Entre os fatores conjunturais, estão a reversão dos grandes choques distributivos adversos sofridos por vários países durante a meia década perdida e a redução no hiato rural-urbano produzida pelo grande aumento dos preços dos produtos agropecuários. A expansão econômica

[24] Behrman *et al.* (2001) argumentaram, por exemplo, que a liberalização financeira teve efeitos regressivos mais substanciais do que os efeitos progressivos e moderados da liberalização comercial. Morley (2001) sustentou, ao contrário, que a liberalização comercial teve efeitos negativos que dominaram os efeitos favoráveis da liberalização financeira.

também provocou, como já observado, um aumento significativo nas oportunidades de emprego. Isso se combinou com a mencionada redução do crescimento da oferta de trabalho e com as oportunidades abertas, no norte da região, pela migração da mão de obra para os Estados Unidos e Europa.

Entre os fatores favoráveis de caráter mais permanente, o mais importante é a reversão do grande aumento na defasagem de salários entre trabalhadores qualificados e não qualificados. A política educacional contribuiu para esse resultado, por meio tanto do aumento nos anos de educação da população quanto da redução em algumas esferas da desigualdade educacional. De acordo com Cornia (2010), a redução na desigualdade educacional foi o fator que mais contribuiu para a melhoria na distribuição da renda na primeira década do século XXI.

A ampliação dos novos esquemas de transferência de renda, entre os quais se destacam as chamadas transferências condicionais de renda[25] e outros mecanismos de assistência social, também contribuiu para melhorar a distribuição, mas seu impacto foi pequeno. A explicação básica é que esses esquemas envolvem volumes de recursos que são modestos como proporção da renda nacional dos diferentes países e em vários deles os programas têm uma cobertura limitada. Isto é evidente nos dois maiores países, onde os mecanismos de transferências desenvolveram-se de forma mais significativa. Segundo Gasparini e Lustig (2011), o programa "Oportunidades" explica pouco menos de um quinto da melhor distribuição no México durante a primeira década do século XXI, enquanto o leque mais amplo de transferências do Brasil contribuiu para dois quintos da melhoria registrada, com uma contribuição expressiva tanto dos esquemas de previdência social (Benefício de Prestação Continuada) quanto do Bolsa Família.

Desta forma, ainda que os gastos em assistência social sejam altamente redistributivos, seu montante é relativamente reduzido e, por isso, os maiores efeitos redistributivos do gasto público estão associados ao alcance das políticas sociais básicas (Ocampo, 2008a). As políticas voltadas a áreas com maior abrangência, como as de educação primária e, crescentemente, secundária, assim como as de saúde pública, são os que têm o maior impacto redistributivo. As políticas que possuem abrangência mais limitada, como as de habitação e saneamento, são também ligeiramente progressivas, enquanto aquelas políticas que chegam a uma proporção reduzida da população, como os de educação superior e seguridade social, são regressivos, ainda que geralmente menos do que a distribuição geral da renda.

---

[25] Sob esse esquema, as famílias pobres recebem um subsídio do Estado se levam os filhos em idade escolar à escola e se as mães grávidas fazem o exame pré-natal.

A mudança nos regimes de trabalho pode também ter influenciado a redistribuição da renda, como parte das mudanças políticas implementadas pela região, especialmente a chegada ao poder de vários movimentos de esquerda na primeira década do século XXI. Apesar de não ter havido, como já observado, uma grande liberalização nos mercados de trabalho, a deterioração distributiva anterior deu-se no contexto de fragilidade dos movimentos sindicais e de uma política salarial (particularmente em relação ao salário mínimo) adversa aos trabalhadores. Contrariamente, na primeira década do século XXI a relação com os movimentos sindicais foi mais amistosa e vários países aumentaram seus salários mínimos. As reformas trabalhistas também mudaram de direção em vários desses países, orientando-se para uma maior proteção dos trabalhadores (Murillo *et al.*, 2010).

O impacto da política social sobre a distribuição da renda mostra, embora com atraso, o aumento consistente do gasto público social nas últimas duas décadas. De acordo com os dados da CEPAL, esse gasto elevou-se durante de 13,0% do PIB em 1990 para 16,1% em 1998. Depois de uma desaceleração na virada do século como reflexo do impacto da meia década perdida, o gasto social recuperou-se e chegou a 18,9% em 2008. Mais ainda, na medida em que o PIB cresceu em ritmo acelerado em alguns períodos, o gasto social acompanhou a tendência. Ao longo das últimas duas décadas, o aumento no gasto social foi ainda maior nos países que tinham níveis menores dessa despesa, razão pela qual as diferenças nos valores relativos do gasto social como proporção do PIB dos distintos países da região tenderam a reduzir-se. Tanto no começo dos anos 1990 quanto em 2008, Argentina, Brasil, Costa Rica e Uruguai tinham níveis de gasto superiores ao padrão regional. Os maiores aumentos foram registrados no Brasil e na Colômbia, entre os maiores países, e El Salvador e Paraguai, entre os menores.

O resultado do aumento no gasto social foi uma contínua melhora em um conjunto amplo de indicadores educacionais, saúde e cobertura de serviços de água e esgoto, entre outros, com diferenças, porém, entre distintos países. Os resultados em todos esses campos continuaram colocando a região em níveis comparáveis ou superiores aos de outras regiões do mundo em desenvolvimento com rendas por habitante similares (Norte da África e Leste Asiático), embora com notáveis exceções de certos países em alguns indicadores de saúde (p. ex., mortalidade materna) (Tabela 5.13). Esse progresso reflete-se igualmente na evolução dos índices de desenvolvimento humano, ainda que, como visto no Capítulo 1, esses resultados tenham ficado abaixo aos que foram obtidos durante a etapa de industrialização dirigida pelo Estado.

Os avanços não devem, porém, ser superestimados. Em termos educacionais, por exemplo, a desistência escolar continua sendo um desafio para

TABELA 5.13. Progresso nos indicadores de desenvolvimento do milênio

	AMÉRICA LATINA E CARIBE		ÁSIA ORIENTAL		PAÍSES EM DESENVOLVIMENTO	
	1990	**2007**	**1990**	**2007**	**1990**	**2007**
Baixo peso, crianças de menos de 5 anos	13%	6%	17%	7%	33%	26%
Proporção de desnutrição na população total 1/	13%	8%	16%	10%	20%	17%
Taxa líquida de escolaridade						
Primeiro grau	86,7%	94,9%	98,0%	95,2%	79,6%	88,1%
Segundo grau 2/	58,7%	70,2%	60,7%	69,0%	45,4%	52,6%
Terceiro grau 3/	21,5%	31,3%	13,3%	24,2%	10,9%	17,4%
Relação meninas e meninos						
Primeiro grau	97,0%	97,0%	94,0%	99,0%	87,0%	95,0%
Segundo grau 2/	106,0%	107,0%	97,0%	101,0%	90,0%	94,0%
Terceiro grau 3/	113,0%	119,0%	55,0%	96,0%	78,0%	96,0%
Taxa de mortalidade crianças de menos de 5 anos (por mil nascimentos)	55	24	45	22	103	74
Taxa de mortalidade materna 4/ (por 100.000 nascimentos)	180	130	95	50	480	450
Nascimento atendidos por pessoal qualificado	68%	87%	71%	98%	47%	61%
População com acesso a 5/:						
Água potável	84%	92%	68%	88%	71%	84%
Instalações sanitárias	68%	79%	48%	65%	41%	53%

1/ Os dados de desnutrição da população referem-se a 1990/1992 e 2008, últimos dados disponíveis.

2/ Os dados de educação secundária referem-se a 1999/2000 e 2006 e no caso da taxa de escolaridade da Ásia incluem o Japão.

3/ Referem-se à taxa bruta de matrícula. Dada a variação da duração dos programas neste nível educacional, torna-se difícil determinar grupos de idades apropriados. Portanto, a taxa líquida de matrícula na educação de terceiro grau não é relevante. Os dados referem-se a 1999/2000 e 2006.

4/ O dado de 2007 corresponde a 2005, que é o último dado disponível.

5/ O dado de 2007 corresponde a 2005, que é o último dado disponível.

Fontes: Nações Unidas e UNESCO.

a plena universalização da educação primária, o acesso à educação universitária não melhorou, tendo mesmo deteriorado em vários países, e existem sérios problemas de qualidade em todos os níveis de ensino. Em relação à saúde subsistem também imensos problemas, associados às altas taxas de mortalidade materna em alguns países, ao tratamento de algumas enfermidades transmissíveis (HIV/AIDS, malária e tuberculose), ao tratamento de enfermidades crônicas não transmissíveis e de crescente incidência (cardiovasculares, diabete e câncer) e, em alguns países, aos efeitos dos altos níveis de violência sobre os indicadores de saúde. Além disso, apesar dos avanços na área de habitação, uma parcela substancial das residências continua sendo construída com materiais de qualidade precária e uma parte grande da população ainda não dispõe de rede de saneamento (BID, 2008a).

A dimensão da política social que mostra o menor progresso ou mesmo retrocesso é, sem dúvida, a seguridade social em sua definição mais ampla (pensões por idade, saúde, desemprego, entre outros). Nessa área há um contraste nítido entre a industrialização dirigida pelo Estado e as últimas décadas. A primeira caracterizou-se, segundo vimos no capítulo anterior, pelo desenvolvimento de um Estado de Bem-Estar segmentado, que cobria fundamentalmente os trabalhadores do setor formal da economia. A etapa mais recente caracteriza-se pelo retrocesso desses mecanismos de previdência social, ao mesmo tempo em que melhoraram sensivelmente os mecanismos de assistência social, em particular os programas de transferência condicional de renda e os de nutrição e emprego mínimo (Ferreira e Robalino, 2011). O problema básico da seguridade social é que os benefícios estão vinculados ao emprego formal (situação referida no Capítulo 4 como "modelo bismarckiano"), que não responde às realidades dos mercados de trabalho nas últimas décadas, com crescente presença do trabalho informal e aumento da instabilidade do emprego.

Os países da região dividem-se nesse campo em três grupos de acordo com Uthoff (2011). O primeiro grupo caracteriza-se por ter setores informais muito extensos e é constituído por Bolívia, Equador, El Salvador, Guatemala, Honduras, Nicarágua, Peru e Paraguai. Esses países possuem uma estrutura etária relativamente jovem e um número considerável de dependentes jovens e informais. A cobertura da previdência social dos indivíduos empregados é inferior a 30%. O segundo grupo é formado por Colômbia, México, República Dominicana, Panamá e Venezuela. A fecundidade baixou em todos esses países, o que se reflete em grandes mudanças em sua estrutura etária, sendo a cobertura da seguridade social próxima de 50%. Finalmente, países como Argentina, Brasil, Chile, Costa Rica e Uruguai formam o último grupo. Eles possuem uma estrutura com populações de maior idade e um grande número de dependentes idosos e jovens, ambos economicamente inativos. A seguridade social abrange mais de 60% dos empregados. Esses são países que possuem um Estado de Bem-Estar potencial. Segundo vimos no capítulo anterior, são também os países que iniciaram antes a transição para sistemas de bem-estar modernos.

O que isso indica é que os sistemas de seguridade social exclusivamente contributivos, como os que foram desenvolvidos durante a industrialização dirigida pelo Estado, são excludentes. Por outro lado, frente à limitada capacidade estatal de prover bem-estar, as empresas e as famílias buscaram uma maneira de fazê-lo independentemente ou por meio de mecanismos de mercado. A inclusão explícita do setor privado nos sistemas de previdência social potencializa a capacidade do mercado suprir a demanda por seguridade social, mas esse resultado também é excludente. Por isso, existe um consenso de que os avanços nesta matéria teriam de basear-se em uma estrutura de gasto público não contributiva financiada com recursos públicos gerais e na criação de sistemas inovadores que incorporassem a economia informal.[26] Essa é, portanto, a área da política social em que todos os modelos de desenvolvimento seguidos pela região até o momento deixaram as maiores lacunas.

[26] CEPAL (2006a), Levy (2008) e Uthoff (2011), entre outros, propuseram reformas desse tipo.

CONCLUSÃO

A história e os desafios do desenvolvimento latino-americano

Ao longo desta obra, foram discutidos com especial ênfase quatro aspectos da história econômica da América Latina: o primeiro relaciona-se aos resultados do desenvolvimento econômico, com seus avanços e retrocessos quando comparados com outras regiões. O segundo aspecto diz respeito à instabilidade econômica associada com os padrões de especialização internacional da região, que até hoje gira em torno dos recursos naturais e da instabilidade no acesso ao financiamento internacional. O terceiro vincula-se ao ritmo lento em que a região tem desenvolvido instituições políticas e econômicas modernas, assim como as grandes variações nas políticas econômicas e paradigmas de desenvolvimento que as têm acompanhado. O quarto aspecto refere-se à desigualdade, área em que a América Latina tem enfrentado problemas mais sérios do que outras regiões. Vamos recapitular brevemente como esses diferentes aspectos estão vinculados.

Desenvolvimento e desigualdade

Não há dúvida de que a região avançou em seu desenvolvimento. Esse avanço reflete-se no aumento da produção *per capita*, nos melhores indicadores de desenvolvimento urbano e na redução dos níveis de pobreza. Não obstante, também é fato que esse processo foi desigual ao longo do tempo e da geografia regional.

Os dois séculos cobertos nesta análise foram divididos em quatro subperíodos que nos ajudaram a ver como se deu e variou o processo de desenvolvimento: (1) as décadas posteriores à Independência da maioria dos países; (2) a fase do desenvolvimento primário-exportador nos quadros da chamada primeira globalização, que abrange as últimas décadas do século XIX e as três décadas iniciais do século XX; (3) a industrialização dirigida pelo Estado (termo que preferimos à noção imperfeita de "industrialização substitutiva de importações"), que se insere entre duas grandes crises (a Grande Depressão dos anos 1930 e a década perdida da década de 1980); e (4) a etapa das reformas de mercado desde os anos 1980, que coincide em nível internacional com a segunda globalização. Dada a diversidade da América Latina, essas fases não se iniciam nem atingem seu ápice simultaneamente em todos os países, o que implica que uma periodização mais precisa pode ser diferente em alguns casos.

Em termos gerais, a primeira fase foi de retrocesso com relação ao que hoje é o mundo industrializado, mas de progresso em relação à maioria das regiões que hoje se consideram parte do mundo em desenvolvimento. A última fase também é de retrocesso relativo, agora não somente frente ao mundo industrializado, mas também com relação à média mundial, e especialmente com os países em desenvolvimento da Ásia.

Por outro lado, durante a fase de desenvolvimento primário-exportador a América Latina foi, ao lado da Europa Central e do Sul, uma das regiões da periferia da economia mundial que foi mais bem-sucedida em sua inserção no processo de crescimento econômico, tornando-se uma espécie de "classe média" do mundo. Durante a industrialização dirigida pelo Estado, a economia latino-americana continuou crescendo mais do que a média e aumentando sua participação na produção mundial. No entanto, em nenhuma dessas duas etapas de sucesso relativo a América Latina foi capaz de reduzir de forma significativa a distância que a separava das economias desenvolvidas em 1870. Mais ainda, durante a "idade de ouro" do mundo industrializado entre 1950 e 1973, a América Latina se retardou ainda mais em relação à Europa Ocidental. Se examinamos a segunda e quarta fases – as da primeira e segunda globalização – pode-se dizer que a América Latina foi vencedora durante a primeira globalização, mas não conseguiu beneficiar-se da segunda, durante a qual inclusive perdeu terreno em termos relativos.

O progresso foi mais lento na esfera social. O estado lamentável da educação no começo do século XX, inclusive nos países que lideraram o desenvolvimento regional, é um exemplo disso. Os indicadores de desenvolvimento humano começaram a melhorar na terceira década do século XX e tiveram seus melhores resultados durante a etapa de industrialização dirigida pelo

Estado. Esses indicadores permaneceram mais ou menos constantes em relação aos países desenvolvidos durante a fase de reformas econômicas, embora com um progresso continuado na educação em termos absolutos. Quanto à redução da pobreza, os melhores resultados no século XX aconteceram, de novo, durante a industrialização dirigida pelo Estado. Após um quarto de século (e não apenas uma década) perdido nessa área a partir dos anos 1980, o mais promissor foi a redução substancial da pobreza entre 2002 e 2008, que coincidiu com um melhor perfil da distribuição de renda em um grupo amplo de países (essa melhoria pode ter continuado nos anos recentes, mas não temos evidências sólida para confirmá-la).

A história de como a região tornou-se tão desigual é complexa e diversa, que além do mais não obedece a um padrão único na região. A herança colonial das sociedades altamente segmentadas econômica e socialmente continua pesando sobre o desenvolvimento regional, aspecto enfatizado pela literatura estruturalista latino-americana desde os anos 1950 e que o novo institucionalismo tem reforçado mais recentemente. O fato muito discutido de que os países latino-americanos têm a pior distribuição da renda do mundo é a demonstração mais clara desse problema. Mas a simples referência à herança colonial é pouco útil, pois as tendências e os eventos ocorridos entre o colapso colonial e o presente também tiveram influência e diferiram substancialmente entre os distintos países.

Alguns desses processos tiveram um efeito negativo e mais ou menos uniforme na região: a primeira globalização afetou desfavoravelmente a distribuição, assim como a crise da dívida dos anos 1980 e os resultados iniciais da liberalização econômica em fins do século XX. No caso dos países com grandes excedentes de mão de obra, as pressões para redução dos salários resultantes dessa situação em boa parte do século XX também tiveram impacto negativo sobre a distribuição. Esse impacto foi reforçado pelas medidas implementadas por muitas das ditaduras militares da região.

Mas também houve a influência de forças positivas. O maior passo em matéria de igualdade social foi o dado com a abolição da escravidão, que tomou um longo período em alguns países (Brasil e Cuba). Mais longo ainda foi o caminho para a redução das formas servis do trabalho rural, predominantes ainda no começo do século XX na maioria dos países latino-americanos e que continuariam influenciando as relações de trabalho por muito tempo. A urbanização teve um papel importante ao oferecer novas oportunidades à população rural, que vivia sob o signo da forte segmentação social que caracterizava as sociedades rurais da região. O avanço tardio da educação foi uma força equalizadora, que se materializou em vários países na forma de uma melhor distribuição de renda no começo do século XXI. Há ainda, contudo, um grande caminho a ser percorrido a esse respeito, como é visível pelas deficiências e desigualdades na qualidade da educação da vasta maioria dos países da América Latina.

Outros processos com efeitos favoráveis em termos de equidade foram mais heterogêneos na região. A grande migração europeia para os países do Cone Sul inicialmente deprimiu os salários, mas no longo prazo teve efeitos positivos sobre a distribuição, entre outras coisas porque os imigrantes trouxeram com eles habilidades, conhecimentos e, especialmente, instituições (incluindo o sindicalismo) que contribuíram para difundir os benefícios do desenvolvimento. O impacto mais positivo desse processo ocorreu durante as primeiras fases da industrialização dirigida pelo Estado, mas esses benefícios seriam posteriormente revertidos nos anos 1960 ou 1970 por ditaduras cruéis que debilitaram os mecanismos institucionais que tinham servido de base para o aumento da equidade. Outros países realizaram mudanças institucionais que promoveram equidade, como ocorreu na Costa Rica em meados do século XX e em Cuba com sua revolução. Reformas agrárias de alcance muito variado foram menos efetivas do que o esperado em termos de redistribuição da terra, mas ajudaram a combater as diversas formas de servidão do trabalho rural. A combinação de excedentes declinantes de mão de obra rural e melhores níveis educacionais levou a uma redução da desigualdade em alguns países nos anos 1960 e 1970.

Qual foi o resultado final de todas essas tendências sobre a distribuição de renda e riqueza? Os resultados históricos foram variados e não há dados suficientes para determinar de forma precisa qual impacto tiveram, mas é possível falar de quatro fases. A primeira foi de deterioração até o começo do século XX, ou mesmo depois, nas economias com excedente de mão de obra. Essa fase foi sucedida por melhor distribuição, que ocorreu mais cedo no Cone Sul (a partir dos anos 1920) devido aos fatores institucionais mencionados e mais tardiamente (nas décadas de 1960 e 1970) em outros países (Colômbia, Costa Rica, México e Venezuela), embora tenha havido países – como o Brasil – em que nunca ocorreu tal processo. A terceira fase, em que a distribuição se deteriorou, foi iniciada pelos países do Cone Sul mas se generalizou no final do século XX com a década perdida e as reformas de mercado. Finalmente, cerca de dois terços dos países apresentaram melhores indicadores de distribuição na primeira década do século XXI, ou talvez um pouco mais cedo. A longo prazo, pode-se dizer que a desigualdade na distribuição da renda na América Latina, além de ser estruturalmente alta, algo que é amplamente reconhecido, talvez seja pior hoje do que quando se iniciou o processo de rápido crescimento econômico na segunda metade do século XIX. De fato, e apesar dos melhores resultados do começo do século XXI, o nível médio da desigualdade na região continua pior que o de 1980.

A desigualdade também é evidente na forma como se difundiu o desenvolvimento em termos geográficos. Mesmo durante as décadas de baixo crescimento posteriores à Independência houve progresso em alguns países, tais como os do Cone Sul e talvez Costa Rica, bem como em certas regiões dentro de alguns países, como o norte do México e Antioquia, na Colômbia. Um crescimento extensivo foi também observado nas duas economias que continuaram a depender da horrível instituição escravista – em parte porque não houve ali uma ruptura colonial de fato (Brasil e Cuba). Durante a segunda das etapas mencionadas, estas tendências divergentes se aprofundaram, pelo menos até a Primeira Guerra Mundial. Naquela época, os países do Cone Sul e, em menor medida, Cuba, tinham conseguido ampliar sua dianteira em relação aos demais. A partir de então, iniciou-se um processo de convergência regional, fruto tanto do sucesso tardio dos outros países como do atraso dos líderes, embora tenha havido nações (Bolívia e Nicarágua são os casos mais destacados) que ficaram para trás. O processo de convergência regional foi interrompido durante a década perdida dos anos 1980, o que tem sido reforçado em décadas mais recentes.

Em síntese, pode-se dizer que o panorama da equidade tem sido sombrio, uma vez que aumentaram as diferenças em relação aos países desenvolvidos ao mesmo tempo que se mantiveram altas – e talvez crescentes – as desigualdades internas. Somente entre países latino-americanos notou-se certa diminuição da desigualdade no longo prazo.

Instabilidade macroeconômica, desenvolvimento institucional e modelos de desenvolvimento

O fato dos países líderes na região tenham começado a crescer mais lentamente após a Primeira Guerra Mundial demonstra a variabilidade do desenvolvimento latino-americano. Como parte desse padrão, os países latino-americanos viveram prolongadas fases de rápido crescimento, que reduziram a distância com relação às rendas dos países industrializados. Porém, esses surtos de crescimento têm dado lugar a períodos igualmente longos em que a defasagem diante dos países industrializados cresce novamente. Esse processo tem sido descrito como de convergência limitada – isto é, a alternância de regimes de convergência e divergência. Cuba é talvez o primeiro e mais destacado caso: depois de ter sido um dos grandes sucessos exportadores do século XIX e começo do XX, esse país sofreu uma virtual estagnação de sua renda *per capita* desde meados da segunda década do século XX. A história do Cone Sul é similar, com um grande avanço até a Primeira Guerra Mundial e retrocesso relativo posteriormente. Esse foi particularmente o caso da Argentina, uma das histórias de grande sucesso de desenvolvimento durante a primeira globalização. Um caso semelhante foi a Venezuela, que foi o destaque latino-americano entre as décadas de 1920 e 1960 graças à exportação de petróleo e sua capacidade de utilizar parcialmente seus benefícios para o desenvolvimento, embora esse período tenha sido seguido por outro de relativo retrocesso. Brasil e México, as grandes estrelas da industrialização dirigida pelo Estado, trilharam esse caminho pouco depois, entrando em seguida em uma fase de baixo crescimento a partir da década de 1980. A ausência de "milagres" mas também de grandes crises é o curioso segredo da Colômbia, que parece ter descoberto a chave para um crescimento moderado, mas sustentado. Esse padrão também pode ser discernido, ainda que de forma menos marcante, na Costa Rica e no Panamá, que são dois dos três países pequenos mais bem-sucedidos no longo prazo (ao lado do Uruguai, que tem vivido flutuações mais acentuadas em seu processo de desenvolvimento).

Como se percebe pelas considerações anteriores, as histórias do desenvolvimento e da desigualdade não têm seguido um caminho paralelo. Nas nações do Cone Sul, por exemplo, os melhores resultados na distribuição da renda ocorreram durante a fase em que sofreram um atraso relativo no desenvolvimento econômico. Em determinadas situações, os períodos de retrocesso produziram efeitos distributivos negativos, como ocorreu da década perdida. Em certos casos, períodos de grande crescimento foram associados com deterioração distributiva (a primeira globalização na maior parte dos países e o "milagre" brasileiro, por exemplo), mas em outros casos ainda o crescimento e a equidade coincidiram (como no auge econômico de 2004-2008 e talvez em anos recentes também).

As flutuações mais frequentes e generalizadas têm sido relacionadas à vulnerabilidade externa das economias latino-americanas e à volatilidade do crescimento econômico resultante dela. O fator dominante ao longo dos dois séculos que analisamos foi a dependência de produtos primários, sujeitos a uma acentuada volatilidade dos preços, especialmente entre a Primeira Guerra Mundial e a Grande Depressão, e desde o início ou meados dos anos 1970. A isso se agrega a volatilidade ainda mais pronunciada resultante do acesso irregular e pró-cíclico ao financiamento externo, que esteve na origem de alguns dos ciclos mais extremos, como na expansão da segunda metade dos anos 1920, sucedida pela profunda queda na produção e suspensão virtualmente generalizada da dívida externa dos anos 1930. A expansão da segunda metade da década de 1970, que desembocou na década perdida dos anos 1980, é outro exemplo. Essa última crise foi a mais severa enfrentada pela América Latina como região, não apenas pela intensidade e duração de alguns choques nos mercados internacionais (a elevação das taxas de juros e a queda dos preços de produtos primários perduraram por mais de duas décadas), mas também porque a região teve de enfrentar um verdadeiro cartel de credores respaldados pelos principais países industrializados e organismos financeiros internacionais. Como resultado, esta foi a primeira vez em que não se empregou o principal mecanismo utilizado no passado para administrar as crises financeiras: a suspensão do serviço da dívida.

A instabilidade institucional tem sido acompanhada por grandes mudanças nas políticas e modelos de desenvolvimento. A instabilidade institucional foi um dos fenômenos mais graves nas décadas posteriores à Independência, tendo sido superada mais adiante no século XIX em alguns países, ainda que apelando com excessiva frequência a regimes autoritários. Revoluções ou grandes conflitos sociais foram uma característica central de todos os países que tiveram um lento crescimento durante a industrialização dirigida pelo Estado, fenômeno que se espalhou pela região centro-americana (com exceção da Costa Rica e do Panamá) nos anos 1970 e 1980. Como já haviam indicado os eventos do final do século XIX, bem como os do século XX, o recurso a regimes autoritários foi frequente ao longo da história da região. Assim, o triunfo do liberalismo econômico, muito mais gradual e lento que as expectativas geradas com a Independência, certamente não coincidiu com o triunfo do liberalismo político, exceto (e com limitações) em um pequeno grupo de países. Foi apenas recentemente, a partir dos anos 1980, que a região viveu pela primeira vez na sua história a inédita coincidência de liberalismo econômico e liberalismo político.

As grandes mudanças dos modelos de desenvolvimento tem sido talvez o tema que tem recebido mais atenção na história econômica tradicional sobre a América Latina. Nós utilizamos tipologias tradicionais, mas com variações significativas. Como vimos, em várias das principais economias o desenvolvimento de um setor exportador dinâmico na etapa primária-exportadora não foi concebido como antagônico à industrialização moderna promovida por meio de tarifas elevadas. De fato, a América Latina tinha então, ao lado dos Estados Unidos e Austrália, as tarifas mais elevadas do mundo. Embora a origem tenha sido essencialmente fiscal, muitos países da região não puderam resistir à tentação de usar as tarifas como uma forma de proteção. De qualquer forma, a mudança estrutural produzida durante esta etapa do desenvolvimento foi muito moderada e deixou a América Latina com um imenso atraso educacional e níveis muito baixos de industrialização, participando somente de forma marginal e tardia no que foi chamado de segunda revolução industrial, depois de ter ficado à margem da primeira.

Durante a etapa de industrialização dirigida pelo Estado, a América Latina aproximou-se mais do modelo de economia mista europeu e, por isso, foi menos estatista do que o restante do mundo em desenvolvimento, um fato frequentemente ignorado. Além disso, observamos que em vários países médios e, sobretudo, pequenos, o processo de industrialização desenvolveu-se sobre aquilo que continuou sendo, fundamentalmente, um modelo primário-exportador. Mesmo nos países maiores, os setores primário-exportadores continuaram tendo um papel importante, com o que os interesses industrialistas nunca alcançaram a hegemonia que tiveram nos processos de desenvolvimento tardio europeus ou mais recentemente na Ásia Oriental. Por último, na fase recente, além de alguns passos na abertura ao comércio e aos capitais externos que foram dados por virtualmente todos os países, a forma como se deu a liberalização econômica variou bastante de país para país. Esse é o motivo por que preferimos falar de "reformas de mercado" com ampla variedade regional, antes que de um modelo "neoliberal" homogêneo.

Muitas das considerações anteriores deixam claro que a "lenda negra" da fase de industrialização dirigida pelo Estado propagada pela economia ortodoxa baseia-se mais em percepções ideológicas do que na observação dos resultados econômicos e sociais do modelo. Esta não somente foi a etapa de crescimento mais rápido e estável por um período prolongado, mas também uma fase de significativa redução da pobreza e avanço em matéria de desenvolvimento humano. Também argumentamos que a crise da dívida da década de 1980 não foi gerada pelos problemas do modelo de desenvolvimento, mas pelos ciclos de expansão e crise do financiamento externo vividos pela economia latino-americana nos anos 1970 e 1980. O fato de que as economias do Cone Sul, que primeiro iniciaram o ciclo de liberalização econômica, tenham sido as mais afetadas, é talvez a melhor demonstração disso. No entanto, tampouco se pode criar um mito em torno dos sucessos do modelo de industrialização dirigida pelo Estado ou ter a ilusão de que a região poderia retornar a uma era passada que teve suas origens na resposta ao colapso da primeira globalização, o que seria anacrônico em meio à segunda globalização vivida hoje.

A principal deficiência do modelo foi sua incapacidade de criar uma base tecnológica sólida. Essa incapacidade tem raízes profundas, que remontam ao atraso industrial ocorrido durante a primeira globalização, aos atrasos educacionais acumulados e aos atrasos, ainda maiores, na construção de uma base científica e tecnológica própria. A isso deve-se adicionar, desde meados da década de 1970, a reversão do processo de industrialização em uma etapa ainda prematura de desenvolvimento, que refletiu a interrupção e mesmo a reversão da tendência de crescimento dos níveis de produtividade na maioria das economias latino-americanas, apesar do desempenho positivo de setores específicos durante as reformas de mercado. Em nossa interpretação, o fim prematuro dos processos de convergência dos países líderes da região tem sua origem fundamental nesses fenômenos de caráter estrutural. Deve-se dizer ainda que, nos países do Cone Sul, o grande contraste entre a orientação para o mercado interno e a debilidade do desenvolvimento exportador foi fatal durante a industrialização dirigida pelo Estado, enquanto no outro caso de convergência incompleta, Cuba, o problema foi possivelmente o oposto, ou seja, a excessiva orientação exportadora.

O "viés antiexportador" foi um problema que afetou muitas das economias maiores durante a industrialização dirigida pelo Estado, mas um problema que foi reconhecido e deu lugar, desde meados da década de 1960, a um "modelo misto" que combinava proteção com diversificação das exportações e integração regional. O melhor desempenho exportador é, por outro lado, o grande sucesso da fase de reformas econômicas, mas seus benefícios em termos de desenvolvimento geral continuam sem materializar-se plenamente.

Caberia observar ainda que, apesar de validez parcial do conceito de "viés antiexportador", não encontramos bases sólidas para afirmar que a fase da industrialização dirigida pelo Estado causou um "viés antiagricultura" ou indisciplina macroeconômica generalizada. O crescimento da agricultura foi na verdade maior para o conjunto da região durante essa fase do desenvolvimento do que posteriormente sob as reformas de mercado, mas essa comparação simplifica experiências muito diversas em ambos os períodos. A respeito da indisciplina macroeconômica, mostramos que a propensão à inflação era uma característica quase exclusiva do Cone Sul e do Brasil até começos dos anos 1970 e que a indisciplina fiscal apenas se generalizou na fase de abundância de financiamento externo da segunda metade da década. Por isso, a espiral inflacionária foi mais efeito do que causa da crise da dívida da década de 1980. Os resultados positivos em ambas as áreas são, naturalmente, uma consequência da gestão macroeconômica bem-sucedida, que foi benéfica para o Brasil e o Cone Sul mas que, na verdade, constituiu um retorno ao que era típico até a década de 1960 para os outros países.

Os desafios à luz da história

Das considerações históricas anteriores derivam-se pelo menos quatro conclusões importantes para o futuro. A primeira refere-se às conquistas na gestão macroeconômica. O que foi alcançado em termos de inflação e sustentabilidade fiscal deve ser consolidado. Mas também é evidente que há o enorme desafio de administrar a histórica vulnerabilidade externa das economias latino-americanas. A resposta à crise global de 2008-2009 foi positiva em muitos sentidos (na América Latina não houve crise financeira nem descontrole inflacionário), mas não se conseguiu evitar uma grande contração do PIB regional, embora esse resultado tenha sido, felizmente, revertido rapidamente, com a região (e especialmente a América do Sul) registrando um crescimento positivo em 2010 e 2011. Além do mais, a expansão que precedeu a crise, assim como o retorno dos capitais e dos preços elevados dos produtos primários desde meados de 2009, mostraram que ainda há muito o que aprender sobre como lidar com momentos de *boom* e, em particular, sobre como evitar a tendência à revalorização das moedas (especialmente ilógica em economias com vocação exportadora), o aumento do gasto público quando os recursos são abundantes, e mais ainda, o rápido crescimento do crédito e do gasto privado durante esses períodos.

A segunda lição refere-se ao crescimento econômico, que tem sido frustrante na maioria dos países latino-americanos durante o período das reformas de mercado. A história indica que o objetivo de alcançar altas taxas de crescimento não pode ser alcançado somente com uma situação macroeconômica saudável, nem com a simples especialização derivada de vantagens comparativas estáticas. Também são necessárias políticas produtivas ativas, um tema que foi explicitamente excluído da agenda dos governos durante a fase de reformas de mercado. E há ainda uma necessidade ainda maior de políticas tecnológicas ativas, que foram também seriamente negligenciadas durante a fase de industrialização dirigida pelo Estado. Esse esforço deve ser complementado com a consolidação de avanços na área educacional e a reversão de suas carências, especialmente em relação à qualidade e à sua articulação com as necessidades de transformação do sistema produtivo.

A terceira conclusão refere-se ao desenvolvimento institucional, e em especial com uma de suas dimensões, objeto de longas polêmicas históricas: a relação entre Estado e mercado. Uma faceta dessa questão é o rentismo, que se manifesta com a dependência sobre a renda gerada pelos recursos naturais ou uma relação privilegiada com o Estado. A educação e o desenvolvimento tecnológico, dois fatos destacados no parágrafo anterior, são a forma mais adequada de superar essa característica das instituições latino-americanas. Neste sentido, a experiência internacional ensina que uma combinação adequada entre Estado e mercado é essencial, mas também que não existe um modelo único para essa relação.

Contrariamente ao que muitos têm argumentado nas últimas décadas, talvez as maiores deficiências nessa área sejam relacionadas ao desenvolvimento das capacidades do Estado, um processo que tem antecedentes nas épocas iniciais da construção das repúblicas latino-americanas. Os melhores resultados nesse campo foram obtidos durante a fase de industrialização dirigida pelo Estado, embora esse mesmo Estado tenha sido muitas vezes vítima de suas próprias ineficiências e de sua fragilidade frente à influência dos diversos grupos de interesse. É evidente que nesta área a América Latina acumulou um atraso não apenas com relação aos países desenvolvidos, mas também com os asiáticos, onde a tradição do desenvolvimento estatal tem raízes históricas muito mais profundas. Não obstante, a história mostra que continuar o progresso é perfeitamente viável. Nas áreas em que as políticas foram priorizadas, houve avanços importantes, como nos sistemas de provisão de serviços sociais e de promoção do desenvolvimento produtivo, durante a etapa de industrialização dirigida pelo Estado; os Ministérios da Fazenda e os sistemas de assistência social, durante a fase das reformas; e os bancos centrais durante ambas as fases. Educação e desenvolvimento tecnológico deveriam estar, portanto, no centro dos esforços de reforma do Estado no futuro.

A última e mais importante conclusão está relacionada com a enorme dívida social acumulada pela América Latina ao longo da história. A herança colonial de alta desigualdade econômica e social analisada pelos clássicos da historiografia econômica latino-americana tem se reproduzido, e em alguns casos se ampliado em períodos posteriores da história da região, o que tem adicionado novas dimensões a essa desigualdade. Durante as últimas décadas os retrocessos nesta área foram mais frequentes. Em termos de redução da pobreza perdeu-se um quarto de século antes que se retomasse uma direção positiva entre 2002-2008. O contraste entre esses resultados e os avanços no desenvolvimento humano indica que as conquistas na política social são insuficientes para promover avanços em termos de equidade se o sistema econômico produz e reproduz altos níveis de desigualdade na distribuição da renda.

Aqui se encontra, sem dúvida, a principal dívida histórica da América Latina. O retorno ao debate da agenda de equidade e o novo discurso sobre "coesão social", assim como as tendências positivas observadas nesse campo na primeira década do século XXI, são sinais promissores. O futuro dirá se tais tendências darão lugar ou não aos primeiros passos para se corrigir a maior aberração histórica do desenvolvimento latino-americano. Como a história tem nos ensinado, porém, os avanços somente serão duradouros se articulados com as necessárias transformações educacionais, tecnológicas e produtivas, que tornem possível uma inserção mais dinâmica da América Latina na economia mundial, lado a lado com o aprofundamento da sua integração econômica e social.

APÊNDICE ESTATÍSTICO

As séries de PIB e PIB *per capita* por países

Para a construção destas séries procedeu-se da seguinte forma.

Em primeiro lugar foram tomados os dados extraídos da página web de Angus Maddison (http://www.ggdc.net/maddison/, última consulta em 30 de julho de 2010) sobre população, PIB e PIB per capita do ano de 1990, estes dois últimos expressados em dólares de paridade de poder de compra (dólares internacionais Geary-Khamis) desse mesmo ano, 1990. Dessa forma, obtemos um ponto de comparação internacional das variáveis nesse ano.

- 1950-2008. A partir desse ponto de referência de 1990, os valores para o período 1950-2008 foram estimados a partir das variações do produto e do produto *per capita* proporcionadas pela CEPAL (2009) *América Latina y el Caribe. Series históricas de estadísticas económicas 1950-2008*, CEPAL, Santiago de Chile (http://www.eclac.cl/publicaciones/xml/1/37041/LCG2415e.pdf).

- Antes de 1950. Para os anos anteriores a 1950 as séries foram construídas utilizando-se as taxas de crescimento proporcionadas no já citado trabalho de Maddison. No entanto, em alguns casos usamos séries alternativas quando julgamos que eram melhores que as de Maddison. Os casos corrigidos são os seguintes:

Para o presente trabalho foram estimadas séries do PIB e do PIB *per capita* para os países da América Latina tentando completar, de acordo com a informação disponível, a maior quantidade de anos do período 1820-2008.

Argentina

- 1900-1949. Maddison
- 1875-1899. PIB: Cortés Conde, R. e Harriague, M. (1996): "Estimaciones del produto interno da Argentina", Documento de Trabajo. Departamento de Economia, Universidad de San Andrés. População: Vázquez Presedo (1988): *Estadísticas Históricas*, Academia Nacional de Economía, Buenos Aires.

Brasil

- 1912-1949. Maddison.
- 1850-1911. Goldsmith R. (1986): Brasil 1850-1984: desenvolvimento financeiro sob um século de inflação. São Paulo. Harper & Row do Brasil

Chile

- 820-1949. Pontificia Universidad Católica de Chile http://www.economia.puc.cl/cliolab/produccion.

Colômbia

- 1905-1949. Ocampo

Anos específicos entre 1820-1904 existe informação disponível do Proyecto GRECO (1999): "El crescimento económico colombiano em el siglo XX: aspectos globales", Banco da República de Colómbia e Kalmanovitz e López (2009), "Las cuentas nacionales de Colombia em el siglo XIX", Universidad de Bogotá Tadeo Lozano.

Cuba

- 1929-1949. Maddison.
- 1830-1928. Santamaría, A (2009): Las cuentas nacionales de Cuba, 1690-2009, Instituto de Historia, CSIC.

Venezuela

- 1900-1949. Maddison.
- 1830-1899. Baptista (1977), Bases Cuantitativas da Economía Venezolana,1830-1995.

Estimação do PIB e PIB *per capita* total da América Latina para antes de 1950

Dado que não é possível contar com informação para todos os países da América Latina antes de 1950, foi necessário realizar alguns supostos para estimar o PIB total e o PIB *per capita* dos anos utilizados como referências: 1820, 1870, 1913, 1929 e 1940.

Em primeiro lugar, utilizou-se a informação da população total de países de Maddison.

Com essa informação, calculou-se a população total dos Grupos 1, 2 e 3 de acordo com o Quadro 1.2. em cada um desses anos base.

O PIB *per capita* de cada um desses três grupos de países, obtido a partir dos países para os quais existe informação, foi aplicado à população total de cada grupo, e obteve-se um PIB total do grupo.

Finalmente, a soma do PIB de todos os grupos foi dividida entre a população total para obter o PIB per capita da América Latina.

Volatilidade do PIB da América Latina, do PIB de seu mundo relevante e de seus termos de troca

A Tabela AE.3 apoia-se na Tabela AE.1, em relação ao **PIB** da América Latina, e em Maddison, para os demais países.

Para a construção dos **mundos relevantes** de cada país latino-americano procedeu-se da seguinte forma:

Para o período 1962-2008 utilizaram-se dados de Feenstra *et al.* (2005) e COMTRADE, calculando-se aqueles parceiros comerciais com os quais o país tinha fluxos comerciais maiores do que 5% de suas exportações. Esses fluxos definem uma estrutura de pesos relativos que foi aplicada às taxas de crescimento dos sócios comerciais durante esses anos. Para o período anterior a 1962, e dado que Mitchell (1993) só tem dados para os principais sócios, foram utilizadas as ponderações dos sócios comerciais extraídas do trabalho em curso de Antonio Tena, "Nuevas Interpretaciones sobre la Integracion Economica de las Periferias Europeas y Latino Americanas entre 1850-1950", generosamente cedidas pelo autor.

As estimativas dos **termos de troca** foram construídas com base nas estimações de Williamson (no prelo) para o período anterior a 1940. Para o período seguinte foram utilizados dados da CEPAL (1977) e para os anos posteriores a 1982, as séries estatísticas da CEPAL. Em alguns casos, a informação foi completada com dados de OXLAD, que proporciona como termos de troca para os países latino-americanos a inversa do Índice Net Barter de Termos de Troca dos Estados Unidos.

TABELA A.1. PIB da América Latina (milhões de dólares internacionais Geary-Khamis de 1990)

PAÍS	ARGENTINA	BOLÍVIA	BRASIL	CHILE	COLÔMBIA	COSTA RICA	CUBA	EQUADOR	EL SALVADOR
1870	2.673		6.935	2.554	1.740		1.418		
1871			7.063	2.561	1.778				
1872			7.417	2.754	1.817				
1873			7.321	2.937	1.857				
1874			7.578	2.816	1.898				
1875	3.583		7.852	3.049	1.940				
1876	3.660		7.691	3.017	1.983				
1877	4.035		7.627	2.921	2.026				
1878	3.839		8.141	3.098	2.071				
1879	4.005		8.367	3.569	2.116				
1880	3.925		8.141	4.011	2.163				
1881	3.988		8.351	4.152	2.210		1.484		
1882	5.023		8.705	4.498	2.259				
1883	5.629		8.624	4.525	2.309				
1884	6.030		9.396	4.565	2.360				
1885	7.068		8.882	4.429	2.411				
1886	7.098		9.075	4.617	2.464				
1887	7.580		8.930	4.940	2.494				
1888	8.796		8.753	4.744	2.524				
1889	9.650		8.994	4.867	2.554				
1890	8.852		10.056	5.220	2.585				
1891	8.379		10.909	5.646	2.616				
1892	10.004		9.702	5.533	2.647				
1893	10.601		8.463	5.808	2.679				
1894	12.217		8.656	5.713	2.711				
1895	13.548		10.523	6.113	2.744		2.198		
1896	14.983		9.750	6.148	2.777				
1897	12.158		9.847	6.012	2.810				
1898	13.183		10.330	6.740	2.844				
1899	15.507		10.378	6.783	2.878				
1900	13.682		10.249	6.609	2.912		1.650	592	
1901	14.851		11.456	6.774	2.947		2.435	619	
1902	14.543		12.260	7.070	2.983		2.277	647	
1903	16.634		12.341	6.673	3.019		3.053	677	
1904	18.417		12.373	7.219	3.055		3.574	708	
1905	20.846		12.646	7.212	3.091		4.156	739	

TABELA A.1. PIB da América Latina (milhões de dólares internacionais Geary-Khamis de 1990) (*Continuação*)

GUATEMALA	HONDURAS	MÉXICO	NICARÁGUA	PANAMÁ	PARAGUAI	PERU	REPÚBLICA DOMINICANA	URUGUAI	VENEZUELA	TOTAL
		5.906				2.193		738	942	29.103
						2.328		761	966	
						2.388		945	991	
						2.398		965	1.017	
						2.274		884	1.043	
						2.130		765	1.078	
						2.112		854	1.115	
						2.123		888	1.154	
						2.134		969	1.193	
						1.672		865	1.234	
						1.542		953	1.312	
						1.553		919	1.394	
						1.566		1.030	1.482	
						1.658		1.235	1.575	
						1.739		1.245	1.674	
						1.750		1.430	1.718	
						1.718		1.511	1.762	
						1.730		1.365	1.808	
						1.777		1.703	1.855	
						1.814		1.573	1.904	
		11.272				1.824		1.454	1.922	
						1.837		1.596	1.941	
						1.799		1.646	1.961	
						1.802		1.799	1.980	
						1.760		2.019	1.999	
		13.626				1.775		2.007	2.011	
						1.904		2.127	2.022	
						2.081		2.065	2.034	
						2.216		1.918	2.045	
						2.339		1.984	2.057	
		17.664				2.463		2.003	2.079	
		19.167				2.643		2.050	2.031	
		17.812				2.788		2.399	2.194	
		19.807				2.977		2.480	2.356	
		20.152				3.077		2.545	2.285	
		22.247				3.303		2.288	2.242	

Continua

TABELA A.1. PIB da América Latina (milhões de dólares internacionais Geary-Khamis de 1990) (*Continuação*)

PAÍS	ARGENTINA	BOLÍVIA	BRASIL	CHILE	COLÔMBIA	COSTA RICA	CUBA	EQUADOR	EL SALVADOR
1906	21.892		13.226	7.776	3.179		3.715	773	
1907	22.353		15.060	8.187	3.389		3.362	808	
1908	24.536		13.564	9.056	3.578		3.812	853	
1909	25.766		14.996	9.102	3.767		4.262	901	
1910	27.641		16.090	10.131	3.981		4.024	951	
1911	28.133		16.154	9.857	4.178		4.015	1.004	
1912	30.439		17.860	10.248	4.383		4.394	1.060	
1913	30.747		18.149	10.436	4.574		5.215	1.121	
1914	27.549		17.753	8.819	4.748		4.853	1.170	
1915	27.703		18.549	8.535	4.968		5.594	1.223	
1916	26.903		19.090	10.463	5.223		6.636	1.267	
1917	24.720		20.410	10.688	5.438		4.924	1.311	
1918	29.271		19.995	10.824	5.740		4.474	1.358	
1919	30.347		22.634	9.286	6.217		4.906	1.419	
1920	32.561		24.866	10.490	6.642	735	5.956	1.483	1.279
1921	33.391		25.385	9.092	7.024	720	5.665	1.536	1.283
1922	36.035		27.134	9.425	7.500	784	5.718	1.590	1.359
1923	40.032		28.692	11.352	7.978	724	7.438	1.646	1.417
1924	43.137		28.673	12.208	8.431	829	7.059	1.704	1.515
1925	42.953		28.788	12.739	8.886	826	6.274	1.764	1.411
1926	45.013		29.404	11.678	9.735	913	5.718	1.821	1.668
1927	48.211		31.539	11.466	10.612	829	6.150	1.916	1.466
1928	51.224		35.172	14.046	11.391	872	6.618	2.023	1.719
1929	53.560		35.250	14.780	11.801	835	6.274	2.135	1.722
1930	51.347		33.151	12.414	11.699	876	5.910	2.216	1.765
1931	47.780		32.410	9.780	11.513	865	4.965	2.230	1.582
1932	46.212		33.539	8.264	12.276	796	3.984	2.244	1.419
1933	48.364		36.153	10.183	12.966	948	4.310	2.294	1.611
1934	52.208		39.178	12.293	13.782	836	5.062	2.344	1.664
1935	54.514		40.250	13.001	14.119	905	5.922	2.404	1.832
1936	54.883		44.114	13.640	14.866	966	6.903	2.486	1.791
1937	58.880		45.557	15.508	15.097	1.126	7.932	2.566	1.961
1938	59.126		47.461	15.687	16.080	1.193	6.151	2.657	1.822
1939	61.370		47.932	16.016	17.066	1.228	6.492	2.747	1.955
1940	62.385		48.408	16.658	17.436	1.178	5.643	2.928	2.124
1941	65.582		51.799	16.469	17.728	1.319	7.581	2.943	2.078

TABELA A.1. PIB da América Latina (milhões de dólares internacionais Geary-Khamis de 1990) (*Continuação*)

GUATEMALA	HONDURAS	MÉXICO	NICARÁGUA	PANAMÁ	PARAGUAI	PERU	REPÚBLICA DOMINICANA	URUGUAI	VENEZUELA	TOTAL
		22.000				3.567		2.522	2.078	
		23.281				3.790		2.792	2.064	
		23.256				3.862		3.060	2.191	
		23.946				3.927		3.099	2.253	
		24.144				3.995		3.345	2.311	
		24.316				4.081		3.245	2.454	
		24.464				4.224		3.960	2.522	
		24.636				4.365		3.845	2.892	117.031
		24.801				4.339		3.203	2.511	
		24.968				4.713		3.038	2.571	
		25.135				5.201		3.141	2.409	
		25.304				5.393		3.465	2.792	
		25.474				5.425		3.672	2.757	
		25.645				5.606		4.149	2.557	
2.032	959	25.817	822			5.662		3.618	3.050	
2.231	970	25.990	853			5.896		3.806	3.153	
2.106	1.055	26.606	781			6.404		4.353	3.218	
2.316	1.048	27.518	836			6.845		4.583	3.688	
2.504	979	27.075	886			7.490		5.022	4.243	
2.456	1.182	28.750	978			7.688		4.826	5.446	
2.480	1.193	30.475	850			8.469		5.268	6.542	
2.643	1.310	29.144	854			8.618		6.026	7.289	
2.702	1.473	29.317	1.082			9.174		6.345	8.107	
3.016	1.459	28.183	1.209			10.133		6.398	9.131	194.855
3.145	1.554	26.410	977			8.972		7.271	9.232	
2.933	1.587	27.296	914			8.246		6.014	7.411	
2.567	1.422	23.207	823			7.930		5.583	7.051	
2.593	1.334	25.843	1.035			8.822		4.883	7.662	
2.933	1.292	27.592	940			10.016		5.814	8.121	
3.390	1.235	29.637	955			10.955		6.156	8.651	
4.657	1.257	32.002	760			11.481		6.448	9.439	
4.567	1.201	33.062	824			11.637		6.564	10.755	
4.693	1.271	33.603	852			11.820		7.082	11.549	
5.282	1.307	35.402	1.059		1.837	11.884		7.083	12.166	
6.034	1.396	35.895	1.157		1.739	12.114		7.099	11.614	242.637
6.357	1.393	38.826	1.266		1.767	12.126		7.221	11.346	

Continua

TABELA A.1. PIB da América Latina (milhões de dólares internacionais Geary-Khamis de 1990) (*Continuação*)

PAÍS	ARGENTINA	BOLÍVIA	BRASIL	CHILE	COLÔMBIA	COSTA RICA	CUBA	EQUADOR	EL SALVADOR
1942	66.351		49.880	17.234	17.764	1.182	6.358	3.067	2.258
1943	65.828		56.826	17.726	17.837	1.180	7.048	3.455	2.448
1944	73.300		58.941	18.060	19.043	1.069	8.090	3.501	2.322
1945	70.932	4.962	60.519	19.621	19.936	1.218	8.961	3.515	2.226
1946	77.266	5.051	66.903	21.301	21.852	1.346	9.762	3.934	2.261
1947	85.844	5.139	69.268	19.002	22.701	1.602	11.178	4.370	2.844
1948	90.610	5.250	74.576	22.163	23.346	1.693	9.930	4.968	3.624
1949	89.380	5.360	79.364	21.685	25.384	1.762	10.791	5.058	3.291
1950	90.487	5.470	84.172	22.753	25.664	1.834	12.111	5.497	3.387
1951	94.004	5.856	89.402	23.737	26.464	1.883	13.114	5.609	3.588
1952	89.273	6.033	96.347	25.092	28.133	2.111	13.563	6.258	3.817
1953	94.004	5.462	99.418	26.401	29.844	2.432	11.916	6.475	3.918
1954	97.885	5.576	110.471	26.512	31.908	2.453	12.521	7.089	4.041
1955	104.799	5.871	116.464	26.477	33.155	2.736	13.090	7.416	4.215
1956	107.710	5.522	120.254	26.625	34.500	2.658	14.290	7.663	4.469
1957	113.290	5.340	130.058	29.420	35.269	2.884	16.349	7.951	4.720
1958	120.204	5.467	139.968	30.545	36.136	3.242	16.349	8.169	4.769
1959	112.441	5.449	147.359	30.382	38.747	3.361	14.593	8.559	4.983
1960	121.296	5.683	161.610	32.385	40.401	3.654	14.752	9.034	5.185
1961	129.908	5.802	178.592	33.934	42.457	3.722	14.963	9.497	5.368
1962	127.846	6.126	186.745	35.542	44.755	3.925	15.188	9.964	6.010
1963	124.813	6.542	189.264	37.790	46.226	4.195	15.412	10.174	6.269
1964	137.670	6.801	196.782	38.631	49.077	4.349	15.650	10.927	6.853
1965	150.285	7.135	202.287	38.944	50.843	4.705	15.888	11.285	7.221
1966	151.255	7.647	210.019	43.286	53.506	5.033	16.759	11.561	7.738
1967	155.258	8.130	220.140	44.692	55.718	5.318	18.717	12.355	8.158
1968	161.929	8.823	244.741	46.292	59.024	5.768	17.628	12.853	8.423
1969	175.757	9.218	269.060	48.014	62.626	6.085	17.411	13.152	8.716
1970	185.218	9.700	275.667	49.001	66.514	6.541	16.759	14.002	8.976
1971	192.186	10.192	306.936	53.390	70.478	6.985	18.064	14.879	9.322
1972	196.178	11.004	343.582	52.742	75.883	7.556	18.935	17.024	9.892
1973	203.525	11.635	391.577	49.807	80.985	8.139	20.676	21.336	10.373
1974	214.527	11.977	423.507	50.292	85.638	8.590	21.764	22.711	10.927
1975	213.254	12.853	445.391	43.799	87.628	8.770	22.852	23.979	11.246
1976	213.229	13.446	491.071	45.340	91.771	9.254	23.505	26.191	11.814
1977	226.846	14.114	515.304	49.810	95.588	10.078	24.594	27.902	12.615

TABELA A.1. PIB da América Latina (milhões de dólares internacionais Geary-Khamis de 1990) (*Continuação*)

GUATEMALA	HONDURAS	MÉXICO	NICARÁGUA	PANAMÁ	PARAGUAI	PERU	REPÚBLICA DOMINICANA	URUGUAI	VENEZUELA	TOTAL
6.440	1.273	41.585	1.219		1.871	11.848		6.621	9.854	
4.293	1.275	43.137	1.337		1.910	12.035		6.679	10.684	
4.162	1.305	46.660	1.324		1.951	13.068		7.513	13.089	
4.226	1.607	48.114	1.330	1.546	1.883	13.552		7.729	15.802	
5.006	1.729	51.292	1.445	1.571	2.067	14.074		8.490	18.833	
5.076	1.841	53.041	1.449	1.637	1.797	14.470		9.082	22.373	
5.248	1.880	55.233	1.575	1.540	1.817	14.948		9.390	24.738	
5.741	1.906	58.264	1.546	1.575	2.123	16.076		9.725	26.073	
6.191	1.967	64.028	1.802	1.583	2.088	17.340	2.523	10.090	26.494	385.482
6.278	2.055	68.980	1.925	1.569	2.105	18.760	2.823	10.911	29.586	408.648
6.408	2.100	71.723	2.251	1.653	2.101	19.930	3.050	10.861	31.740	422.445
6.645	2.227	71.920	2.305	1.754	2.210	20.994	3.011	11.526	33.703	436.165
6.767	2.086	79.109	2.520	1.816	2.274	22.348	3.185	12.184	36.949	467.693
6.934	2.210	85.832	2.689	1.921	2.444	23.413	3.384	12.348	40.229	495.628
7.565	2.311	91.700	2.687	2.022	2.503	24.419	3.719	12.563	44.478	517.661
7.992	2.406	98.646	2.914	2.233	2.648	26.068	3.955	12.690	49.643	554.479
8.366	2.541	103.893	2.924	2.251	2.812	25.919	4.167	12.233	50.303	580.259
8.778	2.601	107.000	2.968	2.395	2.810	26.871	4.192	11.891	54.260	589.639
8.992	2.661	115.685	3.008	2.539	2.787	30.142	4.241	12.322	56.421	632.798
9.379	2.735	121.388	3.234	2.814	2.979	32.368	4.146	12.672	59.277	675.234
9.710	2.873	127.059	3.586	3.046	3.078	35.072	4.851	12.380	64.638	702.393
10.637	2.966	137.210	3.976	3.306	3.207	36.370	5.168	12.444	69.066	725.036
11.130	3.145	153.254	4.441	3.453	3.342	38.770	5.513	12.697	75.790	778.273
11.615	3.469	163.192	4.864	3.769	3.532	40.683	4.828	12.849	80.236	817.630
12.255	3.676	174.503	5.024	4.055	3.585	44.102	5.474	13.280	82.112	854.871
12.758	3.844	185.445	5.374	4.402	3.901	45.771	5.659	12.735	85.420	893.795
13.877	4.123	200.532	5.446	4.709	4.037	45.933	5.671	12.938	89.862	952.611
14.535	4.137	213.213	5.786	5.106	4.215	47.662	6.291	13.723	93.609	1.018.319
15.365	4.139	227.970	5.865	5.461	4.434	50.453	6.958	14.369	100.766	1.068.159
16.222	4.304	237.480	6.058	5.986	4.687	52.562	7.714	14.387	103.860	1.135.692
17.412	4.552	257.637	6.193	6.262	5.001	54.071	8.516	14.163	107.244	1.213.847
18.593	4.911	279.302	6.590	6.601	5.376	56.978	9.615	14.215	113.952	1.314.185
19.778	4.850	296.369	7.526	6.761	5.833	62.247	10.192	14.662	120.862	1.399.013
20.164	4.954	312.999	7.514	6.869	6.253	64.364	10.721	15.521	128.195	1.447.326
21.654	5.474	326.266	7.906	6.981	6.706	65.626	11.442	16.140	139.439	1.533.255
23.345	6.042	337.499	8.567	7.059	7.439	65.892	12.012	16.329	148.812	1.609.849

Continua

TABELA A.1. PIB da América Latina (milhões de dólares internacionais Geary-Khamis de 1990) (*Continuação*)

PAÍS	ARGENTINA	BOLÍVIA	BRASIL	CHILE	COLÔMBIA	COSTA RICA	CUBA	EQUADOR	EL SALVADOR
1978	219.536	14.404	540.912	53.903	103.684	10.710	26.117	29.741	13.286
1979	234.941	14.423	577.476	58.367	109.261	11.239	26.770	31.318	12.731
1980	238.357	14.225	636.265	63.005	113.727	11.323	26.117	32.855	11.232
1981	225.435	14.357	609.203	66.919	116.316	11.067	28.293	34.150	10.058
1982	218.314	13.731	614.290	57.826	117.419	10.261	28.946	34.556	9.424
1983	227.291	13.118	596.282	56.205	119.268	10.555	29.777	33.581	9.569
1984	231.835	13.039	628.482	59.514	123.264	11.402	30.843	34.992	9.697
1985	215.722	12.914	677.825	60.685	127.094	11.484	31.403	36.512	9.756
1986	231.120	12.592	728.592	64.081	134.496	12.120	31.433	37.643	9.775
1987	237.107	12.919	754.280	68.307	141.717	12.697	30.678	35.391	10.021
1988	232.617	13.302	753.822	73.301	147.476	13.133	31.815	39.113	10.209
1989	216.481	13.806	778.281	81.041	152.511	13.877	32.031	39.214	10.307
1990	212.518	14.446	743.765	84.038	159.042	14.370	31.087	40.267	10.805
1991	235.000	15.207	751.426	90.736	162.814	14.696	27.763	42.358	11.191
1992	257.574	15.457	747.368	101.876	169.902	16.041	24.548	42.999	12.036
1993	272.314	16.117	784.139	108.994	179.604	17.230	20.896	43.127	12.923
1994	288.207	16.870	830.011	115.215	188.849	18.045	21.045	45.156	13.704
1995	280.007	17.658	865.037	127.460	198.673	18.752	21.563	45.945	14.581
1996	295.482	18.429	883.640	136.909	202.758	18.918	23.253	47.049	14.830
1997	319.449	19.341	913.465	145.953	209.713	19.974	23.900	48.955	15.460
1998	331.748	20.314	913.788	150.668	210.908	21.651	23.938	49.990	16.039
1999	320.517	20.401	916.110	149.522	202.041	23.431	25.419	46.841	16.592
2000	317.988	20.913	955.559	156.234	207.951	23.853	26.923	48.154	16.949
2001	303.969	21.265	968.107	161.510	212.486	24.110	27.780	50.724	17.239
2002	270.853	21.793	993.840	165.038	217.712	24.810	28.176	52.878	17.643
2003	294.788	22.384	1.005.236	171.502	227.753	26.399	29.245	54.769	18.048
2004	321.406	23.318	1.062.658	181.862	238.375	27.523	30.932	59.151	18.382
2005	350.908	24.349	1.096.235	191.973	252.012	29.143	34.397	62.701	19.037
2006	380.616	25.517	1.139.766	200.785	269.509	31.702	38.548	65.138	19.782
2007	413.552	26.682	1.204.361	210.182	289.846	34.173	41.347	66.760	20.542
2008	441.502	28.323	1.266.536	217.880	300.127	35.103	43.050	71.100	20.803
2009	445.255	29.274	1.258.370	214.215	304.484	34.650	43.674	71.357	20.152
2010	486.045	30.482	1.352.620	225.350	317.600	36.096	44.503	73.913	20.439

TABELA A.1. PIB da América Latina (milhões de dólares internacionais Geary-Khamis de 1990) (*Continuação*)

GUATEMALA	HONDURAS	MÉXICO	NICARÁGUA	PANAMÁ	PARAGUAI	PERU	REPÚBLICA DOMINICANA	URUGUAI	VENEZUELA	TOTAL
24.511	6.647	365.342	7.896	7.751	8.284	66.077	12.269	17.188	151.995	1.680.253
25.666	6.957	398.788	5.805	8.099	9.225	69.914	12.825	18.249	154.024	1.786.080
26.628	7.003	431.984	6.073	9.331	10.280	73.050	13.847	19.344	150.962	1.895.607
26.805	7.181	469.880	6.398	10.190	11.176	76.276	14.440	19.711	150.506	1.908.363
25.854	7.081	466.929	6.346	10.735	11.066	76.437	14.685	17.860	151.533	1.893.294
25.194	7.015	447.336	6.639	10.253	10.734	66.791	15.365	16.814	143.021	1.844.808
25.313	7.320	463.485	6.535	10.531	11.064	70.007	15.557	16.631	141.085	1.910.597
25.164	7.627	475.505	6.268	11.051	11.503	71.593	15.227	16.876	141.358	1.965.568
25.199	7.682	457.655	6.204	11.446	11.504	78.209	15.763	18.371	150.560	2.044.446
26.092	8.145	466.148	6.161	11.239	12.002	84.830	17.358	19.828	155.953	2.110.874
27.108	8.521	471.954	5.394	9.735	12.765	77.750	17.733	19.827	165.032	2.130.605
28.177	8.889	491.768	5.300	9.887	13.505	68.682	18.513	20.045	150.889	2.153.205
29.050	8.898	516.692	5.297	10.688	13.923	64.979	17.503	20.105	160.648	2.158.121
30.114	9.187	538.508	5.287	11.695	14.267	66.807	17.668	20.816	176.279	2.241.818
31.571	9.704	558.049	5.307	12.654	14.755	66.520	19.526	22.468	186.962	2.315.316
32.811	10.309	568.934	5.287	13.344	15.332	69.690	20.936	23.065	187.477	2.402.526
34.134	10.174	594.054	5.463	13.725	15.904	78.625	21.418	24.744	183.072	2.518.415
35.823	10.589	557.419	5.786	13.965	16.771	85.394	22.595	24.386	190.307	2.552.711
36.883	10.968	586.144	6.153	14.357	16.838	87.545	24.206	25.746	189.930	2.640.038
38.492	11.516	625.838	6.397	15.285	17.342	93.554	26.144	27.046	202.031	2.779.853
40.415	11.850	657.320	6.635	16.407	17.443	92.938	27.977	28.273	202.625	2.840.926
41.969	11.626	682.014	7.101	17.050	17.184	93.788	29.855	27.468	190.527	2.839.458
43.484	12.295	726.965	7.393	17.513	16.609	96.555	31.544	27.072	197.552	2.951.507
44.498	12.629	726.727	7.611	17.614	16.952	96.762	32.115	26.156	204.257	2.972.512
46.218	13.104	732.337	7.669	18.006	16.944	101.620	33.974	23.270	186.169	2.972.052
47.388	13.699	742.518	7.862	18.763	17.594	105.718	33.888	23.777	171.731	3.033.062
48.882	14.553	772.308	8.280	20.175	18.322	110.979	34.332	26.587	203.134	3.221.160
50.475	15.434	797.023	8.634	21.626	18.846	118.555	37.513	28.348	224.094	3.381.304
53.191	16.460	835.398	8.971	23.470	19.664	127.732	41.516	30.332	246.217	3.574.313
56.525	17.505	863.215	9.254	26.179	20.993	139.045	45.034	32.632	268.054	3.785.881
58.380	18.245	876.402	9.509	28.828	22.216	152.617	47.401	35.437	280.871	3.954.329
58.694	17.857	823.758	9.370	29.749	21.362	153.915	49.038	36.352	271.638	3.893.163
60.321	18.352	869.067	9.789	31.969	24.470	167.387	52.839	39.430	266.462	4.127.133

TABELA A.2. PIB *per capita* (dólares internacionais Geary-Khamis de 1990)

PAÍS	ARGENTINA	BOLÍVIA	BRASIL	CHILE	COLÔMBIA	COSTA RICA	CUBA	EQUADOR	EL SALVADOR
1870	1.468		694	1.320	676		1.065		
1871			694	1.303	679				
1872			718	1.380	683				
1873			697	1.450	686				
1874			707	1.368	690				
1875	1.635		718	1.459	693				
1876	1.638		691	1.422	697				
1877	1.769		672	1.356	700				
1878	1.643		704	1.417	704				
1879	1.671		710	1.608	707				
1880	1.604		677	1.781	711				
1881	1.594		683	1.816	714		1.161		
1882	1.950		699	1.939	718		–		
1883	2.116		680	1.923	721		–		
1884	2.187		726	1.913	725		–		
1885	2.449		675	1.829	729		–		
1886	2.366		697	1.880	732		–		
1887	2.410		650	1.984	728		–		
1888	2.647		626	1.879	725		–		
1889	2.690		634	1.902	721		–		
1890	2.416		694	2.012	718		–		
1891	2.278		737	2.148	714		–		
1892	2.667		639	2.077	710		–		
1893	2.766		544	2.152	707		–		
1894	3.117		544	2.090	703		–		
1895	3.378		645	2.208	700		1.591		
1896	3.586		585	2.193	696		–		
1897	2.823		577	2.118	693		–		
1898	2.974		590	2.346	689		–		
1899	3.395		579	2.332	686		–		
1900	2.875		557	2.245	683		1.195	594	
1901	3.006		609	2.274	679		1.698	606	
1902	2.835		639	2.346	676		1.531	618	
1903	3.122		628	2.189	672		1.971	631	
1904	3.330		618	2.341	669		2.212	643	
1905	3.630		621	2.312	666		2.464	656	

TABELA A.2. PIB *per capita* (dólares internacionais Geary-Khamis de 1990) (*Continuação*)

GUATEMALA	HONDURAS	MÉXICO	NICARÁGUA	PANAMÁ	PARAGUAI	PERU	REPÚBLICA DOMINICANA	URUGUAI	VENEZUELA	TOTAL
		651				840		2.106	570	790
						882		2.104	577	
						895		2.542	584	
						890		2.512	591	
						835		2.236	596	
						774		1.876	606	
						759		2.033	616	
						755		2.050	626	
						751		2.171	637	
						582		1.882	647	
						531		2.011	677	
						530		1.866	707	
						528		2.009	739	
						554		2.315	772	
						575		2.245	811	
						573		2.482	822	
						556		2.519	834	
						554		2.190	846	
						563		2.625	858	
						569		2.333	869	
		976				566		2.074	867	
						564		2.212	864	
						546		2.216	862	
						541		2.354	860	
						523		2.567	857	
		1.093				521		2.481	850	
						553		2.554	843	
						597		2.408	837	
						628		2.173	830	
						654		2.184	824	
		1.319				680		2.143	821	
		1.415				721		2.157	791	
		1.301				751		2.485	844	
		1.432				792		2.526	895	
		1.441				808		2.550	853	
		1.573				857		2.255	832	

Continua

TABELA A.2. PIB *per capita* (dólares internacionais Geary-Khamis de 1990)

PAÍS	ARGENTINA	BOLÍVIA	BRASIL	CHILE	COLÔMBIA	COSTA RICA	CUBA	EQUADOR	EL SALVADOR
1906	3.671		634	2.465	671		2.107	669	
1907	3.610		707	2.566	702		1.835	683	
1908	3.816		623	2.807	728		1.981	703	
1909	3.860		675	2.789	751		2.128	724	
1910	3.988		710	3.070	779		1.981	746	
1911	3.909		697	2.954	802		1.898	768	
1912	4.073		753	3.037	826		1.981	792	
1913	3.962		758	3.058	845		2.327	815	
1914	3.446		720	2.555	861		2.139	832	
1915	3.385		737	2.445	883		2.411	848	
1916	3.226		743	2.963	911		2.652	857	
1917	2.911		778	2.992	930		1.877	865	
1918	3.389		746	2.994	963		1.656	874	
1919	3.451		827	2.538	1.022		1.740	891	
1920	3.624		890	2.833	1.071	1.596	2.013	909	1.089
1921	3.622		890	2.425	1.110	1.527	1.227	918	1.074
1922	3.794		932	2.482	1.161	1.662	1.824	927	1.110
1923	4.067		966	2.952	1.211	1.501	2.306	937	1.138
1924	4.232		946	3.133	1.254	1.680	2.118	946	1.189
1925	4.090		931	3.226	1.296	1.637	1.835	956	1.081
1926	4.168		931	2.917	1.392	1.771	1.635	965	1.249
1927	4.336		979	2.824	1.487	1.608	1.719	994	1.082
1928	4.478		1.070	3.410	1.564	1.657	1.814	1.024	1.232
1929	4.557		1.051	3.536	1.589	1.555	1.688	1.055	1.216
1930	4.257		968	2.925	1.544	1.598	1.551	1.065	1.221
1931	3.873		928	2.269	1.489	1.548	1.278	1.044	1.080
1932	3.675		941	1.887	1.556	1.397	1.007	1.023	962
1933	3.779		994	2.289	1.611	1.632	1.069	1.023	1.077
1934	4.012		1.055	2.717	1.679	1.412	1.232	1.023	1.098
1935	4.122		1.062	2.826	1.686	1.501	1.412	1.023	1.193
1936	4.082		1.141	2.914	1.740	1.573	1.620	1.033	1.151
1937	4.305		1.155	3.255	1.732	1.771	1.833	1.044	1.244
1938	4.249		1.179	3.235	1.808	1.844	1.398	1.054	1.142
1939	4.328		1.166	3.243	1.873	1.835	1.453	1.065	1.210
1940	4.342		1.154	3.312	1.868	1.733	1.244	1.109	1.298
1941	4.491		1.207	3.214	1.854	1.910	1.647	1.091	1.255

TABELA A.2. PIB *per capita* (dólares internacionais Geary-Khamis de 1990) (*Continuação*)

GUATEMALA	HONDURAS	MÉXICO	NICARÁGUA	PANAMÁ	PARAGUAI	PERU	REPÚBLICA DOMINICANA	URUGUAI	VENEZUELA	TOTAL
		1.539				914		2.447	767	
		1.611				959		2.663	756	
		1.592				965		2.872	797	
		1.622				969		2.856	814	
		1.635				973		3.029	827	
		1.648				982		2.856	869	
		1.659				1.003		3.388	887	
		1.672				1.024		3.197	1.010	1.559
		1.684				1.005		2.564	870	
		1.696				1.078		2.386	885	
		1.709				1.175		2.423	826	
		1.722				1.203		2.625	952	
		1.734				1.195		2.731	936	
		1.747				1.220		3.028	864	
1.193	1.312	1.760	1.224			1.216		2.583	1.024	
1.296	1.290	1.772	1.270			1.247		2.657	1.052	
1.211	1.348	1.786	1.145			1.334		2.973	1.068	
1.318	1.290	1.819	1.226			1.404		3.062	1.215	
1.410	1.176	1.762	1.279			1.512		3.281	1.384	
1.369	1.369	1.842	1.412			1.528		3.079	1.756	
1.369	1.334	1.922	1.209			1.657		3.282	2.084	
1.443	1.449	1.810	1.215			1.660		3.668	2.298	
1.460	1.594	1.793	1.539			1.740		3.773	2.527	
1.613	1.544	1.696	1.694			1.892		3.716	2.813	1.956
1.665	1.610	1.562	1.369			1.650		4.155	2.809	
1.519	1.611	1.586	1.263			1.492		3.381	2.230	
1.294	1.414	1.325	1.136			1.412		3.087	2.102	
1.273	1.300	1.449	1.409			1.545		2.657	2.262	
1.418	1.247	1.520	1.261			1.726		3.111	2.376	
1.605	1.169	1.603	1.246			1.858		3.241	2.507	
2.162	1.167	1.707	965			1.916		3.341	2.700	
2.069	1.095	1.734	1.019			1.910		3.344	3.029	
2.086	1.138	1.732	1.041			1.909		3.551	3.200	
2.304	1.149	1.794	1.245		1.696	1.889		3.566	3.302	
2.571	1.195	1.788	1.328		1.569	1.895		3.536	3.081	1.993
2.649	1.172	1.882	1.436		1.559	1.865		3.557	2.953	

Continua

TABELA A.2. PIB *per capita* (dólares internacionais Geary-Khamis de 1990)

PAÍS	ARGENTINA	BOLÍVIA	BRASIL	CHILE	COLÔMBIA	COSTA RICA	CUBA	EQUADOR	EL SALVADOR
1942	4.470		1.136	3.301	1.814	1.659	1.361	1.113	1.339
1943	4.364		1.264	3.332	1.778	1.631	1.485	1.222	1.443
1944	4.778		1.280	3.332	1.853	1.434	1.680	1.207	1.345
1945	4.546	1.800	1.284	3.552	1.894	1.587	1.829	1.181	1.274
1946	4.868	1.811	1.386	3.786	2.026	1.729	1.950	1.289	1.280
1947	5.311	1.822	1.402	3.316	2.055	2.001	2.184	1.392	1.592
1948	5.480	1.840	1.474	3.798	2.063	2.059	1.898	1.539	1.995
1949	5.267	1.857	1.533	3.652	2.189	2.087	2.017	1.524	1.782
1950	5.204	2.045	1.544	3.755	2.161	1.930	2.108	1.607	1.739
1951	5.293	2.146	1.588	3.844	2.165	1.923	2.241	1.606	1.798
1952	4.925	2.167	1.660	3.982	2.237	2.091	2.273	1.747	1.866
1953	5.085	1.923	1.662	4.100	2.305	2.334	1.957	1.761	1.865
1954	5.195	1.922	1.792	4.026	2.394	2.280	2.015	1.877	1.872
1955	5.460	1.981	1.834	3.929	2.416	2.463	2.065	1.912	1.899
1956	5.512	1.824	1.838	3.859	2.441	2.315	2.209	1.922	1.956
1957	5.697	1.726	1.931	4.162	2.423	2.430	2.479	1.941	2.008
1958	5.943	1.729	2.019	4.216	2.410	2.642	2.434	1.939	1.969
1959	5.468	1.686	2.065	4.090	2.508	2.650	2.129	1.975	1.996
1960	5.803	1.721	2.199	4.253	2.539	2.783	2.113	2.026	2.015
1961	6.115	1.718	2.359	4.346	2.589	2.739	2.112	2.069	2.024
1962	5.924	1.774	2.393	4.437	2.648	2.789	2.108	2.108	2.198
1963	5.695	1.853	2.354	4.601	2.654	2.879	2.093	2.090	2.224
1964	6.186	1.884	2.376	4.590	2.735	2.885	2.070	2.179	2.356
1965	6.651	1.931	2.375	4.521	2.751	3.022	2.048	2.184	2.402
1966	6.597	2.023	2.399	4.916	2.813	3.136	2.113	2.172	2.484
1967	6.677	2.101	2.450	4.971	2.845	3.218	2.315	2.253	2.524
1968	6.866	2.228	2.654	5.045	2.929	3.394	2.142	2.274	2.511
1969	7.345	2.274	2.845	5.132	3.024	3.485	2.082	2.259	2.508
1970	7.623	2.336	2.843	5.140	3.128	3.650	1.975	2.335	2.500
1971	7.783	2.396	3.089	5.500	3.233	3.802	2.098	2.409	2.519
1972	7.811	2.524	3.376	5.339	3.400	4.020	2.159	2.677	2.599
1973	7.966	2.604	3.758	4.957	3.546	4.230	2.313	3.258	2.653
1974	8.256	2.616	3.970	4.925	3.665	4.362	2.394	3.370	2.723
1975	8.074	2.740	4.077	4.222	3.665	4.345	2.476	3.456	2.735
1976	7.948	2.798	4.390	4.307	3.750	4.467	2.512	3.668	2.804
1977	8.329	2.868	4.499	4.666	3.817	4.737	2.596	3.797	2.923

TABELA A.2. PIB *per capita* (dólares internacionais Geary-Khamis de 1990) (*Continuação*)

GUATEMALA	HONDURAS	MÉXICO	NICARÁGUA	PANAMÁ	PARAGUAI	PERU	REPÚBLICA DOMINICANA	URUGUAI	VENEZUELA	TOTAL
2.625	1.045	1.962	1.351		1.612	1.792		3.224	2.515	
1.720	1.038	1.981	1.448		1.608	1.790		3.217	2.668	
1.633	1.036	2.085	1.401		1.605	1.910		3.578	3.194	
1.624	1.256	2.060	1.377	2.044	1.514	1.948		3.635	3.757	
1.878	1.320	2.134	1.449	2.085	1.625	1.989		3.944	4.350	
1.852	1.373	2.145	1.408	2.129	1.381	2.010		4.166	5.007	
1.864	1.371	2.170	1.500	1.959	1.365	2.042		4.255	5.334	
1.979	1.350	2.225	1.430	1.965	1.558	2.159		4.350	5.405	
1.955	1.353	2.283	1.564	1.854	1.419	2.289		4.501	5.310	2.442
1.926	1.374	2.391	1.626	1.794	1.393	2.415	1.164	4.821	5.698	2.518
1.911	1.364	2.414	1.846	1.844	1.356	2.502	1.220	4.747	5.872	2.531
1.928	1.406	2.348	1.834	1.908	1.390	2.569	1.167	4.977	5.988	2.542
1.910	1.279	2.504	1.945	1.924	1.395	2.665	1.196	5.196	6.303	2.651
1.904	1.315	2.633	2.011	1.981	1.461	2.720	1.230	5.199	6.593	2.732
2.021	1.335	2.725	1.947	2.029	1.458	2.763	1.308	5.221	7.005	2.775
2.079	1.348	2.839	2.044	2.178	1.504	2.872	1.345	5.200	7.513	2.890
2.118	1.381	2.894	1.985	2.133	1.555	2.779	1.370	4.944	7.319	2.942
2.164	1.370	2.886	1.952	2.205	1.514	2.803	1.333	4.741	7.594	2.907
2.158	1.359	3.021	1.916	2.272	1.463	3.058	1.304	4.849	7.601	3.033
2.191	1.352	3.071	1.998	2.446	1.523	3.192	1.233	4.924	7.691	3.147
2.208	1.374	3.114	2.150	2.573	1.533	3.360	1.395	4.750	8.081	3.182
2.355	1.372	3.257	2.314	2.710	1.555	3.385	1.438	4.716	8.323	3.193
2.399	1.409	3.524	2.508	2.750	1.578	3.505	1.484	4.758	8.812	3.332
2.437	1.508	3.636	2.663	2.914	1.624	3.574	1.259	4.765	9.008	3.405
2.502	1.553	3.766	2.668	3.046	1.605	3.767	1.383	4.874	8.913	3.465
2.536	1.582	3.876	2.768	3.211	1.700	3.801	1.386	4.630	8.974	3.528
2.686	1.653	4.061	2.720	3.334	1.713	3.709	1.348	4.663	9.141	3.663
2.738	1.616	4.184	2.801	3.514	1.743	3.743	1.451	4.909	9.217	3.816
2.817	1.573	4.335	2.752	3.654	1.787	3.853	1.559	5.111	9.596	3.902
2.894	1.591	4.375	2.754	3.893	1.843	3.903	1.680	5.100	9.558	4.045
3.022	1.636	4.598	2.728	3.963	1.919	3.904	1.804	5.016	9.536	4.216
3.140	1.715	4.831	2.813	4.068	2.015	4.001	1.982	5.034	9.788	4.451
3.251	1.645	4.972	3.113	4.057	2.134	4.252	2.046	5.189	10.029	4.623
3.229	1.631	5.100	3.014	4.017	2.231	4.277	2.097	5.479	10.279	4.668
3.381	1.747	5.168	3.074	3.978	2.333	4.244	2.183	5.674	10.797	4.827
3.557	1.869	5.199	3.231	3.923	2.523	4.146	2.236	5.708	11.124	4.949

Continua

TABELA A.2. PIB *per capita* (dólares internacionais Geary-Khamis de 1990)

PAÍS	ARGENTINA	BOLÍVIA	BRASIL	CHILE	COLÔMBIA	COSTA RICA	CUBA	EQUADOR	EL SALVADOR
1978	7.941	2.858	4.612	4.981	4.047	4.898	2.729	3.933	3.011
1979	8.372	2.796	4.810	5.320	4.169	5.002	2.775	4.027	2.827
1980	8.367	2.695	5.178	5.660	4.244	4.902	2.724	4.109	2.454
1981	7.794	2.660	4.844	5.920	4.246	4.660	2.933	4.155	2.173
1982	7.434	2.491	4.773	5.036	4.194	4.201	2.977	4.091	2.021
1983	7.622	2.329	4.528	4.817	4.170	4.203	3.034	3.871	2.041
1984	7.658	2.267	4.668	5.019	4.220	4.415	3.113	3.928	2.055
1985	7.020	2.197	4.929	5.034	4.261	4.327	3.141	3.995	2.050
1986	7.411	2.095	5.192	5.227	4.418	4.446	3.116	4.016	2.030
1987	7.491	2.102	5.271	5.479	4.561	4.535	3.009	3.682	2.056
1988	7.243	2.117	5.169	5.780	4.653	4.569	3.086	3.971	2.066
1989	6.645	2.148	5.240	6.281	4.718	4.703	3.075	3.888	2.055
1990	6.433	2.197	4.920	6.401	4.826	4.747	2.957	3.903	2.119
1991	7.017	2.261	4.888	6.789	4.847	4.736	2.621	4.015	2.163
1992	7.589	2.247	4.784	7.484	4.964	5.045	2.302	3.987	2.290
1993	7.918	2.289	4.942	7.862	5.151	5.288	1.948	3.916	2.421
1994	8.274	2.341	5.151	8.166	5.318	5.407	1.952	4.019	2.531
1995	7.940	2.394	5.287	8.888	5.495	5.483	1.990	4.013	2.660
1996	8.280	2.440	5.318	9.406	5.510	5.395	2.136	4.040	2.679
1997	8.849	2.500	5.414	9.887	5.600	5.554	2.187	4.136	2.770
1998	9.087	2.564	5.335	10.072	5.537	5.871	2.183	4.160	2.853
1999	8.684	2.514	5.269	9.869	5.216	6.204	2.311	3.842	2.933
2000	8.526	2.517	5.416	10.185	5.282	6.175	2.440	3.896	2.979
2001	8.068	2.501	5.407	10.405	5.313	6.112	2.511	4.051	3.015
2002	7.120	2.506	5.471	10.514	5.360	6.165	2.541	4.171	3.073
2003	7.677	2.516	5.455	10.808	5.523	6.436	2.632	4.270	3.134
2004	8.292	2.564	5.686	11.340	5.697	6.588	2.779	4.560	3.182
2005	8.968	2.620	5.786	11.846	5.938	6.852	3.087	4.780	3.282
2006	9.632	2.689	5.936	12.263	6.266	7.323	3.457	4.911	3.397
2007	10.363	2.754	6.191	12.707	6.651	7.760	3.708	4.980	3.513
2008	10.952	2.872	6.447	13.040	6.787	7.865	3.861	5.186	3.542
2009	10.935	2.918	6.347	12.696	6.787	7.663	3.917	5.151	3.415
2010	11.820	2.987	6.762	13.229	6.982	7.876	3.997	5.278	3.447

TABELA A.2. PIB *per capita* (dólares internacionais Geary-Khamis de 1990) (*Continuação*)

GUATEMALA	HONDURAS	MÉXICO	NICARÁGUA	PANAMÁ	PARAGUAI	PERU	REPÚBLICA DOMINICANA	URUGUAI	VENEZUELA	TOTAL
3.645	1.992	5.479	2.888	4.203	2.737	4.048	2.231	5.969	10.974	5.045
3.726	2.020	5.829	2.061	4.286	2.968	4.171	2.277	6.295	10.754	5.241
3.772	1.971	6.164	2.095	4.824	3.218	4.248	2.403	6.630	10.213	5.441
3.704	1.959	6.556	2.147	5.149	3.399	4.327	2.451	6.714	9.887	5.358
3.485	1.873	6.378	2.072	5.305	3.268	4.231	2.439	6.044	9.681	5.203
3.312	1.799	5.988	2.112	4.957	3.077	3.610	2.497	5.654	8.893	4.963
3.247	1.821	6.084	2.026	4.981	3.079	3.697	2.476	5.557	8.543	5.034
3.151	1.841	6.123	1.896	5.117	3.110	3.695	2.373	5.601	8.334	5.075
3.082	1.800	5.784	1.835	5.190	3.024	3.946	2.407	6.059	8.641	5.175
3.118	1.853	5.787	1.783	4.993	3.067	4.185	2.599	6.499	8.713	5.241
3.166	1.882	5.757	1.529	4.237	3.173	3.752	2.603	6.458	8.980	5.190
3.216	1.907	5.895	1.471	4.217	3.268	3.245	2.665	6.489	8.002	5.148
3.240	1.857	6.085	1.437	4.466	3.281	3.008	2.471	6.465	8.313	5.067
3.282	1.865	6.229	1.401	4.788	3.277	3.033	2.447	6.648	8.910	5.170
3.362	1.917	6.340	1.372	5.075	3.305	2.962	2.653	7.123	9.239	5.247
3.413	1.983	6.348	1.333	5.244	3.352	3.046	2.792	7.257	9.063	5.352
3.469	1.908	6.512	1.345	5.284	3.395	3.377	2.804	7.732	8.662	5.516
3.558	1.938	6.005	1.394	5.270	3.498	3.606	2.904	7.568	8.818	5.500
3.580	1.961	6.205	1.453	5.308	3.433	3.639	3.056	7.936	8.623	5.596
3.652	2.014	6.508	1.482	5.540	3.459	3.831	3.243	8.280	8.991	5.798
3.748	2.028	6.719	1.510	5.829	3.405	3.751	3.410	8.601	8.844	5.833
3.803	1.949	6.862	1.588	5.940	3.284	3.733	3.578	8.311	8.158	5.742
3.849	2.018	7.214	1.627	5.985	3.110	3.793	3.718	8.159	8.302	5.883
3.844	2.030	7.134	1.651	5.907	3.110	3.752	3.723	7.868	8.427	5.844
3.895	2.064	7.127	1.641	5.929	3.046	3.892	3.875	7.000	7.543	5.767
3.896	2.115	7.171	1.661	6.065	3.102	4.001	3.804	7.157	6.835	5.811
3.920	2.203	7.401	1.727	6.406	3.168	4.151	3.794	8.007	7.945	6.095
3.949	2.290	7.570	1.778	6.750	3.198	4.383	4.082	8.535	8.616	6.318
4.059	2.394	7.851	1.823	7.203	3.275	4.667	4.451	9.113	9.308	6.595
4.209	2.495	8.022	1.856	7.904	3.433	5.022	4.758	9.781	9.967	6.897
4.241	2.549	8.059	1.882	8.560	3.568	5.450	4.939	10.590	10.213	7.118
4.160	2.445	7.498	1.831	8.693	3.371	5.435	5.041	10.828	9.718	6.931
4.172	2.464	7.832	1.889	9.198	3.819	5.844	5.361	11.706	9.434	7.272

TABELA A.3. América Latina: volatilidade do PIB, do PIB de seu "mundo relevante" (parceiros comerciais) e dos termos de troca, 1870-2008

PBI TOTAL

	VOLATILIDADE ASSOCIADA À TENDÊNCIA					VOLATILIDADE DO COMPONENTE CÍCLICO					VOLATILIDADE TOTAL				
	1870-1913	1914-1944	1945-1980	1980-2008	TOTAL	1870-1913	1914-1944	1945-1980	1980-2008	TOTAL	1870-1913	1914-1944	1945-1980	1980-2008	TOTAL
Argentina	3,0%	2,6%	1,3%	3,1%	2,9%	5,6%	3,3%	2,7%	3,8%	4,1%	8,6%	5,9%	4,1%	6,9%	6,9%
Brasil	1,4%	1,4%	1,7%	1,1%	2,3%	4,3%	3,1%	1,8%	2,4%	3,1%	5,6%	4,5%	3,5%	3,5%	5,4%
Chile	1,8%	3,5%	1,8%	2,6%	2,6%	3,2%	8,3%	3,5%	3,1%	4,8%	5,0%	11,9%	5,3%	5,6%	7,4%
Colômbia	1,3%	1,5%	0,6%	1,4%	1,7%	0,5%	1,9%	1,3%	1,3%	1,3%	1,8%	3,3%	1,9%	2,7%	2,9%
Costa Rica		2,2%	1,4%	1,7%	2,4%		5,3%	2,8%	2,2%	3,5%		7,5%	4,2%	4,0%	5,9%
Cuba	7,0%	4,2%	2,2%	4,5%	4,6%	8,3%	10,5%	4,5%	3,4%	7,0%	15,3%	14,7%	6,7%	7,9%	11,6%
El salvador		1,5%	2,7%	3,3%	2,7%		5,0%	4,6%	1,9%	4,0%		6,5%	7,2%	5,2%	6,7%
Guatemala		5,2%	1,6%	1,7%	3,1%		8,6%	2,4%	1,1%	4,8%		13,8%	4,0%	2,8%	7,9%
Honduras		3,4%	1,6%	1,3%	2,4%		4,7%	2,5%	1,4%	3,0%		8,1%	4,0%	2,7%	5,4%
México	1,4%	2,6%	0,7%	1,2%	2,5%	2,5%	2,8%	1,6%	2,2%	2,3%	3,9%	5,4%	2,3%	3,5%	4,8%
Nicarágua		3,4%	3,6%	3,2%	3,7%		8,1%	4,6%	2,4%	5,3%		11,5%	8,3%	5,6%	9,0%
Peru	1,7%	2,3%	1,3%	3,1%	2,4%	1,1%	4,1%	1,8%	4,2%	3,2%	2,9%	6,4%	3,1%	7,3%	5,6%
Uruguai	2,4%	3,0%	1,9%	2,9%	2,6%	6,2%	6,1%	1,9%	3,7%	4,9%	8,6%	9,1%	3,8%	6,6%	7,4%
Venezuela	1,7%	6,0%	3,5%	2,9%	4,3%	2,6%	7,0%	2,2%	3,8%	4,1%	4,3%	13,0%	5,7%	6,7%	8,4%
Média não ponderada	2,4%	3,1%	1,8%	2,4%	2,9%	3,8%	5,6%	2,7%	2,6%	3,9%	6,2%	8,7%	4,6%	5,1%	6,8%

MUNDO RELEVANTE (PARCEIROS COMERCIAIS)

	VOLATILIDADE ASSOCIADA À TENDÊNCIA					VOLATILIDADE DO COMPONENTE CÍCLICO					VOLATILIDADE TOTAL				
	1870-1913	1914-1944	1945-1980	1980-2008	TOTAL	1870-1913	1914-1944	1945-1980	1980-2008	TOTAL	1870-1913	1914-1944	1945-1980	1980-2008	TOTAL
Argentina	0,5%	1,6%	0,8%	0,6%	1,3%	0,7%	2,4%	1,5%	1,1%	1,6%	1,2%	4,1%	2,3%	1,7%	3,0%
Brasil	1,2%	2,9%	3,0%	1,1%	2,4%	2,0%	4,2%	3,8%	0,9%	3,0%	3,2%	7,1%	6,8%	2,0%	5,3%
Chile	0,8%	4,0%	1,9%	0,4%	2,2%	1,4%	4,8%	3,0%	0,9%	2,8%	2,2%	8,7%	4,9%	1,3%	5,0%
Colômbia	0,6%	4,4%	1,9%	0,5%	2,3%	1,6%	5,3%	3,0%	0,8%	3,0%	2,2%	9,7%	4,9%	1,4%	5,4%
Costa Rica		4,8%	2,0%	0,5%	2,9%		5,7%	3,2%	0,9%	3,6%	0,0%	10,5%	5,2%	1,5%	6,6%
Cuba	1,6%	4,2%	2,5%	0,6%	2,8%	3,2%	5,3%	3,2%	0,8%	3,5%	4,8%	9,4%	5,7%	1,5%	6,3%
El salvador		5,0%	2,0%	0,5%	3,0%		6,5%	3,2%	0,9%	4,0%	0,0%	11,5%	5,2%	1,5%	7,0%
Guatemala		4,6%	2,1%	0,5%	2,9%		5,8%	3,3%	0,9%	3,7%	0,0%	10,3%	5,4%	1,4%	6,6%
Honduras		5,0%	1,9%	0,5%	2,9%		5,8%	3,1%	1,0%	3,6%	0,0%	10,8%	4,9%	1,5%	6,5%

Continua

TABELA A.3. América Latina: volatilidade do PIB, do PIB de seu "mundo relevante" (parceiros comerciais) e dos termos de troca, 1870-2008 (*Continuação*)

MUNDO RELEVANTE (PARCEIROS COMERCIAIS)

	VOLATILIDADE ASSOCIADA À TENDÊNCIA					VOLATILIDADE DO COMPONENTE CÍCLICO					VOLATILIDADE TOTAL				
	1870-1913	1914-1944	1945-1980	1980-2008	TOTAL	1870-1913	1914-1944	1945-1980	1980-2008	TOTAL	1870-1913	1914-1944	1945-1980	1980-2008	TOTAL
México	0,8%	4,0%	1,9%	0,6%	2,5%	2,8%	5,2%	3,1%	1,0%	3,4%	3,6%	9,2%	5,0%	1,5%	5,9%
Nicarágua		5,0%	2,0%	0,5%	3,0%		5,9%	3,2%	0,8%	3,7%	0,0%	10,9%	5,2%	1,2%	6,7%
Peru	0,5%	3,9%	1,9%	0,4%	2,3%	1,3%	5,3%	3,0%	0,9%	3,3%	1,8%	9,2%	4,9%	1,3%	5,6%
Uruguai	0,7%	2,2%	0,8%	0,8%	1,4%	1,3%	2,8%	1,0%	1,3%	1,7%	2,1%	5,0%	1,8%	2,1%	3,1%
Venezuela	0,5%	4,2%	1,9%	0,5%	2,5%	2,3%	4,7%	3,0%	0,9%	3,2%	2,8%	8,9%	4,9%	1,4%	5,7%
Média não ponderada	0,8%	4,0%	1,9%	0,6%	2,5%	1,8%	5,0%	2,9%	0,9%	3,2%	1,7%	9,0%	4,8%	1,5%	5,6%

TERMOS DE TROCA

	VOLATILIDADE ASSOCIADA À TENDÊNCIA					VOLATILIDADE DO COMPONENTE CÍCLICO					VOLATILIDADE TOTAL				
	1870-1913	1914-1944	1945-1980	1980-2008	TOTAL	70-13	14-44	45-80	80-08	TOT	70-13	14-44	45-80	80-08	TOT
Argentina	2,5%	3,9%	3,1%	2,0%	3,1%	3,7%	6,8%	4,0%	4,3%	4,7%	6,2%	10,7%	7,1%	6,3%	7,8%
Brasil	6,6%	4,6%	3,1%	2,3%	4,9%	8,9%	11,9%	4,0%	5,0%	8,0%	15,5%	16,5%	7,1%	7,3%	12,9%
Chile	4,1%	5,5%	5,3%	4,5%	5,0%	6,5%	9,6%	9,8%	8,3%	8,4%	10,6%	15,1%	15,1%	12,7%	13,5%
Colômbia	6,6%	4,7%	3,1%	3,9%	5,1%	11,1%	12,1%	4,0%	7,0%	9,2%	17,7%	16,7%	7,0%	10,9%	14,2%
Costa Rica		5,9%	6,3%	2,7%	5,5%		6,2%	8,0%	7,2%	7,2%	0,0%	12,2%	14,3%	9,9%	12,7%
Cuba	2,4%	4,7%	3,1%	1,9%	3,3%	6,2%	10,2%	4,0%	2,0%	6,3%	8,6%	14,8%	7,1%	3,8%	9,6%
El salvador		6,2%	6,9%	3,3%	6,0%		17,6%	10,4%	11,2%	12,9%	0,0%	23,8%	17,3%	14,5%	18,9%
Guatemala		8,5%	6,7%	3,7%	6,7%		14,3%	7,9%	12,5%	11,4%	0,0%	22,8%	14,6%	16,2%	18,1%
Honduras		6,3%	2,4%	4,9%	4,5%		14,7%	6,3%	9,1%	10,1%	0,0%	21,1%	8,6%	14,0%	14,6%
México	2,6%	1,7%	3,3%	3,8%	3,0%	4,6%	6,8%	4,2%	6,0%	5,3%	7,2%	8,6%	7,5%	9,8%	8,4%
Nicarágua		9,4%	14,7%	6,2%	10,9%		12,4%	45,4%	15,0%	30,2%	0,0%	21,8%	60,1%	21,2%	41,1%
Peru	1,8%	2,7%	3,0%	3,6%	2,9%	4,8%	6,7%	4,0%	7,8%	5,7%	6,6%	9,3%	7,0%	11,4%	8,6%
Uruguai	2,3%	6,2%	3,1%	3,7%	4,1%	5,9%	9,5%	4,0%	6,8%	6,6%	8,1%	15,7%	7,1%	10,6%	10,7%
Venezuela	1,0%	5,1%	3,1%	8,9%	5,9%	4,1%	5,4%	4,0%	13,1%	7,7%	5,1%	10,5%	7,1%	22,0%	13,6%
Média não ponderada	3,3%	5,4%	4,8%	4,0%	5,1%	6,2%	10,3%	8,6%	8,2%	9,6%	6,1%	15,7%	13,4%	12,2%	14,6%

TABELA A.4. América Latina: Índices Históricos de Desenvolvimento Humano, 1900-2000

IR1

ANO	ARGENTINA	BOLÍVIA	BRASIL	CHILE	COLÔMBIA	COSTA RICA	CUBA	EQUADOR	EL SALVADOR	GUATEMALA
1900	0,135		0,054	0,091	0,065					
1910	0,176		0,065	0,112	0,078					
1920	0,198		0,075	0,127	0,094	0,112			0,067	0,050
1930	0,236		0,084	0,159	0,120	0,127	0,127		0,074	0,058
1940	0,259		0,100	0,189	0,144	0,151	0,131		0,091	0,087
1950	0,306		0,130	0,239	0,183	0,173	0,185		0,120	0,107
1960	0,340	0,174	0,180	0,282	0,218	0,215	0,201	0,175	0,144	0,130
1970	0,394	0,193	0,217	0,338	0,241	0,258	0,217	0,199	0,180	0,162
1980	0,430	0,216	0,287	0,386	0,305	0,315	0,271	0,302	0,200	0,210
1990	0,402	0,219	0,332	0,429	0,330	0,341	0,306	0,304	0,224	0,232
2000	0,455	0,245	0,363	0,517	0,354	0,389	0,305	0,317	0,257	0,267

IR2

ANO	ARGENTINA	BOLÍVIA	BRASIL	CHILE	COLÔMBIA	COSTA RICA	CUBA	EQUADOR	EL SALVADOR	GUATEMALA
1900	0,063		0,024	0,041	0,030					
1910	0,084		0,029	0,050	0,035					
1920	0,097		0,034	0,058	0,043	0,052			0,030	0,023
1930	0,119		0,038	0,074	0,056	0,060	0,060		0,033	0,026
1940	0,133		0,046	0,090	0,068	0,074	0,063		0,042	0,040
1950	0,163		0,062	0,120	0,090	0,087	0,094		0,057	0,051
1960	0,188	0,086	0,091	0,148	0,113	0,113	0,107	0,087	0,070	0,064
1970	0,223	0,096	0,112	0,187	0,127	0,141	0,122	0,102	0,091	0,081
1980	0,253	0,109	0,153	0,228	0,170	0,181	0,160	0,165	0,102	0,109
1990	0,242	0,115	0,186	0,270	0,188	0,208	0,186	0,172	0,122	0,127
2000	0,279	0,133	0,210	0,333	0,207	0,240	0,194	0,183	0,146	0,149

TABELA A.4. América Latina: Índices Históricos de Desenvolvimento Humano, 1900-2000 (*Continuação*)

HONDURAS	MÉXICO	NICARÁGUA	PANAMÁ	PARAGUAI	PERU	REP. DOM.	URUGUAI	VENEZUELA	AMÉRICA LATINA	AMÉRICA LATINA (7)
	0,062						0,152	0,051		0,071
	0,080						0,180	0,056		0,090
0,077	0,101	0,050					0,175	0,068		0,103
0,097	0,099	0,070					0,212	0,105		0,119
0,091	0,122	0,086		0,135	0,118		0,229	0,130		0,137
0,099	0,163	0,108	0,171	0,145	0,143	0,105	0,278	0,206		0,174
0,114	0,208	0,139	0,215	0,167	0,196	0,136	0,304	0,275	0,209	0,216
0,159	0,272	0,177	0,273	0,196	0,251	0,172	0,325	0,377	0,252	0,260
0,195	0,342	0,194	0,338	0,263	0,293	0,220	0,372	0,416	0,310	0,319
0,210	0,371	0,195	0,348	0,281	0,287	0,246	0,387	0,377	0,332	0,342
0,224	0,413	0,223	0,399	0,286	0,327	0,294	0,435	0,402	0,366	0,377

HONDURAS	MÉXICO	NICARÁGUA	PANAMÁ	PARAGUAI	PERU	REP. DOM.	URUGUAI	VENEZUELA	AMÉRICA LATINA	AMÉRICA LATINA (7)
	0,028						0,076	0,023		0,033
	0,037						0,091	0,026		0,042
0,036	0,047	0,023					0,089	0,031		0,049
0,046	0,047	0,032					0,107	0,049		0,057
0,043	0,058	0,040		0,066	0,056		0,121	0,062		0,066
0,047	0,082	0,051	0,087	0,073	0,069	0,050	0,156	0,103		0,087
0,056	0,109	0,069	0,117	0,087	0,099	0,067	0,175	0,146	0,109	0,114
0,082	0,148	0,091	0,154	0,107	0,133	0,089	0,190	0,212	0,136	0,142
0,105	0,197	0,103	0,202	0,150	0,163	0,118	0,222	0,243	0,174	0,181
0,119	0,225	0,109	0,216	0,165	0,168	0,138	0,238	0,222	0,195	0,202
0,127	0,259	0,130	0,255	0,170	0,198	0,164	0,275	0,245	0,220	0,229

Continua

TABELA A.4. América Latina: Índices Históricos de Desenvolvimento Humano, 1900-2000

IR3

ANO	ARGENTINA	BOLÍVIA	BRASIL	CHILE	COLÔMBIA	COSTA RICA	CUBA	EQUADOR	EL SALVADOR	GUATEMALA
1900	0,271		0,159	0,194	0,183					
1910	0,326		0,181	0,220	0,211					
1920	0,375		0,197	0,256	0,237	0,259			0,168	0,125
1930	0,429		0,217	0,317	0,278	0,293	0,295		0,182	0,132
1940	0,469		0,249	0,366	0,320	0,343	0,320		0,221	0,180
1950	0,528		0,304	0,448	0,392	0,382	0,399		0,272	0,235
1960	0,572	0,394	0,386	0,513	0,451	0,435	0,434	0,382	0,315	0,280
1970	0,616	0,407	0,436	0,586	0,473	0,487	0,476	0,419	0,373	0,326
1980	0,657	0,439	0,496	0,652	0,556	0,553	0,550	0,554	0,417	0,393
1990	0,657	0,468	0,583	0,703	0,581	0,603	0,608	0,565	0,484	0,452
2000	0,692	0,508	0,621	0,749	0,609	0,643	0,637	0,589	0,523	0,498

TABELA A.4. América Latina: Índices Históricos de Desenvolvimento Humano, 1900-2000 (*Continuação*)

HONDURAS	MÉXICO	NICARÁGUA	PANAMÁ	PARAGUAI	PERU	REP. DOM.	URUGUAI	VENEZUELA	AMÉRICA LATINA	AMÉRICA LATINA (7)
	0,150						0,326	0,148		0,179
	0,185						0,357	0,159		0,211
0,186	0,228	0,124					0,361	0,181		0,240
0,224	0,231	0,166					0,389	0,218		0,267
0,225	0,274	0,207		0,313	0,261		0,437	0,260		0,302
0,238	0,346	0,250	0,380	0,345	0,304	0,266	0,499	0,354		0,363
0,274	0,412	0,307	0,457	0,393	0,386	0,329	0,535	0,432	0,415	0,427
0,368	0,492	0,359	0,515	0,441	0,469	0,401	0,564	0,555	0,470	0,481
0,428	0,566	0,420	0,596	0,513	0,533	0,460	0,604	0,604	0,531	0,540
0,469	0,616	0,461	0,625	0,546	0,568	0,512	0,633	0,576	0,579	0,590
0,489	0,656	0,512	0,666	0,563	0,612	0,553	0,669	0,615	0,615	0,627

REFERÊNCIAS

Abreu, M. de Paiva (1988). "La Argentina y Brasil en los años treinta: Efectos de la política económica internacional británica y estadounidense", en Thorp, R. (ed.), *América Latina en los años treinta: El papel de la periferia en la crisis mundial* (cap. 6, p. 171-190). México D. F.: Fondo de Cultura Económica.

Abreu, M. de Paiva, Bevilacqua, A. y Pinho, D. M. (2003). "Sustitución de importaciones y crecimiento en Brasil (1890-1970)", en Cárdenas, E., Ocampo, J. A. y Thorp, R. (eds.), *Industrialización y Estado en la América Latina: La leyenda negra de la posguerra* (cap. 5). México D. F.: Fondo de Cultura Económica (Serie Lecturas El Trimestre Económico, 94).

Acemoglu, D., Johnson, S. y Robinson, J. (2003). "Disease and Development in Historical Perspective". *Journal of the European Economic Association*, 1(2-3), 397-405.

Aceña, M. P., y Reis, J. (eds.) (2000). *Monetary Standards in the Periphery: Paper, Silver and Gold, 1854-1933*. Nueva York, NY: St. Martin's Press.

Akyüz, Y. (ed.) (2003). *Developing Countries and World Trade: Performance and Prospects*. Geneva; Penang; London: UNCTAD; Third World Network; Zed Books.

Allen, R. C. (1994). "Real Incomes in the English-Speaking World, 1879-1913", en Grantham, G. y MacKinnon, M. (ed.), *Labour market evolution: essays in the economic history of market integration, wage flexibility and the employment relation* (p. 107-138). London: Routledge.

Altimir, O. (1996). "Economic Development and Social Equity: A Latin American Perspective". *Journal of Interamerican Studies and World Affairs*, 38(2-3), 47-71.

Altimir, O. (1997). "Desigualdad, empleo y pobreza en América Latina: Efectos del ajuste y del cambio en el estilo de desarrollo". *Desarrollo Económico*, 37(145), 3-30.

Altimir, O. (2001). "Long-Term Trends of Poverty in Latin American Countries". *Estudios de Economía*, 28(001), 115-155.

Altimir, O. y R. Devlin (1993). "Una reseña de la moratoria de la deuda en América Latina", en Altimir, O. y Devlin, R. (comp.) *Moratoria de la deuda en América Latina*. (cap. 6, p. 13-81). México: Fondo de Cultura Económica.

Álvarez, J. (2007). Instituciones, cambio tecnológico y distribución del ingreso. Una comparación del desempeño económico de Nueva Zelanda y Uruguay (1870-1940). Montevideo: Facultad de Ciencias Sociales, Unidad Multidisciplinaria, Programa de Historia Económica y Social. (Tesis de Maestría).

Álvarez, J., Bértola, L. y Porcile, G. (eds.) (2007). *Primos ricos y empobrecidos*, Montevideo: Fin de Siglo.

Anderson, K. y Valdés A. (2008). "Introduction and Summary", en Anderson, K. y Valdés, A. (eds.), *Distortions to Agricultural Incentives in Latin America* (p. 1-58). Washington D. C.: World Bank.

Andrews, G. D. (2004). *Afro-Latin America 1800-2000*. Oxford: Oxford University Press.

Aravena, C., Badia-Miró, M., Hofman A. A., Hurtado C. y Jofré J. (2010). "Growth, Productivity and Information and Communications Technologies in Latin America, 1950–2005", en Cimoli, M., Hofman A. A. y Mulder N. (eds.), *Innovation and Economic Development: The Impact of Information and Communication Technologies in Latin America* (p. 118-138). Cheltenham (U.K): Edward Elgar Publishing.

Arze Aguirre, R. (1999). "Notas para una Historia del siglo XX en Bolivia", en Campero Prudencio, F. (ed.), *"Bolivia en el siglo XX: La formación de la Bolivia contemporánea"* (p. 47-66). La Paz: Editorial Offsets Boliviana.

Astorga, P. (2003). "La industrialización en Venezuela (1936-1983): El problema de la abundancia", en Cárdenas, E., Ocampo, J. A. y Thorp, R. (eds.), *Industrialización y Estado en la América Latina: La leyenda negra de la posguerra* (p. 277-320). México D. F.: Fondo de Cultura Económica (Serie Lecturas El Trimestre Económico, 94).

Astorga, P., Bergés A. R. y FitzGerald, V. (2005). "The Standard of Living in Latin America During the Twentieth Century". *Economic History Review*, 54(4), 765-796.

Astorga, P., Bergés A. R. y FitzGerald, V. (2011). "Productivity growth in Latin America over the long run". *Review of Income and Wealth*, 57(2), 203-223.

Astorga, P. y FitzGerald, V. (1998). "Apéndice Estadístico", en Thorp, R., *Progreso, Pobreza y Exclusión. Una Historia Económica de América Latina en el Siglo XX* (p. 327-385). Washington, D.C.: Banco Interamericano de Desarrollo, Unión Europea.

Bacha, E. y Díaz-Alejandro, C. F. (1982). "International Financial Intermediation: A Long and Tropical View", *Essays in International Finance*, 147. Reimpreso en Andrés Velasco (ed.) (1988), *Trade, Development and the World Economy: Selected Essays of Carlos Díaz-Alejandro* (cap. 8). Oxford: Basil Blackwell.

Bairoch, P. (1993), *Economics and World History. Myths and Paradoxes*. Chicago, IL: Chicago University Press.

Bairoch, P. y Etemad, B. (1985). *Structure par produits des exportations du Tiers Monde, 1830-1937*. Geneve: Droz. (Publications du Centre d'histoire économique internationale de l'Université de Geneve, 1).

Balassa, B., Bueno, G. M., Kuczynski, P. P. y Simonsen, M. E. (1986). *Toward Renewed Economic Growth in Latin America*. Washington, D. C.: Institute of International Economics.

Balbis, J. (2005). "La evolución del precio de la tierra en Uruguay (1914-1924)". *Quantum*, 2(5), 114-141.

Banco Mundial (1995). *Bureaucrats in Business: The Economics and Politics of Government Ownership*. (Policy Research Report, n. 4).

Banco Mundial (1997). *The Long March: A Reform Agenda for Latin America and the Caribbean in the Next Decade*, Burki, S. J. y Perry, G. E. (eds.). Washington, D. C.: World Bank. (World Bank Latin American and Caribbean Viewpoints).

Banco Mundial (2006). *Poverty Reduction and Growth: Virtuous and Vicious Circles*. Perry, G. E., Arias, O. S., López, J. H., Maloney, W. F. y Servén, L. (eds.). Washington D.C.: World Bank.

Baptista, A. (1997). *Bases Cuantitativas de la Economía Venezolana, 1830-1995*. Caracas: Fundación Polar.

Baptista, A. y Mommer, B. (1987). *El petróleo en el pensamiento económico venezolano: un ensayo*. Caracas: IESA.

Bates, R. H., Coatsworth, J. H. y Williamson, J. G. (2007). "Lost Decades: Postindependence Performance in Latin America and Africa". *The Journal of Economic History*, 67, 917-943.

Bauer, A. (1991). "La Hispanoamérica Rural, 1870-1930", en Bethell, L. (ed.) *Historia de América Latina, Vol. 7: Economía y sociedad, c. 1870-1930* (p. 133-162). Barcelona: Crítica.

Beck, T. y Demirgüç-Kunt, A. (2009). "Financial Institutions and Markets Across Countries and over Time: Data and Analysis", *World Bank Policy Research Working Paper*, n. 4943, Mayo.

Behrman, J., Birdsall, N. y Székely, M. (2001). "Pobreza, Desigualdad y Liberalización Comercial y Financiera en América Latina", en Ganuza, E., Paes de Barros, R., Taylor, L. y Vos, R. (eds.), *Liberalización, desigualdad y pobreza: América Latina y el Caribe en los 90*. Buenos Aires: EUDEBA; Universidad de Buenos Aires; PNUD.

Belini, C. y Rougier, M. (2008). *El Estado Empresario en la Industria Argentina: Conformación y crisis*. Buenos Aires: Manantial. (Cuadernos Argentinos).

Berry, A. (1998). *Confronting the Income Distribution Threat in Latin America: Poverty, Economic Reforms, and Income Distribution in Latin America*. Boulder, CO: Lynne Rienner.

Bertino, M. y Tajam, H. (1999). *El PBI de Uruguay 1900-1955*. Montevideo: Universidad de la República, Facultad de Ciencias Económicas y Administración, Instituto de Economía.

Bértola, L. (1991). *La Industria Manufacturera Uruguaya, 1913-1961. Un enfoque sectorial de su crecimiento, fluctuaciones y crisis*. Montevideo: CIEDUR; Facultad de Ciencias Sociales.

Bértola, L. (2000). *Ensayos de Historia Económica de Uruguay y la región en la economía mundial. 1870-1990*, Montevideo: Trilce; CSIC.

Bértola, L. (2005). "A 50 años de la curva de Kuznets: crecimiento económico y distribución del ingreso en Uruguay y otras economías de nuevo asentamiento desde 1870". *Investigaciones en Historia Económica*, 3, 135-176.

Bértola, L. (2011). "Institutions and the Historical Roots of Latin American Divergence", en Ocampo, J. A. y Ros, J. (eds), *The Oxford Handbook of Latin American Economics* (cap. 2). Oxford: Oxford University Press.

Bértola, L. et al. (1998). *El PBI uruguayo 1870-1936 y otras estimaciones*. Montevideo: Universidad de la República, Facultad de Ciencias Sociales.

Bértola, L., Bianchi, C., Cimoli, M. y Porcile, G. (en prensa). "Relative performance, structural change and technological capabilities in Latin America in historical perspective", en Punzo, L. Feijo, C.A. y Puchet Anyul, M. (eds.) *Beyond the Global Crisis: Structural Adjustments and Regional Integration in Europe and Latin America* (Routledge Studies in the Modern World Economy).

Bértola, L., Camou, M., Maubrigades, S. y Melgar, N. (2010), "Human Development and Inequality in the Twentieth Century: The Mercosur Countries in a Comparative Perspective", en Salvatore, R.D., Coatsworth, J.D. y Challú, A.E. (eds.), *Living Standards in Latin American History: Height, Welfare and Development, 1750-2000* (p. 197-232), Cambridge, Mass.: David Rockefeller Center for Latin American Studies, Harvard University

Bértola, L., Castelnovo, C., Rodríguez Weber, J. y Willebald, H. (2010). "Between the colonial heritage and the first globalization boom: on income inequality in the southern cone". *Revista de Historia Económica – Journal of Iberian and Latin American Economic History*, 28(2), 307-341.

Bértola, L. y Gerchunoff, P. (eds.) (2011), *Institucionalidad y Desarrollo Económico en América Latina*. Santiago de Chile: CEPAL y AECID.

Bértola, L., Hernández, M. y Siniscalchi, S. (2010). *Un índice histórico de desarrollo humano de América Latina y algunos países de otras regiones: metodología, fuentes y bases de datos*. Montevideo: Facultad de Ciencias Sociales, Programa de Historia Económica y Social. (Serie Documento de Trabajo).

Bértola, L. y Porcile, G. (2006). "Convergence, Trade and Industrial Policy: Argentina, Brazil and Uruguay in the International Economy, 1900-1980". *Revista de Historia Económica-Journal of Iberian and Latin American Economic History*, 1, 37-67.

Bértola, L. y Williamson, J. G. (2006). "Globalization in Latin America before 1940", en Bulmer-Thomas, V., Coatsworth, J. y Cortés Conde, R. (eds.), *The Cambridge Economic History of Latin America* (vol. 2, p. 11-56). Nueva York, NY: Cambridge University Press.

Beyer, R. H. (1997). *Open-Economy Politics: The Political Economy of the World Coffee Trade*. Princeton, NJ: Princeton University Press.

BID (Banco Interamericano de Desarrollo) (1997). *América Latina tras una década de reformas*, Informe de Progreso Económico y Social 1997. Washington D. C.: BID.

BID (1999). *América Latina frente a la desigualdad*. Informe de Progreso Económico y Social 1998-1999. Washington D. C.: BID.

BID (2008a). *Calidad de vida, más allá de los hechos*, Lora, E. (ed.). México D. F.: Fondo de Cultura Económica.

BID (2008b). *All that glitters may not be gold: Assessing Latin America´s recent macroeconomic performance*, Izquierdo, A. y Talvi, J. (eds.). Washington D. C.: BID.

BID (2010). *The Age of Productivity: Transforming Economies from the Bottom Up*, Pagés, C. (ed.). Nueva York, NY: Palgrave Macmillan.

Bielschowsky, R. (1998). "Cincuenta años de pensamiento de la CEPAL: Una reseña", en *Cincuenta años de pensamiento de la CEPAL* (vol. 1, p. 9-62). Santiago de Chile: Fondo de Cultura Económica; CEPAL.

Bielschowsky, R. (2009). "Sesenta años de la CEPAL: Estructuralismo y neoestructuralismo". *Revista de la CEPAL* (97), 173-194.

Birdsall, N., de la Torre, A. y Valencia Caicedo, F. (2011). "The Washington Consensus: Assessing a 'Damaged Brand'", en Ocampo, J. A. y Ros J. (eds.), *The Oxford Handbook of Latin American Economics* (cap. 4, p. 79-107). Oxford: Oxford University Press.

Bonilla, H. (1974). *Guano y Burguesía en Perú*. Lima: Instituto de Estudios Peruanos. (Perú Problema, n. 11).

Braudel, F. (1986). *La Dinámica del Capitalismo*. México D. F.: Fondo de Cultura Económica.

Bulmer-Thomas, V. (1987). *The Political Economy of Central America since 1920*. Cambridge, MA: Cambridge University Press.

Bulmer-Thomas, V. (2003). *The Economic History of Latin America since Independence* (2nd ed.). Cambridge, MA: Cambridge University Press.

Canales, A. (2011). "Latin America in the Recent Wave of International Migration", en Ocampo, J.A. y Ros, J. (eds.), *The Oxford Handbook of Latin American Economics*. (cap. 20, p. 488-515). Nueva York: Oxford University Press.

Cárdenas, E. (1997). "A Macroeconomic interpretation of nineteenth century Mexico", en Haber, S. (ed.), *How Latin America Fell Behind* (p. 65-92). Palo Alto, CA: Stanford University Press.

Cárdenas, E. (2003a). *Cuándo se originó el atraso económico de México: La economía mexicana en el largo siglo XIX, 1780-1920*. Madrid: Fundación José Ortega y Gasset, Editorial Biblioteca Nueva.

Cárdenas, E. (2003b). "El proceso de industrialización acelerada en México (1929-1982)", en Cárdenas E., Ocampo J. A. y Thorp, R. (eds.), *Industrialización y Estado en la América Latina: La leyenda negra de la posguerra*. México D. F.: Fondo de Cultura Económica (Serie Lecturas El Trimestre Económico, 94).

Cárdenas, E., Ocampo, J. A. y Thorp R. (2003a). *La era de las exportaciones latinoamericanas. De fines del siglo XIX a principios del XX*. México D. F.: Fondo de Cultura Económica (Serie Lecturas El Trimestre Económico, 93).

Cárdenas E., Ocampo J. A. y Thorp, R. (eds.) (2003b). *Industrialización y Estado en la América Latina: La leyenda negra de la posguerra*. México D. F.: Fondo de Cultura Económica (Serie Lecturas El Trimestre Económico, 94).

Cardoso, C. F. S. y Pérez Brignoli, H. (1979). *Historia Económica de América Latina* (vol. 1 y 2). Barcelona: Crítica.

Cardoso, F. E. y Faletto E. (1971). *Dependencia y desarrollo en América Latina*. Ciudad de México: Siglo XXI.

Carmagnani, M. (1998). "Finanzas y Estado en México 1820-1880", en Jáuregui, L. y Serrano, J. A. (eds.), *Las finanzas públicas en los siglos XVIII–XIX*. México D.

F.: Instituto Mora; El Colegio de Michoacán; El Colegio de México; Instituto de investigaciones Históricas (UNAM).

Castro, A. B. de (1985), "Ajustamento x Transformação: A Economia Brasileria de 1974 a 1984", en de Castro, A.B. y de Souza, F.E.P., *A Economia Brasiliera em Marcha Forçada* (cap. I, p. 11-98). São Paulo: Paz e Terra.

Centro Latinoamericano y Caribeño de Demografía/División de Población de la CEPAL (2006). *América Latina y el Caribe: Observatorio Demográfico* (n. 2). Santiago de Chile: CEPAL.

Centro Latinoamericano y Caribeño de Demografía/División de Población de la CEPAL y Banco Interamericano de Desarrollo (1996). *Impacto de las tendencias demográficas sobre los sectores sociales en América Latina: Contribución al diseño de políticas y programas.* Santiago de Chile: CEPAL.

CEPAL (1964). *El financiamiento externo de América Latina,* Nueva York, NY: Naciones Unidas.

CEPAL (1976). *América Latina: Relación de precios de intercambio,* Santiago de Chile. (Cuadernos Estadísticos, 1).

CEPAL (1983). *Industrialización en Centroamérica 1960-1980.* Santiago de Chile (Estudios e Informes, 30).

CEPAL (1990). *Transformación productiva con equidad: La tarea prioritaria del desarrollo de América Latina y el Caribe en los años noventa.* Santiago de Chile.

CEPAL (1992). *El comercio de manufacturas de América Latina: Evolución y estructura 1962-1989,* Santiago de Chile. (Estudios e Informes, 88).

CEPAL (1994). *El regionalismo abierto en América Latina y el Caribe: La integración económica al servicio de la transformación productiva con equidad.* Santiago de Chile.

CEPAL (1996). *América Latina y el Caribe quince años después: De la década perdida a la transformación económica, 1980-1995.* Santiago de Chile: CEPAL; Fondo de Cultura Económica.

CEPAL (1997). *La brecha de la equidad: América Latina, el Caribe y la Cumbre Social.* Santiago de Chile.

CEPAL (1998). *Estudio económico de América Latina y el Caribe.* Santiago de Chile.

CEPAL (2000). *Equidad, desarrollo y ciudadanía.* Bogotá: CEPAL; Alfaomega.

CEPAL (2001a). *Una década de luces y sombras: América Latina y el Caribe en los años noventa.* Bogotá: CEPAL; Alfaomega.

CEPAL (2001b). *Panorama Social de América Latina, 2000-2001.* Santiago de Chile.

CEPAL (2004). *Desarrollo productivo en economías abiertas.* Santiago de Chile.

CEPAL (2006a). *La protección social de cara al futuro: Acceso, financiamiento y solidaridad.* Santiago de Chile.

CEPAL (2006b). "Matriz de origen y destino de los migrantes", *Suplemento del Observatorio Demográfico,* 1.

CEPAL (2007a). *Progreso técnico y cambio estructural en América Latina,* Santiago: CEPAL y Centro Internacional de Investigaciones para el Desarrollo (IDRC).

CEPAL (2007b). *Panorama de la inserción internacional de América Latina y el Caribe.* Santiago de Chile.

CEPAL (2008). *La transformación productiva 20 años después: viejos problemas, nuevas oportunidades.* Santiago de Chile.

CEPAL (2009). *América Latina y el Caribe: Series históricas de estadísticas económicas 1950-2008*. Santiago de Chile. (Cuadernos Estadísticos, 37).

CEPAL (2010). *La hora de la igualdad: Brechas por cerrar, caminos por abrir*. Santiago de Chile.

CEPAL y FAO (1978). *25 años en la agricultura de América Latina: Rasgos principales 1950-1975*. Santiago de Chile. (Cuaderno de la CEPAL, 21)

Chenery, H. (1979). *Structural Change and Development Policy*. Nueva York, NY: Oxford University Press.

Chocano, M., Contreras, C., Quiroz, F., Mazzeo, C. y Flores, R. (2010). *Economía del Período Colonial Tardío*. Lima: IEP (Compendio de Historia del Perú, 3).

Chonchol, J. (1994). *Sistemas agrarios en América Latina: De la etapa prehispánica a la modernización conservadora*. México D. F.: Fondo de Cultura Económica.

Cimoli, M. y G. Porcile (2011). "Learning, Technological Capabilities and Structural Dynamics", en Ocampo, J.A. y Ros, J. (eds.) *The Oxford Handbook of Latin American Economics* (Cap. 22, p. 546-567). Nueva York: Oxford University Press.

Cline, William R. (1984). *International Debt: Systemic Risk y Policy Response*. Washington D. C.: Institute of International Economics.

Coastworth, J. H. (1989). "The decline of the Mexican economy, 1800-1860", en Liher, R. (ed.) *América Latina en la Época de Simón Bolivar* (p. 27-53). Berlin: Colloquium Verlag.

Coastworth, J. H. (1998). "Economic and Institutional Trajectories in Nineteenth-Century Latin America", en Coatsworth, J. y Taylor, A. (ed.) *Latin America and the World Economy Since* 1800 (p. 23-54), Cambridge, MA: Harvard University, David Rockefeller Center for Latin American Studies.

Coastworth, J. H. (2008). "Inequality, Institutions and Economic Growth in Latin America". *Journal of Latin American Studies*, 40, 545-569.

Coastworth, J. H. y Williamson J. (2004). "Always Protectionist? Latin American Tariffs from Independence to Great Depression". *Journal of Latin American Studies*, 36(2), 205-232.

Cominetti, R. y G. Ruiz (1998). *Evolución del gasto público social en América Latina: 1980-1995*. Santiago de Chile. (Cuadernos de la CEPAL, 80).

Contreras, C. (2004). *El Aprendizaje del Capitalismo: Estudios de historia económica y social del Perú Republicano*. Lima: Instituto de Estudios Peruanos.

Contreras, C. y Cueto, M. (2004). *Historia del Perú Contemporáneo*. Lima: Instituto de Estudios Peruanos.

Cornia, G. A. (2010). "Income Distribution under Latin America's Center-Left Regimes". *Journal of Human Development and* Capabilities, 11(1), 85-114.

Cortés-Conde, R. (1997). *La economía argentina en el largo plazo*. Buenos Aires: Sudamericana; Universidad de San Andrés.

Cortés-Conde, R. y Harriague, M. (1996). *Estimaciones del producto interno de la Argentina* (Documento de Trabajo). Buenos Aires: Universidad de San Andrés, Departamento de Economía.

Daude, Christian y Eduardo Fernández-Arias (2010). "Productivity and Factor Accumulation in Latin America and the Caribbean: A Database". Washington: Departamento de Investigaciones, Banco Interamericano de Desarrollo. Disponible en: http://www.iadb.org/research/pub_desc.cfm?pub_id=DBA-015

De Ferranti, D., Perry, G., Ferreira, F. y Walton, M. (eds.) (2004). *Inequality in Latin America and the Caribbean: Breaking with History?*. Washington D. C.: World Bank.

De Janvry, A. (1981). *The Agrarian Question and Reformism in Latin America*. Baltimore, ML: Johns Hopkins University Press.

Delfim Netto, A. (1979). *O problema do café no Brasil*. Rio de Janeiro: Fundação Getulio Vargas.

Della Paolera, G. y Taylor, A. (1998). "Finance and Development in an Emerging Market: Argentina in the Interwar Period", en Coatsworth, J. y Taylor, A. M. (1998), *Latin America and the world economy since 1800* (cap. 5). Cambridge, MA: Harvard University, David Rockefeller Centre for Latin American Studies.

Devlin, R. (1989). *Debt and Crisis in Latin America: The Supply Side of the Story*. Princeton, NJ: Princeton University Press.

Di John, J. (2009). *From Windfall to Curse? Oil and Industrialization in Venezuela: 1920 to the Present*. Philadelphia, PA: Pennsylvania University Press.

Díaz, J., Lüders, R. y Wagner, G. (2007). "Economía Chilena 1810-2000. Producto total y sectorial, una nueva mirada". Santiago de Chile: Pontificia Universidad Católica de Chile, Instituto de Economía. (Documento de Trabajo, 315)

Díaz-Alejandro, C. F. (1988a). "América Latina en los años treinta", en Thorp, R. (ed.) *América Latina en los años treinta: El papel de la periferia en la crisis mundial* (cap. 2). México D. F.: Fondo de Cultura Económica.

Díaz-Alejandro, C. F. (1988b). "Latin American Debt: I Don't Think we are in Kansas Anymore", en Velasco, A. (ed.), *Trade, Development and the World Economy, Selected Essays of Carlos Díaz-Alejandro*. Oxford: Basil Blackwell.

Drake, P. W. (1989). *The Money Doctor in the Andes: The Kemmerer Missions, 1923-1933*. Durham, NC: Duke University Press.

Dosman, E. J. (2008). *The Life and Times of Raul Prebisch, 1901-1986*. Montreal; Kingston: McGill-Queens' University Press.

Duncan, K. y Rutledge, I. (1977). *Land and Labour in Latin America. Essays on the Development of Agrarian Capitalism in the nineteenth and twentieth centuries*. Cambridge, MA: Cambridge University Press.

Dye, A. (2006). "The Institutional Framework", en Bulmer-Thomas, V., Coatsworth J. y Cortés Conde R. (eds.), *The Cambridge Economic History of Latin America* (vol. 2, p. 169-208). Nueva York, NY: Cambridge University Press.

Easterly, W. y Servén, L. (eds.) (2003). *The Limits of Stabilization: Infrastructure, Public Deficits, and Growth in Latin America*, Stanford, CA: Stanford University Press.

Eichengreen, B. y Portes, R. (1989). "After the Deluge: Default, Negotiation, and Readjustment during the Interwar Years", en Eichengreen, B. y Lindert, P. H. (eds.) *The International Debt Crisis in Historical Perspective* (cap. 2). Cambridge, MA: MIT Press.

Edwards, S. (1995). *Crisis and Reform in Latin America: From Despair to Hope*. Nueva York, NY: Oxford University Press; Washington D. C.: World Bank.

Eltis, D., Lewis, F. D. y Sokoloff, K. L. (eds.) (2009). *Human Capital and Institutions: A Long Run View*. Nueva York, NY: Cambridge University Press.

Engerman, S. y Sokoloff, K. (1997). "Factor Endowments, Institutions and Differential Paths of Growth Among New World Economies: A View from Economic

Historians of the United States", en Haber, S. (ed) *How Latin America Fell Behind*. Stanford, CA: Stanford University Press.

Engerman, S. y Sokoloff, K. (2001). "The Evolution of Suffrage in the New World: A Preliminary Examination". *Cliometrics Society Meeting*, 18-20 may 2001, Tucson, AZ.

Erte, B. y Ocampo, J. A. (2011). *Supercycles of Commodity Prices since the Mid-nineteenth Century*. Nueva York, NY: Columbia University. (Initiative for Policy Dialogue, Working Paper).

Esping-Andersen, G. (1990). *The Three Worlds of Welfare Capitalism*. Cambridge: Polity Press.

Evans, P. (1995). *Embedded Autonomy: States and Industrial Transformation*. Princeton, NJ: Princeton University Press.

Fajnzylber, F. (1983). *La Industrialización Trunca de América Latina*. México D. F.: Nueva Imagen.

Fanelli, J. M. (ed.) (2008). *Macroeconomic Volatility, Institutions and Financial Architectures. The Developing World Experience*. Nueva York, NY: Palgrave Macmillan.

Feenstra, R. C. y Lipsey, M. W. (2005). "*NBER-United Nations Trade Data 1962-2000*". Disponible en: (http://cid.econ.ucdavis.edu/data/undata/undata.html).

Ferreira, F. H. G. y Robelino, D. (2011). "Social Protection in Latin America: Achievements and Limitations", en Ocampo, J. A. y Ros, J. (eds.), *The Oxford Handbook of Latin American Economics* (cap. 33, p. 836-862). Oxford: Oxford University Press.

Ferrer, A. (2010). *La Economía Argentina. Desde sus orígenes hasta principios del Siglo XXI*. México D. F.: Fondo de Cultura Económica.

Ffrench-Davis, R. (2005). *Reformas para América Latina: después del fundamentalismo neoliberal*. Buenos Aires: Siglo XXI.

Ffrench-Davis, R., Muñoz, O. y Palma, G. (1998). "The Latin American Economies, 1959-1990", en Bethell, L. (ed.), *The Cambridge History of Latin America, Latin America: Economy and Society Since 1930* (vol. 6). Cambridge: Cambridge University Press.

Filgueira, F. (1997). "Tipos de welfare y reformas sociales en América Latina: Eficiencia, residualismo y ciudadanía estratificada", Documento elaborado para el proyecto "Social Policy and Social Citizenship in Central America", Social Science Research Council.

Filgueira, F., Molina, C. G., Papadópulos, J. y Tobar, F. (2006). "Universalismo básico: una alternativa posible y necesaria para mejorar las condiciones de vida", en Molina, C. G. (ed.), *Universalismo básico: Una nueva política social para América Latina* (cap. 1). Washington, D. C.: Banco Interamericano de Desarrollo; Planeta.

Findlay, R. y O'Rourke, K. H. (2007). *Power and plenty: trade, war, and the world economy in the second millennium*. Princeton, NJ: Princeton University Press.

Fishlow, A. (1985). "El estado de la ciencia económica en América Latina", *Progreso Económico y Social en América Latina* (cap. 5). Washington D. C.: Banco Interamericano de Desarrollo.

FitzGerald, E. V. K. (1978). "The Fiscal Crisis of the Latin American State", en Toye, J. F. J. (ed.), *Taxation and Economic Development* (p. 125-158). London: Frank Cass.

Fogel, R. W. (2009). *Escapar del Hambre y la Muerte Prematura*. Madrid: Alianza.

Folchi, M. y Rubio, M. (2006). "El consumo de energía fósil y la especificidad de la transición energética en América Latina, 1900-1930". *III Simposio Latinoamericano y Caribeño de Historia Ambiental*, Carmona.

Frankema, E. (2009). *Has Latin America Always Been Unequal?: A Comparative Study of Asset and Income Inequality in the Long Twentieth Century*. Leiden; Boston, MA: Brill.

Frenkel, R. y Rozenwurcel, G. (1990). "Restricción externa y generación de recursos para el crecimiento en la América Latina". *El Trimestre Económico* (225), 983-1014.

Frenkel, R. y Rapetti, M. (2011). "Exchange Rate Regimes in Latin America", en Ocampo J. A. y Ros, J. (eds.), *The Oxford Handbook of Latin American* Economics (cap. 8). Oxford: Oxford University Press.

Furtado, C. (1974). *La Economía Latinoamericana desde la Conquista Ibérica hasta la Revolución Cubana*. México D. F.: Siglo XXI.

Furtado, C. (1989). *La fantasía organizada*. Bogotá: Tercer Mundo.

Gallagher, K. P. y Porzecanski, R. (2010). *The Dragon in the Room: China and the Future of Latin American Industrialization*. Palo Alto, CA: Stanford University Press.

Ganuza, E., Paes de Barros, R. y Vos, R. (2002). "Labour Market Adjustment, Poverty and Inequality during Liberalization", en Vos, R., Taylor, L. y Paes de Barros, R. (eds.), *Economic Liberalization, Distribution and* Poverty (p. 54-81). Cheltenham: Edward Elgar Publishing.

García, N. (2007). "Empleo y Globalización en América Latina". *Revista de Economía Mundial*, 17, 51-75.

García, N. y Tokman, V. (1984). "Transformación ocupacional y crisis". *Revista de la CEPAL*, 24, 103-115.

Gasparini, L., Cruces, G., Tornarolli, L. y Marchionni, M. (2009). *A Turning Point? Recent Developments on Inequality in Latin America and the Caribbean*. Nueva York, NY: RBLAC-PNUD. (*Research for Public Policy, Human Development*, HD-02-2009)

Gasparini, L. y Lustig, N. (2011). "The Rise and Fall of Income Inequality in Latin America", en Ocampo, J. A. y Ros , J. (eds.), *The Oxford Handbook of Latin American Economics* (cap. 27, p. 691-714). Oxford: Oxford University Press.

Gelman, J. (2009), "¿Crisis postcolonial en las economías sudamericanas?", en Llopis, E. y Marichal, C. (ed.), *Latinoamérica y España, 1800-1850: Un crecimiento económico nada excepcional* (p. 25-64). Madrid: Marcial Pons.

Gelman, J. (2011). "Dimensión económica de la independencia", en *Las Indepedencias latinoamericanas y el persistente sueño de la Gran Patria Nuestra*. México D. F.: Servicio de Relaciones Exteriores de la Cancillería Mexicana.

Gelman, J. y Santilli, D. (2010). "Crecimiento económico, divergencia regional y distribución de la riqueza. Córdoba y Buenos Aires después de la independencia". *Latin American Research Review*, 45(1), 121-147.

Gerschenkron, A. (1962). *Economic Backwardness in Historical Perspective*. Cambridge, MA: Harvard University Press.

Gerchunoff, P. y Llach, L. (1998). *El ciclo de la ilusión y el desencanto: un siglo de políticas económicas argentinas*. Buenos Aires: Ariel Sociedad Económica.

Glade, W. (1986). "Latin America and the International Economy, 1870-1914", en Bethell, L. (ed.), *The Cambridge History of Latin America, c. 1870 to 1930* (vol. 4, cap. 1). Cambridge, MA: Cambridge University Press.

Goldsmith, R. W. (1973). *A Century of Financial Development in Latin America*. New Haven, CT: Yale University. (Economic Growth Center Paper, 196)

Goldsmith, R. W. (1986). *Brasil 1850-1984: desenvolvimento financiero sob un século de inflaçao*. São Paulo: Harper & Row do Brasil.

Gootenberg, P. (1989). *Between Silver and Guano: Commercial policy and the state in postindependence Peru*. Princeton, NJ: Princeton University Press.

Greasley, D, Madsen, J.B., y Oxley, L. (2000). "Real Wages in Australia and Canada, 1870–1913: Globalization versus Productivity". *Australian Economic History Review*, 2, 178-198.

Haber, S. (1989). *Industry and Underdevelopment: The Industrialization of Mexico, 1890-1940*. Palo Alto, CA: Stanford University Press.

Haber, S. (2006). "The Political Economy of Industrialization", en Bulmer-Thomas, V., Coatsworth, J. y Cortés Conde, R. (eds.), *The Cambridge Economic History of Latin America* (vol. 2, p. 537-584). Nueva York, NY: Cambridge University Press.

Haber, S. (2010). "Mercado interno, industrialización y banca, 1890-1929", en Kuntz Ficker, S. (coord.), *Historia económica general de México: de la Colonia a nuestros días* (cap. 9). México D. F.: El Colegio de México y Secretaría de Economía.

Haddad, C. L. S. (1980). "Crecimiento econômico do Brasil, 1900-76", en Neuhaus, P. (ed.), *Economia Brasileira: Uma Visão Histórica*. Rio de Janeiro: Elsevier.

Halperín Donghi, T. [2008 (1969)]. *Historia contemporánea de América Latina*. Madrid: Alianza.

Haggard, S. y Kaufman, R. R. (2008). *Development, Democracy, and Welfare States: Latin America, East Asia, and Eastern Europe*. Princeton, NJ: Princeton University Press.

Hanushek, E. A. y Woessmann, L. (2009). "Do Better Schools Lead to More Growth? Cognitive Skills, Economic Outcomes, and Causation", *NBER Working Paper* 14633.

Hatton, T. J. y Williamson, J. G. (1994). "International Migration, 1850-1939: An Economic Survey", en Hatton, T. J. y Williamson, J. G. (eds.), *Migration and the International Labour Market, 1850-1939* (p. 3-34). London: Routledge.

Hatton, T. J. y Williamson, J. G. (2005). *Global Migration and the World Economy: Two Centuries of Policy and Performance*. Cambridge, MA: MIT Press.

Hausmann, R. (2011). "Structural Transformation and Economic Growth in Latin America", en Ocampo, J. A. y Ros, J. (eds.), *The Oxford Handbook of Latin American Economics* (cap. 21, p. 519-545). Oxford: Oxford University Press.

Hausmann, R., Hwang, J. y Rodrik, D. (2007). "What You Export Mattters". *Journal of Economic Growth*, 12(1).

Helleiner, E. (2009). "The Development Mandate of International Institutions: Where Did They Come From". *Studies of International Comparative Development*.

Hirschman, A. O. (1971). "The Political Economy of Import-Substituting Industrialization in Latin America", en Hirschman, A. O., *A Bias for Hope: Essays on Development and Latin America* (cap. 3). New Haven, CT: Yale University Press.

Hirschman, A. O. (1987). "The political Economy of Latin American Development: seven exercises in retrospection". *Latin American Research Review*, 22(3), 7-36.

Hoffman, A. (2000). *The Economic Development of Latin America in the Twentieth Century*. Cheltenham (UK): Edward Elgar Publishing.

Holloway, T. (1977). "The coffee *colono* of Sao Paulo, Brazil: migration y mobility, 1880-1930", en Duncan, K. y Rutledge, I., *Land and Labour in Latin America. Essays on the Development of Agrarian Capitalism in the nineteenth and twentieth centuries*. Cambridge, MA: Cambridge University Press.

Hunt, S. J. (1985). "Growth and guano in nineteenth century Peru", en Cortés Conde, R. y Hunt, S. J. (eds.), *The Latin American Economies: Growth and the Export Sector 1880-1930*. Nueva York, NY: Holmes & Meier.

Irigoin, A. (2009). "Gresham on horseback: the monetary roots of Spanish American political fragmentation in the nineteenth century". *The Economic History Review*, 62(3), 551-575.

Jáuregui, L. y Serrano, J. A. (1998). "Introducción", en Jáuregui, L. y Serrano, J. A. (eds.), *Las finanzas públicas en los siglos XVIII – XIX*. México D.F.: Instituto Mora, El Colegio de Michoacán; El Colegio de México, UNAM – Instituto de Investigaciones Históricas.

Jáuregui, L. y Marichal, C. (2009). "Paradojas fiscales y financieras de la temprana república mexicana, 1825-1855", en Llopis, E. y Marichal, C. (ed.), *Latinoamérica y España, 1800-1850: Un crecimiento económico nada excepcional* (p. 111-160). Madrid; México, D. F.: Marcial Pons, Ediciones de Historia; Instituto Mora. .

Jorgensen, E. y Sachs, J. (1989). "Default and Renegotation of Latin American Foreign Bonds in the Interwar Period", en Eichengreen, B. y Lindert, P. H. (eds.), *The International Debt Crisis in Historical Perspectiva* (cap. 3). Cambridge, MA: MIT Press.

Jorgensen, S. L. y Paldam, M. (1987). "The Real Exchange Rates of Eight Latin American Countries 1946-1985: An interpretation", *Geld und Wärung*, 3(4).

Kalmanovitz, S. (ed.) (1994). *Economía y Nación: una breve historia de Colombia*. 2ª ed., Bogotá: Universidad Nacional; Tercer Mundo Editores.

Kalmanovitz, S. y López Rivera, E. (2009). *Las Cuentas Nacionales de Colombia en el Siglo XIX*. Bogotá: Universidad de Bogotá Jorge Tadeo Lozano.

Kaminsky, G. L, Reinhart, C. M. y Végh, C. A. (2004)." When it rains, it pours: procyclical capital flows and macroeconomic policies". *NBER Macroeconomics Annual*, 19, 11-53.

Katz, J. (1978). "Creación de tecnología en el sector manufacturero argentino". *Trimestre Económico*, 177, 167-190.

Katz, J. (1984). "Domestic technological innovations and comparative advantage: Further reflections on a comparative case-study program", *Journal of Development Economics*, 16(1-2), 13-37.

Katz, J. y Kosacoff, B. (2003). "El aprendizaje tecnológico, el desarrollo institucional y la microeconomía de la sustitución de importaciones", en Cárdenas, E., Ocampo J. A. y Thorp R. (eds.), *Industrialización y Estado en la América Latina. La leyenda negra de la posguerra* (cap. 2). México D. F.: Fondo Cultura Económica (Serie Lecturas El Trimestre Económico, N° 94).

Kindleberger, C. P. y Aliber, R. (2005). *Manias, Panics, and Crashes: A History of Financial Crises. 5a. ed.* New Jersey, NJ: John Wiley & Sons.

Klarén, P. (1977). "The Peruvian Sugar Industry, 1870-1930", en Duncan, K. y Rutledge, I., *Land and Labour in Latin America: Essays on the Development of Agrarian Capitalism in the nineteenth and twentieth centuries*. Cambridge, MA: Cambridge University Press.

Klein, H. S. y Vinson III, B. (2007). *African Slavery in Latin America and the Caribbean*. 2ª. Ed. Nueva York, NY: Oxford University Press.

Kuczynski, P. P. y Williamson, J. (eds.) (2003). *After the Washington Consensus: restarting growth and reform in Latin America*. Washington, D. C.: Institute for International Economics.

Kuntz-Ficker, S. (2010). *Las exportaciones mexicanas durante la primera globalización 1870-1929*. México D.F.: El Colegio de México, Centro de Estudios Históricos.

La Porta, R., Lopez-de-Silanes, F. y Shleifer, A. (2002). "Government ownership of banks". *The Journal of Finance*, 57(1), 265-301.

Laeven, L. y Valencia, F. (2008). *Systemic Banking Crises: A New Database*. IMF Working Paper 8/224. Washington D. C.: International Monetary Found.

Lall, S. (2001). *Competitiveness, technology and skins*. Cheltenham (UK): Edward Elgar Publishing.

Landes, D. (1999). *The wealth and Poverty of Nations: Why Some Are So Rich and Some So Poor*. Nueva York, NY: W. W. Norton & Company.

Leff, N.H. (1982). *Underdevelopment and Development in Brazil*, Vol. I. *Economic Structure and Change, 1822-1947*. London: George Allen and Unwin.

Leff, N.H. (1997). "Economic Development in Brazil, 1822-1913", en Haber, S. (ed.) *How Latin America Fell Behind* (p. 34-64). Stanford, CA: Stanford University Press.

Levitsky, S. y K. M. Roberts (2011) (eds.). *The resurgence of the Left in Latin America*. Baltimore, ML: Johns Hopkins University Press.

Levy, S. (2008). *Good Intentions, Bad Outcomes: Social Policy, Informality, and Economic Growth in Mexico*. Washington D.C.: Brookings Institution.

Lewis, C. (1991). "La industria antes de 1930", en Bethell, L. (ed.) *Historia de América Latina. Economía y sociedad, c. 1870-1930* (vol. 7, p. 231 – 280). Barcelona: Crítica.

Lewis, W. A. (1952). "World Production, Prices and Trade, 1870–1960". *The Manchester School of Economic and Social Studies*, 20, 105-134.

Lewis, W. A. (1954). "Economic Development with Unlimited Supplies of Labour". *The Manchester School of Economic and Social Studies*, 22(2).

Lewis, W. A. (1969). *Aspects of Tropical Trade, 1883-1965*. Stockholm: Almqvist & Wiksell. (Serie Wicksell Lectures).

Lewis, W.A. (1983). *Crecimiento y fluctuaciones 1870-1913*. México D. F.: Fondo de Cultura Económica.

Lindert, P. (2004). *Growing public. Social spending and economic growth since the eighteenth century*. Cambridge: Cambridge University Press.

Lindert, P. (2010). "The Unequal Lag in Latin American Schooling since 1900: Follow the Money". *Revista de Historia Económica / Journal of Iberian and Latin American Economic History*, 28(2), 375-405.

Llopis, E. y Marichal, C. (ed.) (2009). *Latinoamérica y España, 1800-1850: Un crecimiento económico nada excepcional*. Madrid; México, DF: Marcial Pons, Ediciones de Historia; Instituto Mora.

Londoño, J. L. y Székely, M. (2000). "Persistent Poverty and Excess Inequality: Latin America, 1970-1995". *Journal of Applied Economics*, 3(1), 93-134.

López-Calva, L. F. y Lustig, N. (eds.) (2010). *Declining Inequality in Latin America: A Decade of Progress*. Nueva York; Washington D. C.: Brookings Institution Press; UNDP.

Lora, E. (2001). *Structural Reforms in Latin America: What Has Been Reformed and How to Measure It*. Washington, D. C.: Banco Interamericano de Desarrollo (*Research Department Working paper, WP 466)*.

Lora, E. (2011). "The effects of trade liberalization on growth and employment", en Ocampo J. A. y Ros, J. (eds.) *The Oxford Handbook of Latin American Economics* (cap. 15, p. 368-393). Oxford: Oxford University Press.

Love, J. L. (1994). "Economic Ideas and Ideologies in Latin America Since 1930", en Bethell, L. (ed.), *The Cambridge History of Latin America, since 1930. Economy, Society and Politics* (vol. 6). Cambridge: Cambridge University Press.

Maddison, A. (1995). *Monitoring the World Economy, 1820-1992*. París: OECD Development Centre.

Maddison, A. (2001). *The World Economy: A Millennial Perspective*. París: OECD Development Centre.

Maddison, A. (2007). *Contours of the World Economy, I-2030 AD: Essays in Macro-Economic History*. Nueva York, NY: Oxford University Press.

Manzel, K. y Baten, J. (2009) "Gender equality and inequality in numeracy: the case of Latin America and the Caribbean, 1880-1949". *Revista de Historia Económica*, 27(1), 37-73.

Marichal, C. (1989). *A Century of Debt Crisis in Latin America: From Independence to the Great Depression, 1820-1930*. Princeton, NJ: Princeton University Press.

Martínez Pizarro, J. (2011). *Migración internacional en América Latina: Nuevas tendencias, nuevos enfoques*. Santiago de Chile: CEPAL.

Matus, M. (2009). *Precios y Salarios Reales en Chile durante el Ciclo Salitrero, 1880-1930"*. Barcelona: Universidad de Barcelona, Programa Interuniversitario de Historia Económica. (Tesis doctoral).

Mesa-Lago, C. (1978). *Social Security in Latin America: Pressure Groups, Stratification, and Inequality*. Pittsburgh, PA: University of Pittsburgh Press.

Mesa-Lago, C. (1981). *The Economy of Socialist Cuba: A Two-Decade Appraisal*. Albuquerque, NM: University of New Mexico Press.

Mitchel, B.R., Deane, P. (col.) (1962). *Abstract of British Historical Statistics*. Cambridge: Cambridge University Press

Mitchell, B.R. (2003). *International historical statistics: the Americas, 1750-1993*. London; Nueva York: Macmillan Reference; Stockton Press.

Mitre, A. (1993). *Bajo un cielo de estaño*. La Paz: Biblioteca Minera Boliviana.

Mokyr, J. (2002). *The Gifts of Athena. Historical Origins of the Knowledge Society*. Princeton, NJ: Princeton University Press.

Moreno-Brid, J. C. y Ros, J. (2009). *Development and Growth in the Mexican Economy. A Historical Perspective*. Nueva York, NY: Oxford University Press.

Moreno Fraginals, M. (1991). "Economías y sociedades de plantación en el Caribe español, 1860-1930", en Bethell, L. (ed.) *Historia de América Latina: Economía y sociedad, c. 1870-1930* (vol 7, p. 163-201*)*. Barcelona: Crítica.

Moreno Fraginals, M. (1978). *El ingenio: complejo económico social cubano del azúcar*. La Habana: Editorial de Ciencias Sociales. 3 vols.

Morley, S. (1995). *Poverty and Inequality in Latin America: the Impact of Adjustment and Recovery in the 1980s*. Baltimore, ML: The Johns Hopkins University Press.

Morley, S. (2000). *La distribución de ingreso in América Latina y el Caribe*. Santiago de Chile: Fondo de Cultura Económica; CEPAL.

Morley, S., Machado, R. y Pettinato, S. (1999). "Indexes of structural reform in Latin America". Santiago de Chile: CEPAL. (Serie Reformas Económicas, n. 12).

Morrisson, C. y Murtin, F. (2008). "The Century of Education". *Journal of Human Capital*, 3(1), 1-42.

Murillo, M. V., Ronconi, L. y Schrank, A. (2011). "Latin American Labor Reforms: Evaluating Risk and Security", en Ocampo, J. A. y Ros, J. (eds.), *The Oxford Handbook of Latin American Economics* (cap. 31, p. 790-812). Nueva York, NY: Oxford University Press.

Mörner, M. (1977). "'Landlords' and 'Peasants', and the outer world", en Duncan, K. y Rutledge, I., *Land and Labour in Latin America. Essays on the Development of Agrarian Capitalism in the nineteenth and twentieth centuries*. Cambridge, MA: Cambridge University Press.

North, D., Summerhill, W. y Weingast, B. (2000). "Order, Disorder and Economic Change: Latin America versus North America", en Mesquita, F. y Root, F. R. (eds.). *Governing for Prosperity*. New Haven, CT: Yale University Press.

North, D., Wallis, J. J. y Weingast, B. R. (2009). *Violence and Social Orders: A Conceptual Framework for Understanding Recorded Human History*. Cambridge, MA: Cambridge University Press.

Ocampo, J. A. (1984). *Colombia y la economía mundial, 1830-1910*. Bogotá: Siglo XXI; FEDESARROLLO.

Ocampo, J. A. (1990). *Comerciantes, artesanos y política económica en Colombia, 1830-1880*. Bogotá: Banco de la República. (Boletín Cultural y Bibliográfico, 22).

Ocampo, J. A. (2004a). *Reconstruir el futuro: globalización, desarrollo y democracia en América Latina*. Bogotá: Grupo Editoral Norma; CEPAL.

Ocampo, J. A. (2004b). "Latin America's Growth and Equity Frustrations During Structural Reforms". *Journal of Economic Perspectives*, 18(2), 67-88.

Ocampo, J. A. (2007). "La macroeconomía de la bonanza económica latinoamericana". *Revista de la CEPAL*, 93, 7-29.

Ocampo, J. A. (2008a). "Las concepciones de la política social: universalismo versus focalización". *Nueva Sociedad*, 215, 36-61.

Ocampo, J. A. (2008b). "A Broad View of Macroeconomic Stability", en Serra, N. y Stiglitz, J.E. (eds.), *The Washington Consensus Reconsidered* (p. 63-94). Nueva York, NY: Oxford University Press.

Ocampo, José Antonio (2011). "Macroeconomía para el desarrollo: políticas anticíclicas y transformación productiva". *Revista de la CEPAL*, 104, 7-35.

Ocampo, J. A. y Martin, J. (eds.) (2003). *Globalización y desarrollo: una reflexión desde América Latina y el Caribe*. Bogotá: CEPAL; Alfaomega. (Colección Foro sobre Desarrollo de América Latina).

Ocampo, J. A. y Martin, J. (eds.) (2004). *América Latina y el Caribe en la era global*. Bogotá: CEPAL; Alfaomega.

Ocampo, J. A. y Parra, M. A. (2003). "Los términos de intercambio de los productos básicos en el siglo XX". *Revista de la CEPAL*, 79, 7-35.

Ocampo, J. A. y Parra, M. A. (2007) "The Dual Divergence: Growth Successes and Collapses in the Developing World Since 1980", en Ffrench-Davis, R. y Machinea, J. L. (eds.), *Economic Growth with Equity: Challenges for Latin America*. Houndmills, NY: Hampshire, Palgrave Macmillan; ECLAC.

Ocampo, J. A. y Parra, M. A. (2010) "The Terms of Trade for Commodities since the Mid-Nineteenth Century". *Revista de Historia Económica – Journal of Iberian and Latin American Economic History*, 28(1), 11-37.

Ocampo, J. A., Rada, C. y Taylor, L. (2009). *Growth and Policy in Developing Countries: A Structuralist Approach* (cap. 1). Nueva York, NY: Columbia University Press.

Ocampo, J. A. y Tovar, C. (2003). "Colombia en la era clásica del 'desarrollo hacia adentro', 1930-1974", en Cárdenas, E., Ocampo, J. A. y Thorp, R. (eds.), *Industrialización y Estado en la América Latina: La leyenda negra de la posguerra* (cap. 9). México D. F.: Fondo de Cultura Económica (Serie Lecturas El Trimestre Económico, n. 94).

Ocampo, J. A. y Vos, R. (2008) *Uneven Economic Development*. London: Zed Books; United Nations.

O'Connell, A. (1988). "La Argentina en la depresión: los problemas de una economía abierta", en Thorp, R. (ed.), *América Latina en los años treinta: El papel de la periferia en la crisis mundial* (cap. 8). México D. F.: Fondo de Cultura Económica.

Orihuela, J. C. (2010). *Globalizations, Green Governance and Environmental Change. Towards a Modern Environmental History of Latin America*. Nueva York, NY: Columbia University. [Working Paper, Initiative for Policy Dialogue.

O'Rourke, K. H. y Williamson, J. G. (1999). "The Heckscher-Ohlin model between 1400 and 2000: when it explained factor price convergence, when it did not, and why", *NBER Working Paper Series*, WP 7411.

O'Rourke, K. H. y Williamson, J. G. (2006). "Around the European periphery 1870–1913: Globalization, schooling and growth". *European Review of Economic History*, 1(2), 53-190.

OXLAD (2011) *Oxford Latin American Economic History Database*. Disponible en: http://www.qeh.ox.ac.uk/centres/oxlad

Pagés, C. (ed.) (2010). *The Age of Productivity: Transforming Economies from the Bottom Up*. Nueva York, NY: Palgrave Macmillan.

Palacios, M. (1983). *El Café en Colombia 1850-1970. Una historia económica, social y política*. México D. F.: El Colegio de México.

Palma, G. (2003). "La economía chilena desde la Guerra del Pacífico a la Gran Depresión. Cómo evitar el síndrome holandés por medio de gravar, transferir y gastar", en Cárdenas, E., Ocampo, J. A. y Thorp, R., *La era de las exportaciones latinoamericanas: de fines del siglo XIX a principios del XX* (cap. 7). México D. F.: Fondo de Cultura Económica (Serie Lecturas El Trimestre Económico, n. 93).

Palma, G. (2005). "Cuatro fuentes de 'desindustrialización' y un nuevo concepto del 'síndrome holandés'", en Ocampo, J. E. (ed.), *Más allá de las reformas: Dinámica estructural y vulnerabilidad macroeconómica* (cap. 3). Bogotá: Alfaomega; CEPAL.

Palma, G. (2009). "Flying-geese and waddling-ducks: the different capabilities of East Asia and Latin America to 'demand-adapt' and 'supply-upgrade' their export productive capacity", en Stiglitz, J. E., Cimoli, M. y Dosi, G. (eds.), *Industrial Policy in Developing Countries*. Nueva York, NY: Oxford University Press.

Palma, G (2011). "Why Has Productivity Growth Stagnated in Latin America since the Neo-Liberal Reforms?", en Ocampo, J. A. y Ros, J. (eds.), *The Oxford handbook of Latin American Economics* (cap. 23, p. 568-607). Nueva York, NY: Oxford University Press.

Peláez, C. M. (1973). "Análises econômica do programa brasileiro de sustentação do café 1906-1945: teoria, política e midoção", en Moitinho, M. *Ensaios sobre café e desenvolvimento econômico*. Rio de Janeiro: Instituto Brasileiro do Café.

Peres, W. (2012). "Industrial Policies in Latin America", en Szirmai, A., Naudé, W. y Alcorta, L. (eds.) *Pathways to Industrialization. New Challenges and Emerging Paradigms* (cap. 7). Nueva York, NY: Oxford University Press.

Polanyi, K. (1957). *The Great Transformation: The Political and Economic Origins of Our Time*. Boston, MA: Beacon Press.

Prados de la Escosura, L. (2007). "Inequality and Poverty in Latin America: A Long-Run Exploration", en Hatton, T. J., O'Rourke, K. H. y Taylor, A. M. (eds.), *The New Comparative Economic History: Essays in Honor of Jeffrey G. Williamson* (cap. 12). Cambridge, MA.: MIT Press.

Prados de la Escosura, L. (2009). "Lost Decades? Economic Performance in Post-Independence Latin America". *Journal of Latin American Studies*, 41(2), 279-307.

PREALC (1981). *Dinámica del subempleo en América Latina*. Santiago de Chile: CEPAL.

Prebisch, R. (1973). Interpretación del proceso de desarrollo latinoamericano en 1949. 2ª. Ed. Santiago de Chile: CEPAL. (*Serie conmemorativa del XXV aniversario de la CEPAL)*.

Proyecto GRECO (1999). *El crecimiento económico colombiano en el siglo XX: aspectos globales*. Bogotá: Banco de la República de Colombia.

Przeworski, A. (2011). "Latin American Political Regimes in Comparative Perspective", en Kingstone, P. y Yashar, D. J. (eds.), *Routledge Handbook of Latin American Politics*. (London): Routledge.

Rapoport, M. (2000). *Historia económica, política y social de la Argentina (1880-2000)*. Buenos Aires: Ediciones Macchi.

Reimers, F. (2006). "Education and Social Progress", en Bulmer-Thomas, V., Coatsworth, J. y Cortés Conde, R. (eds.), *The Cambridge Economic History of Latin America* (vol. 2, p. 427-482). Nueva York, NY: Cambridge University Press.

Reinhart, C. y Rogoff, K. (2009). *This Time is Different: Eight Centuries of Financial Folly*, Princeton: Princeton University Press, 2009.

Robinson, J. (2006). "Accumulation of capital". *Journal of analytical and institutional economics*, 2, 245-252.

Rodríguez, J. L. (1990). *Estrategia del desarrollo económico en Cuba*. La Habana: Editorial de Ciencias Sociales.

Rodríguez Weber, J. E. (2009) *Los tiempos de la desigualdad. La distribución del ingreso en Chile, entre la larga duración, la globalización y la expansión de la frontera, 1860-1930*. Montevideo: Universidad de la República, Facultad de Ciencias Sociales, Unidad Multidisciplinaria, Programa de Historia Económica y Social. (Tesis de maestría en historia económica).

Rodríguez, O. (1980). *La teoría del subdesarrollo de la CEPAL*. México D. F.: Siglo XXI.

Rodríguez, O. (2006). *El estructuralismo latinoamericano*. México D. F.: Siglo XXI; CEPAL.

Romero, E. (2000). *Historia Económica del Perú*. Lima: Sudamericana.

Ros, J. (2009). "Reducción de la Pobreza en América Latina: Incidencia de los factores demográficos, sociales y económicos". *Revista de la CEPAL* (98), 35-45.

Rosenthal, G. (2004). "ECLAC: A Commitment to a Latin American Way Towards Development", en Berthelot, Y. (ed.), *Unity and Diversity in Development Ideas: Perspectives from the UN Regional Commissions*. Bloomington, IN: Indiana University Press. (United Nations Intellectual History Project).

Rowe, J. W. F. (1932). *Studies in the Artificial Control of Raw Material Supplies: Brazilian Coffee. vol. 3*. London; Cambridge: Royal Economic Society.

Rowe, J. W. F. (1965). *Primary Commodities in International Trade*. Cambridge: Cambridge University Press.

Rowthorn, R. E. y Wells, J. (1987). *De-Industrialization and Foreign Trade*. Cambridge: Cambridge University Press.

Rubio, M. M., Yáñez, C., Folchi, M. y Carreras, A. (2010). "Energy as an indicator of modernization in Latin America, 1890-1925". *Economic History Review*, 63 (3), 769-804.

Salvucci, R. (2006). "Export-led Industrialization", en Bulmer-Thomas, V., Coatsworth, J. y Cortés Conde, R. (eds.), *The Cambridge Economic History of Latin America* (vol. 2, p. 249-292). Nueva York, NY: Cambridge University Press.

Sánchez Albornóz, N. (1991). "La Población, 1850-1930", en Bethell, L. (ed), *Historia de América Latina. Economía y sociedad, c. 1870-1930* (vol. 7, p. 106-132). Barcelona: Crítica.

Sánchez Alonso, B. (2006). "Labor and Inmigration", en Bulmer-Thomas, V., Coatsworth, J. y Cortés Conde, R. (eds.), *The Cambridge Economic History of Latin America* (vol. 2, p. 377-426). Nueva York, NY: Cambridge University Press.

Sánchez Santiró, E. (2009a). *Las alcabalas mexicanas (1821-1857): los dilemas de la construcción de la hacienda nacional*. México D. F.: Instituto Mora.

Sánchez Santiró, E. (2009b). "El desempeño de la economía mexicana tras la independencia, 1821-1870: nuevas evidencias e interpretaciones", en Llopis, E. y Marichal, C. (ed.), *Latinoamérica y España, 1800-1850: Un crecimiento económico nada excepcional* (p. 65-110). Madrid; México, D. F.: Marcial Pons, Ediciones de Historia; Instituto Mora.

Sánchez Santiró, E. (2010a). "Una modernización conservadora: el reformismo borbónico y su impacto sobre la economía, la fiscalidad y las instituciones", en García Ayluardo, C. y Pani, E. (ed.), *Historia crítica de las modernizaciones en México* (vol. 1). México D. F.: CIDE, Secretaria de Hacienda y Crédito Público.

Sánchez Santiró, E. (2010b). "El desempeño de la economía mexicana, 1810-1860: de la Colonia al Estado-nación", en Kuntz Ficker, S. (ed.), *Historia económica general de México: de la Colonia a nuestros días* (cap. 9). México D. F.: El Colegio de México; Secretaría de Economía.

Santamaría, A. (2009). *Las cuentas nacionales de Cuba, 1690-2009*. La Habana: Instituto de Historia; CSIC.

Santamaria, A. (2011). "Dos siglos de especialización y dos décadas de incertidumbre: La historia económica de Cuba, 1800-2010", en Bértola, L. y Gerchunoff, P. (eds.), *Institucionalidad y Desarrollo Económico en América Latina* (cap. V, p. 135-190). Santiago de Chile: CEPAL y AECID.

Santamaría, A. y Malamud, C. (2001). *Sin azúcar no hay país: La industria azucarera y la economía cubana (1919-1939)*. Sevilla: Secretariado de Publicaciones de la Universidad de Sevilla. (Serie Historia y Geografía, 66).

Santiso, J. y Zoido, P. (2011). "Fiscal Legitimacy, Inequalities and Democratic Consolidation in Latin America", en Ocampo, J. A. y Ros, J. (eds.), *The Oxford Handbook of Latin American Economics* (cap. 12, p. 293-313). Nueva York, NY: Oxford University Press.

Sanz Fernández, J. (ed.) (1998). *Historia de los ferrocarriles de Iberoamérica (1837-1995)*. Madrid: Ministerio de Fomento.

Schvarzer, J. (1996). *La Industria que supimos conseguir. Una historia político-social de la industria argentina*. Buenos Aires: Planeta.

Scobie, J. (1991). "El crecimiento de las ciudades latinoamericanas, 1870-1930", en Bethell, L. (ed.) *Historia de América Latina. Economía y sociedad, c. 1870-1930* (vol. 7, p. 202-230). Barcelona: Crítica.

Sen, A. (1993). "Capacidad y bienestar", en Nussebaum, M. C. y Sen, A. (ed.), *La calidad de vida* (p. 54-83). México D. F.: Fondo de Cultura Económica.

Sheahan, J. (1987). *Patterns of Development in Latin America: Poverty, Repression, and Economic Strategy*. Princeton, NJ: Princeton University Press.

Stallings, B. (1987). *Banker to the Third Word: U.S. Portfolio Investment in Latin America, 1900-1986*. Berkeley, CA: University of California Press.

Stallings, B. y Peres, W. (2000). *Crecimiento, empleo y equidad: El impacto de las reformas económicas en América Latina y el Caribe*. México, D. F.: Fondo de Cultura Económica; CEPAL.

Stallings, B. y Weller, J. (2001). "El empleo en América Latina, base fundamental de la política social". *Revista de la CEPAL* (75), 191-210.

Solbrig, O. T. (2006). "Structure, Performance and Policy in Agriculture", en Bulmer-Thomas, V., Coatsworth, J. H. y Cortés Conde, R. (eds.), *The Cambridge Economic History of Latin America* (vol. 2, p. 483-536). Cambridge: Cambridge University Press,

Summerhill, W. R. (2006). "Sovereign Commitment and Financial Underdevelopment in Imperial Brazil", Working draft prepared for the Conference "States and Capital Markets in Comparative Historical Perspective", UCLA Center for Economic History.

Sunkel, O. (1971). "Capitalismo transnacional y desintegración nacional en América Latina". *Estudios Internacionales*, 4 (16).

Sunkel, O. (ed.) (1991). *El desarrollo desde dentro: un enfoque neoestructuralista para la América Latina*. México D. F.: Fondo de Cultura Económica. (*Lecturas del Trimestre Económico, 71)*.

Sunkel, O. y Paz, P. (1970). *Subdesarrollo latinoamericano y la teoría del desarrollo*. 9ª ed. México D.F.: Siglo XXI.

Suzigan, W. (1986). *Indústria Brasileira: origem e desenvolvimento*, São Paulo: Editora Brasiliense.

Székely, M. (2001). *Los años 90 en América Latina: otra década de desigualdad persistente, pero con un poco menos de pobreza*. Washington D. C.: Banco Interamericano de Desarrollo, Departamento de Investigación. (Documento de Trabajo, 454).

Székely, M. y Montes, A. (2006). "Poverty and Inequality", en Bulmer-Thomas, V., Coatsworth, J. H. y Cortés Conde, R. (eds.), *Cambridge Economic History of Latin America* (vol. 2, cap. 14). Cambridge: Cambridge University Press.

Tafunell, X. (2009a). "La inversión en equipo de transporte de América Latina, 1890-1930: Una estimación basada en la demanda de importaciones". *Investigaciones de Historia Económica*, 14, 39-67.

Tafunell, X. (2009b). "Capital Formation in Machinery in Latin America, 1890-1930". *The Journal of Economic History*, 69 (4), 928-950.

Taussig, M. (1977). "The evolution of rural wage labour in the Cauca Valley of Colombia, 1700-1970", en Duncan, K. y Rutledge, I., *Land and Labour in Latin America. Essays on the Development of Agrarian Capitalism in the nineteenth and twentieth centuries*. Cambridge: Cambridge University Press.

Teitel, S. (1993). *Industrial and Technological Development*. Baltimore, ML: Johns Hopkins University Press; Banco Interamericano de Desarrollo.

Teitel, S. y Thoumi, F. E. (1987). "De la sustitución de importaciones a las exportaciones manufactureras de la Argentina y el Brasil". *Desarrollo Económico*, 27 (105), 29-60.

Tello, C. (2008). *Estado y desarrollo económico: México 1920-2006*. México D. F.: Universidad Nacional Autónoma de México, Facultad de Economía.

Tena, A. (2010). "What do we know about the International Export Growth of the American Continent between 1820 and 1940", Documento presentado en la Conferencia "Historical Patterns of Development and Underdevelopment" Facultad de Ciencias Sociales-CEPR, Montevideo, Uruguay, diciembre.

Thorp, R. (ed.) (1988). *América Latina en los años treinta: el papel de la periferia en la crisis mundial*. México D. F.: Fondo de Cultura Económica.

Thorp, R. (1998a). *Progreso, Pobreza y Exclusión: una Historia Económica de América Latina en el Siglo XX*, Washington D.C.: Banco Interamericano de Desarrollo; Unión Europea.

Thorp, R. (1998b). "The Latin American Economies, 1939-1950", en Bethell, L. (ed.), *The Cambridge History of Latin America. Latin America since 1930: Economy, Society and Politics* (vol. 6). Cambridge: Cambridge University Press.

Thorp, R. y Bertram, G. (1978). *Peru 1890-1977: Growth and Policy in an Open Economy*. London: MacMillan.

Tokman, V. E. (2007). *Informalidad, inseguridad y cohesión social en América Latina*. Santiago de Chile: CEPAL. (Serie Políticas Sociales, 130).

Tokman, V. E. (2011). "Employment: The Dominance of the Informal Economy", en Ocampo, J. A. y Ros, J. (eds.), *The Oxford Handbook of Latin American Economics* (cap. 30, p. 767-789). Oxford: Oxford University Press.

Triffin, R. (1968). *Our International Monetary System: Yesterday, Today and Tomorrow*. Nueva York, NY: Random House.

Tussie, D. (2009). "Economic Governance After Neoliberalism", en Grugel, J. y Riggirozzi, P. (eds.), *Governance after Neoliberalism in Latin America*. Nueva York, NY: Palgrave Macmillan.

United Nations (1955). *Foreign Capital in Latin America*. Nueva York, NY: United Nations, Department of Economic and Social Affairs.

Uthoff, A. (2011). "Social Security Reforms in Latin America", en Ocampo, J. A. y Ros, J. (eds.), *The Oxford Handbook of Latin American Economics* (cap. 34, p. 863-885). Oxford: Oxford University Press.

Valdés, J. G. (1995). *Pinochet´s Economists: The Chicago School in Chile*. Cambridge: Cambridge University Press.

Van Zanden, J. L. (2009). *The Long Road to the Industrial Revolution. The European Economy in a Global Perspective, 1000-1800*, Leiden. Boston, MA: Brill. (Global Economic History Series, 1).

Vázquez Presedo, V. (1988). *Estadísticas Históricas*. Buenos Aires: Academia Nacional de Economía.

Webb, R. (2003). "La influencia de las instituciones financieras internacionales en la industrialización mediante la política de sustitución de importaciones", en Cárdenas, E., Ocampo, J. A. y Thorp, R., *La era de las exportaciones latinoamericanas. De fines del siglo XIX a principios del* XX (cap. 3). México D. F.: Fondo de Cultura Económica. (Serie Lecturas El Trimestre Económico, 93).

Wickizer, V. D. (1942). T*he World Coffee Economy, with Special References to Control Schemes*. Palo Alto, CA: Stanford University Press.

Williamson, J. (1990). "What Washington means by policy reform", en Williamson, J. G. (ed.), *Latin American Adjustment: How Much Has Happened?*. Washington, D. C.: Institute of International Economics.

Williamson, J. G. (1998). "Growth, Distribution and Demography: Some Lessons from History", *Explorations in Economic History* (35), 241-271.

Williamson, J. G. (2002). "Land, Labor, and Globalization in the Third World, 1870–1940", *Journal of Economic History*, 62 (1), 55-85.

Williamson, J. G. (2011), *Trade and Poverty: When the Third World Fell Behind*. Cambridge, MA: MIT Press.

Este livro foi impresso nas oficinas gráficas da Editora Vozes Ltda.,
Rua Frei Luís, 100 – Petrópolis, RJ.